KB245887

성과창출에서 보상까지
한 권으로 끝내주는 BSC

성과창출에서 보상까지 한 권으로 끝내주는 BSC

최봉학 지음

이담
Books

프롤로그

우리나라에 BSC가 도입되어 수많은 공공기관과 기업에서 전략적 성과관리(BSC)시스템을 구축하였고 3~6년 정도 운영한 결과 성공한 조직이 있는가 하면 기대치 이하의 성과에 실망하는 조직도 있는 현실에서 성공과 실패의 원인이 무엇인지를 분석하고 그 대안을 제시하여 모두가 성공할 수 있기를 바라는 마음으로 개정작업을 하였다.

대체적으로 정부기관이나 지자체 등 공공기관은 비교적 성공률이 높고 이해관계가 첨예한 직종이나 규모가 작은 조직은 비교적 성공률이 높지 않다. 또한 성과평가에 따른 보상에 있어서 자체예산을 사용하는 기관들의 과도할 정도의 보상은 사회문제를 야기하기도 하였다.

조직 내에서도 이전에는 노조의 반대가 심하였으나 현재는 노조가 협력하는 바람직한 모습도 보이고 있다.

Global한 환경에서 기업이나 조직이 생존하기 위해서는 반드시 성과를 관리해서 Doing right Thing(올바른 일)과 Doing thing right(일을 올바르게 하는 것)를 통해 성과를 극대화하지 않으면 생존할 수 없는 무한경쟁의 기업환경에 직면하고 있다.

필자는 몇 개의 기업과 몇 개의 공공기관에 전략적 성과관리(BSC)시스템 구축 경험을 바탕으로 한국컨설팅협회에서 전략적 성과관리(BSC) 전문 컨설턴트 양성교육을 3회에 걸쳐 실시하면서 현장에서 바로 적용이 가능한 표준화된 BSC 방법론의 필요성을 절감하고 교육에 참여했던 컨설턴트들과 워크숍을 통하여 1996년 『한권으로 끝내주는 전략적 성과관리(BSC)』를 저술하였고 현업에서 컨설팅을 수행하면서 성과관리 시스템은 구축하였으나 정작 성과창출에 막막해 하는 조직의 최고관리자, 기업의 최고경영자, 성과관리 담당자, 성공을 꿈꾸는 분들을 위하여 개인의 성과창출, 조직의 성과창출에 대하여 3부에 성과창출 방법론을 추가하여 수정·보완하였다.

본서는 전략적 성과관리(BSC)의 이론서가 아니라 경영자가 성과관리 시스템을 도입하기 위하여 의사결정을 위한 가이드 북이며 규모의 대소에 관계없이 실무자가 자체적으로 시스템 구축을 위한 가이드 북으로 활용할 수 있기를 바라는 마음으로 집필하였음으로 논리적 근거가 필요하신 분들은 시중에 나와 있는 훌륭한 BSC 관련 서적이나 논문을 참고하시기 바란다.

국내의 전략적 성과관리(BSC) 도서는 대부분이 해외의 출판서적을 번역한 도서이며, 이론적 내용과 실행 중심의 참조할 도서가 부족한 상황에서 현장의 경험과 노하우를 반영한 실행지침서로서 활용할 수 있기를 바라는 마음으로 본 도서를 발간하게 되었다.

참조할 논문이나 도서가 거의 번역서이다 보니 자료를 수집함에 있어서 많은 애로가 있었으며 간혹 출처를 밝히지 못한 부분은 저자의 성의 부족과 노력의 부족임을 자인하며 추후라도 저자나 출처가 밝혀지면 수정해 바로잡을 것임을 밝힌다.

이 책은 현재 시중에 판매되고 있는 전략적 성과관리(BSC) 관련서적은 내용은 훌륭하나 BSC의 특성상 책만으로 이해하고 접근하기에는 많은 어려움이 있는 게 사실이다. 그래서 처음으로 전략적 성과관리(BSC)에 임하시는 분들에게 교량적 역할 정도를 할 수 있는 안내서로 저술하였다. 저자 자신이 현업의 뛰어난 컨설턴트들의 모방수준에서 이 책을 저술하였다. 그러나 모방도 중요하다. 모든 학습의 시작은 모방으로부터 시작한다. 모방을 통해 배운 것을 자신의 것으로 만들면서 새로운 것을 창출해 낼 때 진정한 벤치마킹의 의미가 있다고 생각한다.

전략적 성과관리의 발전을 위해 지금까지 참여해 주시고 협조해 주신 한국BSC연구회 소속 컨설턴트님늘의 직간접의 협력과 이론적, 논리적, 행동적 오류를 지적하고 가르침을 주신 여러분과 이 책이 나오기까지 진심으로 도움을 주신 한국학술정보(주) 여러분에게 진심으로 감사드린다.

마지막으로 이 책이 경영자들에게 진정한 성과관리의 디딤돌이 되어 모든 경영자가 성공할 수 있기를 기원한다.

공동저자
최봉학, 한국BSC연구회

CONTENTS

Ⅳ단계 BSC 운영단계

■ 16. 운영계획 수립 · 297

■ 17. 마스터플랜 수립 · 303

제 **3** 부

성과창출

제 **4** 부

부록

BSC 개요 

1. BSC 개요

1.1. 전략적 성과관리(BSC)시스템의 이해

전략적 성과관리(BSC)시스템은 로버트 캐플란 미국 하버드대 교수와 컨설턴트인 데이비드 노턴 박사가 지난 1992년 공동으로 창안한 경영혁신기법이다.

GE 코카콜라 등 포천지 선정 1000대 기업 중 약 50%가 채택하고 있으며 미국 재무부, 상무부 등 중앙 정부기관과 세계은행, IMF 등 국제기관 등이 도입하고 있다. 싱가포르의 경우 정부 조직의 35%가 공식적으로 BSC를 도입, 사용하고 있으며 부분적으로 개념을 응용해 사용하는 조직을 합하면 이 수치가 70%에 이르고 있다.

BSC = Strategy + Operations + Change

Strategy　　　 = Doing the Right Things

Operations = Doing Things Right

Change　　　 = Doing Things Differently

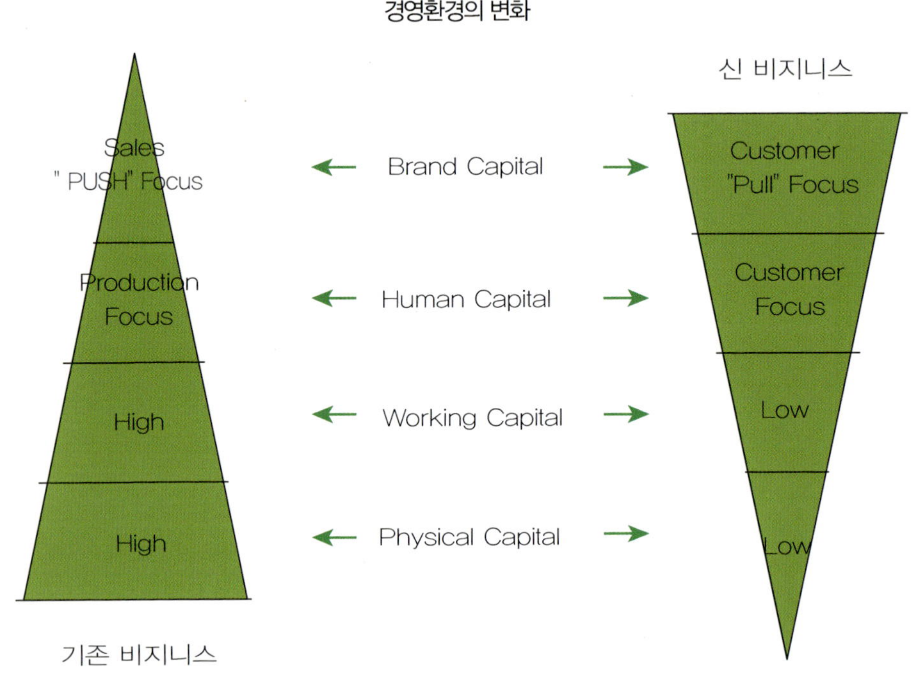

1.1.1. 경영환경의 변화

e-비즈니스 시대에 기업의 경영환경이 급속히 변화하고 경쟁은 심화되면서 경영 환경은 고객중심의 Brand와 인적자원 등 무형자산의 중요성과 비중이 커짐에 따라 기업들은 지속적인 성장(Sustainable Growth)을 위한 노력이 절실해 지고 있다.

최근에는 사회적 책임경영(CSR : ISO26000)이 기업의 신용평가 시 기업의 '사회적 책임경영 실천 정도'를 반영하기 시작했으며 일자리 창출 기여도와 사회복지사업 참여도, 환경보호 실천, 녹색 성장산업에 대한 투자, 녹색 기술 활용, 윤리경영 실천 등 기업에 요구되는 각종 사회적 책임활동을 종합적으로 파악해 A · B · C · D · E의 5등급으로 신용도에 반영하는 것으로 국민은행, 신한은행, 하나은행을 비롯한 몇 개의 은행을 시작으로 전 은행권으로 확대될 전망이다.

ISO26000은 환경, 지배구조, 윤리경영, 사회 공헌 등 광범위한 사회적 책임을 요구하는 국제 표준으로 기업의 규모에 관계없이 적용되며 IBM, 소니와 같은 글로벌 기업들은 법령 준수나 인권보호 등 일정한 기준에 미달하는 기업들의 부품을 공급받지 않고 있다. 국내도 발 빠른 일부 대기업을 중심으로 협력업체들에 사회적 책임에 대한 가이드라인을 제시하고 실행하도록 독려하고 있다.

ISO26000은 새로운 무역 장벽이 될 가능성이 높으며 기업의 투명성, 환경 경영, 지역사회와의 관계, 인권에 대해서 고민해야 할 시점이 되었다.

1.1.2. 경영자원 가치의 변화

사회가 정보화, 지식기반 사회의 경영환경하에서는 가치 창출의 원천이 유형자산에서 무형자산으로 이동하고 있으며 무형자산의 가치는 1980년 초에는 62%에서 2000년 초에는 90%로 증가하였다. 오늘날 기업이나 조직들은 정보화지식기반 사회의 경영환경하에서 경쟁하고 있는데 이러한 경영환경에서는 기존의 유형적이고 물리적인 자산을 투자하고 관리하는 것 외에도 무형자산을 얼마나 잘 활용하고 있느냐가 경쟁에서 이길 수 있는 비법이다.

이렇게 급속히 무형자산의 가치가 상승하고 있으나 무형자산의 가치를 명확하게 측정할 수 없다는 데 문제가 있다. 세계화가 진전됨에 따라 산업화 시대의 경쟁에 대한 근본 가정들인 품질, 원가, 납기 등은 기본적인 요소들이며, 이를 바탕으로 지식이나 핵심역량과 같은 무형자산의 중요성이 더욱 부각되고 있다.

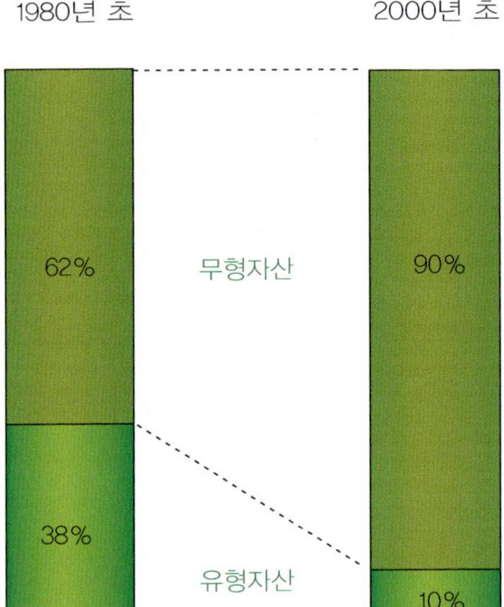

1.1.3. 경영자원의 분류와 무형자산의 비교

경영자원을 구분해 보면 물적자원, 금융자원, 기술자원, 브랜드, 인적자원으로 나눌 수 있는데 지금까지는 재무자산에 해당하는 유형고정자산과 금융자원에 치중했던 기업이나 조직의 가치가 무형자산에 해당하는 기술자원, 브랜드, 인적자원의 가치가 급격히 상승하면서 기업이나 조직의 가치체계가 변화하고 있다.

오늘날 기업이나 조직들은 정보화 · 지식기반 사회의 경영환경하에서 경쟁하고 있는데 이런 경영환경에서는 기존의 유형적이고 물리적인 자산을 투자하고 관리하는 것 외에도 무형자산의 활용능력이 기업이나 조직의 경쟁력을 좌우한다.

경영지원 분류와 무형자산의 비교

경영자원	주요특성	핵심지표	무형자산
물적자원	◆ 공장설비의 취치, 기술의 정밀성과 유연성, 건물과 토지의 용도전환과 위치가 중요하다. ◆ 원자재의 획득가능성이 생산가능성을 제한하며 비용 및 품질우위를 결정한다.	◆ 고정자산의 재판매가치 ◆ 자본설비의 수명 ◆ 공장의 규모 ◆ 고정자산의 용도전환가능성	재무자산
금융자원	◆ 기업의 자금 차입능력과 내부자금의 운용가능성이 기업의 투자능력을 결정한다.	◆ 부채/자본비율 ◆ 자본지출에 대한 현금보유비율 ◆ 신용등급	재무자산
기술자원	◆ 특허권, 저작권, 기업비밀 등 전문 기술을 포괄하는 기술자원, 기술혁신자원, 연구설비, 기술인력	◆ 특허권의 수와 중요성, 독점라이센스로부터 얻는 수익, 전체종업원 중 연구개발인력의비중	기술자산
브랜드	◆ 소비자들에게 널리 알려진 상표를 기업이 보유함으로써 좋은 관계를 만들어 갈 수 있으며 기업이 만드는 제품에 대한 소비자들의 신뢰감	◆ 브랜드인지도 ◆ 경쟁브랜드에 대한 가격프리미엄 ◆ 재 구매비율 ◆ 제품품질에 대한 객관적인측정	시장자산
인적자원	◆ 종업원에 대한 훈련과 그들이 보유한전문기술이 그 기업이 활용할 수 있는 기술수준을 결정	◆ 종업원의 교육, 기술, 전문자격, 산업평균대비임금수준	인적자산

1.1.4. Knowing-Doing Gap(KDG)

무엇을 해야 하는지 알고 있다는 것만으로는 충분하지 않고 모르기 때문에 행동하지 못하는 것보다 '알면서도 행동하지 못하는 것'이 진정한 문제로 성공하지 못한 원인의 70~80%는 실행력 부족이었다.

GE사의 리더 조건은 3E+Execute이고, CEO의 70% 정도는 전략의 실행력 부족을 들고

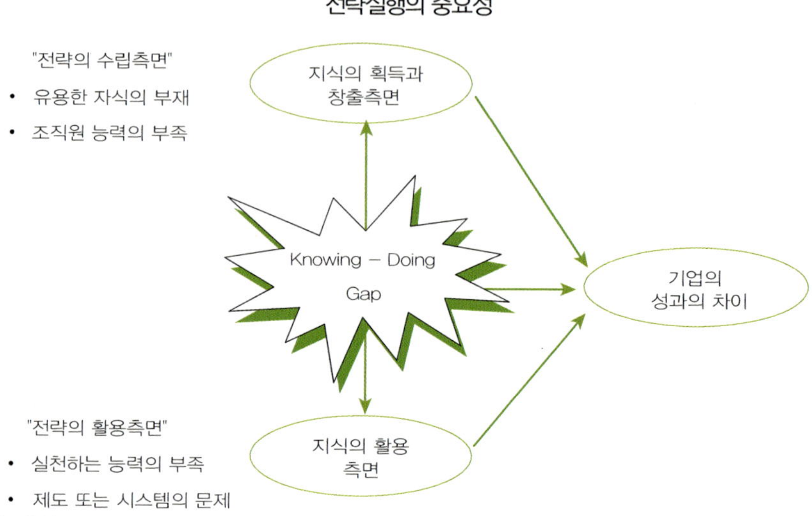

자료출처: The Knowing-doing-Gap, How smart companies tum knowledge in to action, Jdffry Preffer, Robertl. Sutton, 2000. LGERI

있다. 『포춘지』는 체계화된 전략을 성공적으로 실행한 비율은 불과 10%라고 말하고 있으며 체계화된 전략보다 전략의 실행력이 더 중요하다고 비즈니스 위크는 언급하고 있다.

지식의 획득과 창출 측면과 지식의 활용 측면의 차이를 Knowing−Doing Gap이라고 하는데 이 차이가 기업이나 조직의 성과의 차이로 나타난다. 이 차이를 가능한 줄이고 성과를 창출하는 기업이나 조직만이 성공의 대열에 참여할 수 있다.

전략적 성과관리(BSC)시스템은 창의적이고 진취적으로 일하는 조직을 만드는 도구로 사용될 때 효과를 발휘한다.

1.1.5. 기업 비전의 전략적 이행

기업 비전의 전략적 이행에 대한 Survey 결과는 아래와 같이 조사기업 중 97%가 비전을 보유하고 있지만, 비전이 중대한 전략적 성공으로 이행된 기업은 33%에 불과하다.

우리가 성공하지 못하는 가장 큰 이유는 전략이 잘못된 경우보다는 실행하지 않아서 성

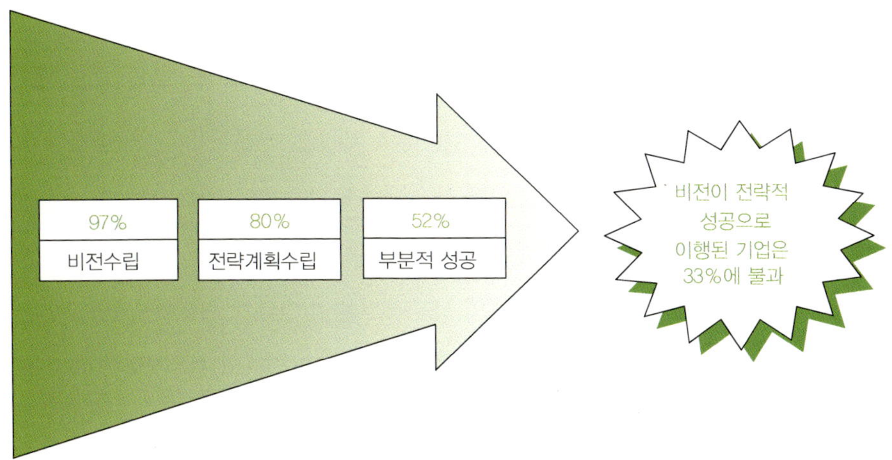

자료출처 : Business Intelligence / Renaissance Worldwide Survey, Times 1,000 개업 대상 Servey 결과

과를 창출치 못하고 실패한 경우가 훨씬 많다.

전략적 성과관리(BSC)시스템은 반드시 실행을 요구하고 있다. 그 결과 높은 성과를 창출할 수 있는 것이다.

1.1.6. 정부의 성과관리

대내외 경제여건 및 환경은 급격히 변화하고 있다. 참여정부는 출범과 함께 혁신을 최우선 과제로 수행하고 있으며 최근 민간기업을 중심으로 빠르게 변화하는 경영환경에 대처하고 무한경쟁하에 기업의 경쟁력을 지속적으로 유지하고 발전시키는 방안으로 성과관리 및 평가에 대한 논의가 확대되고 있다.

이러한 성과관리 및 평가에 대한 논의는 점차 그 영역을 넓혀 공공 부문에도 확산 적용되고 있는데, 특히 2004년도에 노무현 대통령이 정부혁신을 위해 성과평가와 이를 인사에 반영하라고 독려(2004. 9. 4. 연합뉴스)하면서 공공 부문의 성과평가에 대한 논의와 도입이 더욱 가속화되고 있다.

이와 관련하여 노무현 대통령은 오영교 전 KOTRA 사장을 행정자치부장관으로 기용하였는데, 이는 KOTRA 사장 재직 시 BSC를 활용하여 공기업 혁신모델로 KOTRA의 위상을 한 차원 높인 오영교 장관의 공적이 인정되었다는 것을 의미한다. 또한 오영교 장관의 행정자치부 장관 취임 이후 정부 부문의 성과평가 관련 업무가 정부혁신지방분권위원회에서 행정자치부로 이관되었다는 사실이 이를 뒷받침하고 있다고 할 수 있다.

정부의 혁신방향이 성과 위주로 향하고 있는 것은 정부조직도 기업경영의 마인드를 가지고 효율적으로 운영하여 국가경쟁력을 확보하고 고객인 국민을 만족시키는 데 목적이 있다.

결국 향후 기업이나 조직의 성패 여부를 판단하는 기준이나 원천은 인적자원과 지식과 같은 무형자산의 우수성에 따라 결정된다.

또한 정부 및 공공 부문의 기관들은 성과평가 및 관리에 대한 프로젝트의 수행 경험이 부족하여 실제 도입 시에 많은 어려움을 겪고 있다. 따라서 프로젝트 수행 시 시행착오를 줄이고, 원활한 도입을 위해서는 성과관리와 성과평가 전반에 대한 충분한 사전교육이 절실히 필요하다.

좋은 사례로 해양경찰청은 2004년 9월부터 12월까지 정부기관으로는 처음으로 전략적 성과관리(BSC)시스템을 구축하고 2005년 전년 대비 25.5%의 실적 향상을 인정받아 모범적인 성과관리시스템 구축 및 성과에 대한 보상 성격으로 차관급으로 격상되었다.
공공 부문의 성과평가 및 관리는 모든 기관들이 필수적으로 수행해야 하는 상황으로 변하고 있다. 즉 공공 부문에서의 성과관리 및 평가방안은 행정자치부를 중심으로 대통령의 독려와 오영교 장관의 취임과 더불어 본격적으로 확산되기 시작했다.

성과주의와 관료주의 비교

성과주의	관료주의
전략적	비전략적
공공재의 성과개념 인정	공공재의 성과개념 부정
능력과 실적 강조	연공성열 강조
창의성	관례중심
능동적	수동적
성찰성	매너리즘
책임성	책임회피
고객중심	공급자중심
전체와 부분의 연계	전체와 부분의 분절
변화지향	과거지향

업계 한 전문가는 "지난해 하반기 이후 중앙부처, 공기업, 정부 산하 기관, 지자체 등 공공
부문 전반에 걸쳐 BSC 프로젝트가 활기를 띠고 있다"면서 "기획예산처, 행정자치부, 과학기
술부 등 주요 부처의 산하 공기업과 출연기관에 대한 평가방식이 성과평가 위주로 개편된
데다 앞서 BSC 성과관리시스템을 구축한 기관이나 공기업들이 정부 평가에서 좋은 평가를
받은 사실이 알려지면서 다른 기관이나 공기업들의 자극제가 되고 있다"라고 말했다.

성과평가의 궁극적인 목적은 성과향상에 있다. 그러나 이러한 성과향상은 단순히 과거
지향적인 성과평가와 그 결과에 따른 보상만으로는 달성할 수 없다. 즉 성과에 대한 보
상의 목적도 결국은 동기부여를 통해 성과향상을 하고자 하는 것임을 주지해야 한다.
따라서 단편적인 사후 평가를 통한 보상이 아니라 사업을 수행하기 이전인 기획 단계부
터 집행과 평가 등의 총체적인 관리를 통해 성과평가 및 관리의 궁극적 목적인 성과향상
에 도달할 수 있다.

1.2. 전략적 성과관리(BSC)시스템의 정의

① 조직의 존재이유(미션)와 중장기간의 목표(비전)를 달성하기 위한 전략과 전략의 실행 정도를 측정하고 관리하는 성과지표로 구성되며 성과를 실시간으로 모니터링하고 전 조직원이 동시에 공유할 수 있다. 그럼으로써 전 조직원은 조직이 지향하는 방향으로 정렬되어 성과를 창출한다.

② 사회는 지속적으로 발전하면서 산업사회에서는 기술이나 기능이 중심이었다면 지식사회는 지식이 중심이 되는 사회로 점차 유형자산의 가치에 비하여 무형자산의 가치가 비약적으로 증가하고 있는데 무형자산의 가치가 향상되면서 선진기업이나 조직들이 성과평가를 위해 도입한 전략적 성과관리(BSC)시스템이다.

③ 산출방법은 과거성과에 대한 재무적인 측정지표를 통해서 미래성과를 창출하는 측정지표이다. 재무, 고객, 내부프로세스, 학습과 성장 등 4개 관점으로 구분하여 기업이나 조직별 특성에 맞는 지표를 선정하고 각 지표별로 가중치를 적용하여 산출한다.

④ 고려사항으로는 재무 분야에서 이 지표의 구축과정을 통해 기업이나 조직의 전략을 자신의 재무목표로 연결할 수 있어야 한다. 기업이나 조직의 재무목표는 사업단위에 투자한 투자자본에서 더 높은 수익을 얻기 위한 것이다.

⑤ 전략적 성과관리(BSC)시스템은 재무목표를 명백하게 밝히고, 성장과 유지, 수확단계의 사업단위들이 그 위치에 맞는 재무목표를 설정할 수 있도록 도와준다. 또한 대상이 세분화된 시장에서 고객목표를 파악해야 한다. 세분시장을 파악하고 대상이 설정되면 그 시장에 대한 목표와 측정지표를 결정할 수 있다.

⑥ 관리자들은 내부프로세스를 구체화해야 한다. 현재와 미래의 고객욕구를 파악하고 욕구에 대한 새로운 해결책을 발견하는 혁신 프로세스에서 출발해야 한다. 따라서 기

BSC의 4가지 관점

존고객에게 기존제품과 서비스를 전달하는 운영프로세스에서 고객의 가치를 증가시키는 사후서비스로 이어져야 한다.

⑦ 재무, 고객, 내부프로세스에서 목표를 충족하는 힘은 조직의 학습과 성장 역량에 달려 있다. 학습과 성장을 가능하게 하는 3가지 원천은 인적자원과 시스템, 조직이다. 전략적 성과관리(BSC)시스템은 전통적인 단기투자영역이 아니라, 새로운 설비와 신제품 연구개발과 같은 미래에 대한 투자의 중요성을 강조한다.

⑧ 전략적 성과관리(BSC)시스템은 전략에서 도출된 측정지표들을 통합하는 새로운 관리시스템이다. 4가지 관점의 목표를 측정지표로 전환하여 기업이나 조직의 사명과 전략을 하나의 틀과 공통된 언어로 제공한다.

BSC의 4가지 균형 잡힌 관점이 의미하는 바는 전통적인 성과측정에서는 간과되었던 무형자산(직원역량, 연구개발, 프로세스 효율성, 품질, 고객관계)들이 장기적인 기업이나 조직 성공의 동인이었다는 것에서 출발한다.

재무적으로 어떤 성과를 낼 것인가?
재무적인 성과는 회사의 서비스와 제품에 만족하는 충성된 고객으로부터 창출된다. 고객
만족은 고객가치를 창출하는 프로세스의 경쟁우위로부터 창출된다. 프로세스의 성과는
장기적으로 이를 수행하는 직원과 조직의 역량에 따라 좌우된다.

1.2.1. BSC 개념의 3가지 Key Word는

① Balanced set of Measures
② Strategy-Focused
③ Tool for Communicating Strategies

1.2.1.1. Balanced set of Measures

전략적 성과관리(BSC)시스템에서 말하는 균형(Balanced)의 의미는 재무 성과평가 중심
에서 재무/비재무 성과를 모두 고려하는 것이며, 단기 중심적인 성과관리에서 장단기 성
과관리를 동시에 관리하는 것이다. 그리고 결과 중심의 성과평가로부터 성과를 발생시키
는 원인에 대한 근본적인 관리를 하는 것을 말한다.
재무관점, 고객관점, 내부프로세스관점, 학습과 성장관점 등 다양한 관점과 선행지표와
후행지표를 통해 기업이나 조직의 성과평가기준을 균형 있게 조절한다.

1.2.1.2. Strategy-focused

전략의 집중이란 조직의 비전과 전략 수립의 기본 방향을 제시함과 동시에 이의 실질적인
달성 촉진 도구로 활용하고 전략적 성과관리(BSC)시스템은 비즈니스 현상 및 결과에 대한
원인을 조기에 파악하여 적절한 전략적 조치를 취할 수 있도록 하며 전략적 성과관리(BSC)
시스템은 핵심역량에 자원을 집중하도록 하여, 전략 달성을 효과적으로 지원하고 전략과

연계된 평가지표 개발을 통해 조직의 변화를 관리하고 실행하는 데 초점을 맞추고 있다. 조직이 세운 전략을 실행하는 데 전 조직의 역량과 활동을 집중시키는 것이 목표다.

1.2.1.3. Tool for Communicating Strategies

Communication을 통해 조직원에게 조직의 미션, 비전, 전략 및 목표를 명확하게 지속적으로 알리고 공통된 언어를 사용하여 수직적 조직단위를 수평적 조직단위로 변화시키는 조직단위 사이의 효과적인 의사소통 도구이다. 그럼으로써 조직은 전략을 좀 더 효과적으로 수행할 수 있고 전략적 학습효과를 통해 외부 환경의 변화에 빠르게 대응할 수 있다.

전략적 성과관리(BSC)시스템은 모든 조직단위에서 전략의 전사적 공유를 통해 전략적 목표를 전 조직에 정렬시킨다. 목표의 정렬과 조율을 통하여 조직 전체의 역량을 전략적 목표에 집중함으로써 각 조직단위의 성과향상이 전사 차원의 성과극대화로 연결되도록 한다.

미션 : 우리는 왜 존재하는가?
비전 : 우리의 중장기목표는 무엇인가?
전략 : 우리의 목표를 달성하기 위해서는 어떻게 해야 하는가?
전략목표 : 우리의 전략을 달성하기 위해서는 어떤 요인들이 중요한가?
성과지표 : 어떤 성과지표가 우리의 전략달성에 영향을 미치고 성공 여부를 판단할 수 있는가?

전략적 성과관리(BSC)시스템은 전통적인 성과관리에서 더 나아가 균형 잡힌 시각의 성과관리의 틀이라는 의미와 전략을 조직 내에 전파하고 전략수행을 검증하는 관리도구로서의 의미를 가진다.

1.3. 전략적 성과관리(BSC)시스템의 구성요소

전략적 성과관리(BSC)시스템의 구성요소는 미션, 비전, 관점, 전략목표, 성과목표, 성과지표, 이니셔티브, 전략맵으로 구성된다.

1.3.1 미션

① 기업이나 조직의 존재가치를 말하며, 우리는 왜 존재하는지에 답할 수 있어야 한다.

② 북두칠성과 같이 기업이나 조직이 지향해야 할 방향을 나타내며 영원히 지속할 수 있
어야 한다.

③ 조직은 미션이 우선한다.

1.3.2. 비전

① 기업이나 조직이 추구하는 중장기적인 목표(5~10년)와 바람직한 미래상이다.

② 전략의 방향을 설정하고, 구성원들에게는 동기를 부여할 수 있어야 한다.

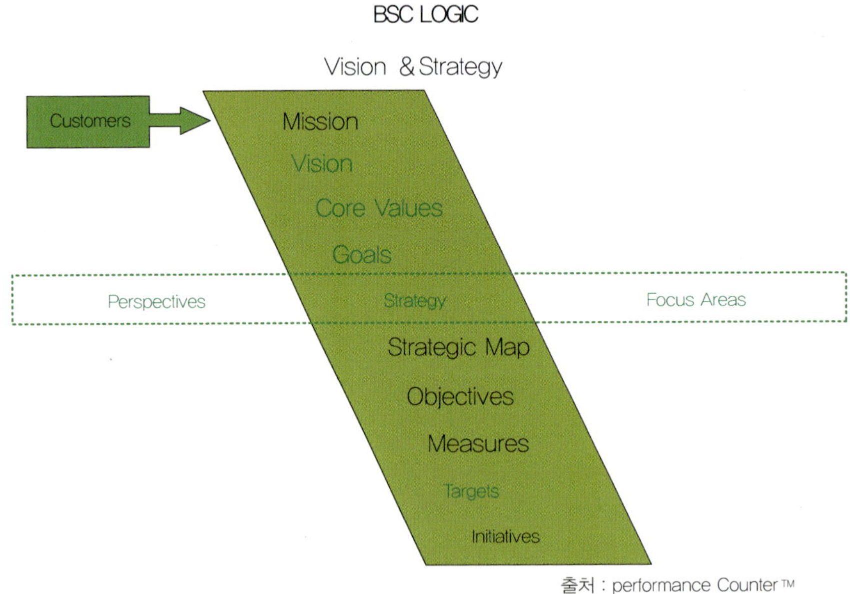

출처 : performance Counter ™

③ 기업이나 조직의 장기적인 존재이유가 기업의 목적, 사업영역 및 경쟁우위 창출의 측면에서 명확하게 표현되어야 한다.

④ 기업은 비전이 우선한다.

1.3.3. 관점

관점은 기업이나 조직의 가치 창출 근원에 대한 시각을 제시하며 기업이나 조직의 가치가 어디에서부터 창출되는지를 정의함으로써 경쟁우위의 원천을 밝히는 것이다.

① 재무관점 : 다른 관점들의 결과로 인해 재무적인 성과가 나타나게 된다는 인과적 해석이다.

② 고객관점 : 기업 가치 창출의 가장 큰 원천으로 기업에 수익을 가져다줄 수 있는 고객을 파악해 내고, 이들을 위한 고객지향적 프로세스를 만들어 가는 것이다.

③ 내부프로세스관점 : 성과를 극대화하기 위하여 기업이나 조직의 핵심프로세스 및 핵심역량을 규명하는 과정에 관련한 관점이다.

④ 학습과 성장관점 : 가장 미래 지향적인 관점으로 기업이나 조직의 장기적인 잠재력에 대한 투자가 기업 성장에 얼마나 영향을 미칠 수 있는지를 이 관점에서 파악하고 다른 3가지 관점의 성과를 이끌어 내는 인동력이 되어야 한다.

1.3.4. 전략목표

① 전략의 핵심은 고객지향성과 경쟁우위의 창출에 있다.

② 한정된 자원을 어떻게 효율적으로 활용하여 기업이나 조직의 가치를 증대시킬 것인지에 대한 의사결정이다.

1.3.5. 성과목표

① 기업이나 조직이 속한 산업 내에서 지속적으로 생존하고 번영하기 위해 가장 중요한
   요소들 또는 기업 혹은 단위사업 영역의 존재 목적을 달성하고 목표 시장에서 만족할
   만한 성과를 거둘 수 있도록 하는 요소 및 요구 조건들이다.
② 고객들이 원하는 것을 제공해야 하며 경쟁자들보다 우위를 가져야 한다.

1.3.6. 성과지표

① 성과지표에는 기업의 전략적 의미가 담겨 있다.
② 성과지표란 성과에 대한 책임을 분명히 한다.
③ 성과지표는 미래 예측을 가능하게 하는 정보를 제공한다.

1.3.7. 이니셔티브

이니셔티브는 예산, 동기부여, Action plan, 후속프로젝트 등을 말하며 기업이나 조직 내
에서 순수 성과지표의 결과 값만으로 모든 업무의 성과를 평가할 경우에 지원부서에서
불이익이 발생할 우려가 있고 성과지표의 측정주기가 반기 또는 연 단위로 설정되어 결과
값을 확보하기까지 추진상황이 정상적으로 이루어지고 있는지 판단하기가 곤란한 경우
에 성과지표 달성 정도에 대한 보조요소로 진척도, 수행 여부 등을 관리한다.

1.3.8. 전략체계도

조직 구성원들에게 어떻게 조직의 비전과 전략이 그들의 일상 업무에 연계되는지를 이해

시키는 것으로 전략적 성과관리(BSC)시스템에서 인과관계는 전략이 내포하는 일련의 가정들을 가시화하는 것이다. 인과관계를 밝히는 과정에서 각 조직은 전략목표의 상충관계를 조율하고 자신이 기여하는 바를 명확히 하게 된다.

전략체계도를 통해 전략을 구체화하는 과정에서 중요한 점은 기업에서의 모든 지표는 반드시 재무적 성과(지표)로 귀결되어야 한다는 것이다. 이는 운영상의 성과향상(품질향상)이 최종목표가 아니라 운영상의 성과향상을 통한 경제적 가치증대(매출증대)가 궁극적인 목표라는 것을 명확히 할 때만이 부분 최적화를 방지하고 효과적으로 운영상의 성과를 전략적 성과로 전환시킬 수 있기 때문이다.

전략적 성과관리(BSC)시스템은 전략의 구체화 작업을 통하여 기업 구성원들에게 전사전략을 달성하기 위해 자신들이 어떤 부분에서 공헌해야 하는가를 말해 줄 수 있다.

1.3.9. BSC의 균형 'Balanced'의 의미

BSC는 그 이름 자체에서 알 수 있듯이 다양한 측정요소와 지표 간의 균형을 의미한다. 이러한 균형의 의미는 크게 4가지 관점에서 파악될 수 있다.

1.3.9.1. 재무적 vs 비재무적

일반적으로 기업은 가시적인 재무적 수치만을 선호한 나머지 미래의 기업 가치창출의 원동력이 되는 기업의 무형자산(인적자산, 브랜드 이미지, 기술력)에 대한 관리를 간과하는 오류를 범하고 있다. BSC는 재무적 성과지표와 미래성과동인과의 균형을 맞춤으로써 재무성과에만 의존하는 데 따른 결함을 극복하기 위한 것으로 고안되었다.

1.3.9.2. 결과 vs 과정

좋은 BSC는 결과를 측정하는 지표(후행지표)와 이러한 결과를 이끌어 내는 성과동인(선

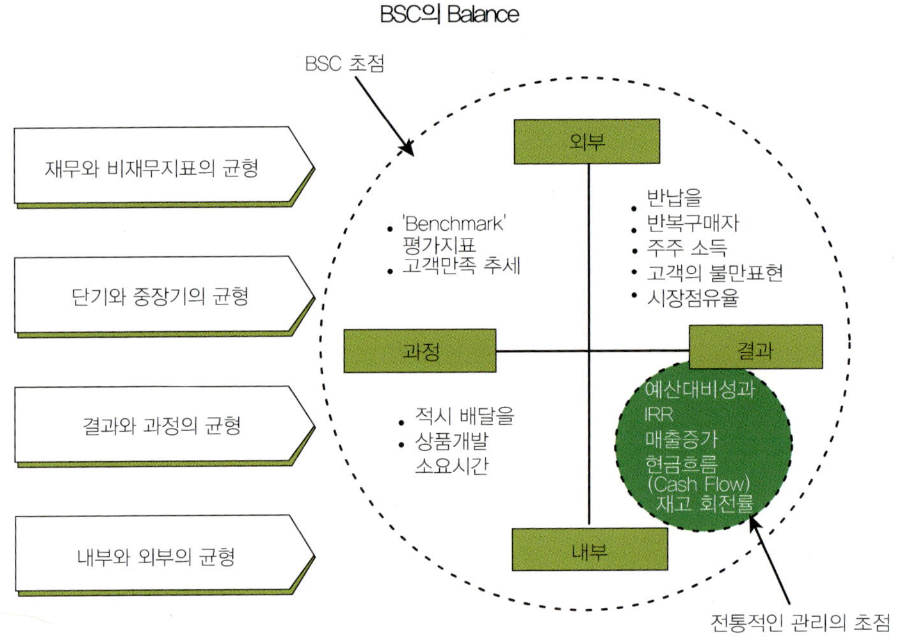

자표출처 : BSC의 특징(이범진/심태호, 2004)

행지표)과의 적절한 배합이 이루어져야 한다. 선행지표가 없는 후행지표는 어떻게 목표를 달성할 것인가에 대한 의사소통(Communication)을 하지 못한다. 반대로 후행지표가 없는 선행지표는 단기적인 향상만을 나타낼 수는 있지만 이러한 향상은 궁극적으로 미션 달성을 위한 향상된 결과를 도출하고 있는지를 보여 줄 수 없다.

1.3.9.3. 단기 vs 장기

전통적 재무회계 모형은 과거의 정보에 의존한 단기실적에 대한 평가이기 때문에 이를 기반으로 한 경영 의사결정은 단기적이고 근시안적이다. 하지만 BSC에서는 이러한 단기적인 재무회계 모형에 의한 의사결정은 물론 기업의 경쟁력 제고와 같은 장기적인 관점의 의사결정을 지원한다. 이를 통해서 기업은 장단기 목표 사이의 균형을 유지할 수 있다.

1.3.9.4. 내부 vs 외부

대부분의 성과지표는 내부 운영효율 관리에(내부프로세스 측면) 치중하고 있다. 그러나 기업의 성과는 고객이나 외부 이해관계자와 상호 작용을 통해서만 창출이 가능하다. BSC는 효과적으로 전략을 이행할 수 있도록 이러한 내/외부 구성요소들 간에 상충하는 요구에 대해 균형을 이루게 한다.

1.3.10. 인과관계

BSC에서의 인과관계는 기업이 성과를 내기 위한 원인과 결과에 대한 일련의 가정이다. 따라서 측정 시스템은 다양한 시각에서 목표들과 측정지표들 간의 관계나 가설을 명확히 증명할 수 있어야 한다. 기존의 재무성과지표들은 결과를 보여 줬을 뿐, 이를 가능케 하거나 수행한 원인들에 대한 지표를 거의 제공하지 못했다. 원인에 대한 명확한 파악이 없었기 때문에, 기업은 한정된 자원을 실제로 결과에 거의 영향을 미치지 못하는 불필요한 곳에 소모하고, 정작 필요한 곳에는 제때 자원을 배분할 수 없었다. 또한 원하는 결과를 달성하지 못한 경우에도 그 원인을 파악할 수 있는 시스템이 전무하였기 때문에 동일한 오류를 반복적으로 범하게 되었다.

BSC는 각 관점별 전략적 목표 간의 인과관계를 보여 줌으로써, 목표를 달성하기 위한 원인과 결과, 즉 결과와 그러한 결과의 성과동인 간의 인과관계에 대한 가정을 구체적이고 명확하게 표현해 준다. 따라서 기업들은 원하는 결과를 도출하는 성과동인을 한눈에 파악할 수 있게 되고, 만일 원하는 결과가 나오지 않았을 경우에 그 원인을 쉽게 추적하여, 동일한 오류의 반복적인 악순환을 막을 수 있다.

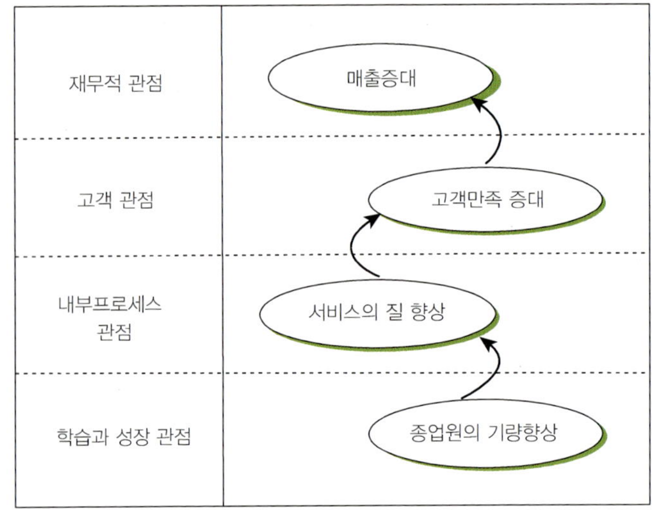

1.4. 전략집중형 조직(SFO)

1998년 캐플란과 노턴의 첫 번째 저서 『균형성과지표(The Balanced Scorecard)』가 출판되어 국내에 소개된 후 국내외의 많은 기업들이 많은 시행착오를 겪었다.

이런 시행착오의 과정 속에서 캐플란과 노턴은 여러 조직들의 BSC 구축 및 운영 경험을 바탕으로 BSC를 성공적으로 운영한 조직들에서 공통적으로 발견되는 몇 가지 요소를 파악하고 이를 구체화하여 전략집중형 조직(SFO)을 발표하였다. 전략집중형 조직(SFO)은 BSC를 기준으로 5단계 원칙을 수행하는 전략중심의 조직관리 개념으로 진화 발전하였고 앞으로도 BSC는 지속적으로 진화 발전할 것이다.

전략집중형 조직(SFO)은

① 전략(strategy) : BSC는 누구나 이해하고 실행할 수 있는 방식으로 전략을 기술하고 의사소통을 할 수 있게 한다.

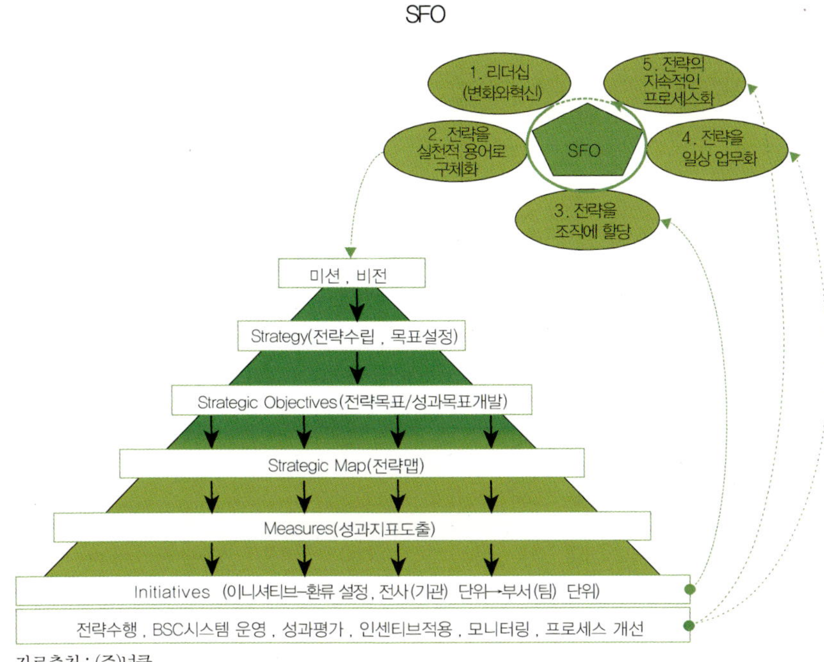

자료출처 : (주)넝쿨

② 집중(focus) : 조직의 모든 자원과 활동이 전략과 일관되게 정렬될 수 있게 한다.

③ 조직(organization) : 모든 조직원이 근본적으로 다른 방식으로 행동하도록 한다.
BSC는 사업단위, 셰어드 서비스 및 조직원 개개인에게 새로운 조직적 연계를 확립하
는 논리와 구조를 제공해 준다(자료출처 : SFO/한언).

1.4.1 전략집중형 조직(SFO)의 다섯 가지 원칙

BSC를 통한 조직의 전략적 관리를 위해 제안된 전략집중형 조직의 다섯 가지 원칙의 세
부 내용은 다음과 같다.

1.4.1.1. 전략을 실천적 용어로 구체화하라

경영전략 수립 그 자체가 중요한 것이 아니라는 것은 앞에서도 언급하였다. 결국 수립된
전략의 실행이 문제가 되는 것이다. BSC는 전략을 일관되고 통찰력 있게 기술하고 전달

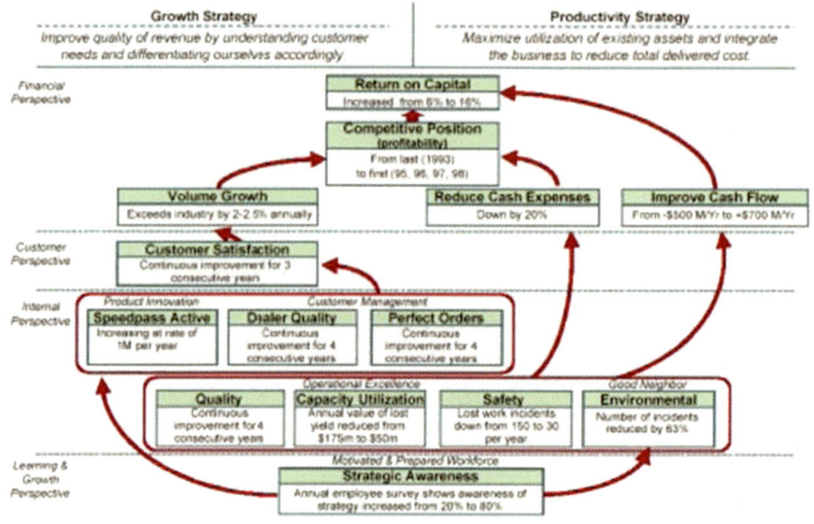

자료출처 : Balanced Scorecard Collaborative, Inc

할 수 있는 체계를 제공해 준다. 전략을 기술할 수 없다면 실행 역시 기대할 수 없게 된다. BSC의 주요 특징 중의 하나인 인과관계(Cause & Effect Relationship)를 활용한 전략체계도(Strategy Map)는 전략을 기술하기 위한 논리적이고 포괄적인 구조이다.

모빌 NAM&R은 가치사슬상에서 비용을 절감하고 생산성을 향상시킬 것, 고가의 제품과 서비스를 대량 생산할 것이라는 두 가지 전략하에 '투하자본수익률(ROCE)을 현재의 7% 수준에서 3년 내에 12%로 향상시킨다'는 재무적 목표를 설정하고 인과관계를 통해 전략체계도를 도출하였다.

1.4.1.2. 전략의 전사적 정렬을 통해 시너지를 창출하라

대부분의 조직은 여러 부문 및 사업단위, 셰어드 서비스 단위로 구성되며 이러한 조직은 전사 및 부문 단위의 BSC를 분권화된 하위 조직단위에까지 연결하여야 한다. 이는 조직 전반에 걸친 정렬(Alignment)과 시너지(Synergy)를 창출하게 된다. NAM&R의 경영진이 개발한 회사의 BSC에 따라 부여된 상위 수준의 목표는 BSC의 주요 특징 중의 하나인

팀이나 사업부의 목표를 조직전체의 비전과 전략에
일치시킴으로써 조직역량의 극대화 추구

Cascading Approach를 통해 각 단위의 여건을 반영하여 각 사업단위에서 개발된 BSC에 포함함으로써 회사의 전략이 하위 단위로까지 전파되게 되었다.

1.4.1.3. 전략을 모든 사람의 일상업무로 만들라

모든 조직 구성원들이 조직의 전략을 충분히 이해하고 조직의 전략적 목표 달성에 기여하게 하기 위하여 모빌 NAM&R에서는 커뮤니케이션, 조직목표와 개인목표와의 연계, BSC와 연계된 인센티브 등의 정책을 실시하였다.

조직의 전략을 충분히 이해하고 조직이 전략적 목표를 달성하는 데 기여할 수 있도록 조직 구성원들에게는 동기가 부여되어야 한다. 이를 위해 모빌 NAM&R에서는 BSC를 토대로 한 지속적인 의사소통 과정을 통해 직원 모두가 전략을 이해할 수 있도록 하였다. 또한 BSC와 연계된 개인별 연간목표를 수립하고 동시에 직원 모두에게 적용될 포괄적인 훈련 및 개발 메커니즘을 개발하여 개인적인 목표와 조직의 목표를 달성하는 데 필요한 수단을 제공하였다.

전략을 일상업무로 만들라

자료출처 : Balanced Scorecard Collaborative. Inc

전략적 목표와 커뮤니케이션과 개인적 목표와의 연계가 이루어진 후 BSC에 연결한 성과보상 정책을 실시함으로써 전략이 개개인의 일상업무화될 수 있었다.

1.4.1.4. 전략을 지속적인 프로세스로 만들라

BSC가 한번 구축되면 그것으로 끝이라는 생각을 하는 경우가 많은데 기업의 환경이 변화하는 한 기업의 전략은 변화할 수밖에 없으며, BSC에서는 이러한 새로운 기회와 경쟁상황을 지속적으로 반영하여야 한다.

모빌 NAM&R에서도 마찬가지여서 부문 단위에서 전략적 정보가 새롭게 업데이트되면 사업단위에서는 그에 따른 이니셔티브와 예산에 대한 계획을 수립하고 성과보고와도 연결한다.

이러한 기업의 일련의 프로세스들이 BSC를 활용하여 지속적으로 수행되어야만 전략집중형 조직이 가능해진다.

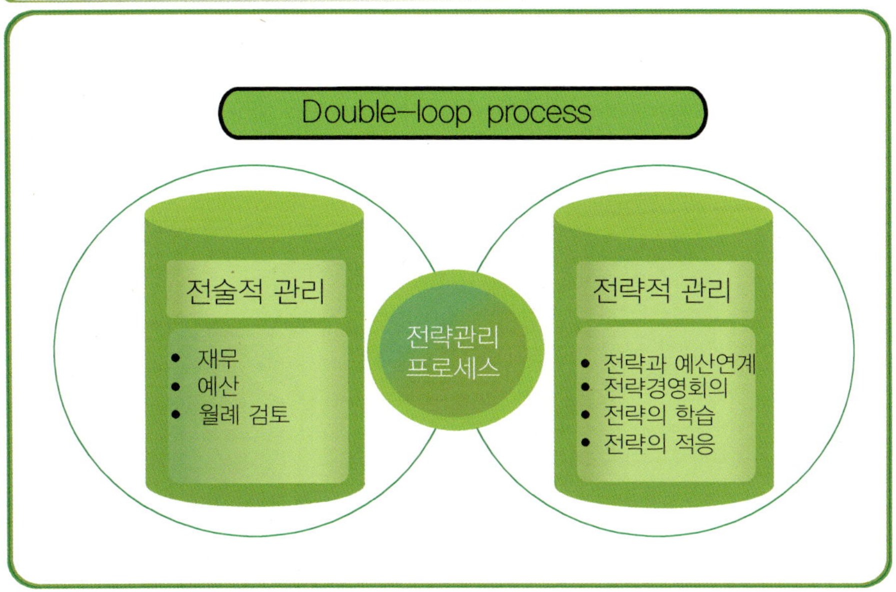

1.4.1.5. 최고경영진의 리더십을 통해 변화를 이끌어 내라

모든 경영혁신 활동에 있어서 가장 큰 성공요인은 최고경영진의 리더십인데 BSC에서도 마찬가지이며 BSC를 구축하고 난 후 그것을 지속적으로 조직에 전파시키고 확립해 가는 데 있어서 최고경영진의 리더십은 필수적인 사항이다. BSC에서 최고경영자의 리더십은 조직의 문제점을 명백히 밝히는 데서부터 출발한다.

모빌 NAM&R의 맥쿨은 먼저 과거의 실적에 대해 만족스럽지 못하다는 점을 밝히고, 조직이 변화해야 할 필요성을 역설하였으며, 실제로 필요한 개혁을 추진할 수 있도록 비전과 전략을 개발하였다.

또한 BSC를 조직 전체에 확산시키는 데 중요한 Sponsorship을 발휘하였으며, BSC와 연계된 새로운 보상체계를 고안하였고 전략을 지원하기 위한 기획과 예산프로세스를 수정, 보완하였다.

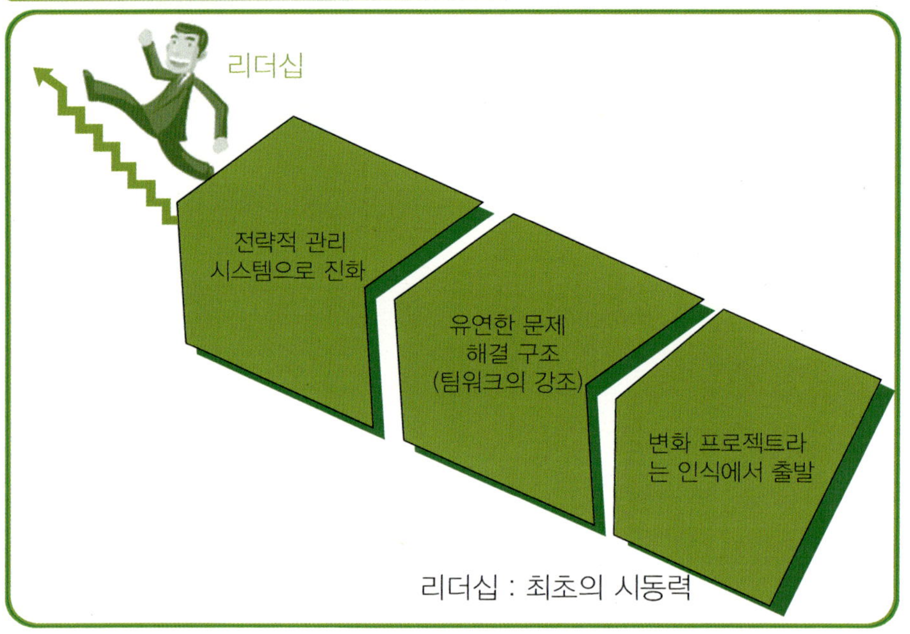

1.4.2. NAM&R의 사례

1994년 BSC를 도입하고 1995년부터 본격적으로 운영한 이후 모빌 NAM&R은 극적으로 회생하였고 업계 최고의 수익성을 기록하게 되었다. 물류비용의 20%를 절감하였으며 4년 연속 제품 품질 개선, 연간수율 손실 70% 감소, 안전사고 80% 감소, 환경사고 63% 감소 등의 성과를 올렸으며, 친절한 고객서비스가 정착되었다. 또한 BSC를 통해 1998년의 설문 결과를 바탕으로 보면 이전의 종업원의 전략 이해도가 1994년 20% 수준에서 80% 수준으로 상승하였다.

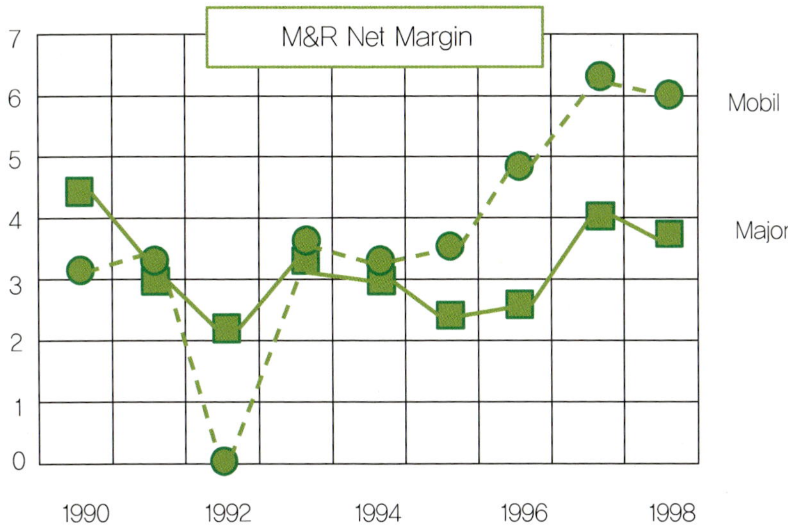

자료출처 : Balanced Socrecard Collaborative, Inc.

성과평가제도

2.1. 공공 부문 평가제도의 역사

공공 부문의 평가는 대상이 무엇인가에 따라 정책평가와 기관평가로 구분된다. 정책평가는 1961년 심사분석제도(국무총리 기획조정실)에서 시작하여, 1981년 경제기획원의 심사분석제도, 1990년 국무총리 행정조정실의 정책평가, 1994년 국무총리 행정조정실의 심사평가제도, 2001년 국무조정실의 정부업무평가제도에 이르고 있다(차의환, 1999).

초기 심사분석제도(1961~1980)는 대통령의 지시 및 관심 사업이나 각 부처 주요 사업들의 달성 정도를 검토하는 정도의 평가제도였다. 특히 이 시기에는 경제개발계획이 국가주도로 강력하게 시행되면서, 각 계획별 목표 달성이 얼마나 되었는가는 대통령의 주요 관심사였고, 그러한 달성 정도를 심사, 분석, 평가하기 위한 수단으로서 심사분석제도가 필요하였다. 이 시기 심사분석제도는 양적 평가에 집중하였고, 구속적 체계화보다는 건의적 성격을 띠었다.

경제기획원의 심사분석제도(1981~1994)는 이전 심사분석제도 및 운영상의 문제점을 시정하고, 심사분석업무의 활성화를 도모한다는 측면에서 심사분석제도의 개선을 추진한 결

정부부처 평가의 유형

담당 부처	평가유형
국무조정실	– 정부업무평가제도 : 주요정책과제, 관리역량, 국민만족도 – 정보화수준평가 – 국가정보화사업평가 – 규제개혁실적평가
중앙인사위원회	– 근무성적평정 – 성과급보수제도 – 다면평가제도 – 직무성과계약제
행정자치부	– 책임운영기관평가 – 목표관리제 – 행정서비스헌장 이행실태평가
기획예산처	– 재정성과관리평가
감사원	– 사업성과감사
부패방지위원회	– 기관청렴도 조사
각 부처	– 자체평가

과였다.

이 시기의 심사분석제도는 각 부처의 주요 사업과제와 대통령 공약사업 및 지시사항 등 매년 1,000여 개 수준에 이르는 많은 평가대상과제 때문에 사업진도파악 위주의 검토에 이존하였다. 그 결과로 평가의 외관적 경향으로 치우쳐 평가를 위한 평가, 즉 평가의 규정을 충족시키는 업무수행만을 위한 형식적인 평가업무 수행 결과를 초래하였다. 또한 심사분석 편람에 나타난 평가기준 등이 실제 적용에서는 합리성 결여와 평가결과의 환류체계 강구가 실효성 있게 뒷받침되지 않았다는 점도 한계로 지적된다.

국무총리 행정조정실의 정책평가제도(1990~1994)는 심사분석제도가 전 정부적 차원의 국정흐름을 진단하는 데 한계성을 갖고 있는 문제점이 지적되면서 보완적 성격으로 수립되었다. 정책평가제도는 「정부 주요 정책 평가 및 조정에 관한 규정」이 공표되면서 실시되었는데, 이 제도는 "급변하는 국제정세와 국내 사회정치적 여건 변화에 효율적으로 대처하기 위해 2개 이상의 중앙행정기관과 관련된 주요 정책에 대하여 전 정부적 차원에서 이를 종합적으로 평가 조정함으로써 효율적인 국정운영을 도모하려는 것"이라고 실시 배경을 밝혔다.

1994년 정부조직개편에 따라 총리실의 정책평가기능과 경제기획원의 심사분석기능이 통합되어 국무총리 행정조정실의 심사평가제도(1994~1998)가 수행되었다. 1995년 「정부업무의 심사평가 및 조정에 관한 규정」에 따라 심사평가제도가 실시되었는데, 심사평가는 정부업무의 추진상황 및 집행성과를 점검, 분석, 평가하고 관계 행정기관 간의 의견을 조정하여 그 결과를 정부업무의 추진 과정에 반영하는 것으로 정의되었다.

심사평가제도는 중앙행정기관이 매년 계획을 수립, 추진하는 시책 및 사업 중 당해 연도의 심사평가대상으로 선정된 주요 시책 및 사업에 대해서 당해 중앙행정기관과 국무총리가 정기적으로 실시하는 정기 심사평가와 중앙행정기관의 업무 중 국무총리가 국정운영과 관련하여 필요하다고 인정하여 수시로 실시하는 수시심사평가로 구분되었다. 정기심사평가에서는 각 부처 주요 사업 위주의 대상과제에 대한 업무추진 성과를 집중적으로 분석 평가하였고, 심사평가자문단을 구성하여 심사평가의 전문성과 객관성을 제고하고자 노력하였다는 측면에서 이전의 평가체계보다 평가적 의의에 충실하였다.

또한 심사평가실시결과는 국무회의에 보고되었고, 예산편성에 반영토록 하였으며, 시정조치상황도 점검을 함으로써 평가의 환류체계를 이전에 비해 획기적으로 강화하였다.

이처럼 심사평가제도는 이전의 이원화된 평가체계를 일원화시켰고, 평가과정에서의 효율성을 도모하였을 뿐만 아니라, 평가의 전문성과 환류체계를 강화하여 평가의 내실화를 추구하였다. 반면, 이 시기에도 평가의 형식과 내용에서 부분적 개선은 이루어졌을지라도 평가에 대한 획기적인 패러다임적 인식전환이나 정부의 역량 강화 측면, 변화관리, 세밀한 성과관리 및 성과평가 등에는 여전히 미치지 못하고 있어서 평가에서의 질적 전환은 이루지 못하였다.

국무총리 행정조정실의 심사평가제도는 1998년부터 국무총리 국무조정실의 심사평가제도로 변경되면서 기관평가적 요소가 가미되어 종합적 평가제도로 발전하였다. 특히 2001년 「정부업무 등의 평가에 관한 기본법」은 기존의 정책평가뿐만 아니라 기관역량평가, 국민만족도 평가를 포괄적으로 규정하여, 공공 부문 평가체계가 한 단계 질적 발전을 거듭한 계기가 되었다.

최근까지 공공 부문 평가는 정부업무나 정책 및 사업 등의 시행 정도를 평가하는 수준을 넘어서, 정책 시행의 결과로 달성된 성과 부문에 평가의 초점을 맞추고자 노력하고 있다. 이러한 노력들은 공공 부문 평가를 형식보다는 내용에, 단위 업무보다는 기관의 미션과 임무 수행적 측면을 주목한다는 점에서 이전과는 다른 질적 발전을 도모하고 있다 하겠다. 그러나 아직까지 성과를 기초로 한 평가지표의 개발이 미흡하며, 조직의 전략적 목표와 개인 및 하위 부서 지표 간의 연계성이 떨어지고, 성과평가의 보상체계로서의 피드백이 약할 뿐만 아니라, 성과평가 문화가 일반화되지 못하여 조직의 혁신과 변화관리로서 성과관리제도가 적극적으로 활용되지 못하고 있는 한계가 여전히 남아 있다. 그리고 부처 간 성과평가제도가 서로 중첩적으로 존재하여 대상 조직에서는 혼선과 낭비적 요소들이 발생하고 있다는 점도 문제로 지적된다.

2006년 3월 2일 국정평가기본법안이 정부업무평가기본법으로 국회정무위원회에서 제명을 변경하여 국회본회의를 통과하였으며 2006년 4월 1일부터 시행된다. 정부업무평가기본법은 현재 개별 법령에 의하여 이루어지는 개별적이고 중복되는 각종 평가를 통합·체계화하고, 소관 정책을 스스로 평가하는 자체평가를 성부업부평가의 근간으로 하여 자율적인 평가역량을 강화하며, 공공기관을 포함한 정부업무 전반에 걸쳐 통합적인 성과관리체제를 구축함으로써 정부업무운영의 능률성·효과성 및 책임성을 향상시키려는 것이다.

2.2. 정부업무평가기본법의 주요 내용

① 중앙행정기관 및 그 소속기관에 대한 평가는 원칙적으로 이 법에 의하여 통합적으로 실시하도록 하고, 평가의 통합실시가 곤란한 경우에는 미리 정부업무평가위원회와 협의하고, 평가를 실시한 후에는 그 결과를 정부업무평가위원회에 제출하도록 함(제3조).

② 중앙행정기관의 장 등은 그 기관의 전략목표 등을 명백히 하고, 이를 추진하기 위하여 필요한 구체적인 성과목표 등이 포함된 성과관리전략계획과 성과관리시행계획을 수립하여 체계적으로 정책을 추진하도록 하며, 중앙행정기관의 장이 성과관리전략계획과 성과관리시행계획을 수립한 때에는 국회 소관 상임위원회에 보고하도록 함(위원회 수정)(제5조 및 제6조).

③ 국무총리는 정부업무평가위원회의 심의·의결을 거쳐 정부업무의 성과관리 및 정부업무평가에 관한 정책목표와 방향을 설정한 정부업무 평가기본계획을 수립하고, 그 계획을 바탕으로 매년 정부업무평가시행계획을 수립하도록 함(위원회 수정)(제8조).

④ 정부업무평가위원회는 위원장 2인을 포함한 15인 이내의 위원으로 구성하고, 국무총리와 민간위원장이 공동으로 위원장이 되도록 하며, 정부업무평가에 관한 주요 사항을 심의·의결하도록 함(위원회 수정)(제9조 및 제10조).

⑤ 중앙행정기관은 소관 정책 전반에 대한 자체평가계획을 수립·시행하도록 하고, 재평가를 통하여 자체평가의 신뢰성·공정성을 확보할 수 있도록 하며, 지방자치단체의 경우에도 자체평가계획을 스스로 수립·시행하도록 함(위원회 수정)(제14조 내지 제18조).

⑥ 공공기관의 특수성·전문성을 고려하여 평가를 하도록 하되, 다른 법령에 의하여 체계적인 평가가 이루어지는 경우에는 중복평가를 방지하기 위하여 공공기관평가를 실시하는 기관이 그 평가계획과 평가결과를 정부업무평가위원회에 제출하도록 함(제22조).

평가항목 및 평가지표

평가항목	평가지표	배점
1. 계획내용의 충실성	1-1. 계획수립의 적정성	
	1-2. 정책수단의 적절성	
2. 성과계획의 합리성	2-1. 성과목표의 구체성 및 정책목표와의 인과관계 정도	
	2-2. 성과지표 목표치의 합리성 정도	
3. 시행과정의 효율성	3-1. 집행의 적시성	
	3-2. 모니터링 시스템의 구축. 운영정도	
4. 시행과정의 적절성	4-1. 행정여건. 상황변화에 대한 대응 정도	
	4-2. 관련기관. 정책과의 연계 및 협조체제 구축. 문영 정도	
5. 목표의 달성도	5-1. 성과지표에 의한 목표의 달성 정도	

2.3. 정부 산하 기관 경영평가

정부에서 실시한 96개 공공기관 CEO들은 대체로 지난해보다 좋은 평가를 받았다. '우수'(80~90점) 등급 기관장은 지난해 한 명도 없었지만 2009년에는 근로복지공단·코트라·수자원공사·한국전력공사·한국철도공사 등 5명으로 증가했고 '양호' 등급 기관장도 같은 기간 24명에서 26명으로 소폭 늘었다.

기획재정부 이용걸 2차관은 "공공기관 경영평가가 시작된 이후 경영진이 많은 개선 노력을 한 것으로 풀이된다"라고 말했고 윤증현 기획재정부 장관은 14일 공공기관 선진화를 위해 공공기관에 대한 경영평가를 강화할 방침이라고 밝혔다.

윤 장관은 이날 과천 정부청사에서 열린 제6차 공공기관운영위원화에서 "공공기관평가는 이명박 정부가 역점 추진하는 공공기관 선진화 정책의 중간 평가라는 점에서 관심이 높다"며 "이번 평가가 끝이 아니라 시작이라는 각오로 공공기관 선진화를 추진해야 한다"고 말했다.

그는 "공공기관 선진화는 현 정부의 핵심 추진 과제로 국민이 많이 지지하며 집권 후반기에도 강력히 추진하길 바라고 있다"면서 "신뢰성 있는 평가결과를 위해 평가위원들이 노력해 달라"고 당부했다.

경영평가대상 96개 공공기관 CEO(최고경영자) 가운데 한국시설안전공단 신방웅 이사장이 경영실적(2009년도 기준) 저조 등을 이유로 '해임건의' 대상이 됐다고 기획재정부가 14일 발표했다.

정부의 2009년 공공기관장 경영평가결과

기관명	점수	조치
한국시설안전공단	50점 미만	기관장 해임건의
국민체육진흥공단, 대한석탄공사, 대한주택보증(주) 울산항만공사, 제주국제자유도시개발센터, 한국고용정보원, 한국국제교류재단, 한국문화예술위원회, 한국발명진흥회, 한국방사선폐기물관리공단, 한국사학진흥재단, 한국산업기술평가관리원, 한국산업인력공단, 한국어촌어항협회, 한국연구재단, 한국원자력문화재단, 한국전기안전공사, 한국환경산업기술원, 한국환경자원공사	50~60점 (미흡)	기관장 경고 (2년 연속 경고를 받으면 기관장 해임건의)
건강보험심사평가원, 공무원연금공단, 국립공원관리공단, 국제방송교유재단, 농수산물유통공사, 대한지적공사, 도로교통공단, 독립기념관, 부산항만공사, 사립학교교직원연금관리공단, 선박안전기술공단, 수도권매립지관리공사, 예금보험공사, 우체국예금보험지원단, 인천항만공사, 중소기업기술정보진흥원, 축산물품질평가원, 학교법인한국폴리텍, 한국가스안정공사, 한국감정원, 한국건설교통기술평가원, 한국공해관리공단, 한국기술교육대학교, 한국디자인진흥원, 한국마사회, 한국방송광고공사, 한국보건산업진흥원, 한국보훈복지의료공단, 한국산업기술시험원, 한국산업기술진흥원, 한국산업안전보건공단, 한국산업은행, 한국석유관리원, 한국쎄라믹기술원, 한국수출보험공사, 한국승강기안전관리원, 한국예탁결재원, 한국우편물류지원단, 한국우편산업지원단, 한국장애인고용공단, 한국철도시설공단, 한국컨테이너부두공단, 한국투자공사, 한국해양수산연수원, 환경관리공단.	60~70점 (보통)	기관장성과급 지급

기관	점수	비고
교통안전공단, 국민건강보험공단, 기술보증기금, 신용보증기금, 에너지관리공단, 인천국제공항공사, 중소기업은행, 중소기업진흥공단, 한국가스공사, 한국공항공사, 한국과학창의재단, 한국광물자원공사, 한국농어촌공사, 한국도로공사, 한국산업단지공단, 한국석유공사, 한국수출입은행, 한국원자력안전기술원, 한국자산관리공사, 한국전력거래소, 한국정보화진흥원, 한국조폐공사, 한국주택금융공사, 한국지역난방공사, 한국청소년상담원, 한국콘텐츠진흥원.	70~80점 (양호)	기관장성과급 지급
근로복지공단, 대한무역투자진흥공사, 한국수자원공사, 한국전력공사, 한국철도공사	80~90점 (우수)	
해당 기관 없음	90~100점 (탁월)	

* 기관장 리더십, 경영효율화, 노사관계 등 공공기관 선진화, 고유과제 등을 평가대상으로 함

* 자료 : '기획재정부'

또 전기안전공사·대한주택보증·산업인력공단 등 성과가 부진한 기관의 CEO 19명은 '경고'를 받았다. '경고'를 두 번 받으면 '해임 대상'이 된다. 이번에 '경고'를 받은 19명 가운데 대한석탄공사 조관일 전 사장과 국제교류재단 임성준 전 이사장, 체육진흥공단 김주훈 전 이사장 등 3명은 2년 연속 '경고'를 받아 '해임건의' 대상이 됐다. 하지만 조 전 사장은 6·2 지방선거 강원도지사 출마를 이유로 이미 사임했으며, 김 전 이사장은 국기원 이사장으로, 임 전 이사장은 한국외대 석좌교수로 자리를 옮겼다. 이들 중 김주훈 전 이사장은 이명박 대통령 당선자 정책자문위원 출신으로 이번에 '경고'를 받기 전에 미리 국기원 이사장으로 임명됐다.

이에 따라 이번 평가에서 사실상 '해임건의' 대상은 신 이사장 1명뿐이어서, 공기업 선진화를 내걸며 작년부터 시작된 경영평가가 실효성이 떨어진다는 지적이 나오고 있다.

기획재정부는 "신 이사장은 작년에 인원을 한 명도 감축하지 않았고, 노사 간부에게 인사상 특혜를 줬으며, 당기 순이익 증가율이 계속 둔화되면서 모든 지표에서 평균 이하 성적을 받았다"고 밝혔다.

이번 기관장 평가는

△ 노사관계와 경영효율화 등 공공기관 선진화(가중치 40%)

△ 기관 고유과제 평가(40%)

△ 기관장 리더십(20%) 등 세 가지 항목을 중심으로 이뤄졌다. 이용걸 재정부 2차관은 "평가결과에 따라 성과급 지급률을 차등화하는 후속 조치를 취할 것"이라고 말했다.

자료출처 : 한국경제신문

2.3.1. 공기업 성과연봉제

박재완 청와대 국정기획수석은 20일 "공기업 직원들이 연공서열이 아니라 노력과 성과에 상응해 인사와 보수를 평가받는 성과연봉제를 도입하도록 하겠다"고 밝혔다.

박 수석은 조선일보와 조선경제i가 함께 만드는 경제·투자 전문 온라인 매체 조선비즈 닷컴(chosunbiz.com) 창간 기념 인터뷰에서 "공기업들이 녹색산업 같은 신성장 동력 창출을 선도해야 한다"며 이같이 말했다. 박 수석은 이명박 정부 후반기 주요 국책과제 중 하나로 '공기업의 첨단기업화'를 제시하고, "공기업들은 지금까지 하지 않았던 새로운 분야를 개척해서 가치를 창출해야 한다"고 말했다.

산업은행과 기업은행의 민영화에 대해서는 "남유럽 재정위기 등으로 대외여건이 불확실하기 때문에 시장 상황을 면밀히 살펴보며 결정할 것"이라며 "시기를 못 박기는 어렵다"고 했다.

자료출처 : 조선일보

2.3.2. 공공기관 연봉 20~40% 차등 지급

정부가 작년부터 마련해 온 공공기관 연봉제(年俸制) 표준모델을 이르면 이달 말 발표한다. 매년 성과에 따라 20~40% 차등 지급하고 이를 전 직원에 적용하도록 권고하는 내용이다. 정부는 공공기관운영위원회를 열고 표준모델을 확정 지을 계획이다.

기획재정부 고위관계자는 20일 "공공기관의 효율성을 높이고 실질적인 경쟁을 도입하기 위해 성과에 따라 최상위와 최하위 등급 간 20~40% 차등 지급하는 연봉제를 공공기관에 권고할 것"이라고 밝혔다. 그는 "일부 연봉제를 도입한 기관이 있지만 호봉제(號俸制)를 유지하면서 이름만 연봉제를 붙인 '무늬만 연봉제'인 경우가 많고 1~2급 등 간부급에만 적용하는 기관들이 대부분"이라고 도입 배경을 설명했다.

그동안 윤증현 기획재정부 장관은 공공기관의 연봉제 도입을 누차 강조해 왔다. 지난 3월 공공기관 선진화 우수사례발표 워크숍에서도 "일 잘하는 사람이 대우받고 공공기관을 일하는 조직으로 만들기 위해 보수체계도 성과중심으로 개편될 필요가 있다"고 말했다.

이번 표준모델은 성과와 함께 직무성격도 감안하는 '성과직무형 연봉제'가 될 것으로 보인다. 난이도가 높거나, 기피하는 정도가 큰 직무에 인센티브를 주는 것이다.

또 다른 재정부 관계자는 "성과형과 직무형이 혼합된 방식이 될 것"이라며 "공공기관에 권고하는 방식이지만 매년 실시되는 공공기관 경영평가에 연봉세 시행 여부를 반영할 수 있다"고 말했다. 앞서 연봉제를 도입한 기관들도 표준모델에 따라 조정이 불가피해 보인다. 일부 공공기관들은 자체적으로 연봉제를 도입해 왔지만 적용대상이나 차등 폭이 제각각이다. 작년부터 연봉제를 도입한 한 공기업 인사담당자는 "아직 세부적인 표준안을 전달받지는 않았지만 기관평가에도 반영된다면 소폭이라도 조정할 수밖에 없을 것"이라고 말했다.

연봉제 표준모델과 함께 급여 중 성과급이 차지하는 비중을 늘리고, 성과가 나쁜 직원을 퇴출해 성과관리시스템을 구축하는 내용도 담길 것으로 보인다.

2.3.3. 공공기관 연봉

2009년 공공기관장들의 평균 연봉은 1억 4,000만 원, 직원들은 5,900만 원으로 나타났다. 공공기관장과 직원들의 연봉이 줄어든 것은 정부가 2004년 알리오시스템을 시작한 이후 처음이다.

기획재정부는 29일 공기업, 준정부기관, 기타 공공기관 등 공공기관 286곳의 경영정보를 공시한 결과 지난해 공공기관의 평균 임금은 5,900만 원으로 전년 대비 1.6% 감소했다고 밝혔다.

직원 평균 임금은 2009년도 총 인건비 동결과 경영평가성과급 하향 조치로 공기업, 준정부기관이 각각 −6.0%, −0.01% 감소했다. 이에 반해 기타 공공기관은 1.3% 증가세를 유지했다. 강호인 공공정책국장은 "기타 공공기관은 임금 삭감 등이 경영평가결과와 직접 연결이 안 돼 성과급이 타 공공기관에 비해 많이 지급됐다"며 "이 때문에 공기업이나 준정부기관과 비교해 연봉 감소폭이 작은 편이다"라고 밝혔다.

신입사원 초임은 지난해 2,500만 원으로 전년 대비 10.3% 감소했는데 이는 민간기업과 공공기관 간의 보수 격차를 줄이기 위해 대졸초임이 2,000만 원 이상인 경우 보수수준에 따라 보수 삭감률을 1~30%로 차등 조치해 대졸 신입사원의 초임을 삭감했기 때문이다.

신입사원 초임은 공기업이 2,540만 원, 준정부기관 2,520만 원, 기타 공공기관 2,470만 원 순으로 나타났다.

공공기관장의 평균 연봉은 전년보다 10.6% 감소한 1억 4,000만 원으로 나타났다.

이는 2008년 6월 1일 이후 신규 임용되는 기관장부터는 기관장 보수구조를 기본연봉과 성과급으로 단순화하고 기관장 기본연봉을 차관급 공무원 연금수준으로 조정한 데 따른 것이다.

지난해 기관장 성과급은 '경영평과성과급 하향조치' 등의 영향으로 전년보다 24.8%나 감소한 2,700만 원 수준이었다.

또 2008년 경영성과급 20%를 일괄 삭감한 데다가 경영실적도 저조했던 점도 한몫했다.

2010년 1월 말 현재 공공기관 수는 공공기관 선진화 정책에 따른 통폐합으로 20개가 감소하고 지정요건 변경으로 9개가 늘어나 전체적으로 작년의 297개보다 11개 감소한 286개로 나타났다.

지난해 공공기관 임직원 수는 24만 3,000명으로 선진화 계획에 따른 통폐합과 정원감축으로 전년의 26만 2,000명보다 7.3% 감소했다.

지난해 공공기관의 신규채용 규모는 8,500여 명으로 선년의 1만 1,000여 명에 비해 22.9%나 줄었다. 공공기관 정원이 줄어든 것은 작년이 처음이다.

한편 이들 공공기관의 총 부채 규모는 전년에 비해 16.6% 증가한 347조 6,000억 원에 달했다.

공기업은 212조 1,000억 원으로 전년 대비 20.6%(36조 2,000억 원), 준정부기관은 98조 5,000억 원으로 전년 대비 11.8%(10조 4,000억 원), 기타 공공기관은 37조 원으로 전년 대비 8.5%(2조 9,000억 원) 증가했다.

이와 더불어 지난해 총자산 규모도 전년보다 16.5% 증가한 610조 9,000억 원으로 집계됐다.

공기업은 350조 9,000억 원으로 전년 대비 13.7%(42조 3,000억 원), 준정부기관은 182조 6,000억 원으로 전년 대비 26.2%(37조 9,000억 원), 기타 공공기관은 77조 4,000억 원으로 전년 대비 8.7%(6조 2,000억 원) 늘었다.

이는 사회기반시설인 SOC·에너지 설비투자, 중소기업·서민생활 지원 자금 공급 확대 등에 기인한 것이다.

공기업 CEO 연봉 11.4% 올라
금융부문 공공기관 연봉 상위권 휩쓸어

지난해 공기업 기관장의 평균 연봉이 11.4% 올라 전체 공공기관 기관장의 평균 연봉 상승률 4.1%를 크게 웃돌았다.

또 직원의 평균 연봉이 6천만 원 이상인 공공기관은 모두 96개로 전년의 70개에서 37% 늘었고 증권예탁결제원 직원의 평균 연봉은 1억 원에 육박했다.

'신이 내린 직장'의 대명사 격인 금융부문 공공기관은 일부에서 경영진 연봉을 대폭 삭감했지만 여전히 상위권을 휩쓸었다.

2.3.4. 공기업 기관장 연봉 상승률

27일 기획재정부가 알리오시스템을 분석한 결과에 따르면 전체 302개 공공기관 기관장의 지난해 연봉은 4.1% 올랐고 이 중 공기업(24개) 기관장 연봉은 11.4% 올라 상승률이 전체 평균의 2배를 넘었다.

반면 준정부기관(77개)과 기타 공공기관(201개)의 기관장 연봉 상승률은 각각 3.2%, 3.4%로 평균에 못 미쳤다.

또 지난해 고액 연봉으로 사회적 논란이 됐던 3개 국책은행(산업은행, 수출입은행, 기업은행) 기관장의 연봉은 19.0% 줄었다.

아울러 공기업 기관장 연봉 상승률은 2006년에는 2.6%였으나 지난해는 11.4%로 8.8% 포인트 급증했다. 이에 반해 준정부기관 상승률은 2006년 1.9%에서 지난해 3.2%로 소폭 상승에 그쳤고 기타 공공기관은 6.3%에서 3.4%로 낮아졌다. 기타 공공기관에 속한 3개 국책은행은 11.5%에서 −19.0%로 급락했다.

이 밖에 기관장 평균 연봉 수준은 공기업이 2억 2천만 원으로 가장 높았고 준정부기관(1억 7천만 원), 기타 공공기관(1억 4천만 원) 등의 순이었다.

한편 지난해 공공기관 기관장의 평균 업무추진비는 2,400만 원으로 전년보다 200만 원(6.4%) 줄었다. 그러나 기관장의 연봉과 업무추진비를 합한 금액은 지난해 평균 1억 7,800만 원으로 전년보다 500만 원(2.9%) 늘었다.

기관장 업무추진비는 준정부기관이 3,200만 원으로 가장 많았고 공기업(2,200만 원), 기타 공공기관(2천만 원) 등의 순이었다.

자료출처 : 조선일보

참고자료 1 : 공공기관 운영에 관한 법률[등록일 : 2008/03/25]

공공기관 운영에 관한 시스템을 근본적으로 개선하기 위한 목적으로 2007년 1월 1일 시행에 들어간 것으로, 공공기관의 자율 책임경영체제 확립과 경영합리화, 운영의 투명성 강화 내용 등을 담고 있다. 공공기관운영위원회가 경영감독과 평가를 하고, 주무부처는 사업감독만 함으로써 책임소재를 규명하도록 했다. 임기는 기관장 3년, 기타 임원 2년으로 보장해 주되 경영성과에 따라 1년 단위로 연임토록 했다.

참고자료 2 : 공공기관 경영계약제[등록일 : 2009/08/13]

공공기관의 책임경영체제를 강화하기 위해 1년 단위로 매년 기관장의 경영계획서를 받은 뒤 이행실적을 평가해 기관장의 유임 여부를 결정하는 제도다. 기획재정부가 2008년 5월에 도입한 것으로, 기관장 임기(3년) 중 달성할 경영목표, 1년 단위의 주요 현안중심의 경영계획 등이 담겨 있다.

2.4. 지방자치단체의 평가제도

지방자치단체 평가는 지방자치단체에서 수행하는 국가의 주요 시책에 대한 추진상황을 평가, 환류하여 국정운영의 효율성과 통합성을 확보하고자 하는 목적으로 실시되는 평가제도이다. 아울러 지방자치단체의 합리적인 정책결정을 지원하고 행정의 책임성을 확보하려는 의의도 갖고 있다. 평가대상은 16개 광역자치단체로서, 지방자치단체 또는 그 장이 위임받아 처리하는 국가사무이다. 평가 분야는 주요 시책과 민원행정서비스 만족도 조사이다.

지방자치단체의 평가제도

구분	내용
평가체계	− 국무조정실(정책평가위원회) : 평가기본방향 설정, 평가과제 또는 항목 마련(행자부와 협의) − 행정자치부(지방자치단체 합동평가위원회) 시, 도의 의견수렴, 평가의 구체적 시행계획 수립 및 평가지표, 매뉴얼 개발, 합동평가단을 구성하여 평가실시(서면평가, 현장평가, 만족도조사), 평가결과심의 및 국무조정실(정책평가위원회)에 보고
평가절차	− 과제 선정 및 기본방향 설정(국무조정실) − 계획 수립 : 평가지표 및 매뉴얼 개발(행정자치부) − 평가실시 및 결과산정(행정자치부, 지자체 합동평가위원회) − 익년도 상반기 1회 평가실시
평가결과 활용	− 평가결과는 지자체 합동평가위원회 심의를 거쳐 정책평가위원회, 국무총리 보고 − 시책별 평가등급에 따라 재정인센티브 부여 및 포상실시 − 평가보고서 발간, 국정 미 시, 도정의 환규자료로 활용 − 우수 혁신사례를 발굴, 자치단체 간 상호 벤치마킹 자료로 활용

3. 공공 부문과 민간 부문의 비교

3.1. 공공 부문과 민간 부문의 비교

공공 부문의 평가는 대상이 무엇인가에 따라 정책평가와 기관평가로 구분된다. 정책평가는 1961년 심사분석제도(국무총리 기획조정실)에서 시작하여, 1981년 경제기획원의 심사분석제도, 1990년 국무총리 행정조정실의 정책평가, 1994년 국무총리 행정 조정실의 심사평가제도, 2001년 국무조정실의 정부업무평가제도, 2006년 4월 1일 정부업무평가기본법에 이르고 있다.

공공 부문은 고객인 국민을 만족시키는 것이 최종목표이며 최종목표 달성을 위하여 조직이 존재하고 적은 비용으로 효율적으로 운영하여 국민의 만족도를 향상시키는 것이며 민간기업은 혁신, 창조, 인지도, 제품력과 서비스력으로 고객을 만족시켜 최종목적인 재무적 목적을 달성하는 데 있다.

공공 부문과 민간 부문의 전략비교

전략 특성	민간 부문	공공 부문
전략목표	경쟁력	임무 달성의 효과성
재무적 목표	이윤, 성장, 시장점유율	비용감소, 효율성
가치	혁신, 창조, 신용도, 인지도	공공의무, 성실, 공정
바람직한 성과	고객만족	고객만족
이해관계자	주주, 소유주, 시장	납세자, 감사인, 입법자
예산 우선순위 결정요인	고객요구	지도자, 입법자, 기획인력
비밀의 정당성	지적자산 및 독점지식의 보호	국가안전보장
주요 성공요인	성장률, 매출액, 시장점유율, 유일성, 첨단기술	우수관리사례, 일률성, 규모의 경제, 표준화된 기술

자료출처 : 공공부문과 민간부문의 전략비교 (Arveson, 1999) 공공부문 정보화 사업평가를 위한 BSC 모형/한국전산원

3.2. 공공 부문의 특성

BSC의 기본논리는 각 관점 및 측정지표들 간의 균형이 조직의 장기적, 재무적 성과를 보장해 줄 거라는 가설에 기초하고 있다. 따라서 BSC 모형을 재무적 성과가 주목적이 아닌 공공 부문에 사용하기 위해서는 관점의 배치와 조정이 필요하다.

정부와 같은 공공조직에서는 재무관점이 목표가 아니라 제약조건으로 작용하는데 지출을 할당된 예산한도 내로 제한해야 한다. 정부기관의 성공 여부는 납세자와 유권자들의 욕구를 얼마나 효과적이고 효율적으로 충족시켰는가에 의해 측정되어야 한다. 그리고 이를 위해서는 먼저 고객과 유권자를 위한 가시적인 목표가 규정되어야 한다.

즉 정부는 법에 명시된 각 기관 고유의 임무를 완수하는 것이 기본목표이며, 부가적으로 이를 최소의 비용 또는 비용 절감을 통하여 이룩하여야 한다. 정부의 BSC 관점별 인과관계는 재무관점을 궁극적인 목표로 삼는 민간기업과는 달리 고객관점을 궁극적인 목표로

BSC 관점	비교	BSC 측정의 주안점		
		운영수준	관리수준	전략수준
재무	정부	비용	효율적 자원 활용	임무완수
	기업	수익	높은 투자수익	재무적 성취
고객	정부	효율적 자원할당	행정과정의 향상	과정의 효율성
	기업	수익성 있는 고객확보	고객욕구 충족	과정의 효율성
내부 프로세스	정부	효율적 자원할당	행정과정의 향삼	과정의 효율성
	기업	낮은 생산비용	지속적인 과정의 향상	과정의 최적화
학습과 성장	정부	– 인력의 자질 향상 및 교육 – 정보기술 아키텍처 – 정보기술 기반	– 정보기술 생산성 향상 – 정보기술활용	지시관리
	기업	– 인력의 자질 향상 및 교육 – 정보기술 아키텍처 – 정보기술기반	– 정보기술 생산성향상 – 정보기술활용	전사적 자원관리

자료풀처 : 정부와 기업의 BSC 측정의 주안점 비교 (Eickelmann, 2001)

설정해야 한다.

3.3. 공공 부문의 BSC모델

모든 공공기관의 궁극적인 목적은 기관의 존립근거인 국가와 국민을 위해 해야 할 일인 사명을 잘 수행하여 고객인 국가와 국민의 만족을 이끌어 내는 것이다. 이러한 사명을 수행하기 위해서는 업무를 수행하는 방식, 즉 일하는 방식의 혁신이 요구된다. 예전의 하드웨어적 업무수행방법에서 창의적인 소프트웨어적인 업무수행방법으로 일하는 방법을 바꾸어야 한다.

전략수행에 필요한 인력의 개발 및 양성 그리고 유지에 소요되는 재무적 투자는 바로 예산에 의해서 결정된다. 즉 예산은 일하는 방식에도 직접적으로 영향을 미치지만, 업무수

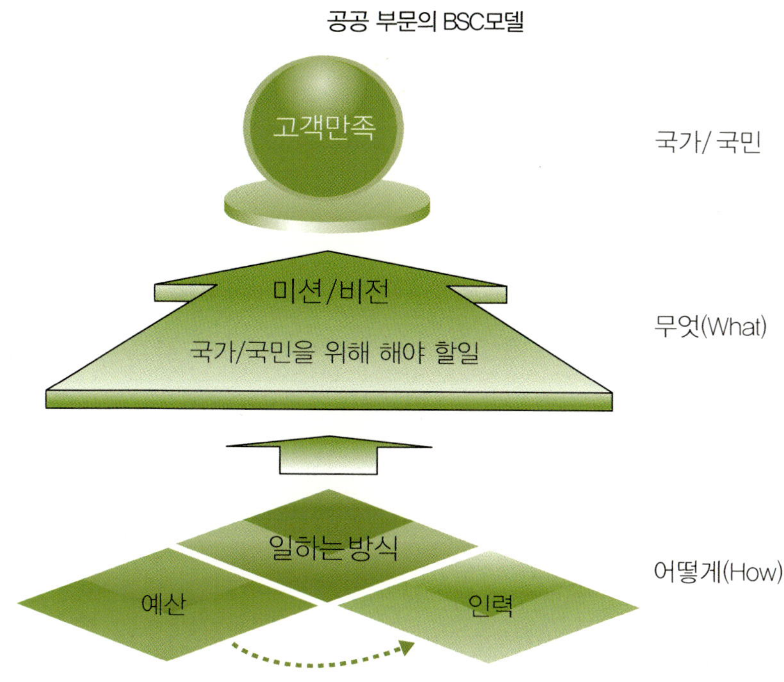

자료출처 : 정부와 기업의 BSC 측정의 주안점 비교 (Eickelmann, 2001)

행의 주체인 인력에도 직접적인 영향을 미친다.

이러한 공공 부문의 성과관리 모델을 BSC로 구성해 보면, 최상위에 모든 기관의 궁극적 목표인 국가와 국민인 '고객'이 위치하게 된다. 고객을 만족시키기 위해서 개선되어야 하거나 향상되어야 할 업무 방식, 즉 일하는 방식이 바로 '내부프로세스'에 해당된다. 업무를 직접적으로 수행하는 인력은 바로 '학습과 성장' 관점의 직원능력과 그와 관련된 조직문화 등을 의미하고, 이러한 인력의 양성과 업무 수행을 지원하는 예산은 '재무' 관점에 해당된다.

3.4. 민간 부문의 특성

BSC의 기본 논리는 각 관점 및 측정지표들 간의 균형이 장기적으로 기업의 재무적 성과를 보장해 줄 거라는 가설에 기초하고 있다. 민간기업과 같은 영리조직에서는 무엇보다 재무관점이 중요한 목표이다.

공공 부문에서 재무적 측면은 특정한 일을 할 수 있게 하거나 혹은 할 수 없게 만드는 요인이 될 수는 있지만 근본적인 목표가 되지는 않는다. 그러나 기업 부문은 자사의 수익을 창출해 주는 원천으로서 고객을 인식하여 수익성의 기준에 따라 고객을 세분하고 수익을 극대화하기 위하여 경영전략을 수립하고 실행한다.

학습과 성장관점에서 조직원의 지식과 능력을 향상시켜 프로세스관점에서 향상된 지식과 능력으로 프로세스를 효율적으로 운영하여 고객관점에서 고객의 만족도를 향상시켜 충성고객을 확보하고 그 결과 재무적 성과를 올려 주주와 이해관계자를 만족시키고 선순환으로 환류하여 조직원들에게 더 많은 혜택을 주는 것이 민간기업의 관점이다.

민간부문의 BSC모델

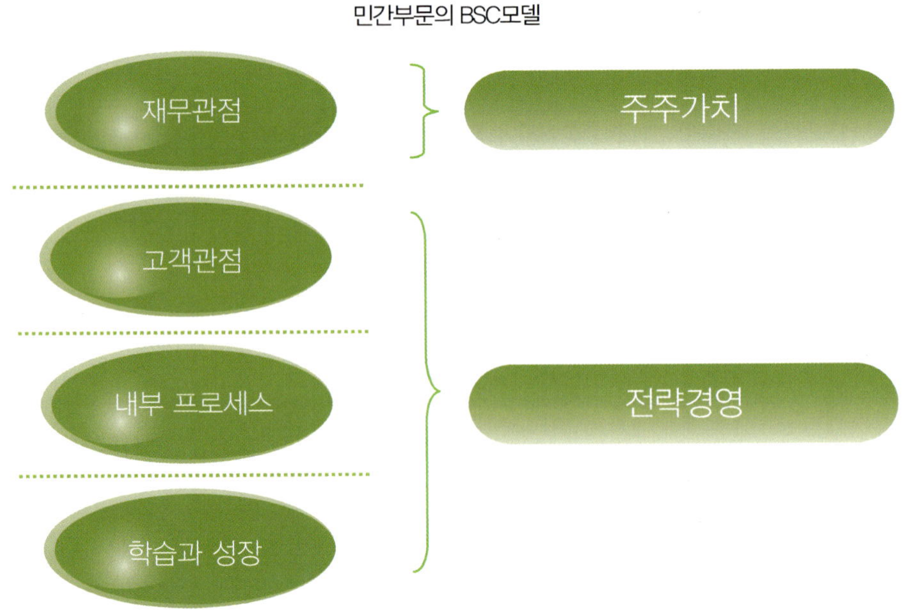

4.1. A급과 F급 직원의 차이(인터뷰 자료)

우수한 육체근로자와 그렇지 못한 사람과의 성과차이는 얼마나 될까? 나는 평소 많아야 두 배 정도라고 생각해 왔다. 3년 전, 회사에서 샘플을 만드는 봉제사들을 한 달간 측정해 본 결과, 놀라운 사실이 발견됐다. 1위와 꼴찌 간에 무려 열 배의 생산성 차이가 나는 것이었다. 지식근로자에 대한 관리가 어려운 이유는 육체근로자와 달리 성과를 측정할 방법이 없다는 것이다. 기껏 잘하는 사람, 보통, 못하는 사람 식으로 구분하는 정도다. 얼마나 잘하고 못하는지 명확히 알 수 없다는 것이 경영자들에게는 곤혹스러운 일이다. 비서의 성과를 어떻게 구체적으로 알 수 있을까? 감사 책임자는? 회계 담당자는? 마케팅 매니저는?

결코 쉽지 않은 일이다. 그런데 만약 이들에 대한 성과측정이 가능하다면 A급과 F급의 차이는 과연 얼마나 날까? 우리 회사도 이 문제로 여러 해 고민해 왔다. 그러다가 우연히 해결의 실마리를 찾게 되었다. 캐플란과 노턴이 제안한 전략관리시스템인 BSC(Balanced scorecard : 재무적, 비재무적 지표 간의 균형 잡힌 성과평가시스템)를 응용하면 가능해 보인 것이다. 우리는 즉시 BSC를 회사 실정에 맞게 수정한 후 지난 몇 년간 측정을 해 왔다.

결과는 어떠했을까? 2배? 10배? 혹은 20배? 나는 대략 10배쯤 차이 나지 않겠나 짐작했다. 그런데 놀랍게도 100배 이상이었다. 문득 미국 최고경영자들의 천문학적 연봉수준이 근거가 전혀 없는 게 아니라는 생각이 들었다. 요즈음 이른바 지식사회 시대를 맞이해 새로운 보상체계 도입이 절실해졌다.

A급 직원에게 상응한 대우를 하지 못하면 벤처기업으로 떠나 버리고 이것이 계속되면 결국 회사는 양로원이 되어 버릴 것이란 공포감이 기업들을 엄습하고 있다.

지식근로자를 제대로 관리하기 위해서는 무엇이 필요한가? 바로 '성과측정'이다. 측정이 바로 핵심이요, 비결이다. 그런데 측정할 방법을 모르는 것이 문제다. "측정되지 않는 것은 관리할 수 없다"라는 유명한 명제가 있듯이 지식근로자 개개인의 지식자산과 성과를 측정해야만 한다. 요즈음 기업마다 CKO(최고지식 책임자)를 임명하는 것이 유행인데 경영자가 CKO에게 가장 먼저 요구할 과제는 아마 지식근로자 성과에 대한 측정도구의 개발과 실제측정일 것이다.

박성수 이랜드그룹 회장/매일경제 2000. 3. 29.

4.2. 日 '최강 삼성 비결은 철저한 능력주의 인사시스템'

"삼성전자가 세계 최강인 비결은 치열한 내부경쟁을 통한 약육강식 경영에 있다."

일본의 유력 경제주간지인 『닛케이비즈니스』는 최신호(7월 5일 발매)에서 '삼성 최강의 비밀'이란 제목으로 14페이지 분량의 커버스토리를 실었다. 주요 내용은 학연, 지연 등을 따지지 않고 인재를 선발한 뒤, 치열한 경쟁을 이겨 낸 승자에게 파격적 연봉으로 대우하는 인사시스템이야말로 삼성전자의 오늘이 있게 한 비결이라는 것이다.

그간 일본 언론이 삼성 등 한국 기업의 글로벌화와 마케팅력 등 성공 요인을 두루 분석한 적은 많았지만 인재 관리에 초점을 맞춰 집중 분석한 사례는 드물다.

『닛케이비즈니스』는 소니와 파나소닉 등 일본의 대표 기업들이 지난해 적자를 낸 데 반해 삼성전자가 9조 6,490억 원(약 7,300억 엔)의 흑자를 내고, 주식 시가총액이 소니, 파나소닉의 3배에 달하게 된 원동력은 8만 5,000여 명의 한국 내 삼성전자 직원들이라고 평가했다. 치열한 경쟁으로 엄선된 이들은 철저한 능력주의, 성과주의 인사시스템 안에서 더욱 경쟁력이 단련된다고 분석했다.

잡지는 10대1의 경쟁을 뚫고 들어온 삼성전자의 20대 사원 중 30%가 입사 3년 안에 경쟁에서 탈락해 퇴사하고, 30대 과장급 중에선 4명 중 3명이 부장으로 승진하지 못해 회사를 나간다고 소개했다. 또 40대 부장 중에서 임원으로 승진하는 사람은 극소수로 삼성전자 임원은 전체 직원의 1%(868명)에 불과하다고 강조했다. 이런 치열한 레이스를 거쳐 임원이 되면 일본 기업에선 상상도 할 수 없는 액수인 수억~수십억 원의 연봉을 받는다고 전했다. 특히 톱 경영진에 오르면 50~100억 원의 막대한 연봉을 받는다는 것이다.

이런 시스템이 작동하는 데는 투명하고 공정한 인사평가제도가 핵심이라고 소개했다. 예컨대 성과를 고려하지 않고 같은 대학 출신이나 친하다는 이유로 부하 사원을 쓰면 결국 자신의 평가가 낮게 나오기 때문에 관리자들은 실력 위주로 부하를 뽑을 수밖에 없다고 설명했다. 때문에 삼성에는 노조뿐만 아니라 파벌도 없다는 게 『닛케이비즈니스』의 지적이다.

『닛케이비즈니스』는 또 "믿을 수 없는 사람은 쓰지 말고, 일단 쓴 사람은 믿어라(疑人不用 用人不疑)"라는 인사 철학과 함께 '인재 제일주의'라는 고 이병철 창업주의 경영이념도 소개했다. 특히 이 잡지는 사업보국 인재제일 합리추구라는 삼성의 경영이념은 작고한 창업주가 일본 기업으로부터 힌트를 얻어 집대성한 것이라며 그동안 일본 기업이 잃어 버렸던 경영정신이 세계 최강 삼성의 바탕이 됐다고 보도했다.

4.3. KAIST 서남표 개혁

2006년 7월 취임한 서 총장은 교수 정년심사를 강화해 4년간 심사대상 148명 가운데 24%인 35명을 탈락시켰다. 그 전엔 탈락 교수가 한 명도 없었다. 서 총장은 학생 전원이 수업료 면제혜택을 받던 것을 바꿔 성적부진 학생은 등록금을 내게 했고, 100% 영어강의를 의무화했는가 하면, 과학고생을 주로 뽑던 입학전형을 바꿔 신입생의 16~18%인 150명을 일반계 고교생 가운데서 뽑았다.

그렇지만 학내에선 서 총장에 대해 '독선적이다', '의사소통이 미흡하다', '교수 사회를 보직교수와 평교수 그룹으로 갈라놨다'는 등의 반발도 있다고 한다. 정년심사와 정년 후의 특훈교수 선발에 미치는 총장의 영향력 때문에 교수들이 총장에게 할 말을 못 하는 분위기가 생겨났다는 말도 있다. 서 총장이 주도해 온 온라인 전기자동차와 모바일 하버 프로젝트가 허황된 구상이라는 비판도 나오고 있다.

그러나 국민은 서 총장만큼 대학개혁 성과를 내놨던 총장을 떠올리기 힘들다. 우리 대학가에 선보이기 시작한 교수 정년심사의 개혁 움직임도 '서남표 효과'의 산물이다. 영국 더 타임스 세계대학평가에서 2005년 232위였던 KAIST가 2009년엔 69위로 뛰어올랐다.

서 총장의 개혁이 주목받으면서 KAIST엔 지난 4년간 1,223억 원의 기부금이 모였고, 이를 토대로 학교 내에 새 연구건물과 최신 연구장비들이 속속 들어서고 있다. 서 총장은 "시대의 물꼬를 트는 연구를 해야 한다"고 주장해 왔다. 온라인 전기차나 모바일 하버 프로젝트는 성공 여부를 더 지켜봐야 하지만, 이 프로젝트는 논문 쓰기 위한 연구보다 고(高)위험·고(高)수익의 혁신적 원천기술 개발이 중요하다는 그의 지론(持論)을 대변하고 있는 연구다.

우수한 대학을 세계적 대학으로 도약시키려는 리더라면 내부 화합으로 교수들의 자발적 동의를 이끌어 내는 능력도 갖추어야 한다. 우리 대학과 미국 대학은 인간관계·풍토·문화가 다르다는 걸 알고 개혁을 밀고 나가더라도 대학 내부와 대학 밖 과학계가 저항감을 갖지 않게끔 배려해야 한다.

서 총장의 개혁이 결실을 못 거둔 채 중도하차 하면 앞으로 또 언제 대학개혁을 실천하는 총장이 나올지 걱정이다. 서 총장 연임 여부와 관계없이, 서 총장이 추진했던 개혁은 그 불씨를 계속 살려 나가야 한다.

자료출처 : 조선일보 사설

5. BSC를 도입하는 이유

전략적 성과관리(BSC)시스템을 도입하는 목적은 아래와 같이 6가지로 대별하여 설명할 수 있다.

5.1. 전략의 달성촉진

전략적 성과관리(BSC)시스템은 기업이나 조직의 미션을 정점으로 중장기 목표인 비전을 달성하기 위하여 기업의 가치창출 원천을 관점으로 구체화하여 전략목표를 설정하고, 전략목표는 전 조직에 할당되어 조직원은 조직이 지향하는 방향으로 성과를 창출하여 비전을 달성한다.

또한 핵심역량에 자원을 집중하여 전략달성을 효과적으로 지원하고 비즈니스 현상과 결과에 대한 원인을 모니터링을 통하여 조기에 파악하고 적절한 전략적 조치를 하여 목표를 달성토록 한다.

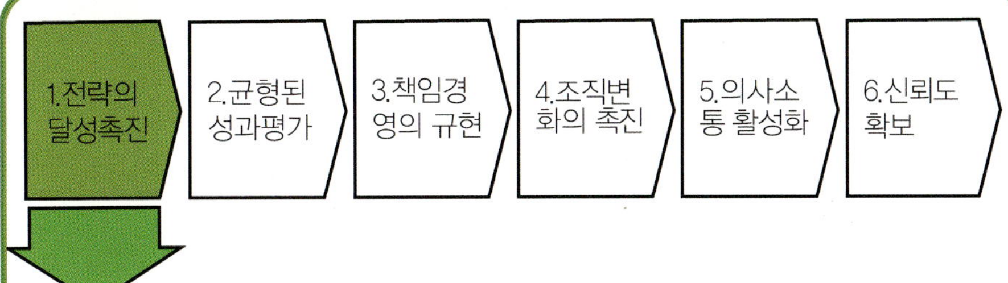

자료출처 : BSC 실천매뉴얼/김희경, 성은숙

5.2. 균형된 성과평가

조직은 내·외적 경영환경 속에서 경영성과를 극대화하기 위하여 전략을 수립하고, 그에 맞는 실행계획을 세우고 성과를 창출한다. 그러나 대다수의 기업은 재무적인 관점으로만 문제를 해결하려고 하는데 경영환경이 점차 복잡다단해지는 지금의 상황은 유형자산의 가치는 점차 쇠락하고 무형자산의 가치는 점차 증가하는 현실에서 회계장부에 나타난 재무적 경영자료만으로는 어려움이 크다.

그래서 전략적 성과관리(BSC)시스템에서 말하는 균형(Balanced)의 의미는 재무 성과평가 중심에서 재무/비재무 성과를 모두 고려하는 것이며, 단기 중심적인 성과관리에서 장단기 성과관리를 동시에 관리하는 것이다. 그리고 결과 중심의 성과평가로부터 성과를 발생시

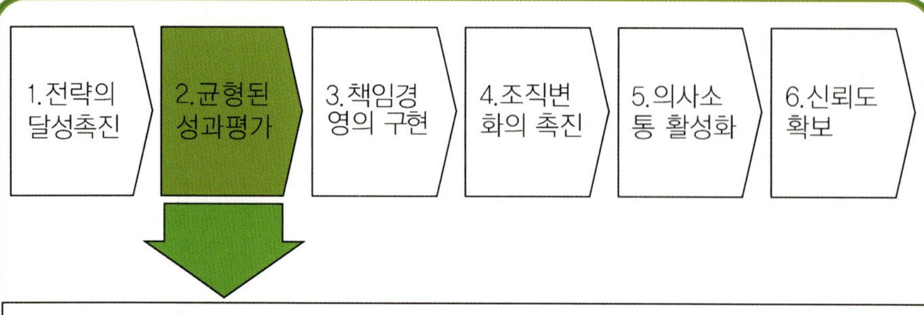

자료출처 : BSC 실천매뉴얼/김희경, 성은숙

키는 원인에 대한 근본적인 관리를 하는 것을 말한다.

재무관점, 고객관점, 내부프로세스관점, 학습과 성장관점 등 다양한 관점과 선행지표와 후행지표를 통해 기업이나 조직의 성과평가기준을 균형 있게 조절한다.

5.3. 책임경영의 구현

내가 하는 업무가 우리 팀에, 우리 사업부에 그리고 더 나아가서는 우리 조직에 어떤 영향을 미치는지를 명확히 하는 과정을 통해 조직의 전체적인 전략하에서 자신이 어떻게 얼마나 조직에 기여할 수 있는지를 보여 주게 된다. BSC는 조직 구성원들에게 숲을 보여 줌

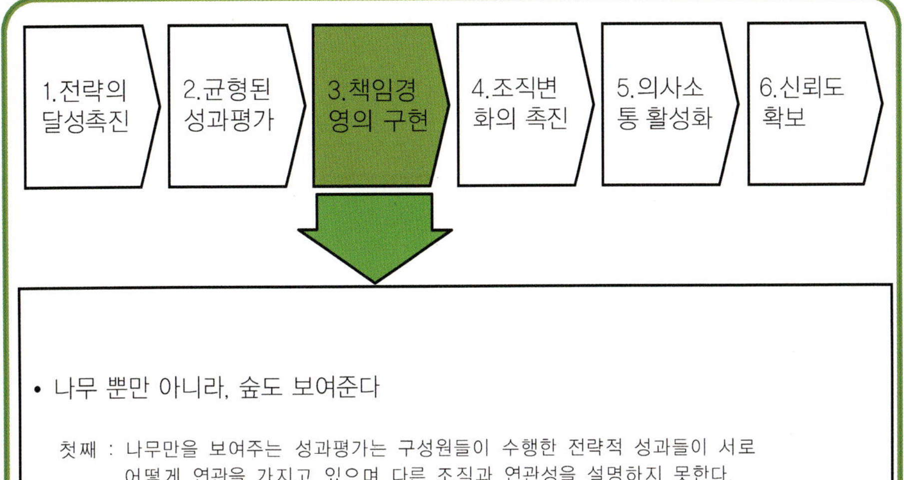

자료출처 : BSC 실천매뉴얼/김희경, 성은숙

으로써 숲을 통해 보이는 성과들 간의 인과관계를 파악하고 타 조직과 어떻게 연관관계를 맺고 있는지를 보여 줌으로써 결과에 대한 책임소재로 인한 갈등을 막아 준다.

전략목표, 성과목표, 성과지표를 선정할 때는 책임부서 또는 책임자가 명확히 제시되어 업무에 대한 권한과 책임이 부여되므로 진취적으로 업무를 수행할 수 있는 여건을 조성하여 조직원들에게 동기를 부여한다.

5.4. 조직변화의 촉진

경영활동이 성공적인 효과를 거두기 위해서는 조직 구성원들의 적극적인 참여가 필수적이다. 혁신에 대한 최고경영자(최고관리자)의 관심과 지원도 중요한 성공 요소이지만 조직 구성원들에게 "우리 조직이 왜 변화해야 하는가?"에 대한 당위성을 제시하지 못하면 경영혁신은 실패할 가능성이 크다.

조직 구성원들을 움직이게 하는 힘은 혁신과정에 대한 정당성을 부여하고 적극적인 호응과 동조를 얻을 때 움직이기 시작한다. BSC는 비전을 중심으로 전략과의 통합을 통해 유기적인 변화를 가능하게 한다.

조직의 변화관리방향은 경영전략의 방향과 일치해야 한다. 이로써 조직의 역량을 한곳으

자료출처 : BSC 실천매뉴얼/김희경, 성은숙

로 집중시킬 수 있고, 더 나아가 구성원들의 참여와 학습능력을 증대시켜 변화에 대한 추진력을 확보할 수 있다.

BSC 추진 과정에서 가장 중요한 것은 BSC의 도입목적과 당위성을 구성원들에게 충분히 이해시키고 정보를 공유해야 변화를 성공시킬 수 있다는 것이다.

5.5. 의사소통의 활성화

조직마다 조직의 특성이나 조직문화에 따라 사용하는 용어나 언어가 다른 의미를 가지는 경우가 많다. 조직 구성원들이 서로 각자의 언어로만 이야기한다면 기업이나 조직의 목표 달성은 어떻게 될까? 기업이나 조직이 최고의 성과를 기대한다면 조직 내에서 공통

자료출처 : BSC 실천매뉴얼/김희경, 성은숙

된 언어를 사용해야 한다.

BSC는 자신의 언어로만 말하는 개별 조직들에 공통의 언어가 될 수 있다. BSC는 조직의 미션, 비전과 전략을 달성하기 위하여 이루어지는 공식적이며 목표지향적인 의사소통을 활성화시키는 역할을 한다.

기업이나 조직에서 의사소통 방향은 상의하달식인 경우가 많고 조직의 비전이나 전략도 일부 계층이 독점 관리하는 경우가 많다. 이런 의사소통 방법을 지향하고 BSC를 통해서 기업이나 조직의 비전과 전략뿐만 아니라 거의 모든 정보가 공유되고 활성화되어야 높은 성과를 창출할 수 있다.

5.6. 신뢰도 확보

BSC는 기업 내부의 전략적 역할들 외에 기업이나 조직의 가치를 외부의 이해관계자들에게 알리는 중요한 역할을 수행한다. 투자자나 기타 외부 이해관계자들은 해당 기업이나 조직의 가치에 대해 알아야 할 권리가 있고 기업이나 조직은 제시해야 할 의무가 있다.

지금까지의 재무제표나 손익계산서들은 이러한 기본적 의무를 다하기에 부족한 점이 많았다. 재무제표상의 가치와 실제 기업가치 사이에 수십 배의 갭이 존재하는 이유는 기업이나 조직의 현재 및 미래가치를 정확하게 제시하지 못하기 때문이다.

BSC에서 제공하는 정보들은 재무적 가치에 의존하던 이해관계자들에게 기업이나 조직의 미래가치를 가치창출의 근원부터 제시함으로써 투자자금 확보 및 기업가치 극대화를 이루어 이해관계자, 기업이나 조직, 조직원 모두를 만족시킬 수 있다.

| 1.전략의
달성촉진 | 2.균형된
성과평가 | 3.책임경
영의 구현 | 4.조직변
화의 촉진 | 5.의사소
통 활성화 | 6.신뢰도
확보 |

- 기업의 가치를 외부의 이해 관계자들에게 알리는 역할을 수행

   첫째 : 재무적 수치에 의존하던 투자자들에게 기업의 미래가치를 기업가치의 창출
         근원부터 보여줌으로써 기업가치의 극대화 유도.
   둘째 : 기업의 지적 자산 및 이에 대한 외부 공시를 통해 신뢰도 확보.

자료출처 : BSC 실천매뉴얼/김희경, 성은숙

6. BSC 도입 성공 포인트

6.1. BSC 구축 단계 성공 체크 포인트

전략적 성과관리(BSC)시스템을 구축하여 활용하기 위해서는 최고경영자의 적극적인 지원과 참여가 성공을 좌우한다.

구축 단계에서 성공적인 구축 체크 포인트
① BSC 도입의 목적을 명확히 설정한다.
② 통제 가능성을 고려한 필수 측정지표를 선정해야 한다.
③ 구성원의 적극적이고 자발적인 참여를 이끌어 내야 한다.

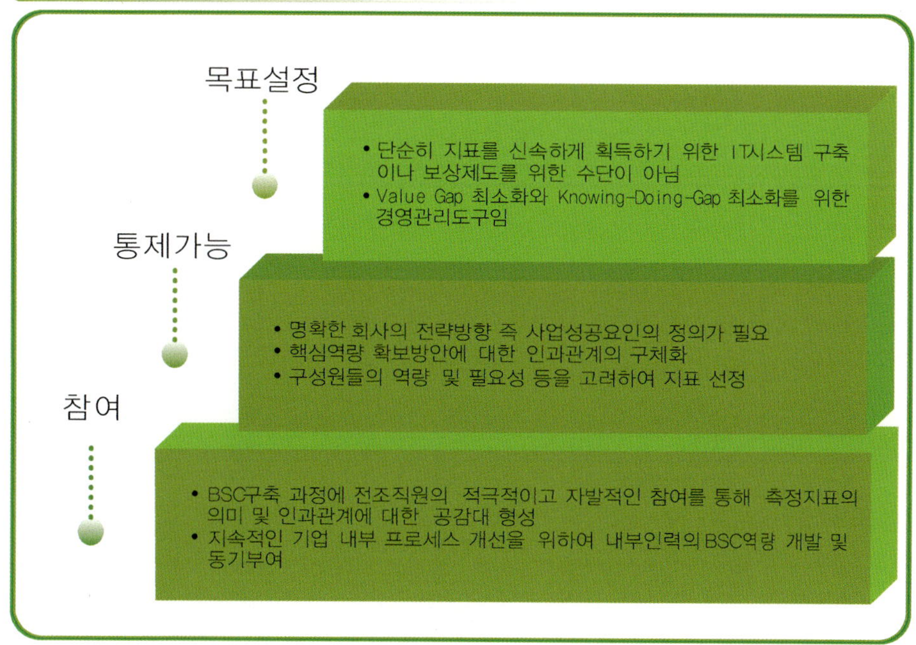

6.2. BSC 활용 단계 성공 체크 포인트

활용 단계에서 성공적인 체크 포인트

① 전사 차원의 강력한 리더십의 확보

② 기존 경영시스템과의 연계 또는 통합

③ 수시로 변하는 경영환경 변화에 따른 지속적인 Update의 필요

④ 조직 구성원들의 공감대 형성과 신뢰를 확보하는 일이 무엇보다 중요하며 공정한 평가와 보상을 통해 조직원들에게 피부에 와 닿는 경영 정책을 실현할 수 있어야 성공할 수 있다.

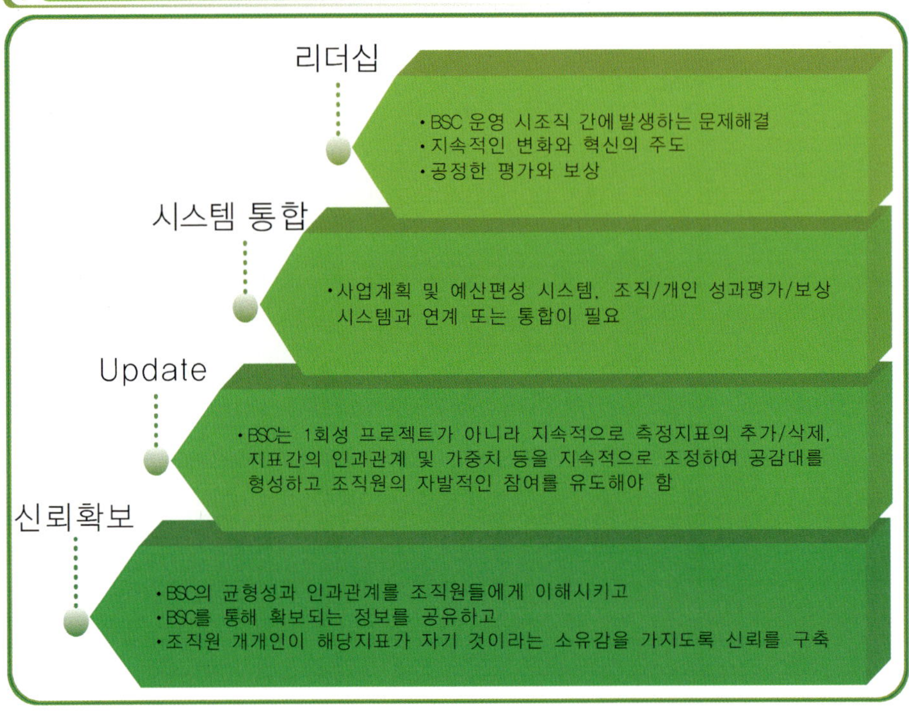
리더십
• BSC 운영 시 조직 간에 발생하는 문제해결
• 지속적인 변화와 혁신의 주도
• 공정한 평가와 보상
시스템 통합
• 사업계획 및 예산편성 시스템, 조직/개인 성과평가/보상 시스템과 연계 또는 통합이 필요
Update
• BSC는 1회성 프로젝트가 아니라 지속적으로 측정지표의 추가/삭제, 지표간의 인과관계 및 가중치 등을 지속적으로 조정하여 공감대를 형성하고 조직원의 자발적인 참여를 유도해야 함
신뢰확보
• BSC의 균형성과 인과관계를 조직원들에게 이해시키고
• BSC를 통해 확보되는 정보를 공유하고
• 조직원 개개인이 해당지표가 자기 것이라는 소유감을 가지도록 신뢰를 구축

BSC 구축

Ⅰ단계 준비단계

전략적 성과관리(BSC)시스템 구축 준비단계

1. 선행분석

선행분석에서는 프로젝트를 진행하기 전에 필요한 조직진단, 환경분석, 현행전략분석, 이해관계자와의 관계, 조직풍토 및 내부 역량 등을 측정하고 분석한다.

2. 프로젝트 계획 수립

프로젝트 계획 수립단계에서는 프로젝트의 범위, 프로젝트 추진 일정, 프로젝트 조직 및 인력 구성, 업무분장, 일정관리, 위험관리, 품질관리 등의 계획을 수립한다.

3. 변화관리

변화관리 단계에서는 변화관리 방안을 수립하는데 BSC에 대한 사전 홍보 및 교육을 실시하여 변화에 대한 저항을 감소시키고 조직원들의 자발적 참여를 유도하는 데 노력해야 한다.

단계별 일정계획

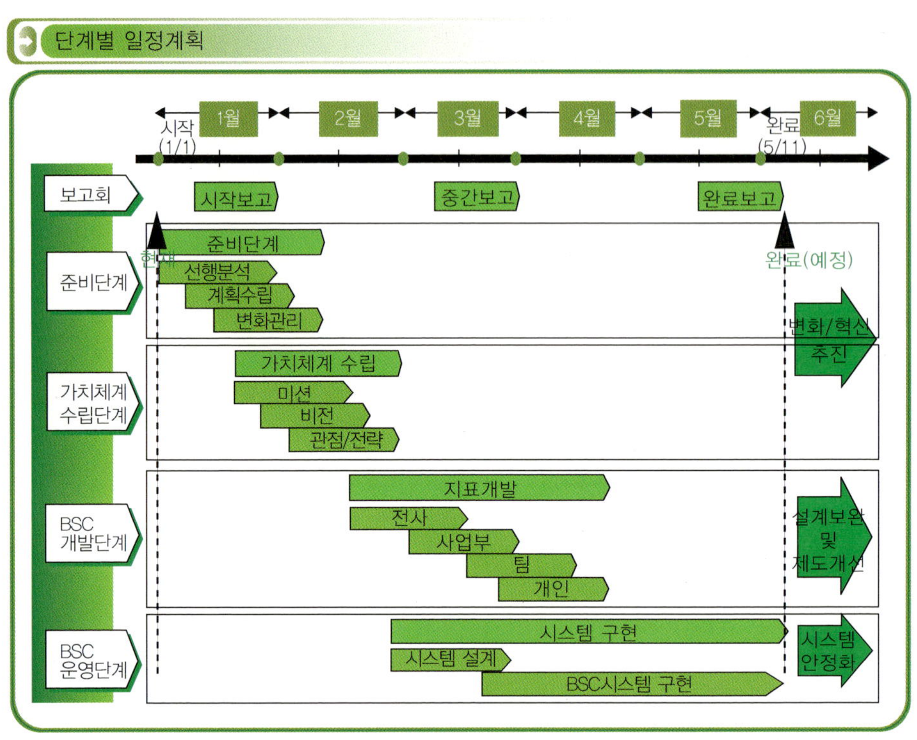
시작
(1/1)
1월
2월
3월
4월
5월
완료
(5/11)
6월
보고회
시작보고
중간보고
완료보고
준비단계
현재
준비단계
선행분석
계획수립
변화관리
완료(예정)
변화/혁신
추진
가치체계
수립단계
가치체계 수립
미션
비전
관점/전략
BSC
개발단계
지표개발
전사
사업부
팀
개인
설계보완
및
제도개선
BSC
운영단계
시스템 구현
시스템 설계
BSC시스템 구현
시스템
안정화

1. 선행분석

BSC 프로젝트를 수행하기 위해서는 반드시 준비과정을 거쳐야 한다. 프로젝트 준비단계는 기업이나 조직이 스스로 자신의 능력과 역량을 진단하는 단계로서

① 선행 분석

② 프로젝트 계획 수립

③ 변화관리 방안 수립으로 구분하여 준비해야 한다.

1.1. 선행분석

선행분석은 조직의 과거와 현재를 진단 분석하여 미래에 대비하기 위한 전략적 성과관리(BSC)시스템을 구축하기 위하여 반드시 필요한 과정이다.

또한 전략적 성과관리(BSC)시스템을 구축하는 목적을 명확히 하는 것과 조직 구성원과 추진팀이 보다 명확한 목적의식을 가지고 BSC를 구축하여 실행과정에서 예상치 못한 문제의 발생을 미연에 방지하기 위하여 반드시 필요하다.

1.1.1. 도입 타당성 분석

전략 수립 능력 및 실행수준을 파악하고 기업이나 조직에서 BSC의 필요성을 진단하여 성과관리에 대한 인식과 수준을 분석하여 시사점과 대안을 도출하는 데 목적이 있다.

도입 타당성 설문을 통하여 조직원들의 잠재된 의견과 조직에 대하여 희망하는 바를 도출하여 전략적 성과관리(BSC)시스템 구축 시 반영해야 조직원들의 참여를 유도하고 헌신적인 노력을 기대할 수 있다.

도입 타당성 설문지

순서		질문항목	배점	득점	비고
1	비전공유	우리 회사(조직)의 비전을 글로 쓸 수 있다	7		
2		우리 회사(조직)의 비전을 기억하고 있다	5		
3		우리 회사(조직)의 비전을 대강 설명할 수 있다	3		
4		우리 회사(조직)의 비전을 아는 것 같은데 표현은 어렵다	1		
5	전략공유	전략수립방법론에 따라 정기적으로 수립하고 있다	7		
6		전략수립방법론의 일부를 적용하여 따라 정기적으로 수립하고 있다	5		
7		전략을 전형화된 방법 없이 수립하고 있다	3		
8		전략을 전형화된 방법 없이 수립하고 있다	1		
9	전략실행	수립된 전략대로 실행하고 있다	7		
10		수립된 전략을 조금씩 수정하면서 실행하고 있다	5		
11		수립된 전략을 대폭 수정하면서 실행하고 있다	3		
12		수립된 전략대로 실행하지 않고 있다	1		
13	성과평가	현재의 성과평가제도에 만족한다	7		
14		현재의 성과평가제도에 조금 만족한다	5		
15		현재의 성과평가제도에 불만족한다	3		
16		현재의 성과평가제도는 실행하지 않고 있다	1		
17	정보시스템	귀하의 의련을 기술해 주십시오			
18	예산/인력	귀하의 의련을 기술해 주십시오			
19	기타의견	귀하의 의련을 기술해 주십시오			

1.1.2. 자료 및 인터뷰 분석

현행 성과평가자료, 연도별 사업계획서, 연도별 전략과제, 유관기관의 평가자료, 연도별 CEO경영방침 등의 자료를 분석하고 분석된 자료를 바탕으로 경영진 인터뷰, 팀장급 인터뷰 자료를 만들어서 자료를 분석한 후 미진한 부분에 대한 보완자료를 획득하기 위하여 인터뷰를 실시한다.

인터뷰를 실시하기 전 인터뷰 대상자, 인터뷰 장소, 인터뷰 시간, 면담자의 직책 및 담당 업무에 대한 이해, 질문내용 등에 대하여 사전에 체크리스트를 만들고 질문내용을 사전

인터뷰 질문자료 (1)

순서		질문내용	비고
1	기업의 발전과정	기업의 설립 및 발전과정의 설명 요구?	
2	가치체계	기업경영의 가치체계에 대하여 말씀해 주십시오	
3	기업의 경영전략	기업의 경영전략에 대해서 말씀해 주십시오	
4	제품 및 서비스	기업이 제공하는 주요 제품과 서비스는 무엇입니까?	
		IS의 지원이 필요한 제품과 서비스가 있는가?	
5	경영 시나리오	향후 전개될 기업의 가능한 경영시나리오를 몇가지를 제시해 주십시오?	
		경영시나리오 중 실현 가능한 비율(%)을 제시해 주십시오	
6	전략적 경영환경	기업의 주요 공급업체는?	
		기업의 유통업체 또는 대리점은?	
		기업의 주요 고객은?	
		기업의 주용 경쟁자는?	
		사업에 진입하려는 신규업체는?	
		현 제품에 대한 대체품의 가능성은?	
		정부기관으로부터 받는 행정지도는?	
		공공기관으로부터 압력받는 사항은?	
		기업을 관할 또는 규제하는 기관은?	
		기업이 소속된 산업단체 또는 협회는?	
		노동조합과의 협상 주제는?	
		기업의 환경평가 대상요소?	
		주요 경제적 영향변수는?	

에 배포하는 등 충분한 준비를 해야 한다.

인터뷰 시에는 예의를 갖추어 정중히 질문하고 답변하며 경청하는 자세를 견지해야 한다. 혹 질문자가 더 많이 아는 부분이 있다고 하더라도 내색하지 말고 답변자의 입장에서 경청하면서 조금씩 의견을 표현해야 원활한 인터뷰를 진행할 수 있다.

인터뷰 중 대화가 단절되는 경우가 있는데 이를 예방하기 위하여 질문자는 조직의 현황을 잘 이해하고 접근해야 하며 대화가 단절될 때는 기지를 발휘하여 원활한 인터뷰가 진행될 수 있도록 온 힘을 다해야 한다.

인터뷰 질문자료 (2)

순서		질문내용	비고
1	현안 및 이슈	기업의 보유한 강점은?	
		기업이 당면한 문제점(약점)은?	
		기업에게 주어진 기회는?	
		기업에게 직면한 위협은?	
		기업의 장점 강화 방안은?	
		기업의 약점 극복 방안는?	
		기업에 부여된 기회의 개발방안?	
		기업에 당면한 위협을 제거 및 최소화 하는 방한?	
2	경영목표	기업의 주요 경영목표는 무엇인가?	
		귀하의 직책에서의 사업목표는?	
		IS의 지원이 필요한 경영목표는?	
3	성공용소	기업의 성과목표는 무엇인가?	
		귀하의 직책에서의 성과목표는?	
		IS의 지원이 필요한 성과목표는?	

인터뷰 내용을 기록할 때는 사전에 양해를 구하고 답변자가 불편해하지 않도록 최대한 답변자의 입장이나 처지를 배려를 하면서 인터뷰를 진행해야 소기의 목적을 달성할 수 있다.

1.1.3. 인터뷰 기법

문서로 제시되는 자료와는 달리 직접 업무 담당자와의 인터뷰를 통해 주어진 자료는 수집하기가 대단히 까다롭다. 그러나 제대로만 수행하면 인터뷰는 아직 문서화되지 않았거나, 문서로 표현하기 힘든 정보를 제공해 준다. 그렇기 때문에 사전에 반드시 구체적인 준비를 해야 인터뷰 목적을 달성할 수 있다.

효과적인 인터뷰를 수행하기 위해서는 다음의 유의사항을 지켜야 한다.

① 시간과 장소를 정확히 정하고 이를 준수해야 한다.

② 인터뷰에 적당한 분위기를 조성해야 한다.

③ 선별해서 질문한다. 인터뷰는 심문이나 단순한 대화가 아니다.

④ 중요한 사항은 반드시 내용을 확인해야 한다.

⑤ 인터뷰 대상자에 따라 적절히 반응해야 한다.

- 공감적 이해를 하면서 청취한다
- 대상자가 많은 이야기를 할 수 있도록 용기를 북돋아준다
- 질문에 대한 대답이 끝나기 전에 질문하지 않는다
- 주제와 완전히 다른 방향으로 나가지 않는 한 말을 끊지 않는다

- 개방형질문을 한다(포괄적인 설명을 들을 때)
- 질문시에는 명확하고 직접적인 언어를 사용한다
- 친밀감과 조심스러움을 가지고 어떻게. 무엇을 ,언제 등을 질문한다

부연설명은 인터뷰 대살자가 말하거나 암시한 것을 확인하기 위해 사용하는 기법으로 크게 세 단계로 나눈다
- 표현하기 : 그렇군요. 현재 상황을 결정하는 것은 세가지 요인이군요
- 암시하기 : 당신은 현재 상황을 변화시키기를 원하시는군요
- 속마음 일기 : 현재 상황이 나빠지는 것에 대해서 두려워하고 있군요

인터뷰한 대상자가 이야기한 내용 중 애매한 것을 명확하게 하기 위해 반응적 질문을 한다
- 매우 높다. 항상 늦는다 등 극단적이거나 과장된 표현을 귀담아듣는다
- 문제 해결을 위해 이슈를 끝까지 탐구하되. 인터뷰 대상자를 지나치게 흥분 시키지 않도록 주의한다

자료출처 : 경쟁에서 승리하는 경영전략 / 서기만

1.1.4. 내부 설문조사 기법

설문조사는 다수의 사람들을 대상으로 신속하게 질문하여 응답을 얻을 수 있는 데 대단히 효율적인 방법이다. 그러나 설문조사를 잘못하면 정작 필요한 팩트를 얻지 못하고 쓸모없는 자료 때문에 분석을 미궁에 빠트릴 수 있다. 이런 위험을 방지하기 위해서는 몇 가지 유의사항을 철저히 지켜야 한다.

- 설문의 타당성 검토

설문조사는 나름대로의 효용과 한계를 가진 조사 기법의 하나일 뿐이다. 특히 정성적인 자료를 확보하기 위해 사용되지만 가장 심도가 낮은 방법이다.

- 사전 조사 실시

필요한 부분에 대해서만 조사를 실시하기 위하여 사전에 충분한 조사가 필요하다.

- 오류 검토

설문조사로 100%의 완벽한 답을 기대할 수 없기 때문에 어떤 오차가 얼마나 발생할 가능성이 있는지 사전에 파악해 두어야 한다.

내부 설문 조사

설문의 타당성 검토	사전 조사 실시	오류 검토
• 질문이 복잡하지 않다 • 방대한 양의 자료가 필요 • 자료의 정확성이 요구 • 조사 예산이 적다 • 시간적 여유가 있다 • 면담자의 개인 특성을 제거해야 한다 • 조사 대상 인원이 많다 • 자료 수집의 폭이 좁다	• 조사가 필요한 내용에 대한 1차 이슈 트리를 작성히고 관련 기설을 준비한다 • 수립된 가설에 따라 내부 자를 대상으로 인터뷰를 실시하여 무의미한 가설을 제거한다 • 확실한 근거 자료가 필요한 가설을 설문 항목으로 정리한다	• 통계적으로 검증 가능한 오류에 대해서는 수치로 표시한다 • 항목 작성과 같은 미묘한 오류에 대해서는 각주로 처리한다

자료출처 : 경쟁에서 승리하는 경영전략 / 서기만

1.2. 선행분석 절차

선행분석은 경영환경분석(업무특성 분석, 조직분석, 역량진단 및 분석)을 통하여 조직의 핵심역량, 핵심가치, 경영환경을 이해하고 이를 바탕으로 조직의 미션, 비전, 관점, 전략목표 등을 도출하는 기본 자료로 활용한다.

선행분석을 하기 위해서는

① 조직 및 보고 체계(담당임원, 주관팀장, 실무자, 각 사업부 및 팀의 담당자),

② 업무분장(주관팀 및 각 사업부/팀의 업무분장표),

③ 일정계획(경영전략 수립 지침 및 일정계획 수립, TFT 교육 포함 세부 일정계획 수립/단계별 완료시기 반드시 명시)이 수립되어야 한다.

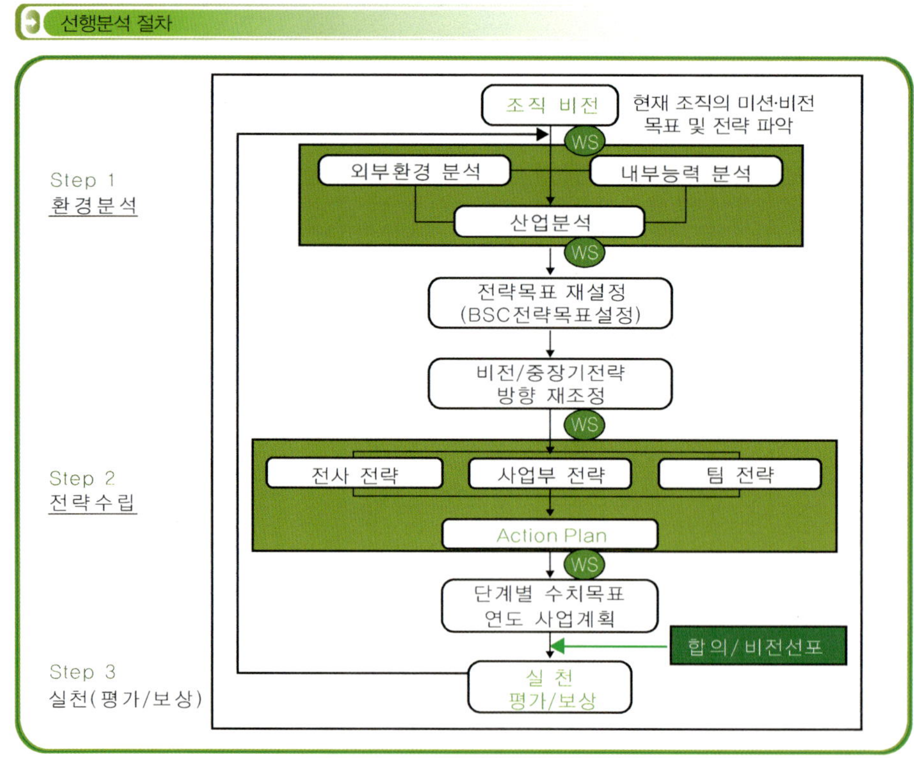

자료출처 : 휴넷/ 경영전략

선행분석은 Step 1에서 환경분석을 하고 분석결과에 따라 Step 2에서 전사, 사업부, 팀의 전략을 수립하고 실행계획을 세우고 실행한 후 Step 3에서 평가결과에 따라 보상과 연계되어야 한다.

1.3. 외부 환경 분석

기업의 경영의사결정 및 경영성과에 영향을 주는 기업 외적 환경으로, 거시환경과 산업환경으로 분류하며 거시환경은 기업이 속한 산업에 영향을 주는 정치·경제·사회·문화·기술적 요인을 포함하며 산업환경은 기업이 속한 산업 내 고객·경쟁자·공급자의 움직임을 중심으로 하는 환경을 의미한다.

전략은 외부 환경의 변화에 대응하는 것이므로 외부 환경의 난기류 수준을 잘 파악하고 분석하지 않으면 현실적으로 아무 소용도 없는 환경분석을 하게 됨을 명심해야 한다.

■ 분석목적

외부 환경 분석을 통하여 기업활동에 큰 영향을 주는 동인(Drivers)들이 어떻게 자사에 있어서 현재와 미래의 기회(Opportunity)와 위협(Threat) 요인으로 작용하는가를 분석하여, 기업전략 수립의 기본 자료로 활용한다.

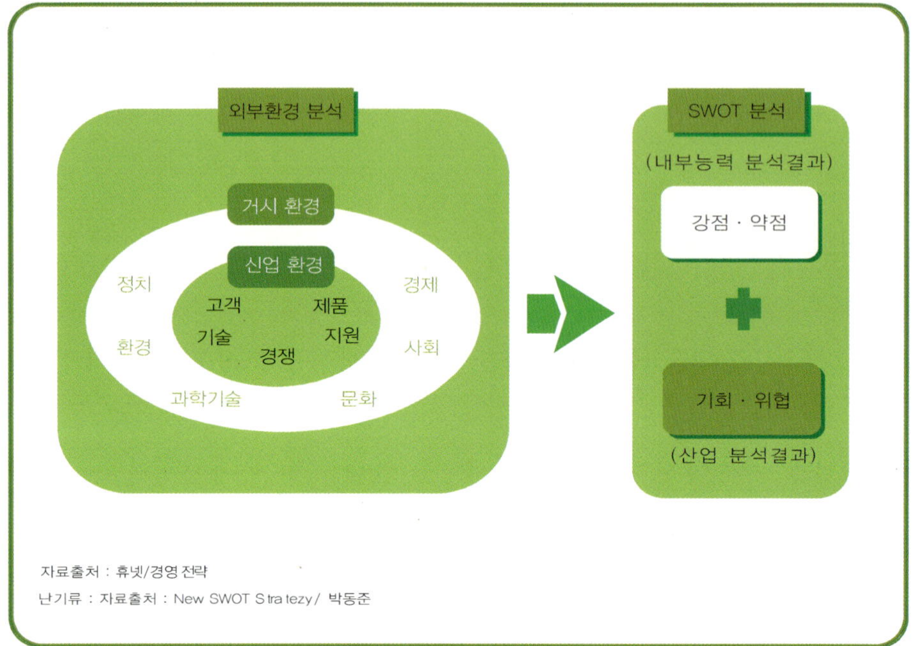

자료출처 : 휴넷/경영 전략

난기류 : 자료출처 : New SWOT Stratezy / 박동준

거시환경 분석

환경요인	주요 항목	현재	미래	기회	위협
정 치					
경 제					
사 회 문 화					
기 홀					
디지털 인터넷					
기 타					

시 사 점

산업환경 분석

환경요인	주요 항목	현재	미래	기회	위협
고 객 (마케팅)					
제 품 서비스					
자 원					
성 쟁					
기 술					
기 타					

시 사 점

자료출처 : 휴넷/경영전략

경영패러다임 분석

▶ 산업 패러다임 변화

	기존 패러다임	새로운 패러다임
경영 진략		
지배 구조		
영쟁 우위		
경영 관리		
인력 조직		
기업 문화		

▶ 경쟁사비교 분석

	비전	매출규모	사업구조	주요 전략
경쟁사 1				
경쟁사 2				
경쟁사 3				

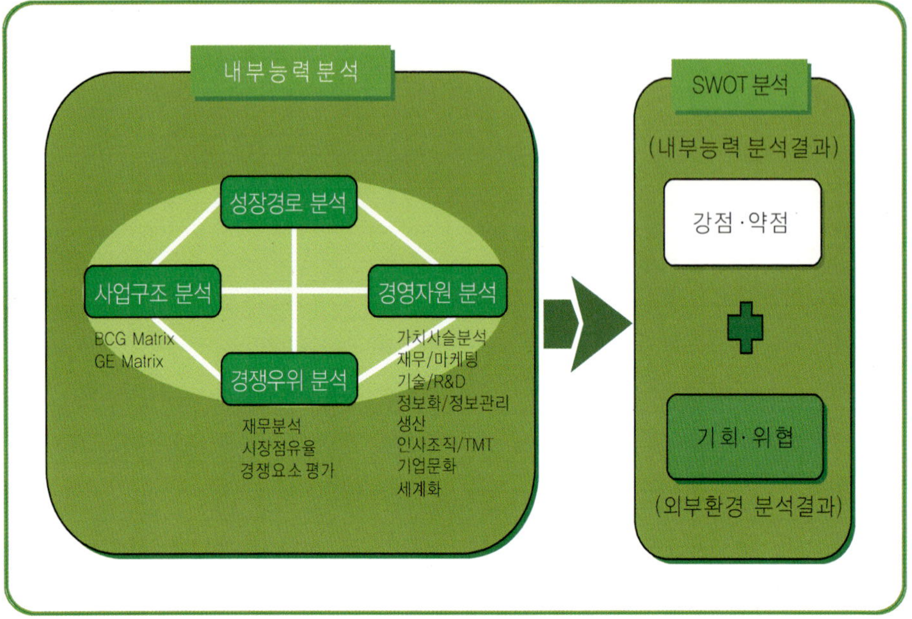

자료출처 : 휴넷/경영전략

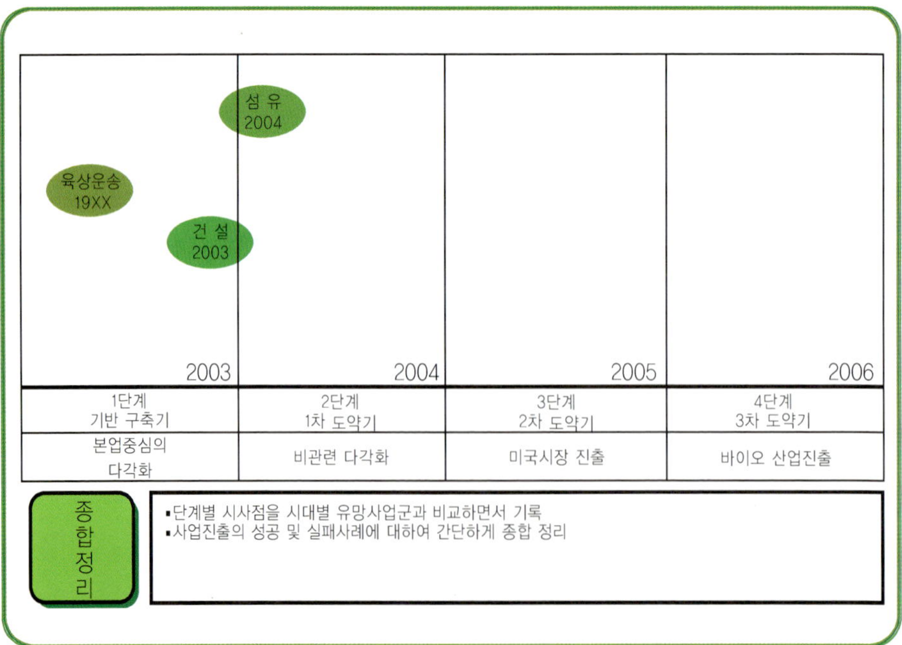

1단계 기반 구축기	2단계 1차 도약기	3단계 2차 도약기	4단계 3차 도약기
본업중심의 다각화	비관련 다각화	미국시장 진출	바이오 산업진출

<table>
<tr><td>종
합
정
리</td><td>▪단계별 시사점을 시대별 유망사업군과 비교하면서 기록
▪사업진출의 성공 및 실패사례에 대하여 간단하게 종합 정리</td></tr>
</table>

1) BCG Growth/Share Matrix

		제품1	제품2	제품2
과 거 3년간 평 균	매출액			
	시장성장율 (%)			
	상대적 시장점유율 (%)			
목 표 년 도 ('10)	매출액			
	시장성장율			
	상대적 시장점유율 (%)			

시 사 점

자료출처 : 휴넷/경영전략

사 업 구 분	시 장 점 유 율			경 쟁 요 소 평 가			
	2004	2005	2006	원가지위	생산능력	마케팅력	기술력
사업 1							
사업 2							
사업 3							

시장점유율에 대한 그래프

시 사 점

- 시장점유율
- 경쟁요소 평가

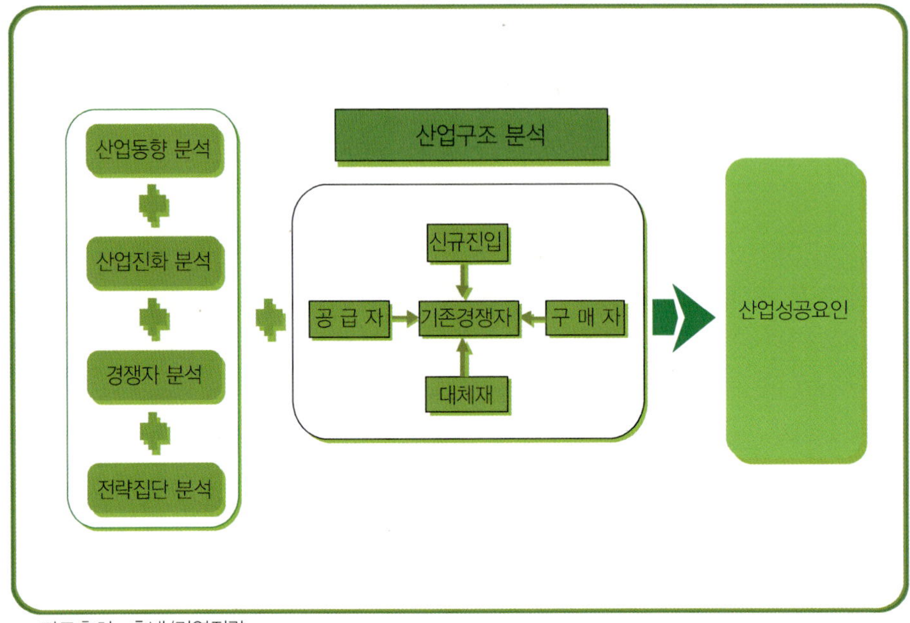

자료출처 : 휴넷/경영전략

산업특성분석

수급동향	수요	
	공급	
시 장		
기 술		
경쟁구조		
발전전망		
경쟁원천		

시 사 점

성장 주세분석

			사업 1	사업 2	사업 3		매출액 : 그래프
과거	2004	매출액					
		사업별구성비					
		시장성장률					
	2005	매출액					
		사업별구성비					
		시장성장률					
현재	2006	매출액					
		사업별구성비					
		시장성장률					
예측	2007	매출액					
		사업별구성비					
		시장성장률					
	2008	매출액					
		사업별구성비					
		시장성장률					
시사점							

자료출처 : 휴넷/경영전략

수명주기 분석

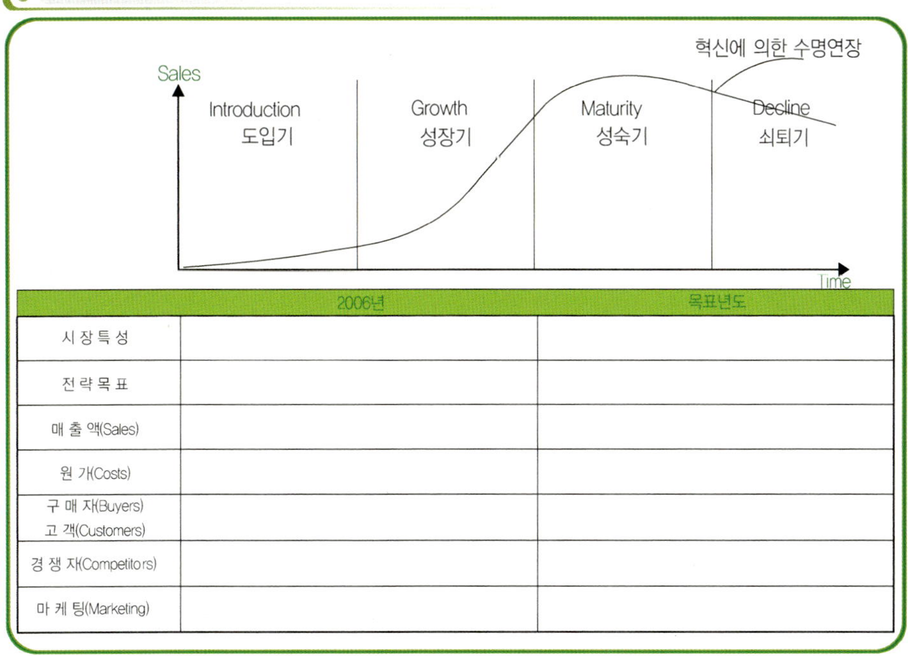

	2006년	목표년도
시 장 특 성		
전 략 목 표		
매 출 액(Sales)		
원 가(Costs)		
구 매 자(Buyers) 고 객(Customers)		
경 쟁 자(Competitors)		
마 케 팅(Marketing)		

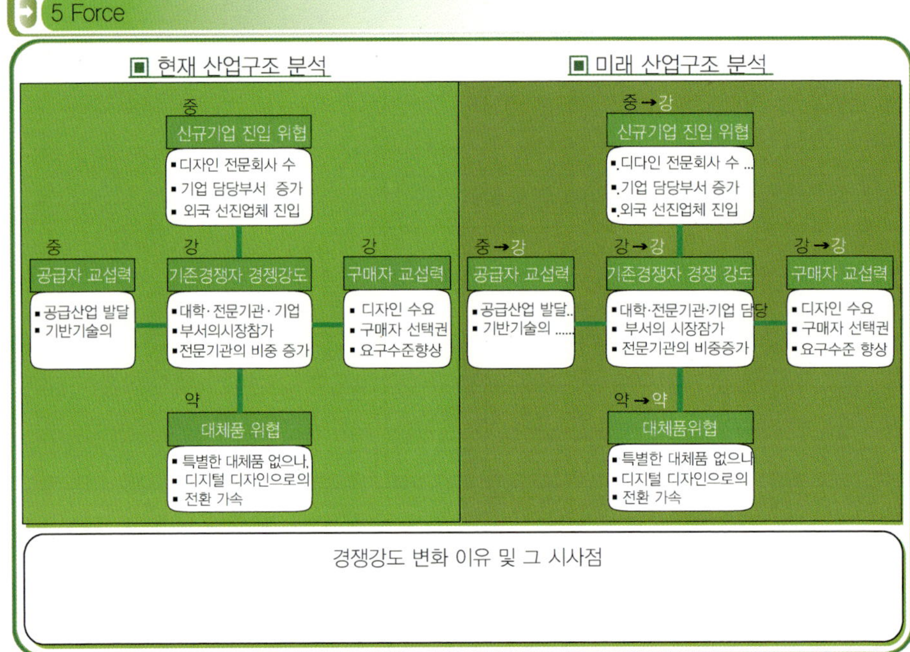

자료출처 : 휴넷/경영전략

■ 5 Force Model

전략 수립에 있어서 중요한 외부 환경 요인은 고객, 경쟁자, 공급자를 포함하는 산업의 구조적 특성이다. 산업의 구조적 특성은 산업의 매력도, 즉 산업의 이익 창출 가능성에 지대한 영향을 미친다. 산업의 매력도는 다음의 5가지 구조적 요인에 의해 결정된다. 기업은 사업환경분석을 통해 비용, 리더십, 차별화, 집중화 중 하나의 전략을 선택하게 된다.

5 Force 분석을 실행함에 있어서는 아래와 같이 3단계 과정을 순차적으로 하는 것이 바람직하다.

① 정의(Definition)

② 선정/조사

③ 분석/전망/대응전략 수립

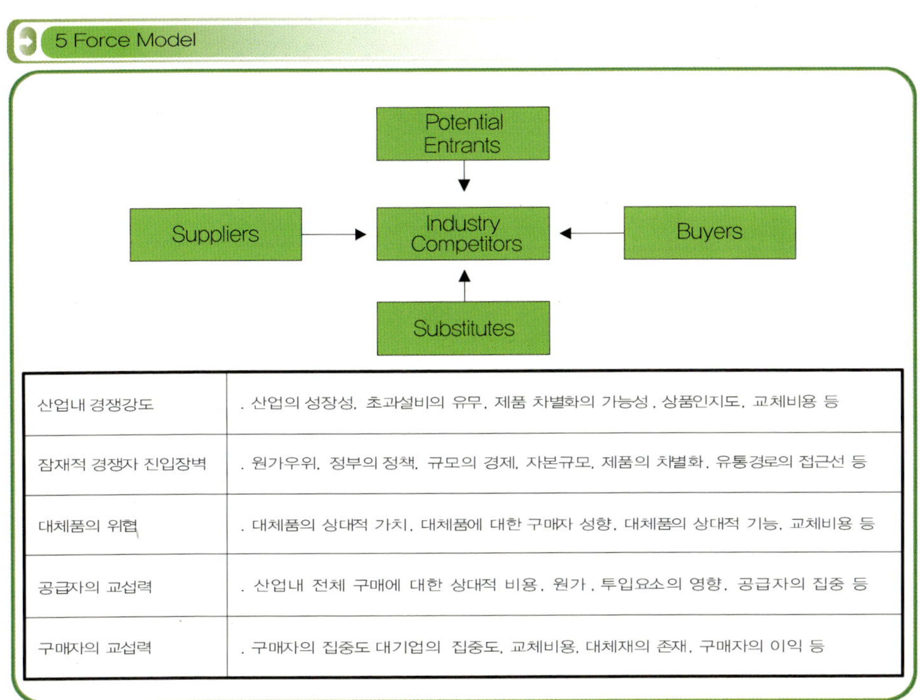

산업내 경쟁강도	. 산업의 성장성, 초과설비의 유무, 제품 차별화의 가능성, 상품인지도, 교체비용 등
잠재적 경쟁자 진입장벽	. 원가우위, 정부의 정책, 규모의 경제, 자본규모, 제품의 차별화, 유통경로의 접근선 등
대체품의 위협	. 대체품의 상대적 가치, 대체품에 대한 구매자 성향, 대체품의 상대적 기능, 교체비용 등
공급자의 교섭력	. 산업내 전체 구매에 대한 상대적 비용, 원가, 투입요소의 영향, 공급자의 집중 등
구매자의 교섭력	. 구매자의 집중도 대기업의 집중도, 교체비용, 대체재의 존재, 구매자의 이익 등

자료출처 : 경영전략실천매뉴얼 / 이승주

■ BCG Matrix 분석

BCG(Boston Consulting Group) 매트릭스는 시장규모와 시장성장률, 상대적 시장점유율을 통해 다양한 사업의 의미를 해석하는 Tool이다. 구체적으로 BCG 매트릭스는 상대적 시장점유율을 가로축으로, 시장성장률을 세로축으로 하고 시장 규모를 원의 크기로 나타낸다.

Star 사업 : 시장성장률과 시장점유율이 모두 높은 사업

Problem 사업 : 시장성장에 필요한 자금수요는 있지만 그에 대응할 만한 자금을 스스로 벌 능력은 없다.

Cash Cow 사업 : 시장성장률은 낮지만 시장점유율이 높은 사업으로 투자는 더 이상 필요 없고 시장에서 벌어들인 돈은 상당히 많은 사업으로 캐시카우 사업의 사명은 자금이 필요한 다른 사업을 지원하는 것이다.

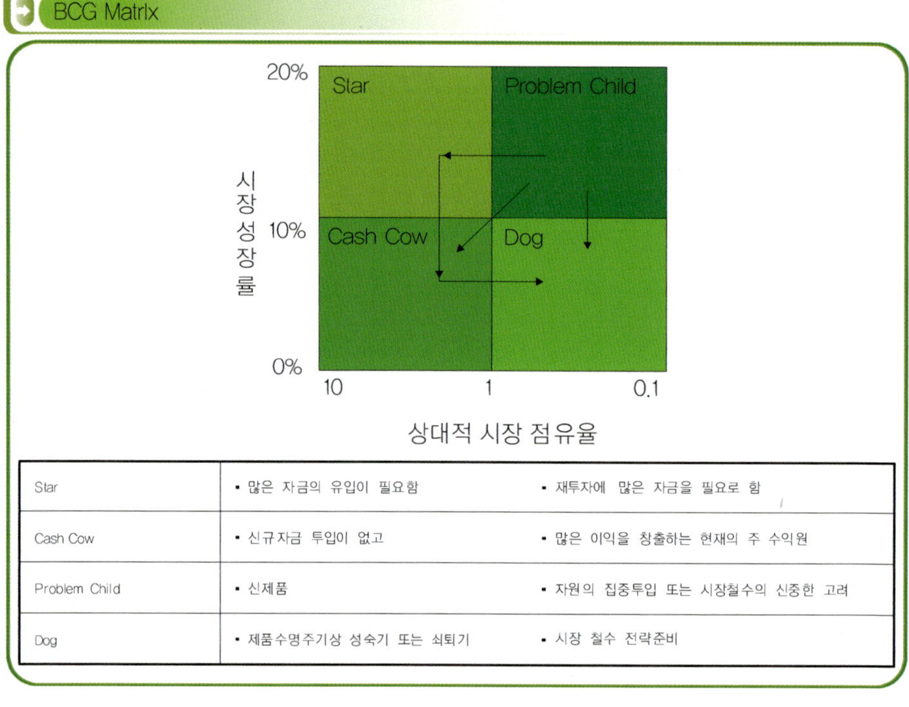

Star	• 많은 자금의 유입이 필요함	• 재투자에 많은 자금을 필요로 함
Cash Cow	• 신규자금 투입이 없고	• 많은 이익을 창출하는 현재의 주 수익원
Problem Child	• 신제품	• 자원의 집중투입 또는 시장철수의 신중한 고려
Dog	• 제품수명주기상 성숙기 또는 쇠퇴기	• 시장 철수 전략준비

Dog 사업 : 자금 창출력이 없고 자금수요도 없다. 이런 사업은 매각이나 분사, 분리 등의 대상이다.

■ Mackinsey's 7S 분석

Mackinsey에서 개발한 기업 전반에 대한 진단도구로서, 7가지 S로 시작하는 구성요소 분석을 통해 기업이나 조직의 문화를 이해하고 전략을 분석한다. 이것은 간단하면서도 기업 내부 특성이 모두 포괄되어 있어 매우 유용하다.

① Strategy, Structure, System일단 정해지면 상당기간 지속한다.

② Skill, Staff명확하게 구분 가능하지만 유동적이고 변화하기 쉽다.

③ Shared Value, Style항상 변화하고 있어 분명하게 파악하기 힘들다.

Share Value	• 조직구성원들의 생각이나 행동을 조직의 방향으로 이끌기 위한 Vision
Strategy	• 변화하는 경영환경에 기업이 적응하기 위한 장기적인 목적과 계획
Skill	• 구성원들에게 동기부여, 목표관리, 예산관리 등
Structure	• 조직구조, 직무분류, 역할과 책임 등
System	• 평가보상제도, 경영계획 수립 시스템 등
Staff	• 기업이 필요로 하는 사람의 유형으로 기업문화 형성의 주체
Style	• 구성원들이 이끌어 가는 전반적인 조직관리 스타일

자료출처 : Mckinsey, 7S Model

■ SWOT 분석

기업의 사업환경을 외부 환경 요인인 기회와 위협, 내부 환경 요인인 강점과 약점을 분석하고 시사점을 도출하여 경영전략 수립 시 활용한다.

상기에서 언급한 환경분석과 내부 역량 분석이 이루어진 것을 기초로 외부 환경과 내부 역량을 집계하여 상호 연관관계를 고려하여 크게 4가지로 구분하여 전략을 수립하는 방법이다. 즉 강점(S)−기회(O) 전략인 우선수행과제, 약점(W)−기회(O) 전략인 우선보완과제, 강점(S)−위협(T) 전략인 RISK 해결과제, 강점(S)−기회(O) 전략인 장기보완과제를 수립한다. 이때 중소기업에서 적용함에 있어 S 전체와 O 전체에 대해서 포괄적으로 수립하는 경향이 있다. 그러나 이러한 방식으로는 전략 자체의 신뢰성에 의문을 가지게 되며 대부분 실현성이 떨어진다. 따라서 S 중에서도 어떤 요소와 O의 어떤 요소와 결합하여 하나의 전략을 도출하는지 명확히 정하여야 한다. 예를 들면 기회 1 & 강점 ①로 도출된 전략, 기회 2 & 강점 ②로 도출된 전략 등으로 하여야 한다.

SWOT 분석

		강점 ■ ------ ■ ------ ■ ------	약점 ■ ------ ■ ------ ■ ------
	기회 ■ ------ ■ ------ ■ ------	So전략	WO전략
	위협 ■ ------ ■ ------ ■ ------	ST전략	OT전략

내부 환경 요인	강점	• 외부기회를 이용하거나 위험 요소를 최소화 하기 위해 사용할 수 있는 보유한 자원 또는 능력.
	약점	• 목표를 달성할 수 있는 능력을 저해하거나 실패를 피하기 위해 극복해야 하는 지원이나 능력의 결핍
외부 환경 요인	기회	• 기업이나 조직이 사업이나 시장을 확장 또는 개선하기 위해서 조직의 강점을 집중할 수 있는 영역
	위협	• 경쟁사가 자사의 약점을 이용하기 위해 경쟁사의 강점을 집중할 수 있는 영역.

자료출처 : New SWOT Stratezy/ 박동준

■ MECE(Mutually Exclusive Collectively Exhaustive : 미시)

MECE(미시)는 전략적 사고의 기본이 되는 사고방식으로 전략목표, 성과목표 등을 도출 시 중복과 누락을 방지하는 데 많이 활용되는 기법이다. MECE(미시)적 사고방식은 문제 해결의 기본 스킬인 이슈트리 작성 시에도 자주 사용된다.

MECE(미시)적 사고는 중복과 누락을 방지하기 위하여 개발되었으며 전략적 판단에서 누락은 대단히 위험하다. 잠재적인 경쟁자의 위협을 누락시키면 뜻하지 않은 복병을 만나게 된다. 또 시장 변화의 추세를 누락시키면 환경변화에 적절히 대응하지 못하여 경쟁에서 뒤처지게 된다.

누락 못지않게 중복되는 것 또한 위험하다. 중복되면 문제의 본질이 불명확해지고 효과적인 대응방안을 수립할 수 없기 때문이다. 매출부진의 원인이 시장의 구조적 문제인지,

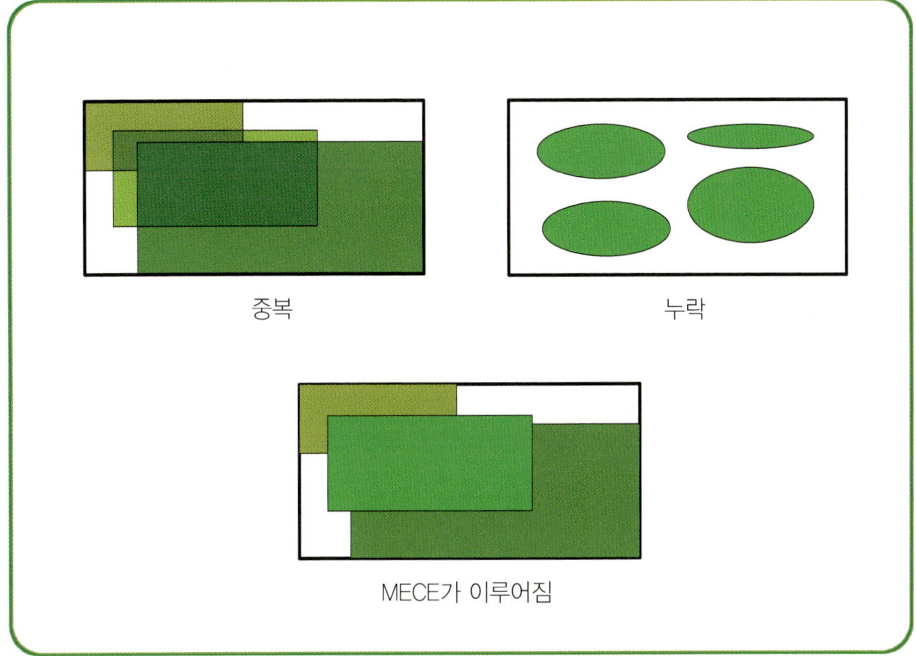

자료출처 : 경쟁에서 승리하는 경영전략 / 서기만

영업사원의 대응 미숙인지, 제품 결함인지가 명확하지 않으면 본질적인 해답을 찾을 수 없기 때문이다.

MECE(미시)적 사고를 위해서는 '더하기 사고법'에서 '곱하기 사고법'으로 바꿔야 한다. 예를 들면 "세상에는 남자와 여자가 있다"는 전형적인 더하기 사고법인데 이것을 인구수와 성비로 바꾸면 곱하기 사고법이 된다.

■ ISSUE TREE

ISSUE TREE는 문제의 파악이나 해결의 목적으로 MECE의 논리적 사고방식에 따라 다양한 ISSUE TREE를 추출하여 나뭇가지 형태로 나열한 것이다.

ISSUE TREE를 작성할 때는 몇 가지 유의사항이 있다. 물론 유의사항을 알고 있다고 훌륭한 ISSUE TREE를 만들 수는 없고 숙달하기 위한 노력이 필요하다.

ISSUE TREE 작성 시 이슈 분해는 하나의 과제에 대해 다양한 측면에서 이루어져야 한다. 특히 최초 출발점이 되는 이슈를 어떻게 설정하느냐가 이후의 이슈 분해에 막대한 영향을 미친다. 따라서 이슈 분해는 여러 번의 시행착오를 거치더라도 신중하게 이루어져야 한다.

물론 MECE적 사고만 충실히 지킨다면 어디서 출발하더라도 궁극적으로는 동일한 최종 이슈에 도달할 것이다. 그러나 출발점이 분명하다면 최후까지 가지 않더라도 충분히 전략적으로 의미 있는 결론에 이를 수 있다.

BSC에서 ISSUE TREE는 관점, 전략목표, 성과목표 작성 시 중요한 위치를 차지하므로 많은 연습과 노력이 필요하다.

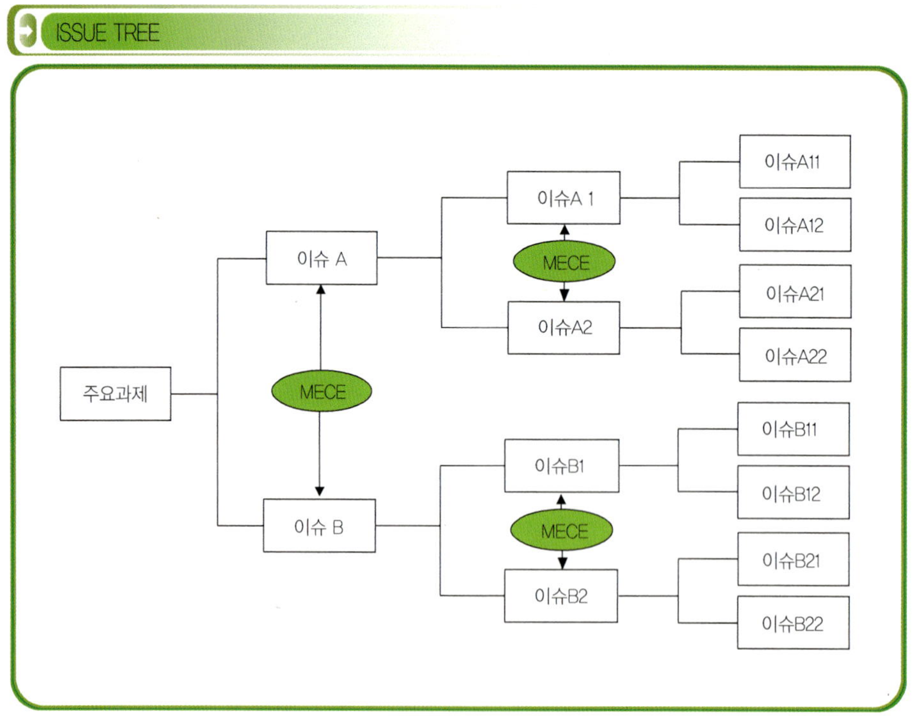

자료출처 : 경쟁에서 승리하는 경영전략/서기만

미션·비전 도출

5 Force Model, BCS Matrix, SWOT, Mckinsey's 7S 분석을 통하여 문제점을 분석하고 대안을 도출하며 미션, 비전을 도출하여 조직이 나아갈 방향을 확실하게 정립한다.

미션은 조직의 존재목적이며 비전은 중장기간에 달성해야 할 목표이다. 자세한 도출 방법은 Ⅱ단계 가치체계 구축단계에서 자세히 설명한다. Mission Statement와 Vision Statement는 미션과 비전의 설명문으로서 제삼자가 이해할 수 있도록 가능한 상세한 설명이 필요하다.

미션 및 비전 (안)

Mission	Vision
Mission Statement	
Vision Statement	

관점·전략목표 도출

미션과 비전을 도출하고 비전 달성을 위한 관점, 전략목표를 도출하고 관점을 중심으로 전략목표 간 인과관계를 파악한다.

관점의 설정은 조직의 핵심가치와 궁극적으로 추구하는 목표에 따라 수정·변경이 가능하다. 관점이 설정되면 관점에 따른 전략목표를 선정하는 데 고려할 사항은 학습과 성장관점은 무형자산의 활용에 중점을 두고 인적자산, 정보자산, 조직자산으로 구분할 필요가 있으며, 내부프로세스관점은 운영관리, 고객관리, 제품 혁신, 대정부업무로 구분하며, 고객관점은 제품·서비스의 속성, 고객관계, 조직의 대외적 이미지로 구분하고, 재무관점은 생산성 전략과 매출 성장 전략을 중심으로 비용구조를 개선하고 자산활용도를 향상시키며 매출기회를 확대하고 고객가치를 증대하여 장기적으로는 주주가치를 향상시켜 비전을 달성하는 전략목표를 선정한다.

전략목표 선정 시에는 반드시 전략목표 선정 고려사항을 고려하면서 진행하지 않으면 동일한 작업을 반복해야 하는 우를 범할 수 있다.

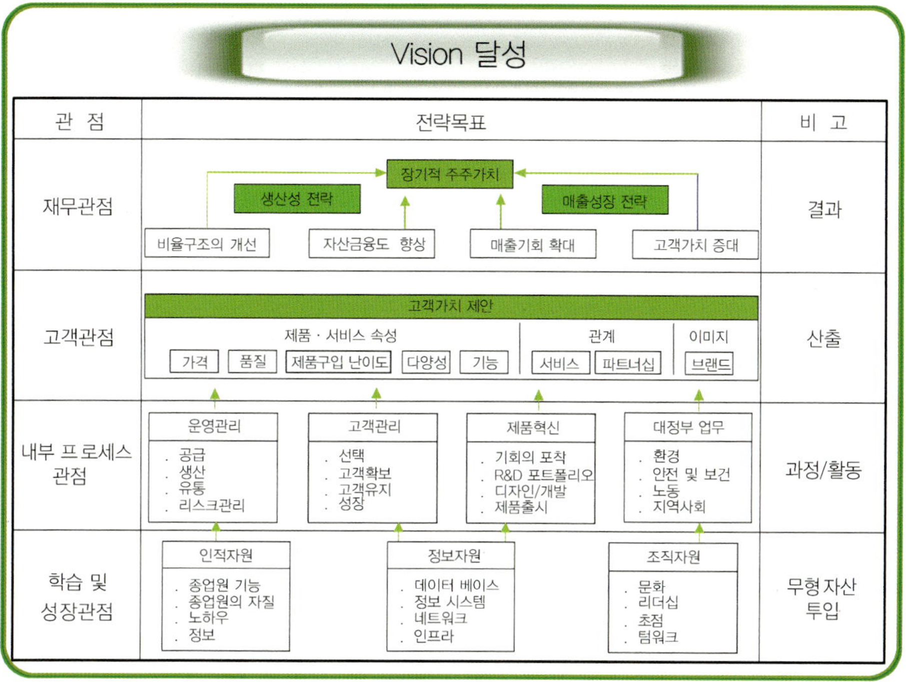
Vision 달성
관 점
전략목표
비 고
재무관점
장기적 주주가치
생산성 전략
매출성장 전략
비율구조의 개선
자산금융도 향상
매출기회 확대
고객가치 증대
결과
고객관점
고객가치 제안
제품 · 서비스 속성
관계
이미지
가격
품질
제품구입 난이도
다양성
기능
서비스
파트너십
브랜드
산출
내부 프로세스 관점
운영관리
. 공급
. 생산
. 유통
. 리스크관리
고객관리
. 선택
. 고객확보
. 고객유지
. 성장
제품혁신
. 기회의 포착
. R&D 포트폴리오
. 디자인/개발
. 제품출시
대정부 업무
. 환경
. 안전 및 보건
. 노동
. 지역사회
과정/활동
학습 및 성장관점
인적자원
. 종업원 기능
. 종업원의 자질
. 노하우
. 정보
정보자원
. 데이터 베이스
. 정보 시스템
. 네트워크
. 인프라
조직자원
. 문화
. 리더십
. 초점
. 팀워크
무형 자산 투입

2.1. 프로젝트 범위

선행분석을 통하여 조직 내에서 BSC 구축 목적이 명료화되고, 현행 평가체계 및 전략 수립 과정에 대한 문제점이 파악되었다면, BSC 구축의 범위를 선정한다. 프로젝트의 범위는 조직의 규모, 조직현황, 조직구조, 가능한 예산 및 예상 구축기간 등에 따라 달라지며 이에 따라 단계적으로 설정한다.

조직에 따라 변화에 거부감이나 새로운 경영기법에 대한 이질감으로 인하여 저항을 받는 경우가 많다. 조직에 따라서 다르지만 처음부터 전사적으로 시작하는 경우 또는 일부 부서에서 시행해 보고 그 경험과 자료를 활용하여 전사적으로 확대 적용하는 경우가 있지만 각각은 장단점이 있다.

2.1.1. Top Down형

공공기관에서 많이 사용하는 방법으로 최고경영자의 전폭적인 지지하에 BSC를 구축함으로써 최고경영자의 혁신과 변화에 대한 의지 및 방향성을 제시할 수 있다.

2.1.2. Middle-Up-Down형

조직이 비교적 안정되어 있고 부서 간의 업무연계가 많지 않은 기업에서 많이 사용하는 방법으로 해당 사업부의 특성에 맞게 구축할 수 있다는 장점이 있다. 반대로 전사적으로 확대되기까지는 많은 시간이 소요된다.

특정사업부에서 시작하여 사업부의 전략과 비전을 하부 조직으로 Cascading하고 실행결과는 하부 조직에서 사업부로 올라와 성과를 측정하고 관리하는 방법이다.

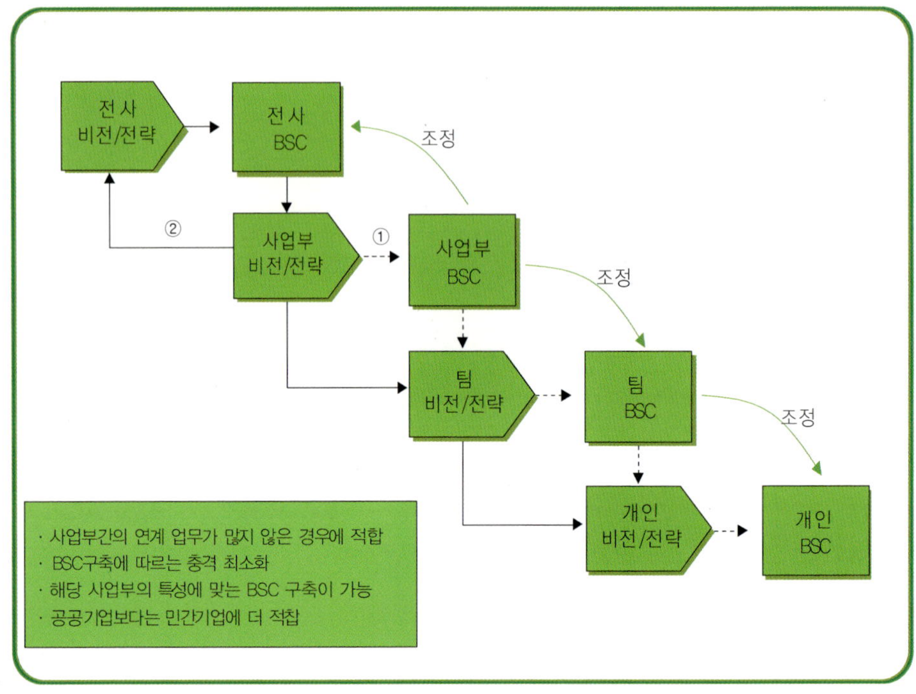

2.2. 프로젝트 추진 일정

프로젝트 추진 일정은 추진 조직의 상황에 따라, 추진 조직의 요구조건에 따라 다르며 용역기간에 따라 다르다. 프로젝트 추진단계는 준비단계, 가치체계 수립단계, BSC 개발단계, BSC 운영단계로 구분할 수 있다.

준비단계에서는 BSC 추진 조직 구성, 추진 일정 및 업무범위 확정, 임원진 인터뷰를 실시하고 현황분석이 완료되면 분석자료와 진행계획을 수립하고 관련자 전원이 모인 가운데 시작회의를 한다. 그리고 조직원의 저항을 예방하고 BSC를 이해시키기 위하여 혁신과 BSC에 대한 개념교육을 실시하여 전 조직원이 BSC를 이해하고 협력하도록 노력해야 한다.

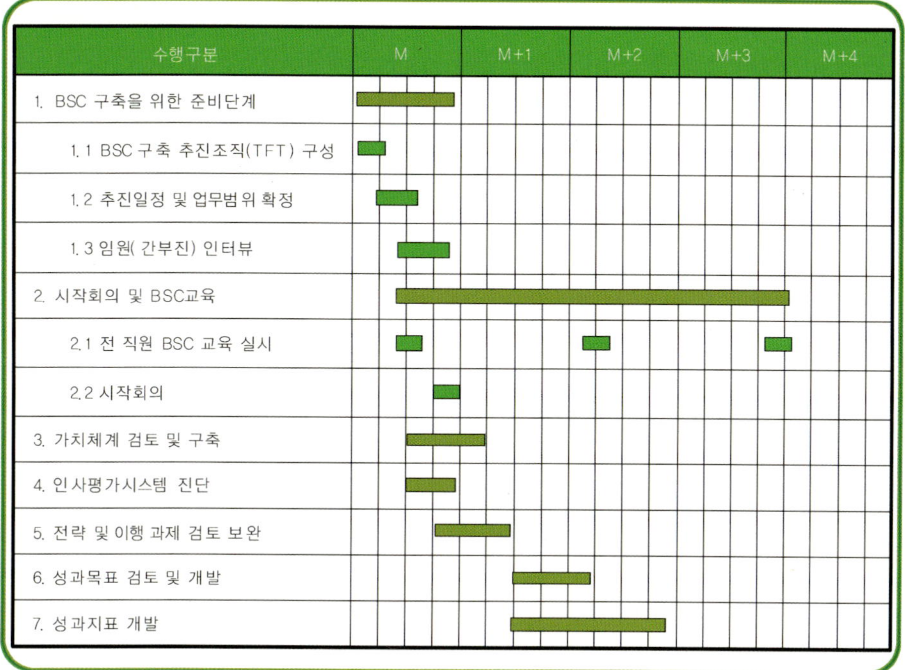

다음으로 기존의 가치체계를 검토하는데 대개의 경우는 BSC 관점에 적합한 새로운 가치체계를 정립하게 되는데 이때는 반드시 경영진과 조직원의 합의를 이끌어 내야 한다. 새로 정립된 미션, 비전에 따라 관점을 설정하고 전략목표를 도출하며 성과목표와 성과지표를 개발한다.

성과목표와 성과지표가 개발되면 적정성과 타당성을 검토한 후 지표산식을 개발하게 된다. 성과지표는 되도록이면 단일지표로 개발해야 효과적이며 만약 부득이한 사유로 복합지표를 개발하게 되면 산식에서 명확하게 구분할 수 있도록 해야 관련 부서 간의 마찰을 줄이고 성과를 창출할 수 있다.

전사전략목표에 따른 지표 개발이 완료되면 사업부별, 팀별, 개인별 지표를 개발하게 된다. 이때 반드시 전사전략목표를 할당받아야 하며 사업부는 사업부 고유의 지표를 확보할 수 있다.

한편으로는 BSC 관련 전산시스템의 구축이 진행되면서 지표정의서에 따라 데이터를 입력하며 시험적으로 가동한다. 이때 기존의 인사관리시스템, 지식관리시스템, 자원관리시스템 등과 시스템적으로 연계하고 인사평가시스템, 보상관리시스템도 함께 구축되면서 시험운전을 하게 되고 결과에 만족하면 5~6개월간 시스템 안정화를 위하여 노력해야 한다.

프로젝트 추진일정 [2]

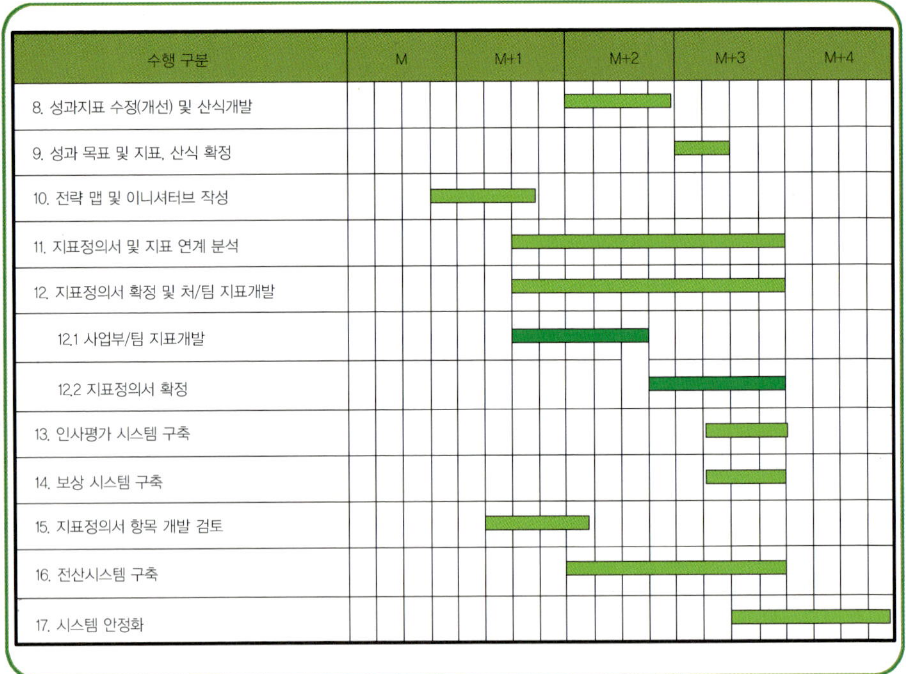

수행 구분	M	M+1	M+2	M+3	M+4
8. 성과지표 수정(개선) 및 산식개발			■		
9. 성과 목표 및 지표, 산식 확정				■	
10. 전략 맵 및 이니셔터브 작성		■			
11. 지표정의서 및 지표 연계 분석			■■■		
12. 지표정의서 확정 및 처/팀 지표개발			■■■		
12.1 사업부/팀 지표개발			■		
12.2 지표정의서 확정				■	
13. 인사평가 시스템 구축				■	
14. 보상 시스템 구축				■	
15. 지표정의서 항목 개발 검토		■			
16. 전산시스템 구축			■■		
17. 시스템 안정화					■

Taek	Start Cate	Caration	End cate	비고
001. 프로젝트 준비	04/ 10/11	10	04/ 10/20	
TFT 실견례 및 일정회의	04/ 10/11	1	04/ 10/11	
전단팀 교육자료 작성 및 배포	04/ 10/18	1	04/ 10/18	
TFT 교육 실시	04/ 10/18	6	04/ 10/17	
기존 자료 검토	04/ 10/12	8	04/ 10/18	
해외 유관기관 벤치마킹	04/ 10/17	6	04/ 10/18	미국, 캐나다, 영국
국내 유관기관 벤치마킹	04/ 02/02	2	04/ 02/08	00공사, 00청
시작보고회 자료 준비	04/ 10/18	1	04/ 10/18	
002. 시작보고회	04/ 10/20	1	04/ 10/20	
전달팀 교육	04/ 10/20	1	04/ 10/20	
003.임직원 인터뷰	04/ 10/18	8	04/ 10/26	
워크숍 자료 준비	04/ 10/24	2	04/ 10/26	
004. 1차 외부워크숍	04/ 10/26	1	04/ 10/26	미션,비전,관점
1차 외부 워크숍 결과보고서 작성	04/ 10/27	2	04/ 10/28	
TFT 조절회의 –미션, 비전, 관점	04/ 10/61	1	04/ 10/81	미션,비전,관점
005. 1차 내부검토 회의	04/ 11/04	1	04/ 11/04	전략목표, 실과목표
미션/비전 신문조사	04/ 11/07	8	04/ 11/16	미션, 비전
TFT 조절회의–전략 목표,실과 목표	04/ 11/08	1	04/ 11/08	전략목표,실과목표
실과 지표(안) 작성	04/ 11/09	2	04/ 11/10	
006. 2차 내부검토 회의	04/ 11/11	1	04/ 11/11	실과지표
전달팀 실과지표 도출	04/ 11/14	8	04/ 11/22	사업부별 지표 면담
실과관리 시스템–Hi 설치	04/ 11/16	2	04/ 11/17	하드웨어 설치
007. 2차 외부워크숍	04/ 11/24	2	04/ 11/26	진사지표정의서 작성
008. 일원 보고회	04/ 12/06	1	04/ 12/03	일정보고 및 검토
본부교육	04/ 12/06	1	04/ 12/06	
009. 부서장 보고회	04/ 12/08	1	04/ 12/08	미션, 전략목표, 실과목표 검토
OFF LINE 설문조사	04/ 12/12	6	04/ 12/06	부서장 검토
부서지표 개발 1차	04/ 12/16	2	04/ 12/06	부서지표 개발
부서지표 개발 2차	04/ 12/18	2	04/ 12/20	부서지표 개발
010. 중간 보고회(60명)	04/ 12/21	1	04/ 12/21	중간 보고회 14시
부서지표 개발 6차	04/ 12/21	6	04/ 12/26	부서지표 개발
006. 중간보고서 제출	04/ 12/27	1	04/ 12/27	
부서B86 검토 및 수정	04/ 12/27	4	04/ 12/80	
부서(처실)별 지표정의서 작성교육	06/01/02	1	05/ 01/02	고객사 22명, 음역사 6명
지표정의서 작성	05/01/08	26	05/ 01/27	
011. 6차 내부검토회의	05/01/17	1	05/ 01/17	부서지표정의서 작성
지표정의서 수정 & 보완	05/01/81	6	05/ 02/02	
016. 완료 보고회	05/02/27	1	05/ 02/27	

2.3. 프로젝트 계획 수립

프로젝트를 수행하기 위해서는 인적 구성이 선행되어야 하며 인적 구성은

① 프로젝트 전담조직

② 조직별 BSC 담당자

③ 시스템 담당자

④ 외부전문가가 필요하다.

프로젝트를 수행하기 위한 총괄조직은 고객사에서 Steering Committee을 고객사의 임원이 맡아서 프로젝트를 총괄적으로 지휘, 조정하며 고객사의 BSC 전담요원이 TFT로 참석하며 고객사의 부서별 인원이 참여하는 BSC SME, 용역사에서는 품질과 업무조정 등의 업무를 수행하는 Quality Assurance, 프로젝트를 총괄 책임지고 수행하는 PM 그리고 컨설팅 파트, 시스템 구축 파트의 요원이 참여하게 된다.

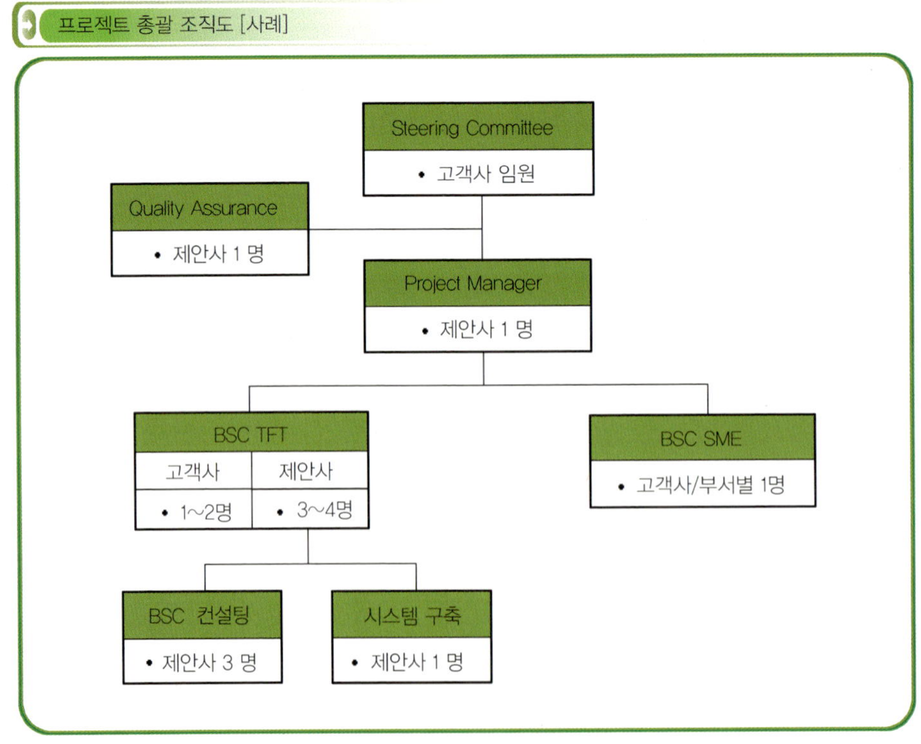

2.4. 조직별 업무분장

① 추진위원회 : 수진사에서 임원급 간부가 추진위원회의 의장이 되며 프로젝트와 관련된 최고의 의사결정자가 된다.

② 품질보증(QA) : 용역업체에 가장 경험이 많고 유능한 인사가 품질보증과 포괄적인 자문을 수행한다.

③ 프로젝트 관리자(PM) : 프로젝트 관리의 최고책임자로서 Team Building을 수행하고 팀원들을 관리하여 프로젝트를 진행하며 추진위원회에 보고하는 프로젝트의 핵심인물이다.

④ 프로젝트 TFT : 수진업체에서 1~2명, 용역사에서 3~5명 참여하여 프로젝트를 수행하는 핵심요원이다. 용역사에서 참여하는 인원은 컨설팅 파트와 솔루션 파트의 인원이 동시에 참여한다.

조직별 업무분장

추진위원회 (Project Sponsor)	• 프로젝트와 관련된 최고 의사결정자이며 프로젝트와 연관된 변화를 지원. • 프로젝트 비전을 발전시키고 프로젝트의 범위와 예산에 대한 최종 승인. • 전략적 방향을 제시. • 적절한 Resource의 확보와 적합한 Business Leader의 참여를 보장.
품질보증 (Quality Assurance/ Advisory)	• 프로젝트 전략을 지원. • 프로젝트 품질 보증에 대해 감독. • 프로젝트 품질에 대한 포괄적인 자문을 수행.
프로젝트 관리자 (Project Manager)	• 추진 위원회에 프로제트 진행 상황을 보고. • 프로젝트 범위를 관리하고 Scope 변화를 승인. • 프로젝트 팀 조직에서 발생되는 Issue를 해결. • 프로젝트 팀간의 대화를 촉진. • 프로젝트 팀들에 대한 평가, 보상을 수행. • Team Building을 수행.
프로젝트 TFT	• 프로젝트의 내용에 대한 현황 분석을 하고 To-Be 프로세스를 정의. • 각 Process에 대해 분석을 하고 To-Be 모델을 정의. • 각 모델에 필요한 사항을 현업과 논의하여 해결. • 프로젝트를 방법론에 따라 성공적으로 수행.
프로젝트 SME	• Full Time : 컨설팅 팀의 프로젝트 수행 시 일정관리, 업무에 대한 이해 제고, 업무작업 등 전반적인 사항애 대해 컨설팅 팀과 함께 프로젝트를 진행. • Part Time : 부서별로 1명식 SME를 선정하고 부서단위로 필요문서 작성과 풍보시 해당 역할을 수행.

⑤ 프로젝트 SME : 수진조직의 관련 팀에서 1명 정도씩 프로젝트에 참여하는 인원으로
Full Time 인원과 Part Time 인원으로 구분할 수 있다.

2.5. 프로젝트 관리

2.5.1. PMBOK

PMBOK은 프로젝트 관리 전문 분야의 모든 지식체계를 기술하는 포괄적인 용어로서 법률, 의학, 회계와 같은 전문 분야와 마찬가지로 지식체계는 그것을 적용하고 개선시키려는 실무자, 학계에 달려 있다. 완전한 PMBOK은 제한적으로 사용되는 혁신적이고 개선된 실무 지식뿐만 아니라 널리 적용되고 있는 입증된 전통적인 실무적 지식을 포함한다. PMBOK은 프로젝트 관리 분야에 관심을 가진 다음과 같은 사람에게 기본적인 참고자료를 제공한다.

- 프로젝트 관리자 및 기타 프로젝트 팀원
- 프로젝트 고객 및 기타 프로젝트에 관여하는 자
- 프로젝트팀에 배치되어 노무자를 관리하는 기능적 관리자
- 프로젝트 관리 및 관련 주제를 가르치는 교육자
- 프로젝트 관리 및 관련 분야의 컨설턴트 및 기타 전문가
- 프로젝트 관리 교육 프로그램을 개발하는 trainer

2.5.2. 프로젝트란

조직은 일(work)을 수행한다. 일반적으로 일(work)은 운영(operation) 또는 프로젝트(project)를 의미하며 이러한 작업과 프로젝트는 중복될 수도 있다.

→ 작업과 사업은 다음과 같은 특징을 공유한다.

- 인간에 의해 수행된다.
- 제한된 자원에 의해 제한된다.
- 계획, 수행, 관리된다.

→ 프로젝트는 유일한 제품 또는 서비스를 창출하기 위해 수행하는 임시적인 노력으로 정의된다.

→ 임시적(temporary)이라는 말은 모든 프로젝트는 명확한 시작과 끝을 가지고 있다는 의미이며, 유일하다는 것은 제품 또는 서비스가 유사한 모든 제품 또는 서비스와 뚜렷하게 다르다는 것을 의미한다.

→ 프로젝트는 한 조직의 단일 부서를 포함할 수도 있고 또는 파트너링으로 여러 조직을 포함할 수도 있다. 프로젝트는 조직의 사업전략을 추진하기 위한 주요 요소이다.

2.5.3. 프로젝트 관리 프로세스

프로젝트 관리는 프로젝트 관련자(stakeholder)의 필요와 기대를 충족하거나 또는 초월하기 위해 프로젝트 활동에 지식, 기술, 도구, 기법을 응용하는 것이다. 프로젝트 관련자의 필요와 기대를 충족 또는 초월한다는 것은 다음과 같은 여러 가지 요건의 균형을 추구하는 것을 포함한다.

- 범위, 시간, 비용, 품질
- 다른 필요, 기대를 가진 프로젝트 관련자(stakeholder)
- 파악된 요구(필요)와 파악되지 않은 요구(기대)

프로젝트 관리 프로세스는 ① 착수 Process, ② 계획 Process, ③ Control Process, ④ 실행 Process, ⑤ 종료 Process로 구분할 수 있다.

2.5.3.1. 착수 Process : 프로세스 조직을 구성한다.

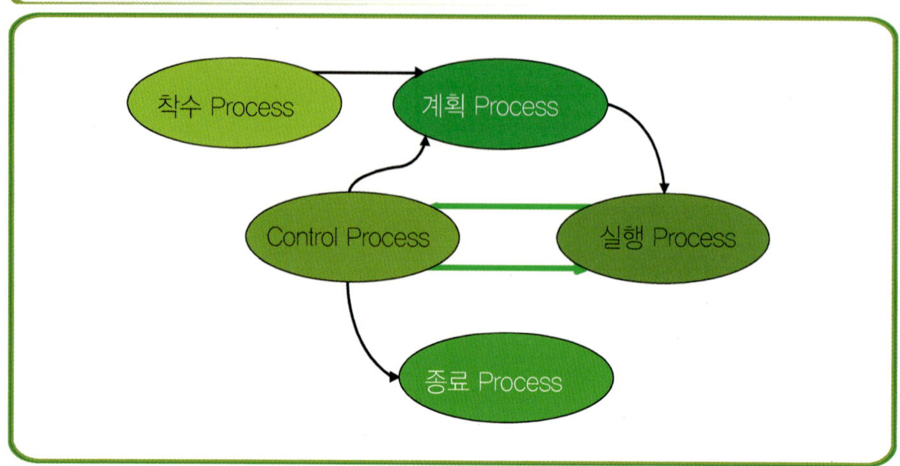

2.5.3.2. 계획 Process : 계획은 프로젝트가 전에는 수행한 적이 없는 어떤 것을 포함하고 있기 때문에 프로젝트에 있어서 매우 중요하고 상대적으로 많은 프로세스들이 있다.

2.5.3.3. 실행 Process : 실행 프로세스는 핵심프로세스와 촉진 프로세스를 포함한다.

2.5.3.4. 관리 Process : 프로젝트 성능은 계획으로부터의 변화를 규정하기 위해서 규칙적으로 측정해야 한다. 변화량은 다양한 지식 영역에서 관리 프로세스로 공급된다.

2.5.3.5. 종료 Process : 남아 있는 항목의 해결을 포함한 계약의 종료와 결산

2.5.4. 프로젝트 관리

프로젝트 관리계획으로 기본적으로 갖추고 운영해야 할 사항

① 통합관리

② 시간관리

③ 비용관리

프로젝트 관리

관리영역	계획 프로세스	실행·관리 프로세스
통합 관리	• 프로젝트 계획서	
시간 관리	• 통합 일정표 • 상세 일정표 • 기능별 일정표	
비용 관리	• 개발 공수 견적	• 주간 보고서
품질 관리	• 품질기준서	• 단위 테스트 사양서 • 통합 테스트 사양서
조직 관리	• 프로젝트 체계도	
커뮤니케이션 관리		• 회의록 • 회의 유보 항목 • 질문 관리 시트
위험 관리	• 위험요소 목록	
조달 관리		• 발주 사양서

④ 품질관리

⑤ 조직관리

⑥ 커뮤니케이션 관리

⑦ 위험관리

⑧ 조달관리

2.5.5. BSC 프로젝트 주간보고

전략적 성과관리(BSC)시스템 구축 프로젝트를 수행하기 위해서는 특히 일정관리가 중요한데 최소한 주간보고계획서를 기록 관리하면 프로젝트 진행을 원활하게 할 수 있는데 BSC 프로젝트 주간보고서에는

① 프로젝트 진행현황

② 프로젝트 주간업무

③ 이슈사항을 기록 관리한다.

④ 프로젝트 진행현황에는 프로젝트명, PM과 담당자, 기간, 일정계획을 기록하며

⑤ 프로젝트 주간업무에는 지난주의 주요 업무와 이번 주 주요 업무를 기록한다.

⑥ 이슈사항에는 업무영역과 업무구분 그리고 지난주 주요 업무와 이번 주 주요 업무를
기록 관리하므로 프로젝트 진행 시 반드시 기록 관리하기를 권한다.

BSC 프로젝트 주간보고 (사례)

1. 프로젝트 진행현황

시작일 : 2005년　　월　　일
완료일 : 2006년　　월　　일

	프로젝트명	PM 담당자	기간		1주차				2주차				3주차				4주차				비고
1																					
2																					
3																					
4																					

2. 프로젝트 주간업무

	프로젝트명	PM 담당자	지난주 주요업무	공정율	이번주 주요업무	공정율
1						
2						
3						

3. 이슈사항

	업무영역	업무구분	지난주 주요업무	이번주 주요업무
1				
2				

프로젝트 관리의 3요소

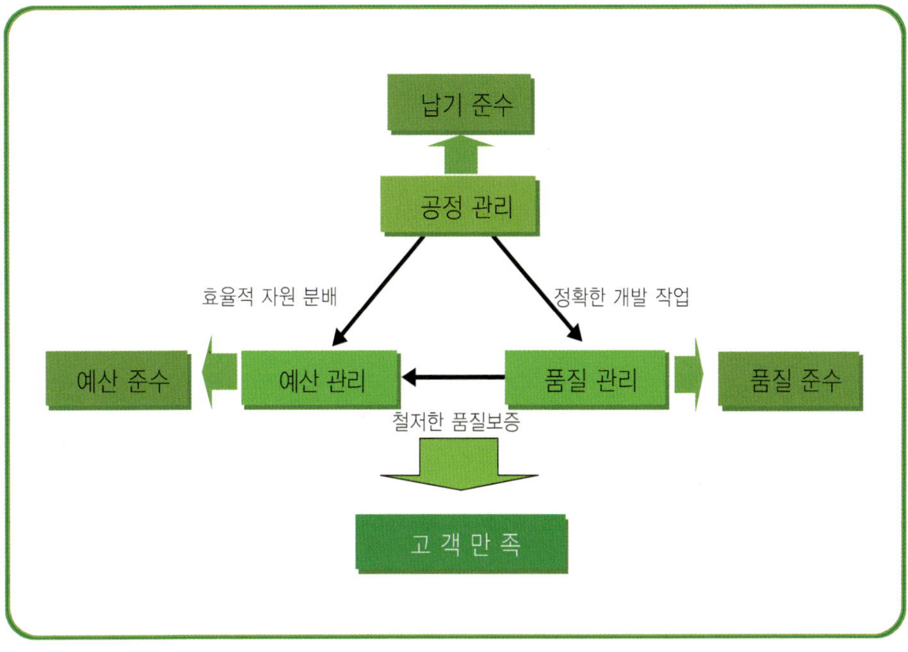

프로젝트 관리 지침

1. 명확한 단계 정의
2. 명확한 역할 분장
3. 철저한 문서화
4. 의사 소통 강화 (PM과 개발자, PM과 고객, 개발자와 고객)
5. 표준화
6. 명확하고 상세한 품질 목표 설정
7. 체계적인 도구 및 관리 기법 사용
   - Case
   - 형상관리 Tool
   - 방법론 Tool
   - Repository 등
8. 형상관리 및 변경 관리의 철저한 이행

3. 변화관리

3.1. 변화관리

많은 성과평가시스템들이 원래 취지와는 다르게 제 역할을 제대로 수행하지 못한 채 실제 성과평가의 극히 일부분에만 사용되거나 혹은 거의 사용되지 않고 있다. 이처럼 많은 시간과 돈을 들여 구축한 시스템이 애물단지로 변하는 가장 큰 이유는 바로 조직원의 저항과 평가결과에 대한 반발 때문이다.

아무리 좋은 성과평가시스템을 구축한다고 해도 그를 통한 평가에 대한 조직 구성원의 합의가 없이는 무용지물일 수밖에 없다. 그렇다고 일방적으로 관리계층의 지위를 이용하여 이를 적용할 경우에는 성과평가의 대상이 되는 업무만 집중하고 정작 다른 중요하고 필수적이지만 성과평가의 대상이 되지 않는 업무들에 대해서는 소홀하게 될 것이다. 따라서 이런 결과를 기반으로 한 보상이나 인사고과의 평가는 결코 공정하거나 바람직하지 못하다고 할 수 있다. 이러한 폐단을 줄이고 자발적인 성과주의 문화를 정착하기 위해서는 성과관리제도의 도입을 조직의 변화관리 차원에서 접근해야 한다.

새로운 제도가 도입될 때 이를 받아들이는 구성원들이나 조직은 일정기간 동안 업무혼선과 불안감 등으로 인해서 업무의 집중도와 효율성이 떨어지는 등 많은 문제점들이 생겨 난다. 개별적인 불평과 불안, 불만 등은 자칫 잘못하면 집단적인 문제가 될 수 있으며 때에 따라서는 노사갈등으로 비화할 수도 있다. 이처럼 부정적인 현상이나 상황을 사전에 예방하거나 최소화할 수 있도록 노력하는 활동이 바로 변화관리이다.

조직 구성원을 원하는 방향으로 일사불란하게 움직이게 하는 것은 어려운 일이다. 새로운 비즈니스 프로세스에 조직 구성원들을 적응시키기 위해서는 이에 대한 구체적인 방안이 마련되어야 한다.

현명한 조직 구성원들을 동기 유발시킬 수 있기 위해서는 조직 구성원들에게 "왜 변화해야 하는가?"에 대한 정당성을 부여해 주어야 한다. 즉 '변화에 대해 준비된' 구성원들만이 전략적 성과관리(BSC)시스템 구축을 진정한 경영혁신으로 승화시킬 수 있다.

새롭고 생소하게 다가오는 전략적 성과관리(BSC)시스템의 개념을 조직 내에서 분명한 혁신 활동의 대상으로 구체화시키기 위해서는 조직 구성원 대상별로 홍보 및 교육에 대한 구체적인 계획이 수립되고 실천되어야 한다.

3.2. 변화에 대한 저항

"새로운 질서를 도입하고자 할 때, 솔선수범하는 것만큼 착수하기 어려운 것은 없거니와, 처신함에도 위험성이 따르는 것은 물론이고, 그만큼 성공하기도 힘든 일은 없다고 할 것이다. 그것은 혁신이란 그동안의 낡은 조건들하에서는 일을 잘 추진해 오던 사람들을 모두 적으로 만들 뿐만 아니라, 새로운 상황조건하에서 일을 잘할 수 있는 사람들조차 냉담한 저항자들로 만들어 버리기 때문이다."

자료출처 : 마키아벨리, 군주론(Machiavelli, The Prince)

3.2.1. 저항의 현상

■ 전략의 두 가지 측면

전략에 대한 체계적인 경영이 시작된 이래로, 실무자들과 전문가들의 관심은 다음 두 가지 측면에 집중되고 있다. 첫째는 분석의 논리와 기법들, 이른바 전략 수립이며, 둘째의 관심은 전략 수립 활동에 대한 경영자들의 참여와 공헌을 통하여 시스템적 과정, 소위 전략계획을 어떻게 설계할 것인가에 관한 것이다.

■ 세 가지의 기본적인 전제

전략계획을 위한 처방전들의 개발은 다음의 세 가지 기본적인 전제를 토대로 하고 있다.

첫 번째 전제는 합리적인 사원은 합리적인 일들을 할 것이라는 견해이며 경영관리자들은 늘 새로운 사고방식을 환영하고 있으며 더욱이 혼신의 노력을 기울여 협력할 것이라고 인식하고 있다. 심지어는 새로운 전략적 사고방식이 계획에 대한 저항에 봉착하게 되었을 경우에도 그것은 조직 구성원들에 의한 몰이해에 따른 일시적인 이탈현상으로 판단하고, 최고경영진에 의한 강력한 승인만 있으면 제거할 수 있다고 간주하기도 한다.

두 번째 전제는 전략에 있어서 중요한 문제는 바른 의사결정을 내리는 것이며, 더욱이 일상 업무활동과 실행을 위한 기존 시스템들과 절차들이 구비되어 있을 경우에는, 전략적 의사결정들을 효과적으로 행동에 옮길 수 있다는 견해이다.

세 번째의 전제는 전략 수립과 전략 실행은 순차적인 것이며, 서로 독립적인 행동이라고 생각하는 것이다. 따라서 전략적 실행에 대한 관심은 전략적 의사결정들이 내려진 다음에야 착수할 수 있는 것이며, 애초부터 복잡하고 까다로운 전략적 의사결정과정에 대하여 방해가 되지 않게 된다고 생각하는 것이다.

자료출처 : 최신전략경영/박동준 역/소프트전략경영연구원

■ 기본적인 전제들의 오류

과거 20년간의 경험축적을 통하여, 이 세 가지의 전제들은 심각하게 다시 생각해 보지 않을 수 없게 되었다. 기업이 새로운 시장들과 기술 분야에 대하여 다각화할 경우, 새로운 사업에 대한 비용은 전형적으로 당초의 추정보다 많이 들게 되며, 예측할 수 없었던 사태로 말미암아 사업추진이 지연되기도 하고, 조직은 새로운 전략적 활동들에 대한 새 출발에 대하여 저항을 나타내기도 한다.

매수·흡수합병의 분야에서도, 경험하게 되는 사례마다 잇따른 실망을 주는 경우가 있는데 매수 이전에는 흑자였던 사업이, 이상하게도 매수 후에는 적자로 되거나, 매수에 따라 인수기업에 흡수된 주요 경영관리자들은 매력적인 보수 및 회유책에도 불구하고, 퇴사하는 경향이 있으며, 매수활동에서 기대한 시너지는 실현되지 못하고 실패하게 되는 경우가 많다.

최고경영진이 전략계획의 도입을 통하여 전략적 의사결정이 체계적으로 수행되는 기틀을 구축하고 결단을 내리면, 공교롭게도 조직이 새로운 시스템에 저항한다. 모든 난관을 무릅쓰고, 일단 전략계획을 도입하면, 대부분의 '시스템은 과잉분석에 의한 마비 증후군'이나 '서랍 안의 방치 증후군'의 징후를 보이게 되고 전략계획 작성은 시들해지거나 또는 만들어진 전략들도 현실적인 시장여건과는 전혀 무관한 것들에 지나지 않는 경우가 있다.

더욱이 그런 전략 시스템은 조직으로부터 짓눌려 마침내 외부로 추방되고, 좀 더 완만한 반응을 취하게 될 경우에는, 이전의 의사결정방식으로 되돌아가는 경향을 공통적으로 볼 수 있다.

최고경영자가 이에 대한 지원을 강조하게 될 경우, 그것은 일시적인 강제의 효과에 지나지 않는 것이다. 최고경영자가 강력한 압력을 행사하고 있는 동안은 조직은 호응하는 척하지만 강력한 지원을 중지하거나, 최고경영층이 다른 중요한 우선사항들에 관심을 돌리면 저항은 다시 표면 위로 올라오게 된다.

이상을 요약하면, 현실적인 경험에서도 알 수 있는 바와 같이, 기업의 전략적인 수용태세에서의 중요한 혁신작업들은, 공식 전략계획을 통한 도입이건 또는 비공식 도입이건 언제나 조직저항을 유발하게 된다.

■ 네 가지의 결론

이러한 경험에서 다음의 네 가지 결론을 도출할 수 있다.

① 합리적이란 단어를 분석적으로 볼 때, 논리적인 일들을 의미하는 것으로 받아들인다면, 오히려 합리적인 사람들이 합리적인 일들을 한다고 할 수 없다. 저항은 단지 표면적인 현상만은 아니며 나름대로의 논리를 가지고 있으므로, 최고경영진의 권유만으로 저항을 제거하는 일은 불가능하다.

② 전략 실행은 전략을 수립하면 자동으로 이어지는 것이라고는 할 수 없다. 전략 실행은 그 자체적인 저항력을 가지고 있으므로 전략계획에 대한 노력을 무용하게 할 수 있다.

③ 전략계획 작성과 전략 실행을 순차적이고 독립적인 프로세스로 구분하는 견해는, 전략계획이 만들어지는 방법이, 의사결정에 대한 궁극적인 실현능력에 대하여 영향력을 미치게 된다는 점을 간과하고 있으며 인위적으로 편의에 따라 나눈 것에 불과하다.

④ 혁신에의 저항은, 전략계획의 작성에만 국한되는 것이 아니라 조직의 혁신이 기존의 행동, 문화, 권력구조에 대하여 비연속적인 발전을 가져올 경우에는 언제나 저항이 발생하게 된다.

따라서 전략적 수용태세의 중대한 방향전환은 계획 작성뿐만 아니라, 전체적인 혁신의 과정에 대하여 저항을 일으키게 된다. 저항은 이탈현상이 아니라 일찍이 전략 수립에 대하여 관심이 집중되었던 것에 필적할 만한 관심을 기울일 필요가 있는 근본적인 문제라는 점에 유의할 필요가 있다.

3.2.2. 저항이란

■ 혁신에의 저항

여기에서 저항이란, 예상하지 못한 지연활동이나 비용, 전략적 혁신 프로세스에 대한 불안정한 상태를 유발시키는 다면적이고 복합적인 현상을 의미한다.

혁신의 역사를 통하여 볼 때, 저항의 존재가 여실히 입증되고 있다. 혁신의 프로세스 중에 나타나는 현상들은 다음과 같다.

① 혁신의 프로세스를 착수하고자 할 때의 지체와 지연
② 당초 예상보다 혁신의 속도를 지연시키고, 혁신의 비용을 높이게 되는 예상하지 못했던 실행작업에 대한 지연활동들과 비능률적인 일들
③ 조직 내에서 혁신을 방해하거나 다른 우선순위들과 혼동시켜 혁신을 완화시키려는 활동들

일단 혁신작업이 착수되면, 다음과 같은 현상들이 발생한다.
① 전형적인 성과지연사태가 일어난다. 혁신은 소기의 성과를 거두고 있지만 너무 늦게 진행된다.
② 조직 내에서 혁신의 효과를 혁신 이전의 상태로 되돌리려고 하는 노력들이 발생한다.

3.2.3. 저항과 혁신의 속도

■ 저항의 두 가지 중요한 특성

① 혁신에의 저항은 그 혁신의 도입에 의하여 비롯되는 문화와 권력구조에서의 비연속성의 정도에 비례한다.
② 어떤 특정한 비연속성에 있어서 저항은 혁신이 확산되는 시간의 길이와 반비례한다.

혁신이 서서히 도입될 경우, 저항이 약해지게 된다는 점은 참으로 재미있는 현상 중의 하나이다. 혁신이 서서히 도입되었건 급속하게 진전되건 도입되는 것은 마찬가지이지만 그에 대한 저항이 달라진다는 것에서 우리는 일말의 가능성을 찾아볼 수 있게 된다.

즉 조직 구성원들은 혁신 그 자체에 대하여 저항한다기보다는 혁신이 도입되는 과정에서 반발하게 된다고 볼 수 있다. 물론 계획이나 구상단계에서부터 자신이 소외당하고 있다거나 특정 부문을 중심으로 계획이 수립되는 듯한 인상을 주어서는 곤란하다는 사실을 깨달을 수 있다.

특히 여기에서 거론되고 있는 혁신의 속도 측면에서 본다면, 사전에 혁신을 감지하도록 정보를 제공하지 못한 사소한 불찰이 결정적인 실패를 가져오게 될 저항의 국면을 초래할 수도 있다.

따라서 혁신의 속도감을 줄이기 위한 방안을 강구하는 일은 혁신의 계획 단계에서부터 반드시 고려되어야 할 사항이다.

■ 문화정치적 저항에 미치는 효과

모든 혁신이 모두 저항을 일으키는 것은 아니다. 혁신에 의하여 자신들의 문화가 더욱 강해지거나, 계속하여 권력을 유지할 수 있는 경우에는 혁신을 환영하고 또한 혁신에 대한 지원도 마다하지 않는다. 마키아벨리의 표현을 빌리면, 그들은 새로운 질서의 기반하에서 계속 이익을 취하고자 한다는 것이다. 그러나 마키아벨리의 지적과 같이 그들의 지원은 냉담한 경우가 많다는 점에 유의해야 한다.

3.2.4. 개인들의 저항

경험적으로 또는 심리학 연구문헌을 통해 밝혀지고 있는 바와 같이, 혁신에 따라 자신의 입지가 불안하게 될 때, 각 개인들은 그 혁신에 저항하게 된다. 개인의 저항은 다음의 6가지 경우에 발생하게 된다.

■ **개인들의 심리적 저항**

저항의 원인들은 개인들에 의한 반응행동으로 파악할 수도 있으며, 한편으로는 개인의 집합체로서의 공통적 행동들에 의하여 파악될 수도 있다.

① 경영관리자들이 혁신에 대한 충격과 혁신이 유발시키는 의미나 관계들에 대하여 확신을 가지지 못할 때
② 경영관리자들이 꺼리는 리스크들을 도맡아서 처리하도록 요구할 때
③ 혁신이 자신을 무용한 사람으로 만들게 될지도 모른다고 느끼게 될 때
④ 혁신이 요구하고 있는 새로운 역할을 수행할 능력이 자신에게 없다고 느낄 때
⑤ 경쟁동료들에 대하여 자신의 체면을 잃게 될 것이라고 느낄 때
⑥ 새로운 기술과 행동을 학습할 능력이 부족하거나 의욕이 없을 때

■ **개인들의 정치적 저항**

개인들의 권력에 대한 지위가 위협받게 될 때도 개인은 혁신에 대하여 저항하게 된다.

① 조직의 보상에서 자신의 몫이 줄어들게 될 것이 예상될 때
② 조직의 의사결정에 대하여 자신의 영향력이 미칠 수 있는 상대적 지위가 혁신에 의하여 저하할 것이라고 느낄 때
③ 조직의 경영자원들에 대한 통제력이 혁신에 의하여 축소될 때
④ 개인의 위신과 명성이 혁신에 의하여 축소될 때

조직원들이 혁신에 대하여 반응하는 방법은 개성의 강도와 유통성에 의하여 결정된다. 그러므로 특정한 문화적 혁신과 정치적 혁신에 대한 개인의 신념의 강도와 자기방위의 준비태세, 권력에 대한 태도 그리고 향학열이나 혁신에 대한 소질에 따라 결정된다.

3.2.5. 그룹의 저항

■ 그룹의 저항 강도

혁신에 대한 그룹의 저항들은 각 개인들의 견해들과 신념을 통하여 조사할 수 있다. 경우에 따라서는 조직에 대하여 무관심하고, 방관하고 있는 개인들을 통하여 파악할 수도 있다. 즉 그룹의 문화와 권력은 나름대로 존재이유를 가지고 있다. 그룹의 안정성이나 영속성은 개인들의 안정성이나 영속성보다도 강력한 것으로 작용하게 된다.

따라서 그룹의 문화를 혁신하거나 그룹으로부터 권력을 박탈하는 것보다도, 진보에 대한 주요한 장벽이 되고 있는 개인들을 이동시키거나 배제하는 편이 수월하다.

■ 그룹행동의 다섯 가지 특징

① 공통의 과제들과 중대한 관심사항들을 공유하고 있는 조직은 일정기간 동안에 행동과 사고방식의 공동체 의식을 만들어 낸다.

② 이런 그룹은 특정한 형태의 행동을 권장하여 보상하고, 그렇지 못할 경우에는 처벌하는 공동체적 규범들과 가치관을 확립시킨다.

③ 대개의 그룹들은 공통적 과제에 대하여, 관련성이 있는 정보와 관련성이 없는 정보에 관한 합의를 만들어 낸다.

④ 어떤 행동들이 바람직한 성과를 가져오고, 어떤 행동들은 바람직하지 않을 것이라는 점에 관한 합의를 만들어 낸다.

⑤ 공동의 문화에 대하여 충성할 것을 요구하며 다른 문화침입에 대하여 공동으로 자기방어를 한다.

예를 들면 일부 기업이나 기관에서는, "잘 나가고 있는 보트를 흔들지 말라"는 슬로건이 규정과도 같은 절대적 힘을 지니고 있다. 이와는 대조적으로 혁신적인 기업이나 조직들은 "새로운 것이 아니면 쓸모없는 것이다"라는 슬로건을 중요한 규범으로 설정하고 있다.

■ 그룹행동의 권력에 관한 특징

① 그룹은 조직 내에 나머지 세력들과 연합하여 권력의 중심으로 기능하려는 경향이 있

다.

② 그룹은 권력과 영향력의 축적을 추구한다.

③ 그룹은 자기들의 권력지위를 방어한다.

■ **그룹저항의 발생원인**

① 혁신이 그룹의 권력에 위협을 미칠 때

② 혁신이 지금까지 받아들여져 온 가치와 규범을 침해할 때

③ 그룹의 견해로 볼 때, 부적절하다고 생각되는 정보에 입각하고 있을 때

④ 그룹이 타당하다고 생각해 온 모델과는 다른 현실의 모델을 토대로 혁신이 진행될 때

3.3. 변화관리 모델

3.3.1. Kotter의 8단계 모델

변화관리를 위한 모델은 Kotter가 제안한 기업혁신의 8단계 모델과 GE HR부서에서 채택하여 사용하는 GE 모델 등이 있다. Kotter의 8단계 모델이 기업혁신의 성공을 위해 필요한 제 단계를 제안한 것이다.

단계별 주요 활동은 1단계에서 위기감을 조성하고 2단계에서 강력한 변화추진 세력을 구축하고 3단계에서 비전을 창출하고 4단계에서 비전을 공유하고 5단계에서 권한을 이양하고 6단계에서 단기적인 성과창출을 할 수 있는 기반을 마련하고 실천하여 성과를 창출하고 7단계에서 달성한 성과통합과 후속변화를 창출하여 8단계에서 기업문화에 뿌리내리기로 완료하는 계획적이고 체계적인 변화단계이다.

단계	주요 활동
1단계 위기감 조성	- 시장 및 경쟁상황 조사 - 위기, 잠재적 위기, 주요 기회 등을 파악
2단계 강력한 변화 추진 세력 구축	- 변화을 이끌 집단 구성 - 집단이 하나의 팀으로 활동할 수 있도록 격려
3단계 비전 창출	- 변화 노력을 이끌어줄 비전 창조 - 비전 달성을 위한 전략 개발
4단계 비전 공유	- 새로운 비전과 전략을 전달하기 위해 가능한 모든 수단 사용 - 변화 추진세력의 예증을 통해 새로운 행동을 교육
5단계 권한 이양	- 변화에 대한 장애물 제거 - 비전에 악영향을 미치는 시스 템이나 구조 변경 - 위험 감수 행동, 틀에서 벗어난 아이디어, 화동, 행동 등을 격려
6단계 단기적인 성과상출	- 가시적인 성과 향상을 위한 계획수립 - 성과향상 실형 - 성과향상에 참여한 직원들을 인정, 보상
7단계 달성한 성과통합과 후속변화 창출	- 증진된 신뢰를 이용하여 비전에 맞지 않는 시스템, 구조, 정책 변경 - 비전을 수행할 인력 고용, 승진, 개발 - 새로운 프로젝트와 주제, 변화의 동인을 이용해 변화 프로세스를 재활성화
8단계 기업문화에 뿌리내리기	- 기업의 성공과 새로운 행동 간의 연관성을 명문화 - 리더십 개발과 계승을 위한 수단 마련

3.3.2. GE의 변화관리 모델

GE 모델은 기업혁신이 성공하기 위한 중요 체크 포인트를 정리한 것으로 볼 수 있다.

GE의 변화관리 체크포인트

변화의 주요 성공요소	변화의 주요 성공요소를 평가, 완성하는 데 따른 질문
변화를 선도한다. (누가 책임을 지는가?)	• 지도자는 변화를 지지하는가? • 그는 적극적으로 변화를 유도하는가? • 그는 변화의 지속에 필요한 자원을 확보하는가?
변화의 필요성을 제기한다. (무엇 때문에 그렇게 하는가?)	• 근로자들은 변화의 이유를 아는가? • 무엇 때문에 중요한지를 아는가? • 자기들과 기업에 어떻게 도움이 될 것인지 아는가?
비전을 형성한다. (변화를 겪으면 어떤 모습일까?)	• 근로자들은 행동면에서 변화의 결과를 이해하는가? • 변화의 결과에 고무될 것인가? • 고객 등에 어떤 이익을 가져올 것인가를 이해하는가?
변화에 적극경성을 보이는 힘을 집결시킨다 (누구를 더 끌어들일 것 인가?)	• 변화의 유도에 적극 동참할 자를 알고 있는가? • 변화를 지지할 세력을 결집 시킬 방법을 알고 있는가? • 조직 내 주요인물의 지지를 얻을 능력이 있는가?
시스템과 구조를 바꾸다 (어떻게 이를 제도화 할 것인가?)	• 인사배치, 훈련, 평가, 보수, 구조, 통신 등 과 같은 다른 시스템에 변화를 식결 시킬 방법을 알고 있는가? • 변화가 시스템에 미치는 결과를 이해하는가?
변화의 진전 상황을 체크한다. (어떻게 이를 측정할 것인가?)	• 변화의 성공을 잴 수 있는 수단이 있는가? • 진전 상황을 벤치 마크할 계획이 있는가?
변화를 영속시킨다. (변화를 지속시킬 방안은 무엇인가?)	• 변화를 가져올 첫 단계를 알고 있는가? • 변화에 관심을 집중시킬 장단기 계획을 갖고 있는가? • 앞으로도 변화에 적응할 계획이 있는가?

4. 가치체계

가치체계란 기업이나 조직이 가지고 있는 고유의 핵심가치, 핵심역량 등을 바탕으로 기업이나 조직이 추구하는 바를 일목요연하게 정리한 체계도를 말하며 그 구성은 미션을 정점으로 비전, 전략목표, 성과목표 등으로 구분할 수 있다.

전략적 성과관리(BSC)시스템 구축은 명확하게 가치체계가 정립되지 않으면 이루어질 수 없다. 기업이나 조직이 나아갈 방향인 미션(목적)과 일정기간 내에 달성해야 할 목표인 비전(목표) 그리고 비전을 달성하기 위한 핵심역량이 무엇인지도 모르고 어디로 어떻게 갈 것인가?

가치체계를 구축하기 위해서는 기업이나 조직이 보유하고 있는 인적, 물적, 지적 자원과 현재위치를 정확히 판단하는 것에서부터 시작해야 한다.

돈을 벌겠다는 욕심으로 구두를 만들면 실패한다.

좋은 구두를 만드는 것은 사람에 대한 연민과 사랑에서 출발해야 한다.

　　자료출처 : 명품 구두의 대명사 페라가모 사장, 살바토레 페라가모가 아들에게 남긴 말

가치(value)와 사명(mission)의 중요성이 점차 커지고 있는데 짐 헤스켓과 존 코터 교수
는 "구성원들이 가치를 공유하고, 그에 기초한 강력한 조직문화를 갖고 있는 조직은 이
윤추구를 목적으로 삼았던 회사보다 성과가 높은데 총수입은 4배, 일자리 수는 7배, 주
식가격은 12배, 이윤은 750배가 높았다"라고 하였다.

자료출처 : 짐 헤스켓과 존 코터 교수『기업문화와 성과』

가치체계 구축순서는

① 자사가 보유하고 있는 핵심역량을 가지고

② 비전을 달성하고

③ 미션의 방향으로 지속적인 발전을 계속한다는 순으로 가치체계를 구축한다.

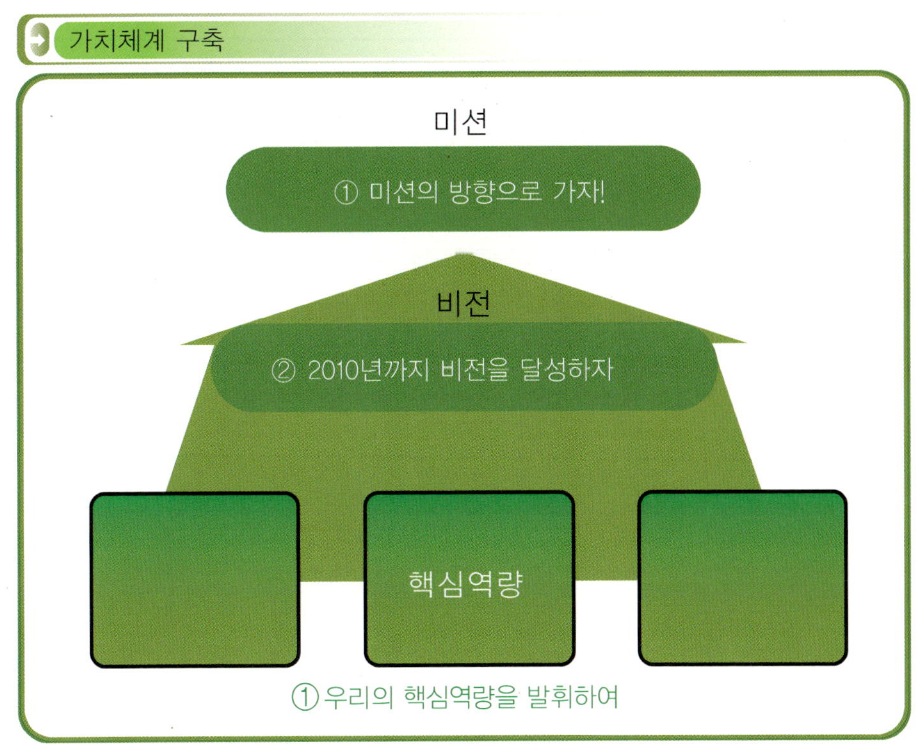

4.1. 미션

미션이란 기업이나 조직의 "존재이유를 말하며 우리는 왜 존재하는가"라는 물음에 대한 답이라고 말할 수 있다. 기업은 영리가 목적인데 그 영리를 어떤 방법으로, 조직은 조직의 설립목적을 어떻게 효과적으로 이룰 것인가가 명확히 정의되어야 한다.

설립목적에 나타난 그대로는 조직원들의 가슴에 동기를 부여하기가 부족하므로 아래와 같은 고려사항을 고려하여 미션을 정립한다.

4.1.1. 미션의 정의

미션은 기업이나 조직의 존재이유로서 50~100년간 존속할 수 있어야 하며 북두칠성이나

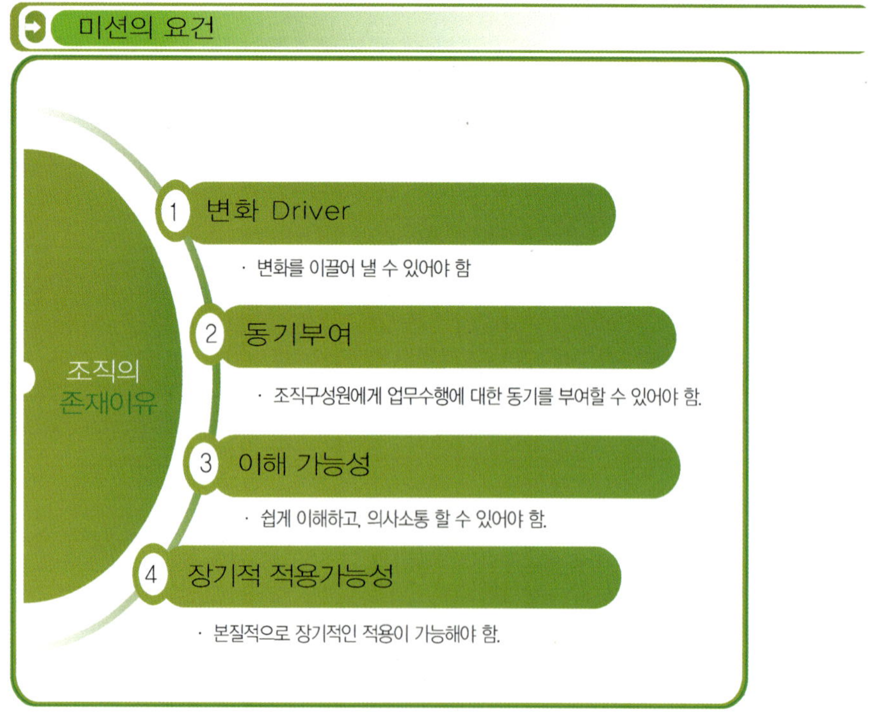

등대와 같이 방향을 가리키는 역할을 하며 미션의 방향으로 기업이나 조직이 전진하지만
영원히 도달할 수는 없는 절대 가치방향을 말한다.

4.1.2. 미션의 성격

멀리 있어서 영원히 도달할 수는 없는 방향성을 말하며 기업이나 조직이 지향하는 방향
을 말한다.

4.1.3. 미션의 구성

미션은 계획된 미래(陽)와 핵심이념(陰)으로 구성되며 陰인 핵심이념은 핵심가치와 핵심목
표로 불변의 가치를 가지고 陽을 도우며 陽인 계획된 미래는 BHAG(크고, 힘들고, 대담
한 목표)를 이루기 위하여 달성할 목표에 대한 활력이 넘치고 매력을 끌면서 조직원을 한
방향으로 동기를 부여하는 힘이 있어야 한다.

4.1.4. 미션의 형태

미션은 1음절이나 2음절 정도의 단문형태의 문장으로 ~하자, ~되자 등과 같은 형태의
문장이 적합하다.

미션 구성

계획된 미래(陽)

- 50~100년간의 BHAC
- 명확한 서술 (vivid descriptiop)

핵심이념(陰)

- 핵심가치(core value)
- 핵심목표 (core purpose)

계획된 미래(陽)

- 계획된 미래는 되고자 멸망하는 것이요, 성취하고 창출하고자 멸망하는 것이다. 달성을 위하여 중대한 변화와 진보를 요구.
- BHAG : Bairy, Hairy, Audacious Goal (크고.힘들고.대담한 목표)
- 마음 속에 그린 미래(envisioned futœ)는 명확한 서술–BHAG (크고, 힘들며 대담한 목표)를 달성 할 그 무엇에 대한 활력이 넘치고. 매력을 끄는 특별한 서술을 필요로 한다.

핵심이념(陰)

- 의미하는 것이 무엇인가와 존재이유를 정의.
- 음(陰)은 불변하며, 양(陽)을 보완.
- 핵심이념은 당신이 새로 만들거나 설정하는 것이 아니라, 발견하는 것(discover)이다.
- 핵심이념은 조직의 영속적인 특성을 정의한다.
- 영속적 특성이란 제품이나 시장 수명주기, 기술적 도약. 일시적인 경영상의 유행 및 개개의 리더들을 초월한 일관된 정체성(a consistent identity)을 의미한다.
- 핵심가치는 조직의 기본적이고 영구적인 주의(主義. tenets)이다.

4.1.5. 미션 사례

핵심이념을 확인하는 것은 하나의 발견프로세스이지만, 마음속 미래를 그리는 것은 창의적 프로세스(a creative process)이다.

BHAG를 생각해 내는 데 큰 어려움을 겪는 경우가 종종 있다. 창의적 프로세스 방법을 미래의 시각에서 접근한다. 그리하여 어떤 경영자들은 명확한 서술로 먼저 시작하고 그로부터 BHAG로 되돌아가 더 크고, 더 멋진 미션을 창작한다.

이와 같은 접근은 다음과 같은 질문으로 시작한다. '우리는 20년이 지나면 이 위치에 있을 것이다.' 우리는 무엇으로 보이기를 바라는가? 이 회사는 어떻게 보여야 하는가? 종업

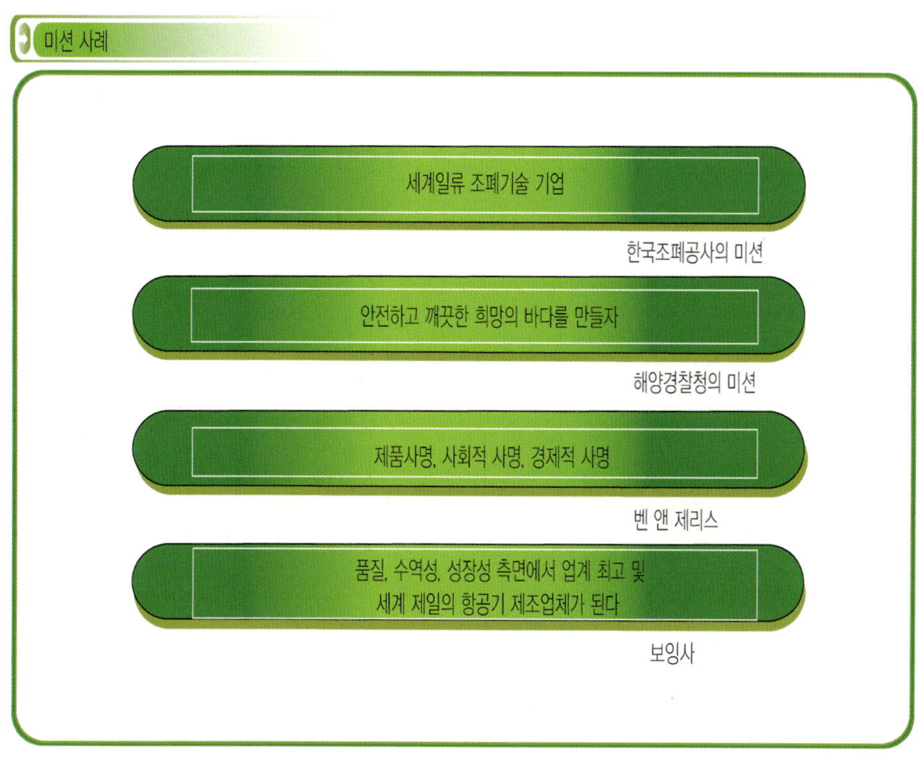

원들에게는 무엇을 느끼게 해야 하는가? 무엇을 성취해야 하는가?

마음속에 그린 미래가 옳은 것이냐 여부를 분석하는 것은 맞지 않다. 과업(task)은 미래에 대한 예측이 아니라 창작(creation)이다. 따라서 창작에는 정답이 존재하지 않는 것이다.

4.1.6. 해양경찰청의 미션 사례

해양경찰청의 미션은 "안전하고 깨끗한 희망의 바다를 만들자"인데 미션의 모범사례가 아닌가 하여 항상 자랑스럽다.

미션이 요구하고 있는 적절성을 모두 함축하고 있으면서 미션을 듣는 순간 안전하고 깨끗하고 희망에 찬 바다가 떠오른다. 이 얼마나 멋진 미션인가.

아마도 해양경찰청에 근무하시는 분들은 미션을 대하는 순간, '그래 내가 안전하고, 깨끗한 희망의 바다를 만들지'라는 각오를 수시로 하게 될 것이다.

그래서인지 2005년에 2004년에 비하여 25.5% 좋은 성과를 획득하여 해양경찰청의 경사가 있지 않았나 생각해 본다.

해양경찰청의 BSC를 구축하신 모든 분들께 박수와 찬사를 보낸다.

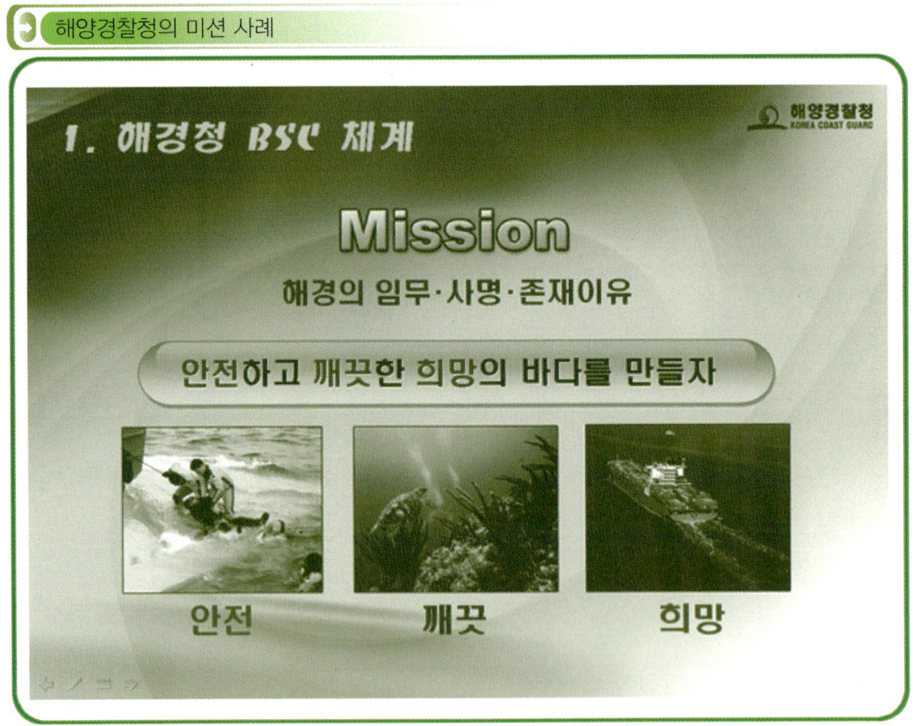

4.1.7. 미션 검토 사항

미션을 작성하고 검토할 때는 반드시 아래의 검토 사항과 부합하는지를 검토해야 한다.

① 이 미션은 앞으로 50~100년간 지속 가능한가?

② 이 미션은 우리의 근본적인 존재이유인가?

③ 이 미션은 우리 업무의 중요성을 부여한 말인가?

④ 이 미션은 상상력을 자극하고 우리를 활기 넘치게 하는 것인가?

⑤ 이 미션은 우리가 가야 할 방향을 제시하는가?

미션은 기업이나 조직의 존재의미와 중장기적인 목표 달성을 위한 중요한 과정이므로 '어떻게'라는 수단적인 측면보다는 '무엇을'이라는 거시적인 측면으로 접근하여 작성토록 하

미션 작성 양식

	미션 안	미션 안에 대한 설명
1		
2		
3		

며 가치체계 설정에 지대하게 기여한 자를 선별하여 포상하는 등 인센티브 부여방안 등을 마련하여 운영하면 효과적이다.

4.1.8. 미션 적절성 검토

브레인스토밍을 통하여 개인의 안을 도출하고 도출된 안을 분임조 내에서 그룹핑을 통하여 유사하거나 중복되는 것들을 제거하고 분임조별로 3개의 안을 도출한 후 분임조별 발표를 한다.

미션 적절성 검토

■ 미션 안

	미션안	평가
1안		
2안		
3안		

■ 검토항목

항목	검토항목	1안	2안	3안	비고
1	앞으로 50~100년간 지속 가능한가?				
2	우리의 근본적인 존재이유인가?				
3	우리 업무의 중요성을 부여한 말인가?				
4	상상력을 자극하고 우리를 활기 넘치게 하는 것인가?				
5	우리가 가야 할 방향을 제시하는가?				
	평가결과				

분임조별로 발표된 안 중에서 아래의 적절성 검토를 통하여 1차 안을 확정하고 1차 안을 전 분임조가 의미를 부여하고 다듬어서 2차 적절성 검토를 거쳐 확정한 후 임원진의 승인을 거쳐 최종 확정한다.

4.2. 비전

비전이란 5~10년 동안에 우리 조직이 이루어야 할 꿈이 실린 목표로서 바람직한 미래의 모습을 제시하는 것을 말한다. 조직이 5~10년 후 어떤 위치에 있기를 원하는지를 광범위하게 기술하는 것으로 어느 방향(미션방향)으로 얼마나 발전하기를 원하는지를 표현한 신념이다.

이것은 막연한 꿈이나 희망이 아니라 언젠가는 반드시 달성해야 할 실질적인 목표다. 따라서 비전을 통해 기업이나 조직의 모든 구성원들은 미래 자사가 어떤 기업이나 조직이 되고 그 안에서 자신의 모습은 어떻게 될지를 예상할 수 있다.

4.2.1. 비전의 정의

비전은 자신이 누구이고, 어디로 가고 있으며, 무엇이 그 여정을 인도할지를 아는 것으로서 일정시간(5~10년)에 이루고자 하는 것, 성취하고자 하는 것, 열망하는 것에 대한 합의로서 반드시 이루어야 할 목표다.

비전을 수립하고 공표하는 것 자체가 앞으로 기업이나 조직을 어떻게 이끌어 가겠다는 전략의도를 밝히는 것으로서 경영전략의 첫 단추가 된다. 비전 수립에 최선을 다하지 않고 구축한 전략적 성과관리시스템은 언젠가는 재구축하거나 대대적인 수정 보완을 필요로 하게 되며 전략적 성과관리시스템을 통해서 높은 성과창출을 기대할 수 없다.

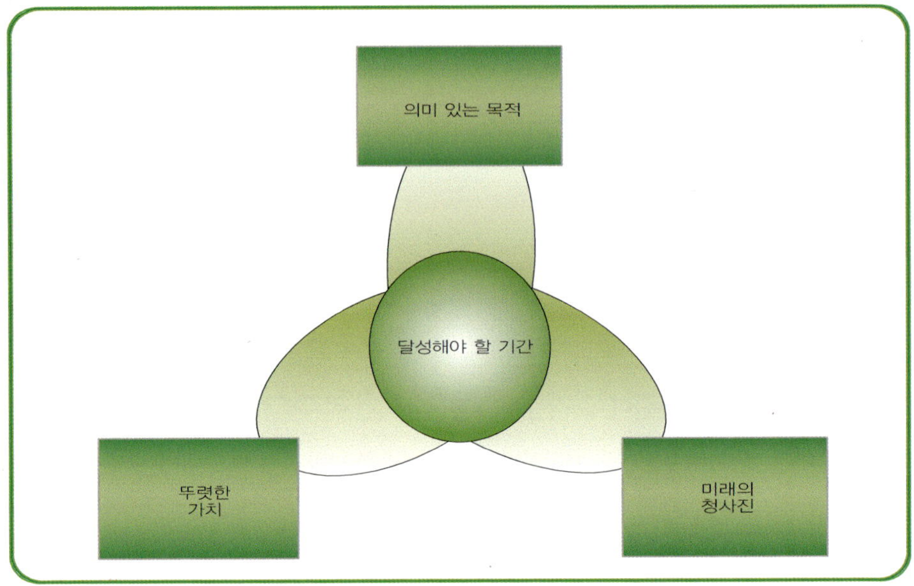

4.2.2. 비전의 성격

5~10년이라는 중장기적 기간이 있고 그 기간 동안에 이루어야 할 구체적이고 실천 가능한 목표여야 하며 조직원의 마음과 열정과 역량을 한곳으로 모아 줄 수 있는 슬로건 같은 것이라야 한다.

4.2.3. 비전의 형태

비전은 1음절이나 2음절 정도의 단문형태로서 ~하자, ~되자 등과 같은 형태의 문장으로 반드시 달성해야 할 기간이 명시되어야 한다.

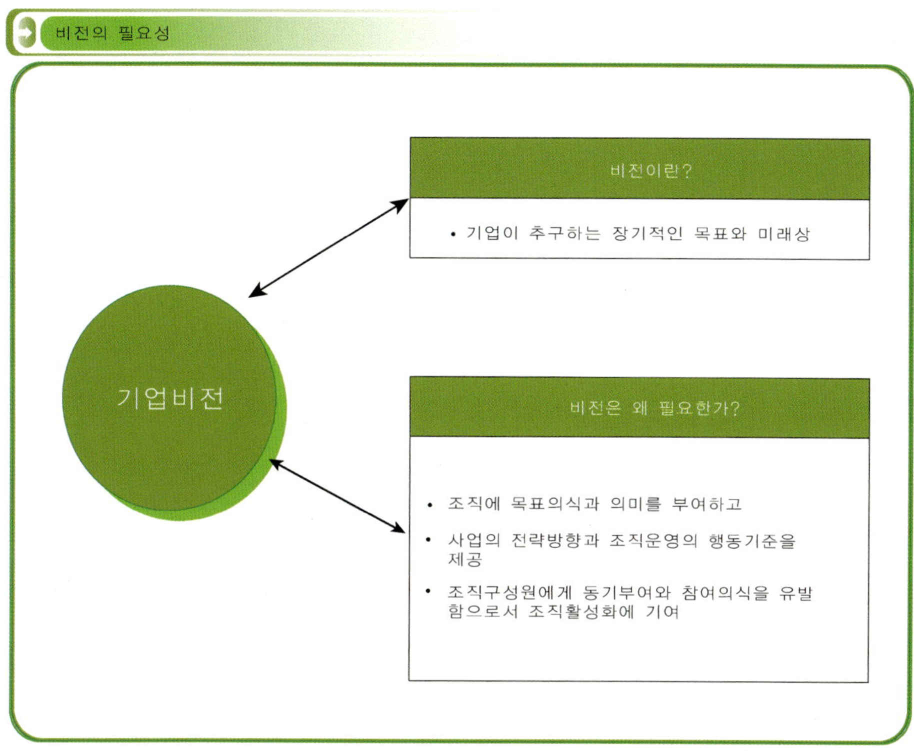

◆ 근사한 말보다 숫자로 비전 제시

'수출 100억 달러'란 문구는 1970년대 우리나라 경제개발 목표를 압축적으로 제시한 하나의 상징어였다. 정부와 기업, 산업현장의 근로자 모두가 '100억 달러'를 향해 달렸고 목표 시한보다 2년 앞당긴 1977년에 이를 달성했다.

숫자의 특징은 구체적이며 명확하다는 점이다. 리더십 전문가들은 "목표와 지향점을 뚜렷하게 제시하는 비전형 리더들이 숫자를 많이 활용한다"고 말한다.

GE의 전 회장 잭 웰치는 비전에 대해 말할 때도 "CEO는 기업의 비전과 핵심가치를 최소한 700번 이상 반복해야 한다"며 숫자를 강조했다.

후계자인 제프리 이멜트 회장도 "GE를 이끌다 보면 1년에 7~12번 정도 '시키는 대로 해'

라고 얘기해야 할 때가 있다. 1년에 18번이나 이런 식으로 말하면 좋은 사람들이 떠날 테지만, 3번만 말하면 회사가 무너진다"며 리더의 고민과 역할을 숫자로 설명했다.

국내 주요 기업 최고경영자 가운데도 경영 비전과 조직문화, 업무 방식과 관련한 메시지를 전달하며 숫자를 자주 활용하는 사람들이 적지 않다. 정준양 포스코 회장, 김쌍수 한전 사장, 윤석금 웅진그룹 회장 등이 꼽힌다.

◆ 리더십 사례 1 : 포스코의 정준양 회장

포스코의 정준양 회장은 회장 취임 후 포스코의 미래상으로 '포스코 3.0'을 제시했다. 창업기가 '포스코 1.0', 성장기가 '포스코 2.0'이었다면 이제는 '포스코 3.0' 시대를 열어 가야 한다는 메시지였다. 최근 고위간부 운영회의에서도 '숫자 리더십'이 드러났다.

"최고경영자에 건의해 문제를 해결하는 업무의 비율은 5% 수준을 넘지 않아야 하고, 나머지 95%는 부문 내부나 부문 간의 협력을 통해 해결해야 한다", "위기를 미리 예측하고 대응하는 것이 중요하다. 앞으로 선행 관리, 진행 관리, 결과 관리의 비율이 '40대30대30' 이 되도록 업무를 추진하라"고 강조했다.

그는 보고서를 쓰는 방식에 대해서도 "모든 보고서는 1쪽, '3Step'과 '3S' 원칙으로 작성하라"고 숫자를 제시하며 지시했다. 보고서 첫 부분에는 보고의 목적과 결론을, 두 번째는 결론의 근거, 세 번째는 실행계획을 담되, 표현을 짧고(short) 이해하기 쉽고(simple) 명확하게(specific) 하라는 것이다. 정 회장은 경영목표 설정과 관련, "목표는 무조건 30% 높게 잡아야 한다. 그런 뒤 95%를 달성하면 1등 평가를 주겠다"고 했다.

◆ 리더십 사례 2 : 김쌍수 한전 사장

김쌍수 한전 사장도 숫자를 제시하며 경영혁신을 강조한다. 그가 LG전자 CEO 시절부터 강조해 온 경영혁신 10계명 중에는 "5%는 불가능해도 30%는 가능하다"는 것이 있다. 5% 개선은 기존 방식의 틀 속에서 개선 여지를 찾기 때문에 어려울 수 있지만, 30% 개선은 접근 방식 자체를 바꾸어 처음부터 다시 시작하므로 가능하다는 주장이다. 그는 또 "조직 혁신은 4단계로 추진된다"고 말한다. '모방·추월·혁신·창조'의 순서로 발전한다는 것이다. 한전 핵심 인력과의 간담회에선 "모든 것에 대해 Why(왜)를 3번 던져 보라"고 주문했다.

자료출처 : 조선일보

4.2.4. 확고한 비전을 위한 조건

① 우리가 하고 있는 일이 무엇인지를 알 수 있게 해 준다.

② 매일매일의 결정을 내릴 수 있도록 지침을 준다.

③ 우리가 바라는 미래의 청사진을 눈앞에 그려 준다.

④ 영속성이 있다.

⑤ 더 훌륭해지려는 것이지만, 경쟁에서 이기는 데에 치중하지 않는다.

⑥ 단지 숫자의 나열이 아니라, 가슴을 설레게 하는 어떤 것이다.

⑦ 모든 이들의 마음과 정신에 와 닿는다.

⑧ 각자가 어떤 기여를 할 수 있는지를 알 수 있도록 해 준다.

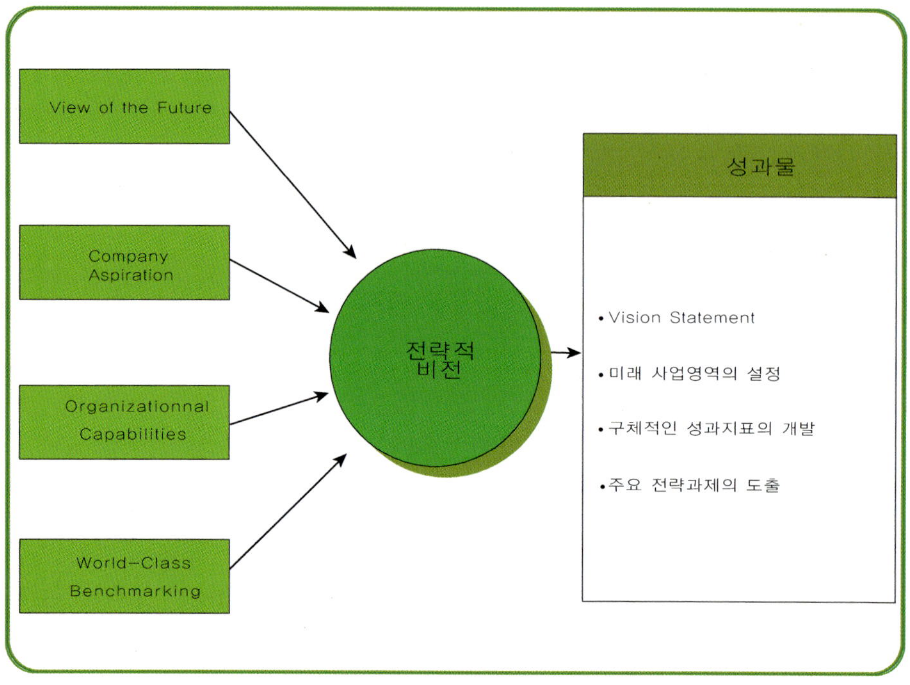

4.2.5. 기업 비전의 중요성

4.2.5.1. 비전이 있을 때

조직 구성원들이 확고한 목표의식과 공유가치에 입각하여 일사불란하게 행동함으로써 조직의 역량이 집중되고 조직성과가 높아지며 명확한 비전을 제시함으로써 기업이 무슨 목적으로, 왜 존재하는지를 분명히 깨닫고, 조직에 대한 강한 정서적 몰입을 유발할 수 있는 환경을 조성한다.

4.2.5.2. 비전이 없을 때

조직의 목표가 불명확하고, 조직 구성원들이 개별적인 행동을 취하므로 조직의 힘이 분산되고 조직의 성과가 낮아진다. 실패의 원인과 책임을 타인이나 타 조직에 돌리면서 책

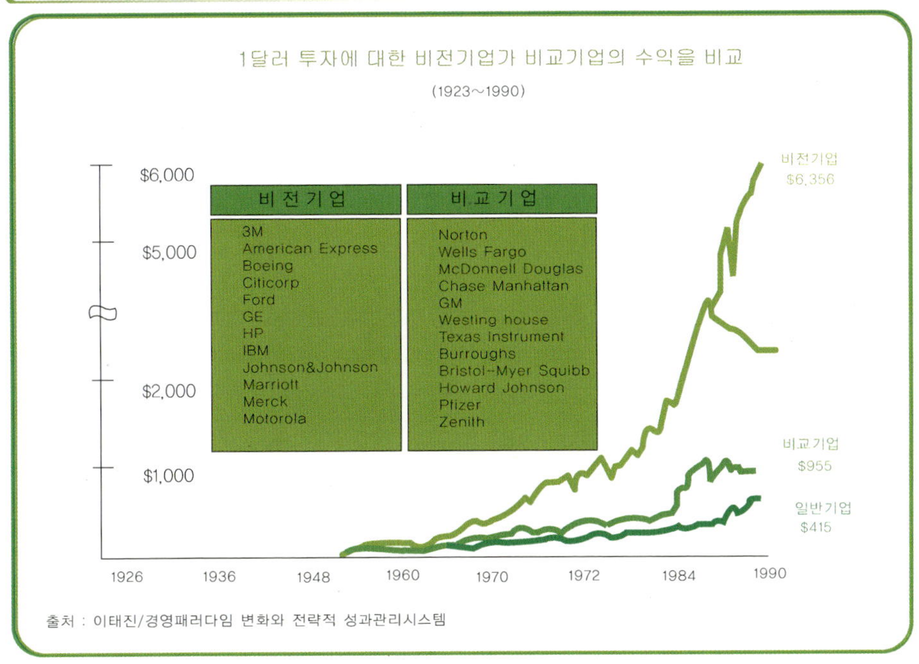

임을 회피한다.

4.2.6. 비전 수립 프로세스

CEO의 비전방향 제시를 시작으로 스태프의 분석과 의견 수렴을 통하여 비전 초안을 완성하고 모든 계층의 인원이 모두 참여하여 의견을 수렴하고 수정, 보완, 추가하면서 비전안이 확정된다.

BSC 구축 시 비전 도출절차는 TFT의 WorkShop에서 분임조별로 브레인스토밍을 통하여 개인의 의견을 모으고 모아진 의견을 바탕으로 유사한 것끼리 그룹핑을 하면서 최적안을 찾아내게 된다.

이렇게 도출된 의견을 바탕으로 분임조별로 의미를 부여하고 다듬어서 분임조별로 2개 안을 발표한다. 이렇게 발표된 안을 바탕으로 정당성, 유효성, 적절성 등을 점수를 부여하여 최고점수를 획득한 3개의 안을 가지고 다시 조별로 다듬고 의미를 부여하여 최종선택을 한다.

선택된 안은 임원진과 간부진에게 보고회를 통해 보고하고 수정 보완하여 최종안으로 확정하고 발표하게 된다.

4.2.7. 비전 선언문의 조건

비전 선언문은 조직원 전체의 합의가 필요하며 막연한 희망이나 꿈이 아니라 도전적이면

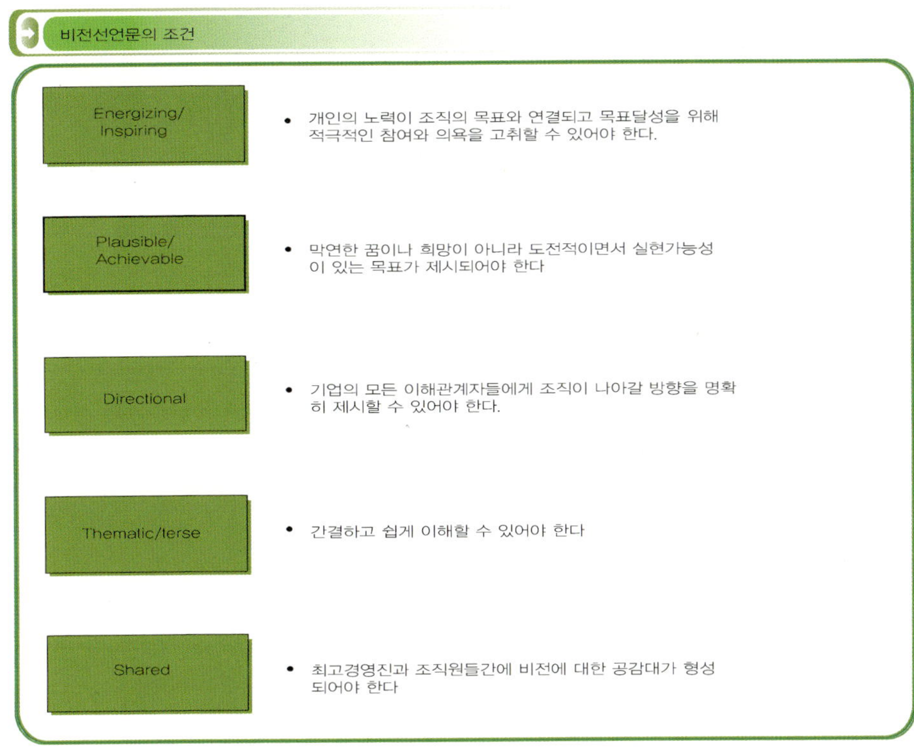

서 실현가능성이 있는 목표를 제시해야 하며 개인의 노력이 조직의 목표와 연결되고 목표 달성을 위해 적극적인 참여와 의욕을 고취할 수 있는 간결하면서도 쉽게 이해하고 조직원들의 가슴에 하겠다는 열망을 불러올 수 있어야 한다.

4.2.8. 비전의 미래에 대한 시각

최고경영자는 우선적으로 미래를 위한 준비를 위해 충분한 시간적 배려를 하고, 종업원들이 가지고 있는 좁은 세계관을 확장시켜 줄 수 있도록 노력해야 한다.

미래에 조직원들과 조직이 어느 위치에 서 있는지를 알 수 있도록 명확하고 간결하고 실행 가능한 미래 청사진을 제시해야 한다.

4.2.9. 비전 검토 사항

비전을 작성하고 검토할 때는 반드시 아래의 검토 사항과 부합하는지를 검토해야 한다.

① 이 비전은 달성 여부를 측정할 수 있는가?

② 이 비전은 언제까지라는 기간이 명시되어 있는가?

③ 이 비전은 모호하거나 추상적이지 않은가?

④ 이 비전은 조직원의 마음과 열정과 역량을 모아줄 수 있는가?

⑤ 이 비전은 실행 가능한가?

⑥ 우리의 핵심역량은 무엇인가?

⑦ 우리의 미래 모습은 어떤 것인가?

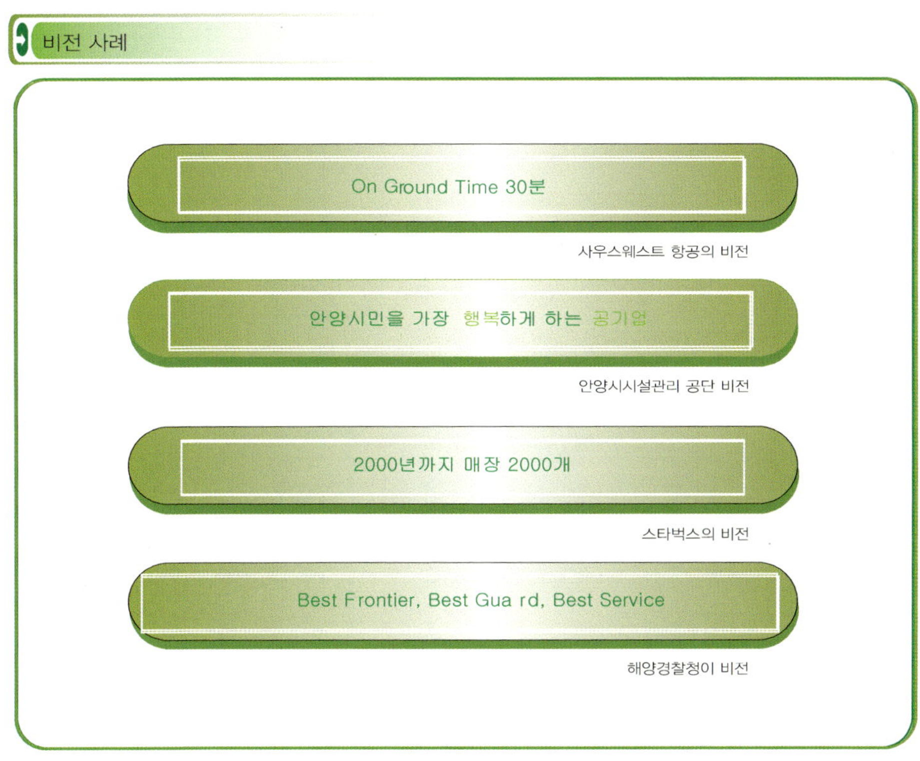

4.2.10. 해양경찰청의 비전 사례

해양경찰청의 비전은 Vision-2007 Best Guard, Best Service, Best Frontier로서 해양경찰청이 2007년까지 달성할 목표를 분명히 정의하고 있다.

Best Guard에서 바다를 수호하는 해양경찰로서 2007년까지 세계 3위의 해양경찰기관이 되겠다는 목표를 세우고 있다.

Best Service에서는 국민과 함께하는 해양경찰로서 2007년까지 정부 최우수 고객만족기관이 될 것을 목표로 하고 있다.

Best Frontier에서는 미래를 열어 가는 해양경찰이 될 것을 선언하고 있으며 이를 실행하기 위하여 2007년까지 정부 최우수 혁신기관이 되겠다는 목표를 설정하고 있다.

비전은 중장기에 걸쳐서 조직이 반드시 달성해야 할 목표다. 또한 어떻게 실현할지에 대
한 방법도 담고 있어야 실행력 높은 비전이 된다.

비전 작성 양식

비전 안	비전 안에 대한 설명
1	
2	
3	

4.2.11. 비전 적절성 검토

선택된 후보비전은 비전검토항목에 따라 검토 후 최종 확정한다.

미션 적절성 검토

■ 비전 안

	비전안	평가
1안		
2안		
3안		

■ 검토항목

항목	검토항목	1안	2안	3안	비고
	달성여부를 측정할 수 있는가				
	기간이 명시되어 있는가?				
	모호하거나 추상적이지 않은가?				
	조직원의 마음과 열정과 역량을 모아줄 수 있는가?				
	실행 가능한가?				
	핵심역량은 무엇인가?				
	미래 모습은 어떤 것인가?				
	평가결과				

4.3. 가치

가치는 "어떠한 것이 바람직하다"고 생각하는 깊이 간직된 신념으로서 무엇이 옳고 중요한지를 규정해 준다. 가치는 우리의 선택과 행동의 지침이 된다. 목적이 '왜'를 말해 준다면 가치는 '목적을 수행해 가는 과정에서 어떻게 행동할 것인가'에 대한 답이다.

4.3.1. 가치의 정의

가치의 사전적 의미는 무엇이 근본적으로 중요하고 올바른 것인지를 규정하는 지속적인 신념 혹은 원칙이다.

4.3.2. 가치의 성격

가치는 기업이나 조직을 한데 묶어 주는 끈으로 어떻게 하는가에 상관없이 성과만 올리는 것이 다는 아니다. 우리가 추구하는 가치 내에서 성과를 올리는 능력이 필요하다.

가치란

- 가치는 목적을 추구함에 있어 어떻게 진행해나갈 것인가에 대한 폭 넓은 지침을 제공한다.
- 가치는 "나는 무엇을 토대로 어떻게 살고자 하는가?"하는 질문의 답이다.
- 가치의 실행을 보여주는 행동들이 정확히 무엇인지 알 수 있도록 가치가 분명히 기술되어야 한다.
- 가치를 단지 "좋은 취지"에 그치게 하지 않으려면, 일관성을 가지고 실천해야 한다.
- 개인적 가치가 조직체의 가치와 일직선상에 있어야 한다.

자료출처: 비전으로 가슴을 뛰게 하라/21세기북스

4.4. 관점

전략적 성과관리(BSC)시스템에서 기본관점은 학습과 성장관점, 내부프로세스관점, 고객관점, 재무관점으로 구분하고 있다.

4.4.1. 관점의 정의

관점이란 조직의 가치창출의 원천을 정의하여 경쟁우위의 근원을 밝히는 것이다.

4.4.2 관점의 설정

4.4.2.1. 영리조직

영리조직은 조직원들을 학습과 성장관점에서 조직원의 지식과 능력을 향상시켜, 성장된 역량으로 내부 업무프로세스를 효율적으로 운영하여 고객을 만족시키고 그 결과 재무적 성장을 이룬다는 기본철학에서 출발한다.

4.4.2.2. 비영리조직

비영리조직은 고객(국민)에게 저비용으로 고품질의 서비스를 제공하는 것이 목적이므로 재무관점이 제한요소로 작용한다. 그래서 자원관점에서 그들이 보유한 유무형의 자산을 근간으로 학습과 성장관점에서 조직원을 성장 발전시켜 내부프로세스관점에서 저비용 고품질의 서비스를 제공하여 고객관점에서 국민을 만족시킨다는 목적으로 관점을 수정하여 사용하기도 한다. 관점은 고정된 개념이 아니라 조직의 가치지향에 따라 관점은 수정, 변경, 추가 사용이 가능하다.

4.4.3. 관점 검토 사항

관점을 설정할 때는 투입, 과정, 산출, 결과에 대한 인과관계를 고려하면서 관점을 설정해야 한다.

① 재무관점 : 우리 조직이 추구하는 최종적인 목표인가?

② 고객관점 : 우리는 고객에게 어떻게 할 것인가?

③ 내부프로세스관점 : 내부적인 운영 프로세스인가?

④ 학습과 성장관점 : 조직원이 성장하는 데 필수적인 요소인가?

⑤ 자원관점 : 우리 조직이 보유한 유무형의 자원으로 활용 가능한가?

4.4.4. 관점의 적정성 검토

미션, 비전, 전략목표가 설정된 후 워크숍을 통하여 충분한 토의와 검토 후 아래의 관점 적정성 검토를 통하여 결정한다.

단계별	고려사항	검토항목
관점 생성 시 검토 사항	전략측면	• 기존의 전략목표 등을 분석하여 전략방향을 확인하였는가? • 수립된 전략이 균형적이고, 비전 달성을 위해 충분한가? • 전략 간의 인과관계가 부족하거나 누락된 부분은 없는가?
	이해관계자 측면	• 우리가 고객(이해관계자)에게 제공할 가치가 무엇인가? • 우선적으로 제공되어야 할 가치의 우선순위를 고려하였는가? • 전략목표들이 고객(이해관계자)의 기대에 충분한가?
	후보관점 측면	• 유사기관들의 관점을 충분히 검토하였는가? • 조직의 가치 향상을 위하여 충분히 검토하였는가?
관점과 전략의 검토 사항	관점 간 균형과 인과관계	• 관점별로 균형이 잡히고 인과관계가 성립하는가? • 전략이 논리적으로 해당 관점에 반영되었는가?
	가중치 부여	• 관점별로 중요도를 고려하여 가중치가 적절하게 부여되었는가? • 가중치 부여방법은 적절한가?

4.4.5. 관점의 종류

관점을 설정하는 것은 기업의 가치가 어디에서부터 창출되는지를 정의함으로써 기업과 조직의 사업의 경쟁우위를 밝히는 과정으로 영리기업은

① 재무관점
② 고객관점
③ 내부프로세스관점
④ 학습 및 성장관점으로 구분하지만

기업이 추구하는 목적과 방향에 따라 수정, 변경, 추가가 가능하다.
공공조직은 영리기업과 달리 고객(국민)이 가장 상위개념으로 작용하여

① 고객관점(이해관계자/국민)
② 임무수행관점
③ 학습과 성장관점
④ 자원관점으로 구분하기도 한다.

관점은 전사의 비전이 설정되고 전략이 구체화되면 CEO와의 인터뷰 결과와 TFT의 워크숍을 통해 설정한다. 조직 구성원들에게 비전과 전략을 이루기 위한 핵심적인 가치를 알리고 이를 중심으로 사업을 수행해 나가겠다는 CEO의 의지를 보여 주는 것이 무엇보다 중요하다.

4.5. 전략목표

전략목표란 내외부 환경분석을 기반으로 경쟁에서 승리하면서 비전을 달성하기 위한 핵

심성공요인이라고 말할 수 있다. 전략목표란 기업이나 조직이 속한 산업 내에서 지속적으로 생존 번영하기 위한 가장 중요한 요소를 말한다.

전략목표는 두 가지 요건을 충족해야 하는데 첫째는 고객이 원하는 제품이나 서비스를 제공할 수 있어야 하며 둘째는 경쟁우위를 가져야 한다.

4.5.1. 전략목표의 정의

비전 달성을 위한 핵심목표를 말한다.

4.5.2. 전략목표 설정 기준

① 전략목표는 전사적 목표여야 한다.
② 측정 가능해야 한다.
③ 지속적으로 평가할 수 있어야 한다.
④ 계량화되고 확인할 수 있어야 한다.
⑤ 자율과 책임이 보장되어야 한다.

4.5.3. 전략목표 검토 사항

전략목표를 작성하고 검토할 때는 반드시 아래의 검토 사항과 부합하는지를 검토해야 한다.

① 달성 여부를 측정할 수 있는가?

② 기간이 명시되어 있는가?

③ 누가 한다는 것이 명시되어 있는가?

④ 계량화되고 확인할 수 있는가?

⑤ 측정이 가능한가?

⑥ 고객에게 무엇을 주려고 하는가?

⑦ 근본적인 목표인가?

⑧ 과정이나 투입보다 결과를 측정할 수 있는가?

⑨ 왜 하려고 하는가?

⑩ 지속적인 활동의 결과인가?

전략목표 설정의 원칙: SMARTS

	구분	개념	의미
S	Specific	목표는 구체적이어야 한다	목표설정은 이해도 향상을 위해
M	Measurable	목표는 측정이 가능해야 한다	기대된 결과를 명확히 정의
A	Alignment	목표는 미션, 비전과 연계되어야	회사의 목표와 일관성 유지
R	Result Control	목표는 피평가자가 수용 가능해야	실행가능 범위에서 수용
T	Timeframe	목표는 달성기간이 명시되야	과정을 효율적으로 관리 가능
S	Strecch	목표는 도전적이어야 한다	도전적인 목표는 업무의욕을 고취

4.5.4. 전략목표 작성방법

전략목표를 작성할 때는 중복과 누락의 방지를 위하여 LOGIC TREE를 작성하고 MECE(Mutually Exclusive Collectively Exhaustive : 미시) 기법을 사용하면 효과적으로 전략목표, 성과목표, 성과지표를 작성할 수 있다.

전략목표는 해당 사업부의 업무를 잘 이해하고 능력 있는 팀장급들이 작성한 후 워크숍을 통하여 전사전략목표를 도출한다.

전사전략목표가 도출되면 전사성과목표와 성과지표를 개발한다. 여기까지 완료되면 지금까지의 진행과정의 기록들을 모아 중간보고서를 작성하고 임원진, TFT 등의 관련자가 모두 모인 가운데 발표회를 가지고 수정, 변경, 추가 의견을 반영한 후 전사전략을 하부 사업부와 팀 단위까지 Cascading을 한다.

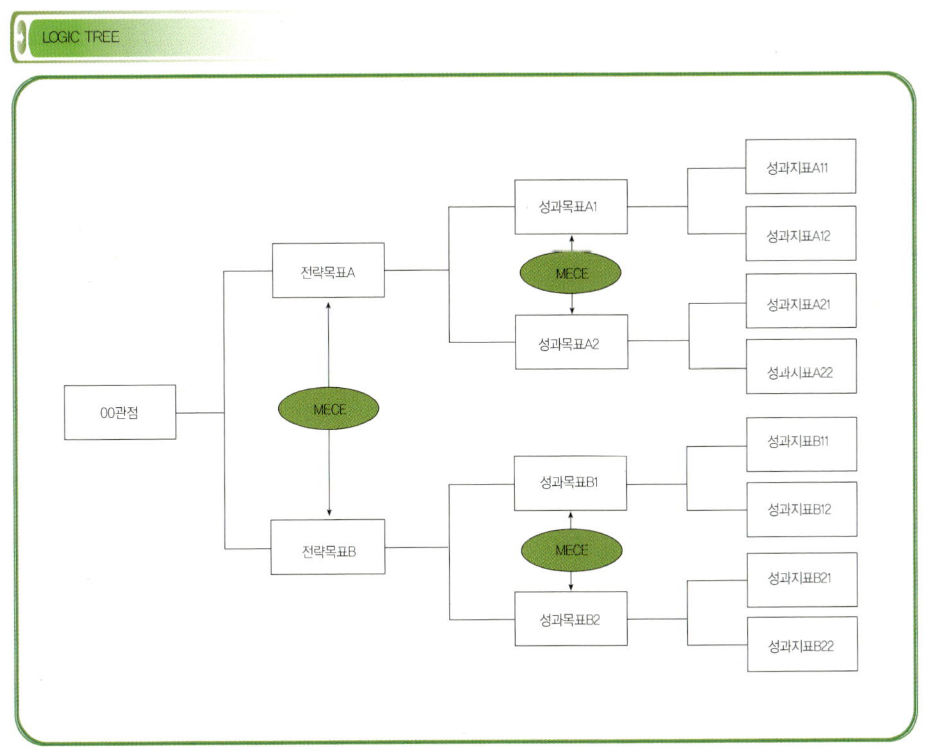

지금까지 진행된 모든 과정은 지속적으로 피드백을 실시하면서 수정, 보완 작업을 최종 보고서가 작성되기 전까지 계속하면서 완성도를 높여간다. 일단 최종보고서가 작성된 이후의 수정, 보완은 가능하지만 특정 개인이나 팀, 사업부의 요구를 반영할 때는 BSC위원회의 승인 후 가능하도록 해야 특정개인이나 조직에 편향된 결과를 방지할 수 있다.

4.5.5. Cascading

미션, 비전, 관점, 전략목표, 성과목표, 성과지표가 모두 완성되면 Moon Chart를 작성한다. Moon Chart를 작성하는 목적은 전략목표가 어느 부서의 업무에 해당하는지를 구분하고 업무의 연관도가 얼마나 되는지를 파악하는 데 있다.

업무 연관도는 4~1까지의 숫자로 표시하는데 4는 해당 업무를 총괄하는 부서, 3은 업무를 실제로 실행하는 부서, 2는 업무를 실행하지만 관련성이 낮은 부서, 1은 유관부서로 분류한다.

Moon Chart의 업무 연관성에 따라 해당 사업부서가 해당 전략목표와 해당 성과목표, 해당 성과지표를 담당하여 사업부 고유의 Moon Chart를 작성하고 동일한 방법으로 예하 팀 단위까지 지표를 Cascading하게 된다.

그에 따라 전사지표정의서, 사업부지표정의서, 팀단위지표정의서를 작성한다.

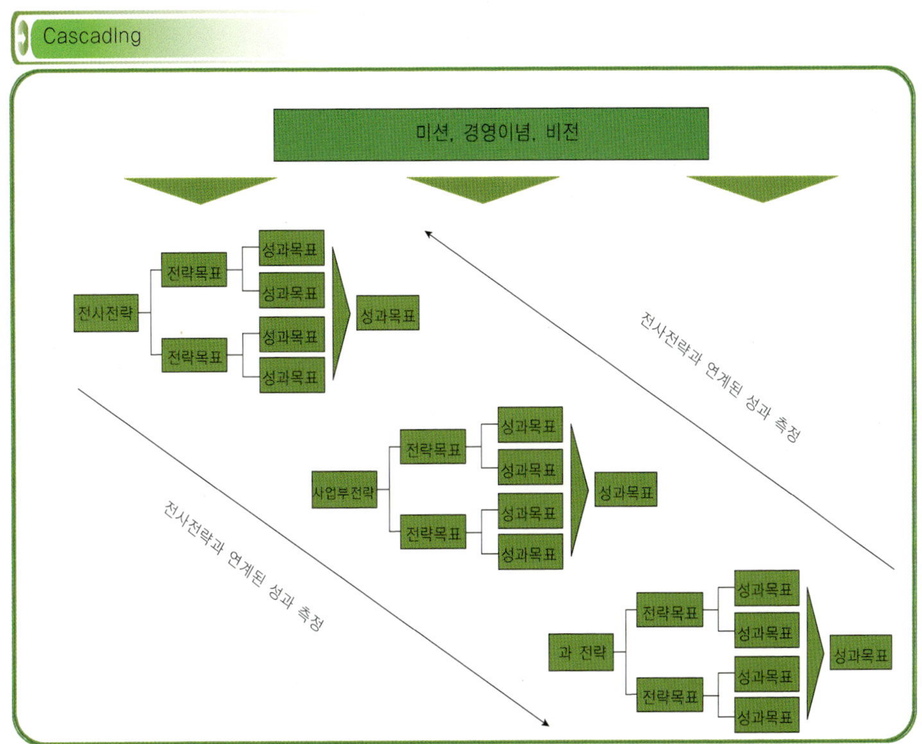

4.6. 가치체계 도출과정

4.6.1. 워크숍

가치체계를 도출하기 위해서는 조직원 전체가 참여하는 방법이 가장 좋은 방법이나 현실적으로 전원이 참여하기는 무리가 있으므로 최고경영자(최고관리자)를 포함하여 경영진이 참여하고 부서에서는 해당 부서의 업무를 가장 많이 알고 실무적으로 영향력을 행사할 수 있는 사람들이 모두 참여해야 미션, 비전, 전략을 공유하고 효과적으로 실행할 수 있다.

4.6.2. 참여대상자

① 최고경영자(최고관리자)

② 임원·부서장

③ 부서의 실무자(과장급 또는 팀장급)

④ 전략적 성과관리(BSC) 전담팀 전원

⑤ 용역사 컨설턴트(3~4명)

4.6.3. 워크숍으로 적당한 장소

① 현 업무 장소에서 멀리 떨어진 곳으로 외부와 연락이 차단된 곳

② 충분한 공간이 확보된 곳(분임토의가 가능한 장소)

③ 보건·안전이 보장되는 곳

4.6.4. 준비사항

① 워크숍 장소 예약 및 출발 1일 전 확인

② 분임조별 노트북 1대 이상

③ 전담팀 노트북 2대 이상

④ 용역사 노트북 2대 이상

⑤ 빔 프로젝터/프린터/인쇄용지

⑥ 적정량의 다과와 음료

4.6.5. 워크숍에 대한 오해

우리는 워크숍에 대하여 몇 가지 오해를 가지고 워크숍에 임하고 있다. 첫째, 워크숍은 놀러, 쉬러 가는 것이다. 둘째, 워크숍에서는 무언가를 결정하고 합의를 해 놓고 현업에 돌아와서는 실행하지 않는다.

워크숍에 대한 정의는 Work(일)Shop(상점, 가게)의 합성어로서 우리가 현업에서 발생한 문제를 모아서 Workshop을 통해서 문제를 해결하고 해결된 대안을 현업에 돌아와서 피드백하여 문제를 해소하는 것이라고 할 수 있다.

워크숍의 주관자는 이런 점들을 충분히 이해하고 워크숍에 대한 계획 수립 시 반영하여야 하며 워크숍 참가자들에게도 워크숍을 통해서 문제에 대한 해결안을 도출하고 현업

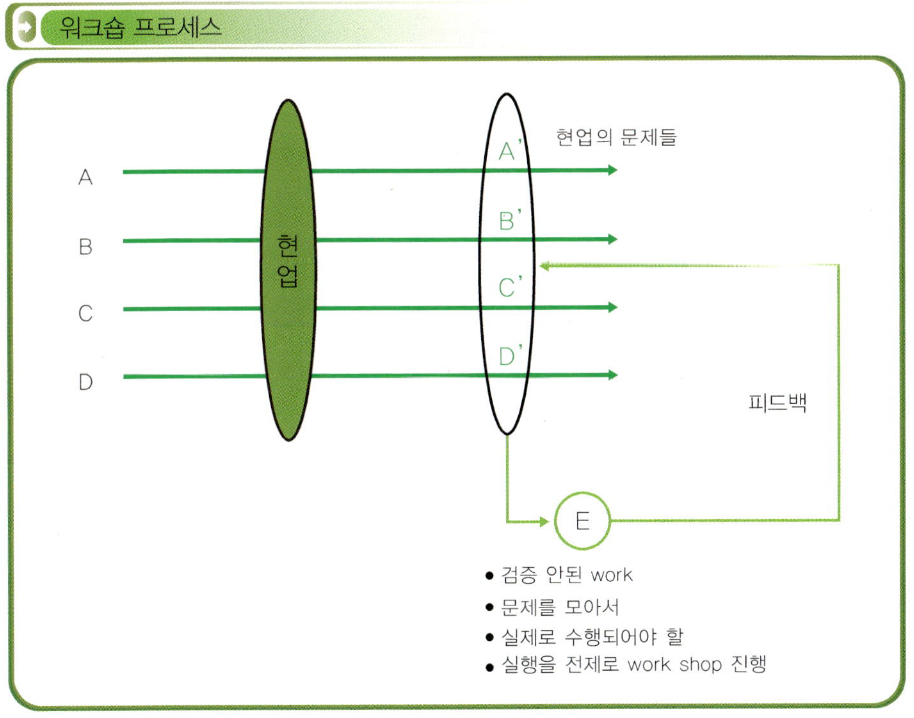

에 피드백을 통하여 문제를 해결할 수 있도록 노력해야 참다운 워크숍의 효과를 창출할 수 있다.

4.6.6. 워크숍 진행방법

워크숍을 진행하기 위해서는 적당한 장소가 마련되어야 하며 워크숍 장소로는 근무지와 멀리 떨어진 곳이 효과적이다. 근무지에서 워크숍을 진행하거나 근거리에서 워크숍을 진행하면 근무지에서 업무에 대한 요청이나 문의가 워크숍의 진행을 방해하기 때문이다.

워크숍 장소가 결정되었으면 워크숍 장소에 워크숍을 진행하기 편리하게 아래 그림과 같은 형태로 책상을 조정하여 분임조별로 토의가 원만하게 이루어질 수 있도록 사전 준비

효과적인 워크숍 배치도

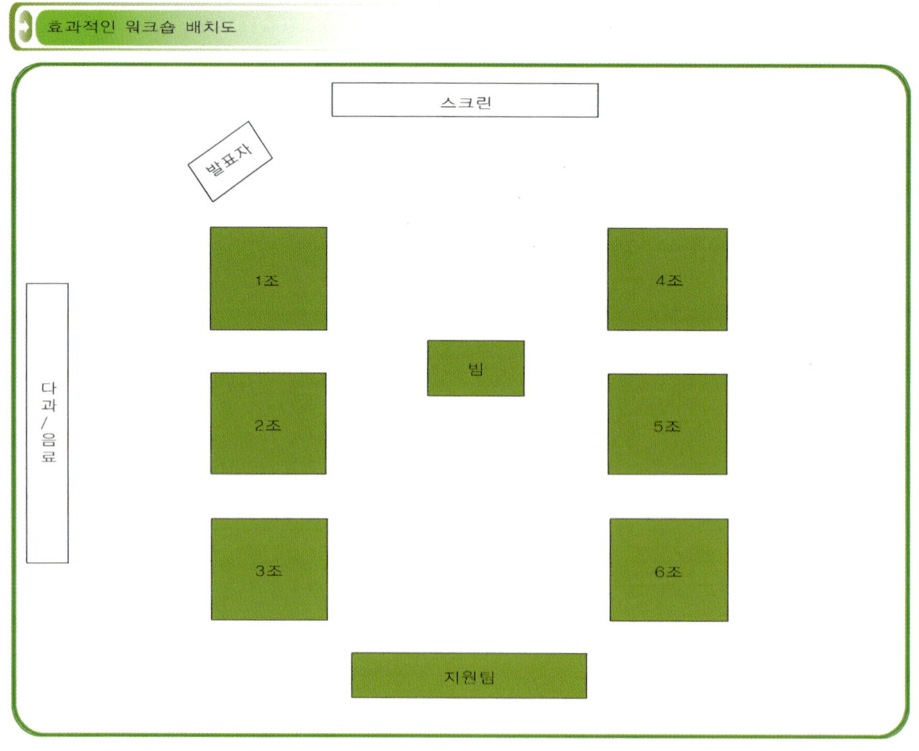

가 필요하다.

워크숍에 참여하는 참여자가 방해받지 않고 토의를 진행할 수 있도록 사전에 충분한 배려가 필요하다. 그래서 발표자를 제외한 지원부서 인원들은 후면에서 진행과정을 기록하고 워크숍의 원만한 진행을 위하여 지원한다.

워크숍을 진행하는 방법은 ① 워크숍을 진행하는 목적에 대한 설명, ② 경영진의 격려사, ③ 용역사의 BSC에 대한 교육 및 워크숍 진행방법에 대한 안내 후 분임별로 토의를 통하여 미션, 비전, 관점, 전략목표 순으로 도출한다.

최종안을 선택할 때는 AHP기법을 사용하기도 하지만 1인이 2번 참여하는 방식으로 거수하여 안을 선택하는 방법도 AHP기법에 비하여 오류가 적다.

자료출처: (주) 넝쿨

용역사 컨설턴트는 진행과정을 계속적으로 기록하며 워크숍의 진행을 도와야 하며 어떤 경우라도 컨설턴트나 제삼자가 본인의 의견을 암시하거나 관철시키려 해서는 안 되며 참여자가 자율적으로 진행하고 의사결정을 하도록 도와야 한다.

4.6.7. 아이디오(IEDO)의 브레인스토밍 7가지 원칙

① 판단을 늦춰라(Defer judgement) : 그 어떤 아이디어도 무시 마라.

② 남의 아이디어를 발전시켜라(Build on the ideas of others) : '그러나'라고 하지 말고 '그리고'라고 말하라.

③ 거친 아이디어라도 장려하라(Encourage wild ideas) : 기존의 틀을 벗어난 아이디어에 해답의 열쇠가 있을 가능성이 높다.

④ 많을수록 좋다(Go for quantity) : 가능한 한 많은 아이디어가 나오도록 하라.

⑤ 쓰고 그려라(Be visual) : 벽에 쓰거나 그려 가면서 회의하라.

⑥ 주제에 집중하라(Be focused on the topic) : 토론의 주제를 벗어나지 마라.

⑦ 한 번에 한 가지 이야기만(One conversation at a time) : 중간에 끼어들거나 남의 말을 무시하지 마라.

신입사원은 브레인스토밍 원칙에 따라 자신의 아이디어를 맘껏 얘기하고, 베테랑 중역은 브레인스토밍 원칙에 따라 하고 싶은 말을 참아야 한다. 브레인스토밍을 통해서 얻고자 하는 것은 참신한 아이디어일 뿐이다.

자료출처 : 조선일보

4.7. 가치체계 도출결과

미션, 비전, 관점, 전략목표까지의 가치체계를 구축하기 위해서는 2박 3일 정도의 시간이 소요되며 강한 체력과 정신력이 요구되는 엄청난 소모전이다. 그러므로 적절한 시간 배분과 운영을 통해서 목표한 바를 이루도록 노력해야 한다.

가치체계가 정립되지 않으면 전략적 성과관리(BSC)시스템 구축은 이루어질 수 없다. 전체 BSC 구축과정 중 가장 중요한 과정으로서 외부 컨설턴트의 도움이 반드시 필요하다.

가치체계가 수립되면 비전선포식을 통해서 전 조직에 이 사실을 알리고 조직원의 자발적인 협조와 참여를 유도해야 전략적 성과관리(BSC)시스템 구축은 성공할 수 있다.

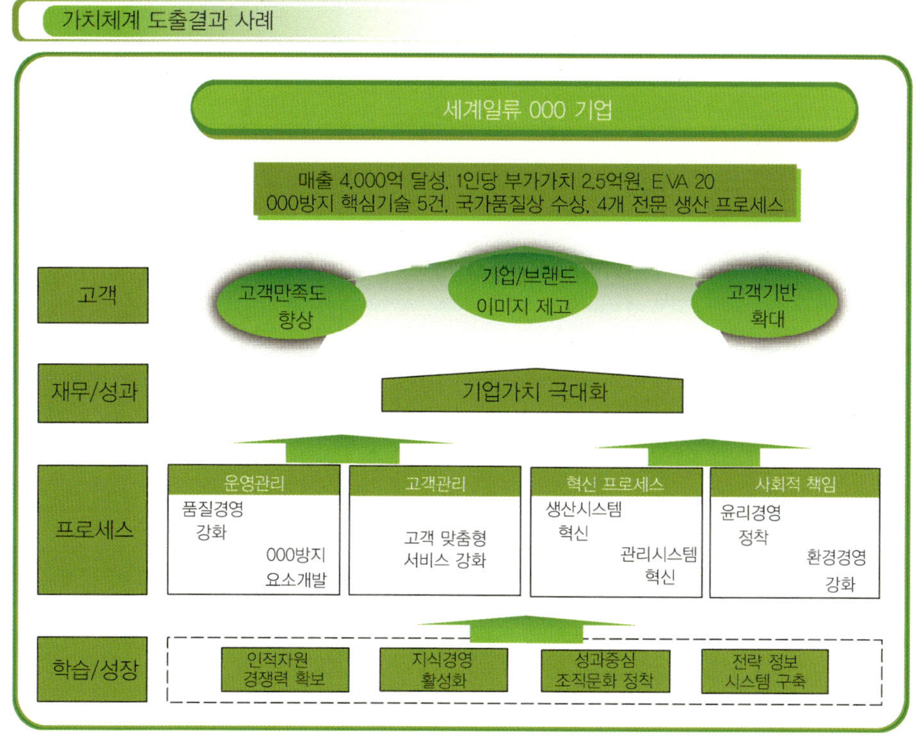

4.8. 가치체계 사례

정부기관은 전략적 성과관리(BSC)시스템을 구축한 곳이 많이 있으며 정부는 그 결과를 국민에게 알리는 것을 권장하고 있다. 영리법인이 전략적 성과관리(BSC)시스템을 구축하고 그 결과를 공개하는 곳은 많지 않으나 교육이나 사례발표를 통해서 정보를 공개하는 곳도 점점 늘어나고 있는 현실이다.

정부기관이나 타 영리법인의 사례는 그 결과물이 아무리 좋아도 그대로 모방해서 사용할 수 없는 것이 BSC의 특징으로 사례는 바르게 진행하기 위해서 참고자료는 될지 몰라도 타사의 것을 모방하여 사용한다면 그 회사의 전략적 성과관리(BSC)시스템 구축은 100% 실패한다.

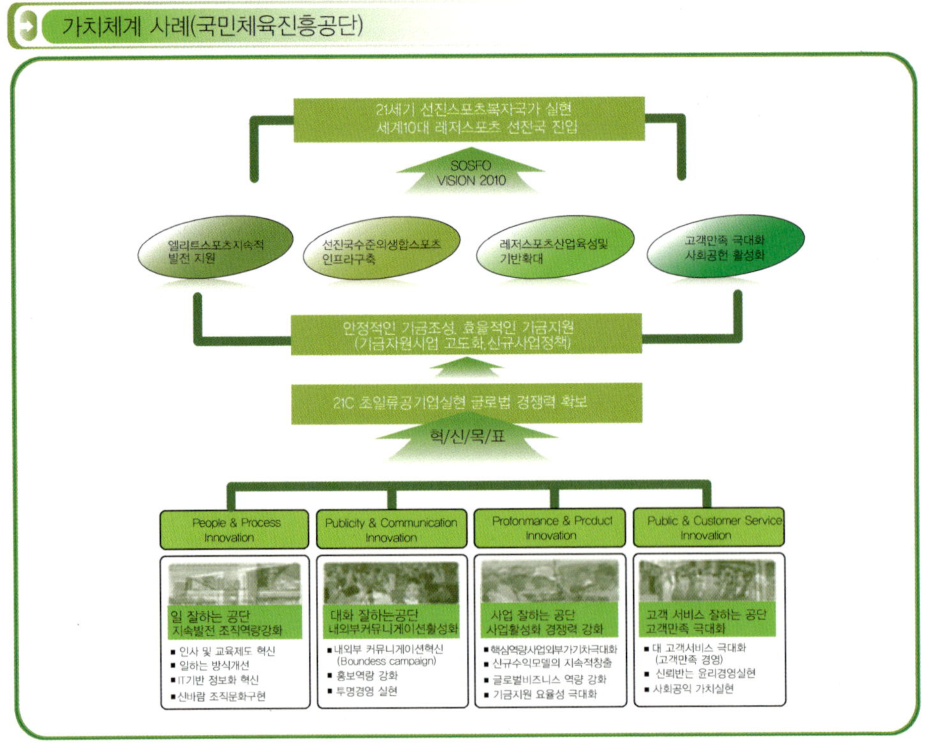

5.1. Value-Chain의 개념

Value-Chain은 Business의 개념을 Poter 교수가 아래 그림과 같이 정교한 분석틀로 발전시킨 것이다. Value-Chain은 기업의 전반적인 활동을 주 활동과 지원활동으로 나누고, 각각의 부문에서 비용과 가치창출요인을 분석할 수 있게 한다. 여기서 주 활동은 제품의 생산, 운송, 마케팅, 판매, 물류, 서비스 등과 같은 현장업무활동을 의미하며, 지원활동은 구매, 기술개발, 인사, 재무, 기획 등 현장을 지원하는 제반 업무를 의미한다.

5.2. Value-Chain의 필요성

전략의 확인을 통해 Value-Chain별로 조직 구성원들이 중점적으로 자원과 역량을 투입해야 할 전략목표를 도출하여 추상적인 전략보다 Action 중심으로 구체화하는 데 있다.

출처 : 경영전략 실천 매뉴얼 / 이승주

5.3. Strategy & Value-Chain

Strategy & Value-Chain은 미션을 달성하기 위하여 어떤 전략으로 가치를 창출하는 활동을 선택하고 그 활동을 측정하기 위하여 성과목표를 수립하고 성과지표로 달성 정도를 측정한다.

- 우리의 전략은 무엇인가?

- 어떤 활동이 가치를 창출하는가?

- 핵심성과목표는 무엇인가?

- 핵심성과지표는 무엇인가?

6.1. 관점의 정의

관점은 기업의 가치 창출의 원천으로서 설정된 관점을 통해 조직이 추구하는 가치의 원천을 파악하여 전략적 성과지표들을 묶을 수 있는 역할을 한다.

6.2. 관점의 종류

관점을 설정하는 것은 기업의 가치가 어디에서부터 창출되는지를 정의함으로써 기업과 조직의 사업의 경쟁우위를 밝히는 과정으로 영리기업은

① 재무관점
② 고객관점
③ 내부프로세스관점
④ 학습 및 성장관점으로 구분하지만 기업이 추구하는 목적과 방향에 따라 수정, 변경, 추가가 가능하다.

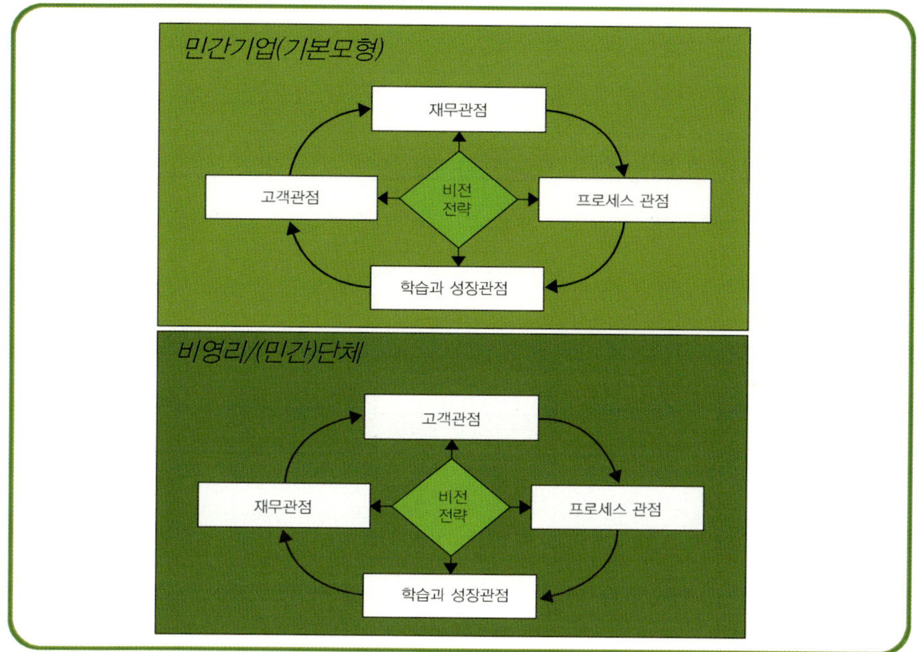

출처 : (주)넝쿨

공공조직은 영리기업과 달리 고객(국민)이 가장 상위개념으로 작용하여

① 고객관점(이해관계자/국민)

② 임무수행관점

③ 학습과 성장관점

④ 자원관점으로 구분하기도 한다.

관점의 설정은 전사의 비전이 설정되고 전략이 구체화되면 CEO와의 인터뷰 결과와 TFT 의 워크숍을 통해 설정한다. 조직 구성원들에게 비전과 전략을 이루기 위한 핵심적인 가 치를 알리고 이를 중심으로 사업을 수행해 나가겠다는 CEO의 의지를 보여 주는 것이 무 엇보다 중요하다.

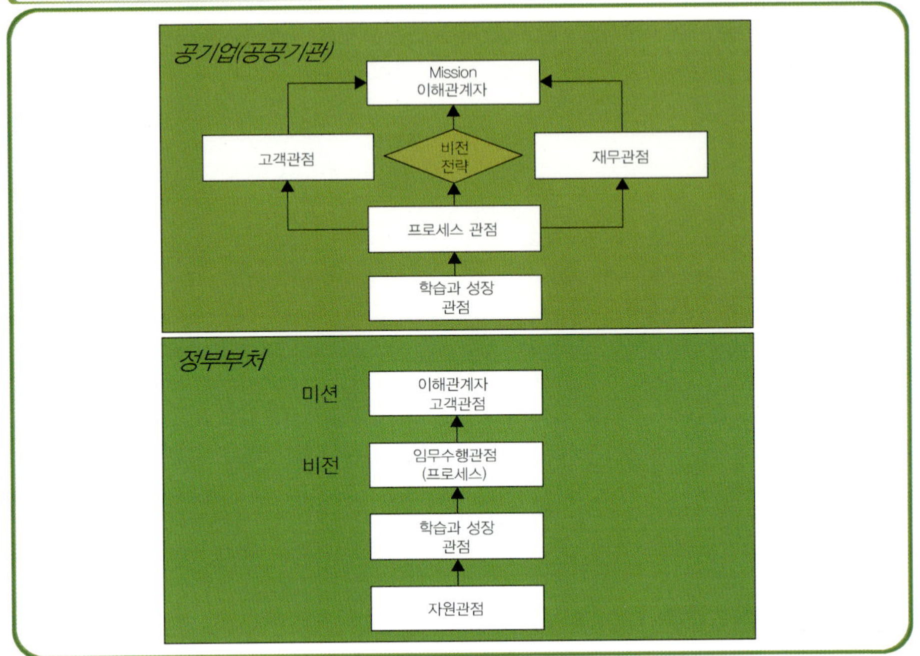

출처 : (주)넝쿨

6.3. 관점 설정 프로세스

관점을 설정하는 단계는 ① 후보관점 생성, ② 관점 설정, ③ 전략과 관점의 매칭 단계로 이루어지며, 관점 설정 활동으로는 전략을 그룹핑하고 이해관계자 분석 및 가치 도출 결과를 통해 후보관점을 설정하고 후보 리스트를 조정한 후 관점을 확정하고 가중치를 부여하여 전략과 관점을 매핑한다.

6.3.1. 관점 설정 시 고려할 환경요소

① 외부 이해관계자 ② 산업·경쟁사·정책에 대한 환경변수를 고려하고 ③ 경영자, 조직

구성원, 타 부서 등의 이해관계자와 ④ 회사나 조직의 비전과 전략을 관점 설정 시 고려해야 한다.

6.3.2. 후보관점 생성 시 체크 포인트

세부 단계	체크 포인트
• 전략 Grouping	• 기존의 전략을 Grouping하여, 기업의 전략방향을 확인한다. • 현재의 전략방향이 기업의 비전 달성 방향과 일치하는가? • 수립된 전략이 균형적이며, 비전 달성에 충분하게 구성되었는가? • 전략 간에는 연계되어 있으며, 연계가 부족하거나 누락된 부분은 없는가?
• 이해관계자 분석 및 가치도출	• 기업 및 사업부의 주요 이해관계자는 누구인가? • 각 이해관계자들이 우리로부터 얻고자 하는 가치는 무엇인가? • 가장 우선적으로 제공되어야 할 가치의 운선순위를 결정한다. • 전략대안들이 이해관계자들의 기대를 충족시키기에 충분한가?
• 후보 관점 설정	• 우리 기업의 가치를 향상시키기 위해 설정할 수 있는 가능한 관점들은 무엇인가?

6.3.3. 관점 확정 단계의 체크 포인트

세부 단계	체크 포인트
• 후보 리스트 조정	• 산업 및 환경의 특수성이 반영되었는가? • 설정된 관점은 비전을 달성하기에 충분한가? • Key business driver가 반영된 관점인가? • 설정된 관점들을 통합하거나 분리할 수 있는가?
• 관점 확정	• 이상의 체크리스트를 통해 4~6개 정도의 관점을 설정

6.3.4. 매핑 단계의 체크 포인트

세부 단계	체크 포인트
• 관점 간의 균형 및 가중치 부여	•관점별 가중치를 선정할 것인가? •사업부 및 각 팀의 관점별 가중치를 전사와 맞출 것인가? •동일하게 두었을 때, 각 조직의 현황이 제대로 반영되었는가? •각기 다른 가중치를 부여한다면, 복잡성을 관리할 수 있을 것인가?
•관점과 전략매핑	•수립된 전략을 어떤 관점에서 매핑할 것인가? •매핑된 전략이 논리적으로 연결되는가? •조정할 전략은 없는가?

6.3.5. 관점 수립절차

관점에 대한 개념을 명확히 설명해 줄 필요가 있으며 특히 고객관점 중 이해관계자에 대한 명확한 구분이 필요하고 재무관점에서 영리를 목적으로 하면 재무관점, 재무적인 요소이지만 공공기관의 경우는 확보해야 할 자원으로 정의해야 할 경우가 있으므로 자원관점으로 구분하기도 하는데 주의가 요망된다.

관점모형과 전략목표는 외부에 공개됨을 염두에 두고 우리 기업이나 조직을 대표할 수 있는 성격인지, 누락된 것은 없는지 확인이 필요하다.

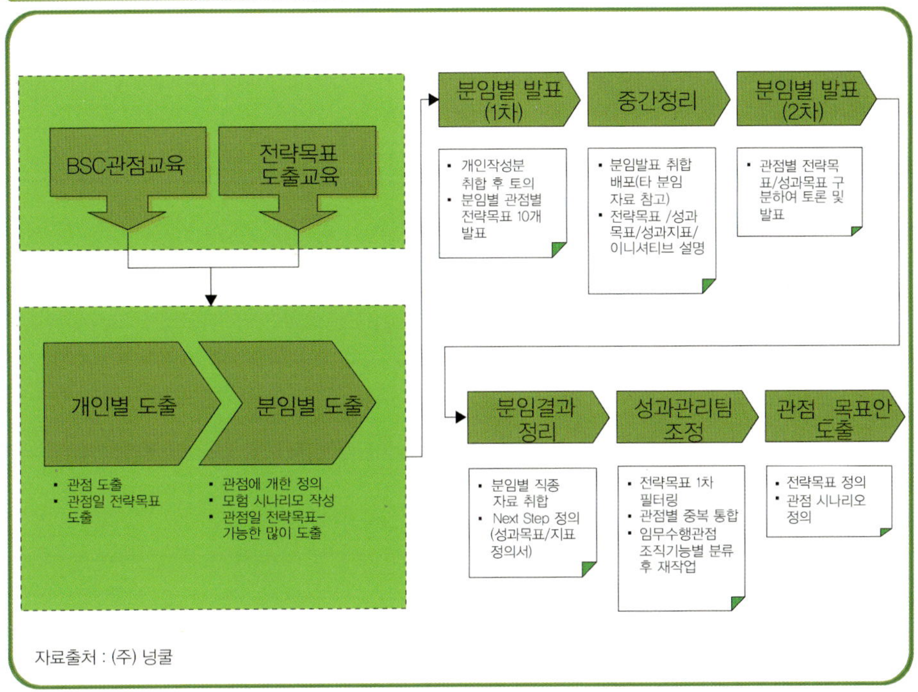

6.4. 관점별 개념

관점의 구성은 입력단계의 관점, 업무처리단계의 관점, 결과의 관점, 산출의 관점으로 구분할 수 있는데 관점 간에 인과관계 성립이 가장 중요하다. 예를 들면 입력단계인 학습과 성장관점에서 조직원의 지식과 기량을 향상시켜 업무처리단계인 업무프로세스관점에서 향상된 지식과 역량으로 업무를 만족하게 수행하여 결과관점인 고객관점에서 고객에게 만족스러운 제품이나 서비스를 제공하여 이에 만족한 고객이 산출단계인 재무관점에서 고객이 자사에 재무적인 이익을 가져다주고 회사나 조직은 획득된 재무적 성과를 주주, 종업원, 고객에게 다시 환원하는 선순환의 사이클이 무한 계속될 수 있도록 배려함이 필요하다.

1) 재무적 관점
- 재무성과가 좋게 나타나기 위해서는 조직의 프로세스가 합리적이야 하며 자원이 효율적으로 활용되어야 한다.
- 다른 관점들의 결과로 인해 재무적인 성과가 나타난다 : 인과적 해석

2) 고객 관점
- 고객을 통해 가치 창출 / 고객욕구의 지속적 간파.
- 고객을 기업 가치 창출의 중요 핵심영역.
- 전략을 집중하고 프로세스를 변화시키며 조직원의 역량을 모아서 대처한다.

3) 프로세스 관점
- 성과를 극대화하기 위해 기업의 핵심프로세스 및 핵심역량을 규명하는 관점.
- 업무 성과를 극대화하기 위한 절차이며, 고객에게는 만족을 제공하는 동인.

4) 학습과 성장 관점
- 우리 회사는 지속적으로 가치를 개선하고 창출할 수 있는가? 라는 질문에 답할 수 있어야 한다.
- 가장 미래지향적 관점.
- 구성원의 역량을 강조하고, 무형자산의 가치에 중점을 둔다.

6.5. 관점 검토 사항

관점을 작성하고 검토할 때는 반드시 아래의 검토 사항과 부합하는지를 검토해야 한다.

① 기존의 전략목표 등을 분석하여 전략방향을 확인하였는가?

② 수립된 전략이 균형적이고, 비전 달성을 위해 충분한가?

③ 전략 간의 인과관계가 부족하거나 누락된 부분은 없는가?

④ 우리가 고객(이해관계자)에게 제공할 가치가 무엇인가?

⑤ 우선적으로 제공되어야 할 가치의 우선순위를 고려하였는가?

⑥ 전략목표들이 고객(이해관계자)의 기대에 충분한가?

⑦ 유사기관들의 관점을 충분히 검토하였는가?

⑧ 조직의 가치 향상을 위하여 충분히 검토하였는가?

⑨ 관점별로 균형이 잡히고 인과관계가 성립하는가?

⑩ 전략이 논리적으로 해당 관점에 반영되었는가?

관점 작성 양식

관점 안	관점 안에 대한 설명
1	
2	

6.6. 관점 적절성 검토

브레인스토밍을 통하여 개인의 안을 도출하고 도출된 안을 분임조 내에서 그룹핑을 통하여 유사하거나 중복되는 것들을 제거하고 분임조별로 3개의 안을 도출한 후 분임조별 발표를 한다.

분임조별로 발표된 안 중에서 아래의 적절성 검토를 통하여 1차 안을 확정하고 1차 안을 전 분임조가 의미를 부여하고 다듬어서 2차 적절성 검토를 거쳐 확정한 후 임원진의 승인을 거쳐 최종 확정한다.

항목	검토항목	1만	2만	3만	비고
1	기존의 전략목표 등을 분석하여 전략방향을 확인하였는가?				
2	수립된 전략이 균형적이고, 비전달성을 위해 충분한가?				
3	전략간의 인과관계가 부족하거나 누락된 부분은 없는가?				
4	우리가 고객(이해관계자)에게 제공할 가치가 무엇인가?				
5	우선적으로 제공되어야 할 가치의 우선순위를 고려하였는가?				
6	전략목표들이 고객(이해관계자)의 기대에 충분한가?				
7	유사기관들의 관점을 충분히 검토하였는가?				
8	조직의 가치향상을 위하여 충분히 검토하였는가?				
9	관점별로 균형이 잡히고 인과관계가 성립하는가?				
10	전략이 논리적으로 해당관점에 반영되었는가?				
	평가결과				

7.1. 전략목표의 정의

자신이 보유하거나 활용 가능한 인적, 물적, 지적 자원을 효율적으로 활용하여 조직의 가치를 증대하여 기업이나 조직의 비전을 달성할 수 있는 목표로서

① 고객지향적이어야 하며
② 경쟁우위를 창출할 수 있어야 한다.

7.2. 전략목표의 개발

전략목표 개발 시 무엇을 얻으려고 그 일을 하는지에 대한 명확한 답을 필요로 한다. 어떻게 할 것인가가 아니라 무엇을 할 것인가(What)에 초점을 맞추어야 한다. 전략목표가 분명해야 조직원들이 무엇을 해야 하는지를 알 수 있으며 어떤 전략하에서 어떻게 임무를 수행해 나갈지에 대한 구체적인 방안을 제시해야 하며 조직의 지향점과 구성원의 행동을 일치시킬 수 있어야 한다.

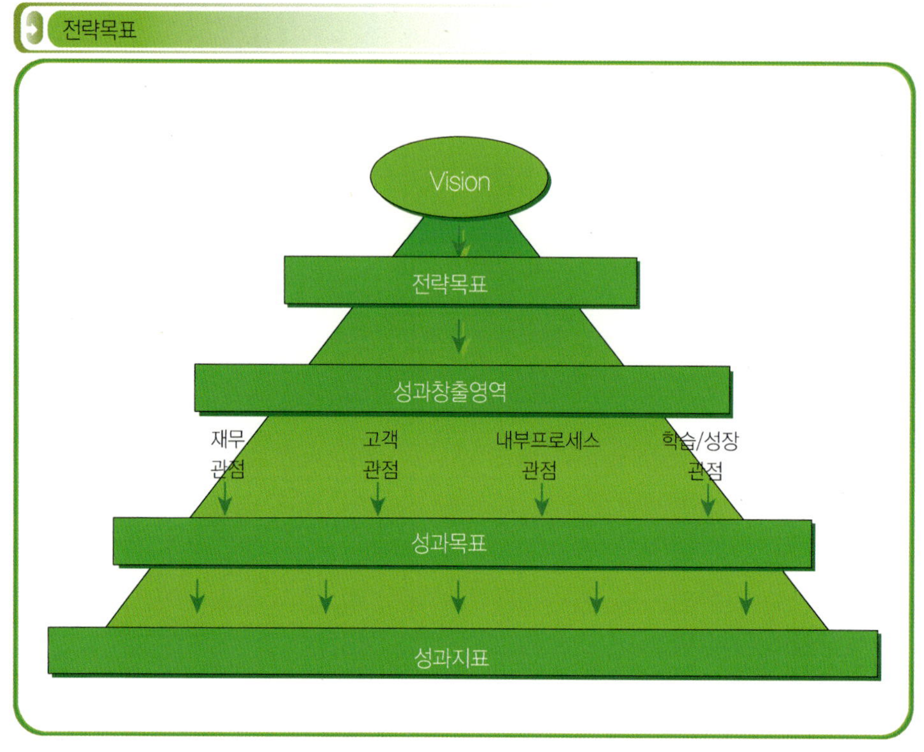

7.3. 전략목표 설정 프로세스

전략목표 설정 프로세스는 ① 환경분석, ② 전략대안의 도출, ③ 전략대안의 평가 및 우선순위 부여의 순서로 진행한다.

7.3.1. 환경분석

① 비즈니스 프로세스 분석

② 잠재능력 분석

③ 핵심역량 분석

④ 무형자산 및 지식에 대한 분석

중요한 사항은 우리 기업이 무엇을 잘할 수 있는가라는 질문에서부터 시작해야 한다.

7.3.2. 전략대안의 도출

환경분석이 끝나면, 가능한 몇 가지의 전략적 대안들을 도출해 내고 이들 각각의 장단점
을 분석해 보고 전략을 확정한다. 전략적 대안을 분석하는 방법에는 여러 가지 방법이 있
지만 시나리오 분석기법을 많이 사용한다.

7.3.3. 전략적 대안의 평가 및 우선순위 부여

전략적 대안이 선정되면, 전략 수행의 중요도와 긴급도에 따라 전략적 대안들을 평가해야 한다. 전략의 우선순위는 워크숍을 통해서 가능하며 전략의 우선순위에 따라 자원 및 역량의 배분이 달라져야 한다.

우선순위에 대한 조직원들의 합의를 도출하기 위하여 워크숍 시 진행자의 역할이 중요하며 영향력 있는 한 사람의 의견에 이끌리지 않도록 세심한 주의가 필요하다. 때로는 최고 경영자의 의지에 의해 추진되는 전략은 이에 따라야 한다.

7.4. 전략목표 수립절차

전략목표는 조직이 속한 산업 내에서 지속적으로 생존하고 번영하기 위해 가장 중요한 요소들로 도출된 전략목표는 조직이 진출한 시장 내에서 지속적으로 경쟁우위를 유지하기 위한 가장 우선적 요건이므로 이에 부합하는 전략목표를 도출해야 한다.

전략목표 선정 시 목적어와 동명사를 사용하여야 하며 '효율적인~', '효과적인~' 같은 단어의 사용은 지양해야 한다(예 : 만족도 증대).

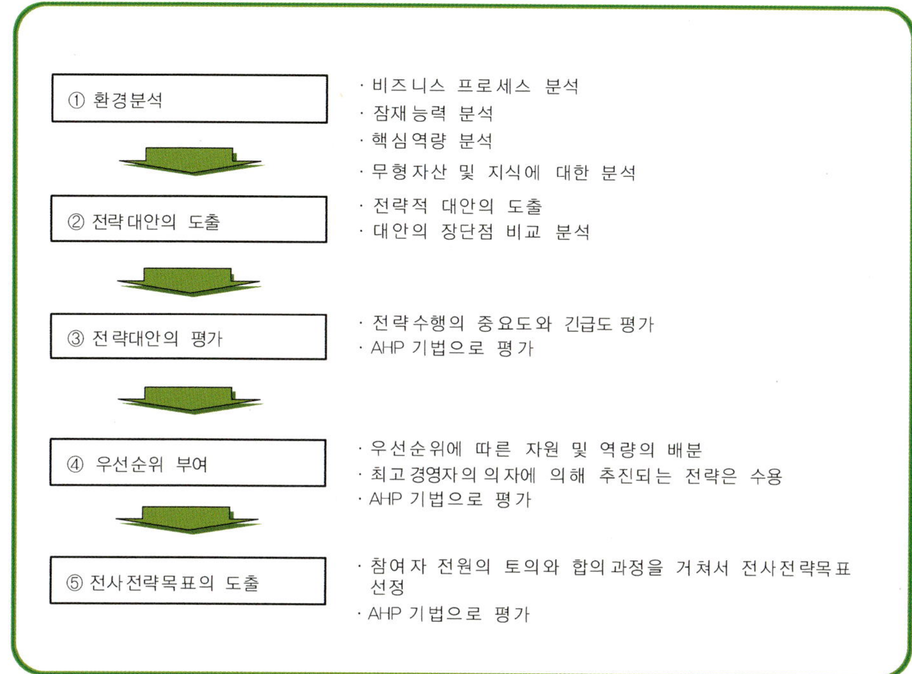

7.5. 전사전략목표 도출과정

전사전략목표를 도출하는 과정은

① 전사전략목표로 정의하고 전사전략목표 설정 시 참여대상자를 선정하는데 이때 참여 대상자는 사업부 등 전사업무와 직접적으로 관련이 많고 영향이 큰 부서의 팀장급으로 한다.

② 참여 대상자가 선정되면 관련 자료를 수집하고 검토하고 수집된 자료를 체계화한다.

③ 수집된 자료를 분석하고 활동선언문을 작성하고 유사성에 따른 설명문을 그룹화한다.

④ 해당 사업부의 전략과제를 전사의 전략과제로 구체화하여 전략목표를 선정한다.

⑤ 선정된 전략목표에 대하여 참여자 전원의 토의와 합의과정을 거쳐서 전사전략목표로 선정하는데 이때 과학적인 의사결정 방법으로 AHP기법을 많이 활용한다.

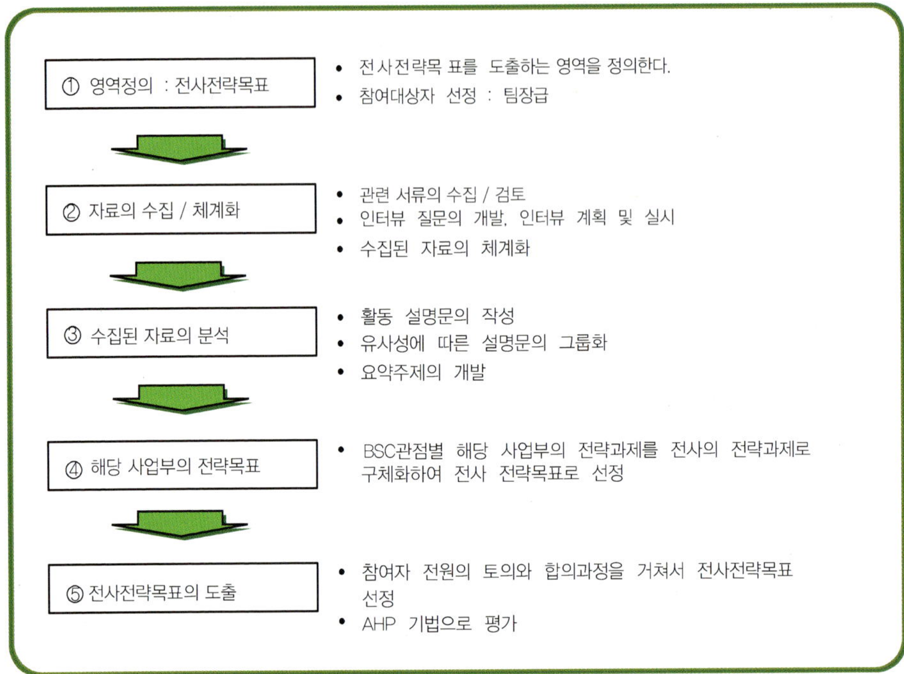

만약 AHP기법이 준비가 안 된 경우는 1인이 2회에 걸쳐 거수하는 방법으로 의사결정을 하는 방법도 현장에서는 많이 사용하는 기법 중의 하나이다.

전사전략목표의 수는 조직의 규모나 특성에 따라 다르지만 전략목표의 수가 적으면 적을수록 핵심에 집중할 수 있고 관리하는 데도 효과적으로 12~15개 정도가 가장 적당하다.

7.6. 전략정렬 피라미드

전략적 성과관리(BSC) 체계는 우리 조직은 왜 존재하는가에 대한 답변인 조직의 미션으로부터 비전, 전략목표, 성과목표, 성과지표, 이행과제까지는 Top down 방식으로 설계하고, 목표 달성을 위한 이행과제 실행을 시작으로 실행의 최종결과는 비전 달성을 목표로

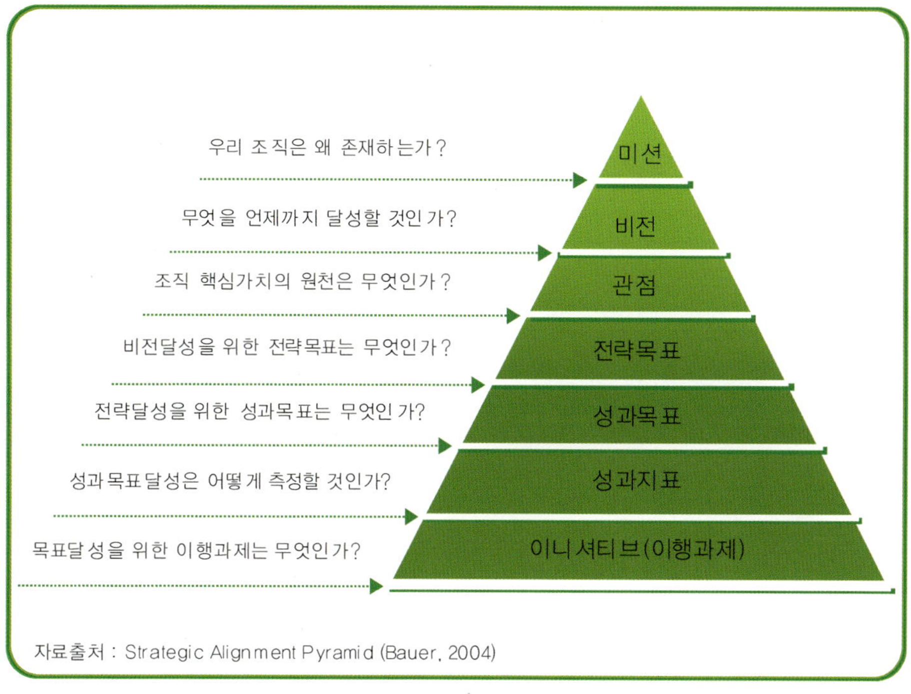

자료출처 : Strategic Alignment Pyramid (Bauer, 2004)

Bottom up 방식으로 지속적으로 개선, 보완하면서 진행한다.

전략정렬 피라미드처럼 조직이 동일한 목적과 목표를 달성하기 위하여 한 방향으로 정렬되어 업무를 진행할 때 기대한 성과를 창출할 수 있다.

7.7. 전략목표 수립 체크 포인트

순위	체크항목	비고
1	전략목표는 간단명료하고 성공을 염두에 두고 있는가?	
2	전략목표는 과감하게 설정되어 있는가?	
3	전략목표는 장기적인 기업의 목표와 일관되게 연결되어 있는가?	
4	기업의 비전 달성을 위한 장기적인 안목을 유지하고 있는가?	

5	고객, 경쟁 및 전반적인 산업환경에 대한 철저한 이해를 하고 있는가?	
6	목표 고객층에 대하여 경쟁사보다 경쟁우위를 창출하고 있는가?	
7	내부 환경보다는 산업 및 경쟁사에 대한 이해 등 외부 환경에 지나치게 초점을 맞추고 있지는 않은가?	
8	각종 분석기법을 통하여 고객, 경쟁자, 산업의 변화에 대한 철저한 이해를 하고 이들에 대한 전략적 의미를 파악하고 있는가?	
9	예상되는 위험 요인은 무엇이며, 이를 어떻게 극복할 것인가?	
10	전략안은 경제적인 타당성을 갖고 있는가?	
11	설정된 전략목표는 경영성과에 대한 평가와 긴밀하게 연결되어 있는가?	
12	경영전략과 그 실행계획을 매년 검토하는가? 기획실이 이 과정에서 수행하는 역할은 명확하고 일관되게 정의되어 있는가?	
13	한정된 경영자원을 효율적으로 활용하고 있는가?	
14	최고경영층 및 중역이 전략 개발을 위해 자신의 시간을 포함해서 경영자원의 배분을 정기적으로 하는가?	
15	경영자원 배분이 전략적 중요성에 따른 우선 순위도와 일치하는가?	
16	전략의 실행 계획과 그 성공 여부를 파악할 수 있는 중간 척도를 지속적으로 추적하고 있는가?	
17	전략의 성공적 실행을 위한 커뮤니케이션은 체계적으로 고안되어 발표되고 실행되고 있는가?	
18	현행 전략 수립 프로세스는 성과평가 프로세스와 연계되어 있는가?	
19	상위 전략이 하위 전략을 달성하기 위한 지침이 되고 있는가?	
20		

7.8. 전략목표 사례

지방공기업인 ○○시 시설관리공단의 사례로서 학습과 성장관점에서 3개, 내부프로세스 관점에서 3개, 재무관점에서 2개, 고객관점에서 2개 도합 10개의 전략목표를 보여 주고 있다.

전략목표가 너무 적으면 누락되는 업무가 발생할 수 있으며 초기에는 20여 개의 전략목 표를 수립한 기관들도 1년 정도 운영해 본 결과 관리의 어려움과 목표의 분산으로 인한 비효율 때문에 2차 연도가 되면 거의 모든 기관이 전략목표 수를 조정하고 있는 현실이다.

전략목표의 수는 많아도 문제가 있으며 적어도 문제가 발생한다. 그러므로 초기에 어려움이 있다 하더라도 최적의 전략목표를 선정하고 관리하는 일은 매우 중요한 사항이다.

7.9. 전략목표 선정 기준

목표지속성 : 목표가 중장기적으로 관리

미래지향성 : 목표가 조직의 미래지향성을 담는지 여부

정책일치성 : 정책(전략)적 요소와 연계되는지

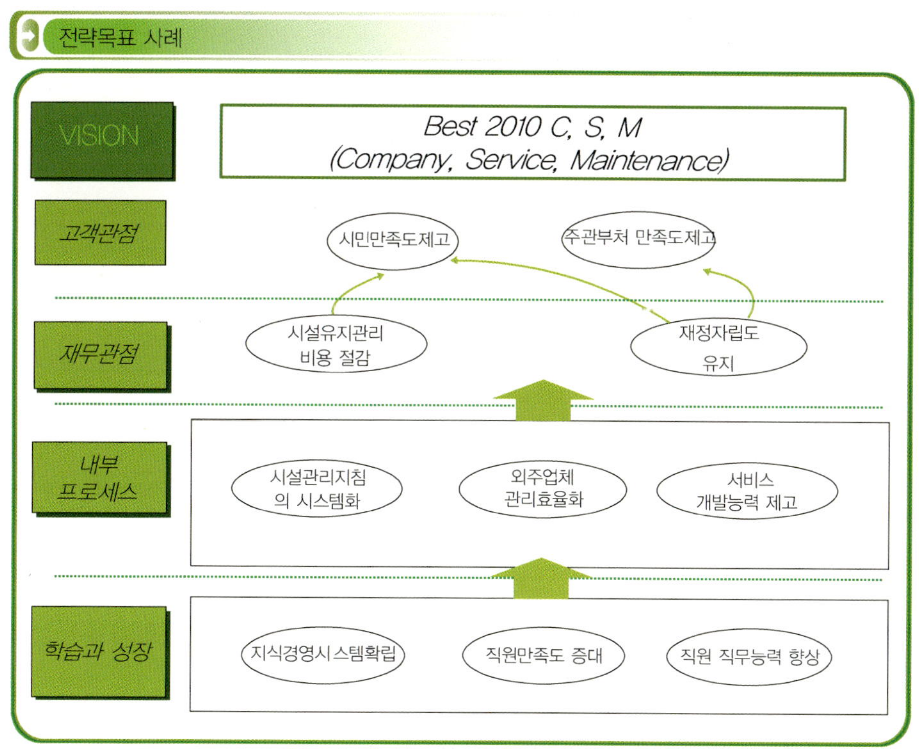

8. 전략체계도(Strategy Maps)

8.1. 전략체계도의 개발

전략체계도는 캐플란(Robert S. Kaplan)과 노턴(David P. Norton)에 의해 개발된 것으로서 초기에는 전략맵이라고 부르다가 공저『Strategy Maps』를 통해 전략체계도로 진화하였다. 전략체계도는 전략의 핵심적인 개념 및 프로세스들을 각 관점별로 심도 있게 제시하고, 각 관점별 목표 및 프로세스가 다른 관점의 목표 및 프로세스와 어떤 인과관계를 가지고 연계되는지를 보여 준다.

8.2. 전략체계도의 개념

전략체계도는 BSC의 4가지 관점(① 재무, ② 고객, ③ 내부프로세스, ④ 학습과 성장)으로 조직의 전략적 목표를 통합하여 시각적(화살표와 도표를 사용)으로 보여 주는 개념적 틀(framework)을 말하며 전략의 체계화와 전략 실행 사이에 연결이 끊어진 곳을 이어 주는 역할을 한다.

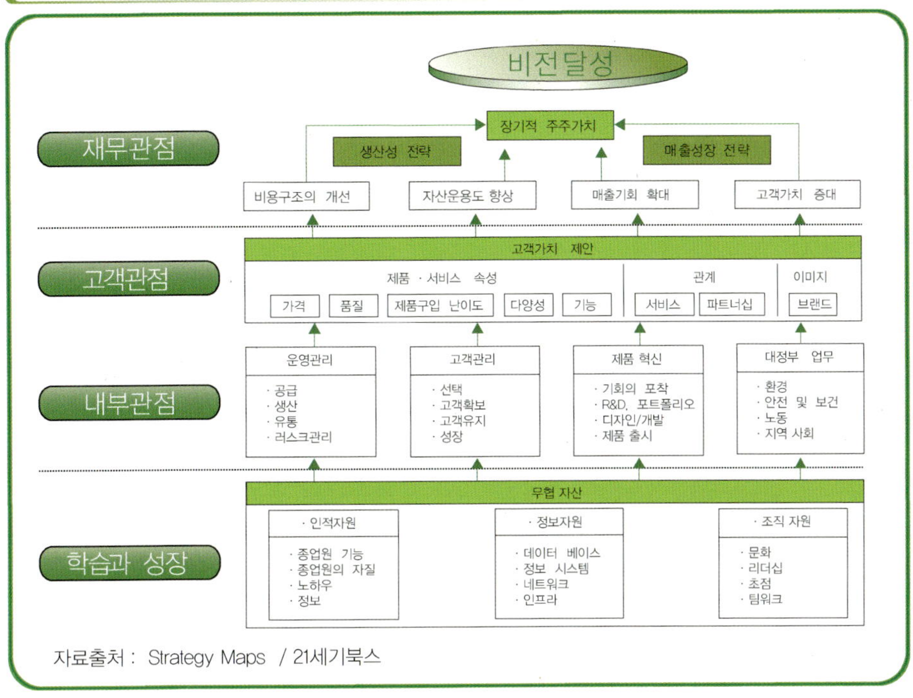

자료출처 : Strategy Maps / 21세기북스

8.3. 4가지 관점

재무관점 : 투자자들에게 어떻게 하면 성공적으로 보일 수 있을지 재무적인 측면에서 나타낸다. 이는 장기적 성장을 위한 투자와 단기적 실적을 위해 비용을 절감하는 것 사이의 균형을 의미한다.

고객관점 : 조직이 고객들에게 어떤 차별화된 가치 제안을 하는지 보여 주며 4가지 제안으로 분류된다.

① 총 소요비용의 최소화

② 우수한 품질의 제품 또는 서비스

③ 완벽한 고객 솔루션 제공

④ 폐쇄적 시스템 개발을 통한 업체 변경 불가능화

내부프로세스관점 : 제품과 서비스가 고객들에게 배달될 때까지 조직 내부에서 거쳐야 하는 프로세스를 말하며 4가지 과정으로 나누어 볼 수 있다.

① 운영관리 : 저렴한 원자재 조달비용을 위해 공급업자들과 긴밀한 관계 유지, 생산비용·유통비용 절감 및 사업운영과정에서 수반되는 리스크를 최소화하기 위한 방법을 강구한다.

② 고객관리 : 여러 취향의 고객층에 대해 매혹적인 가치를 제안하고 새로운 고객들을 확보하는 노력, 기존 확보고객 계속 유지 및 끼워팔기나 다른 방법을 통해서 좀 더 많은 제품과 서비스를 구매하도록 한다.

③ 이노베이션관리 : 고객의 요구에 부응하는 새로운 제품 개발, 현재 진행 중인 R&D 프로젝트 포트폴리오를 유지, 디자인 개발, 제품의 대량 생산 추진 및 신제품 출시와 동시에 마케팅과 영업 부문은 신제품을 판매하는 노력을 경주한다.

④ 대정부업무관리 : 환경오염을 최소화하고 직원들이 안전하고 건강하게 일을 할 수 있는 작업환경을 제공. 직원들에게 적정한 임금 지급과 새로운 기술을 익힐 수 있는 기회를 최대한 제공. 지역사회에서 원하는 바에 부응하여 지역사회에 대한 투자와 직원의 자원봉사를 적극 지원한다.

학습 및 성장관점 : 무형자산(인적자원, 기술, 문화 등)을 개발하여 좀 더 많은 가치를 창출할 수 있도록 하는 것으로 무형자산은 3가지 유형으로 분류될 수 있다.

① 인적자산 : 직원들에게 내재된 가치를 말하며 채용, 훈련, 경력개발 프로그램 등을 통하여 개발한다.

② 정보자산 : 기술 인프라(하드웨어, 소프트웨어, 통신네트워크, 경영능력 등)와 IT 어플리케이션(거래처리, 경영분석 툴, 제조기획, 공급체인관리 등)을 의미한다.

③ 조직자산 : 전략 실행에 필요한 변화 과정을 활성화하고 지속해 나갈 조직의 능력을 말하며 조직의 리더십 개발, 기업문화 강화, 개인의 목표와 조직의 전략을 일치시키는 한편 팀워크와 정보공유를 통하여 구축된다.

8.4. 전략체계도의 용도

전략체계도는 조직의 전략에 대해 간결하면서도 종합적인 그림을 볼 수 있게 한다. 이 그림을 통해 조직의 임원들은 조직의 전략에 대한 설명이나 측정, 실행을 훨씬 더 효율적으로 할 수 있게 된다. 그러나 전략체계도로부터 가장 높은 효율을 위해서는 실제 실적과 목표치를 상호 비교하는 BSC(균형성과표)와 결합되는 것이 필요하다. 이렇게 전략지도와 BSC를 결합시키는 방법은 전략을 계속적으로 주시하고 목표치와 실제 실적치 간에 격차가 생길 때 즉시 이를 메울 수 있는 프로그램을 운영하는 데 극히 유용하게 사용될 수 있다.

자료출처 : 000

9. 성과목표의 도출

9.1. BSC의 구조적 이해

BSC는 기본적으로 4개의 관점, 전략목표, 성과목표, 성과지표로 구성되어 상호간 인과관계가 성립되어야 한다.

전략목표를 선정한 후 전략목표를 달성하기 위한 성과목표를 설정하고 달성 여부를 측정하기 위하여 성과지표를 설정한다. 마지막으로 성과지표를 달성하기 위한 동인인 이니셔티브를 설정함으로써 완료된다.

전사전략과제는 BSC 시스템에서 하위 조직(또는 개인)으로 Cascading을 통해 모든 조직단위의 전략목표와 연계되도록 하여 부서(또는 개인)의 역량이 조직의 전략 실행에 일관되게 집중될 수 있도록 설계해야 한다.

아래 그림은 BSC의 구조를 간략히 설명하고 있는데 최종 목표는 비전 달성이다.

9.2. 성과목표란

성과목표란 조직의 전략목표를 달성하기 위해 반드시 달성해야 하는 목표 혹은 전략적 성공에 있어서 중요한 요소를 말한다. 성과목표는 전략목표의 하위목표로서 비교적 좁은 의미이며 측정과 시간 요소를 포함하는 문장으로 표현한다.

성과목표는 조직의 현재 경영성과뿐만 아니라 미래의 가치를 증대시키기 위해 무엇을 관리해야 하는지를 정확하게 알려 준다. 또한 전략목표를 달성하기 위한 세부목표이며, 하나 이상의 지표로 측정할 수 있어야 한다.
성과목표와 기존 성과지표와 다른 점은 다음과 같다.

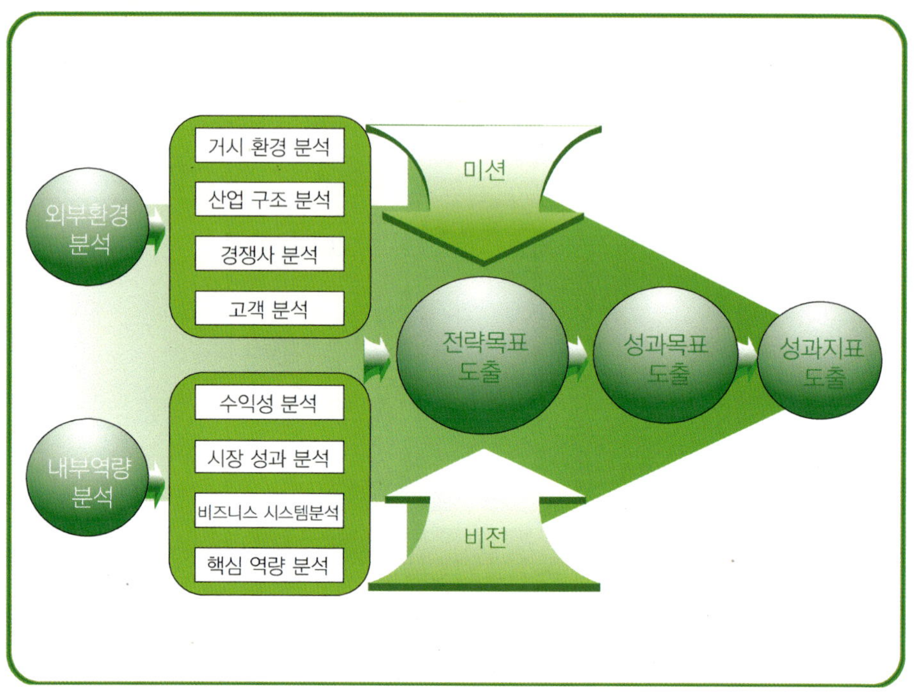

첫째, 기업이나 조직의 전략적 의미가 담겨 있다.

둘째, 성과에 대한 책임을 분명히 한다.

셋째, 미래 예측을 가능하게 하는 정보를 제공한다.

9.3. 성과목표 도출 : 방법론

BSC의 전략적 목표의 도출에는 주로 성과목표 방법론이 많이 사용된다. 성과목표 방법론은 최고경영자의 정보 요구를 이해하기 위한 수단으로 개발한 것으로, 후에 하나의 보다 광범위한 기획 방법으로 확장되었다. 성과목표는 "개인, 부서 또는 조직에 성공적인 결과를 가져옴으로써 경쟁력 있는 업무 수행을 보장해 줄 수 있는 한정된 수의 영역"을 의미한다. 따라서 사업이 번창하고 경영자의 목표를 달성하기 위해 반드시 성공하여야 할 몇 몇 주요 영역이 바로 성과목표이다. 이러한 성과목표는 주로 5가지 원천에서 도출된다.

① 해당 산업 : 산업 자체의 특성으로부터 도출되는 성과목표
② 경쟁적 전략 또는 업계 내의 위치 : 기업의 특정 활동 범위 또는 역할에 의해 도출되거나 또는 고유한 전략에 의해 도출되는 성과목표
③ 환경적 요인 : 환경적 변화 요인에 의해 도출되는 성과목표
④ 일시적 요인 : 단기적 위기 상황에 의해 도출되는 성과목표
⑤ 관리직의 위치 : 특정 관리자에게 관련되어 있는 성과목표

BSC와 같은 성과관리 방법을 조직에 도입하여 적용하는 과정에서 가장 먼저 현실적으로 부딪히는 문제는 합리적이고 유효한 성과목표를 찾아내는 일이다. BSC의 효과성을 높이기 위해서는 성과평가 측정기준과 측정치가 타당해야 하고 구성원들로부터 수용될 수 있어야 한다는 점이다. 이를 위해 전략과 비전 분석을 토대로 한 성과목표 도출과 함께 구성원들의 수용도를 높이기 위해 직원들의 적극적 참여와 의사결정과정에의 합리적 반영 등을 확보할 필요가 있다.

이는 개인성과지표(개인별 성과지표)의 도출과정에도 해당된다. 상위 지표와 일관성을 유지함과 동시에 직무 및 역할 분석을 토대로 타당성 있는 개인성과지표를 도출해야 함은 물론이고 조직(부서장, 팀장 포함)과 개인 간 적극적인 의사소통과 합리적 통합을 통해 지표 및 목표치가 확정되어야 한다.

대부분의 BSC 도입 조직에서 유효하고, 합리적인 성과지표를 조직 구성원의 합의하에 도출하도록 명시적으로 규정하고 있지만, 실제로는 활용할 수 있는 방법의 부재로 어려움을 겪고 있는 경우가 많다. 이런 경우 비록 확정된 성과지표라고 하더라도 구성원들의 수용도가 낮아져 성과평가결과와 그 결과의 활용에 대해 불만을 가지게 될 것이다.

따라서 BSC 등 성과관리제도의 효과적인 도입과 운영을 위해서는 전략과 비전을 반영하

고, 타당성과 수용성을 고려한 성과지표 및 목표치의 도출이 매우 중요하다. 이와 관련하여 최근 주목받고 있는 AHP 방법(부록 참조)의 활용이 도움이 된다. 여기에 잘 알려진 성과목표방법을 접목시키면 효과적이며 실제적인 성과지표 도출방법으로 활용 가능하다. 성과목표가 도출되면 이를 토대로 자연스럽게 성과지표를 도출하면 되기 때문이다.

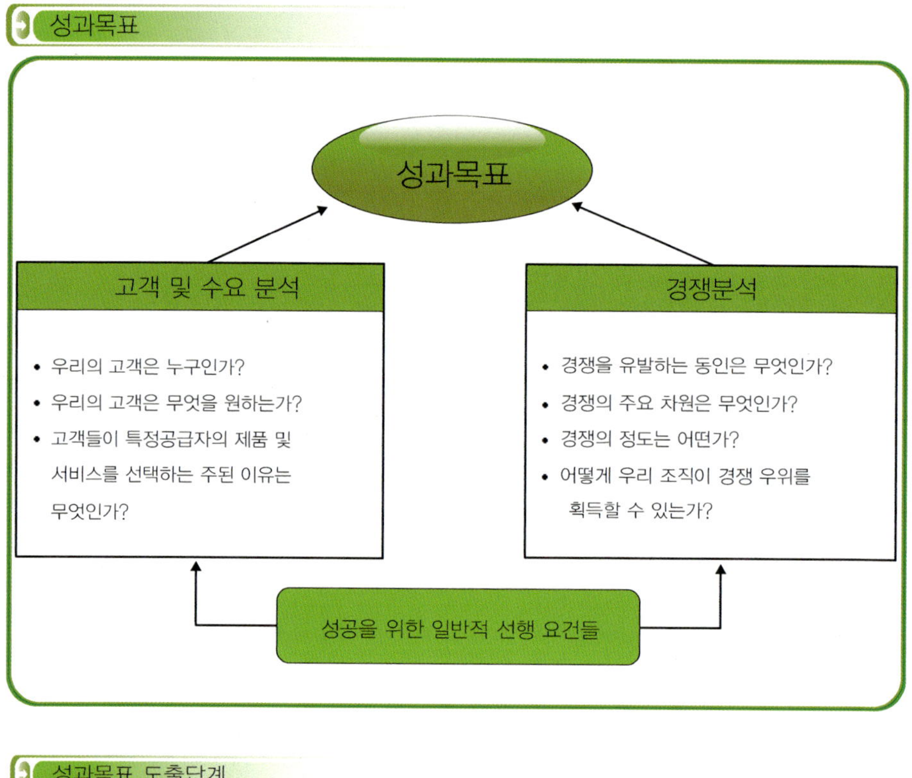

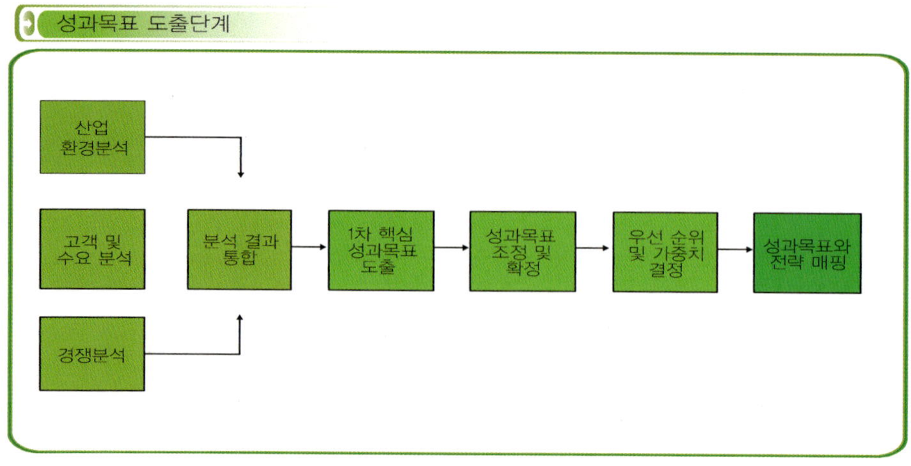

9.3.1. 성과목표 도출단계

Step 1. 환경분석

수요분석을 위한 고객의 목소리(VOC, Voice of Customer) 청취

경쟁사 분석으로 경쟁우위(competitive advantage) 확보를 위한 핵심역량(core competence) 파악

Step 2. 성과목표 도출

최고경영진들과 인터뷰

산업전문가 의견 청취

핵심 구성원들과 워크숍

Step 3. 성과목표와 전략의 인과관계 구성

전략과의 연계성을 위한 조정 작업

인터뷰 자료

제목	BSC시스템 구축을 위한 경영진 인터뷰
일시	20. 00.
장소	000사 000부
참석자	000, 000, 000

[주요 내용]

1. 프로젝트 목적을 재점검

  – 프로젝트 진행과정에 대한 설명

2. 미션, 비전, 가치, 전략에 대한 경영진의 의견

  –조직의 미션/핵심가치/비전이 정의되어 있는가, 있다면 무엇입니까?

  –어떤 전략이 조직의 비전달성에 도움을 준다고 생각합니까?

  –과거에는 왜, 어디에서 성공/실패했는가?

3. 목표 및 성과지표에 대한 경영진의 생각

  –조직의 성공여부를 판단할 수 있는 지표/자료 는?

  –어떤 정보/보고서가 유용한가? 이유는?

4. 경영진의 BSC에 대한 이해와 기대 정도

  –BSC를 구현하는 데 따르는 장애요소는? 극복할 수 있는 방안은?

• 숙련된 컨설턴트는 임원들을 편하게 만들어서 신뢰성과 객관성이 있는 필요한 정보를 획득

• 인터뷰는 1시간 내로 하며, 10~15개 정도의 문항으로 구성하는 것이 좋다.

9.3.2. 성과목표(Objective) 설정

9.3.2.1. 성과목표 개발

성과목표란 전략을 성공적으로 이행하기 위하여 반드시 수행해야 하는 정도를 명확히 정의한 기술서이다.

질문형식으로 BSC의 각 관점을 검토하면서 성과목표를 설정해 나간다.

–재무적 관점: 전략을 실행하는 데 필요한 재무적 절차는?

–고객관점: 우리의 고객이 누구이며, 우리가 그들에게 제공하는 가치 명제는?

–내부프로세스관점: 고객과 주주의 이익을 증가시키기 위한 프로세스는?

–학습 및 성장관점: 회사 전략을 수행하기 위하여 조직원이 보유해야 할 능력이나 필요한 도구는?

BSC의 성과목표를 설계할 때는 '증가시킨다, 감소시킨다, 향상시킨다' 등으로 적극적이며 능동적인 표현이 좋다.

9.3.2.2. 목표/측정지표 개발회의 개최

제목이 무엇이건 간에 팀원이 함께 모여서 회사의 전략을 수행할 수 있는 다양한 목표와 성과지표를 만들어 내는 것이 중요하다.

9.3.2.3. 성과목표 재검토

목표를 10개 이상으로 설계해서는 안 되며 각 관점별로 목표가 3개를 넘지 않도록 하는 것이 좋다.

1. 고객에게 무엇을 주려고 하는가?

2. 근본적인 목표이어야 한다. (수단과 방법들은 이니셔티브)

3. 과정이나 투입보다 결과를 측정할 수 있어야 한다.

4. 왜 하려고 하는지? (원인을 찾아야 함)

5. 누구를 위하여 하는가? (진정한 고객은 누구인가?)

6. 지속적인 활동의 결과인가? (진정한 고객은 누구인가?)

7. 효과적 ○○, 효율○○, ○○○관리 등과 같은 표현은 피한다.

8. 목적어+동명사 형태로 작성한다. (무엇을 어찌)

9. 비전과 미션이 달성되고 있는지를 확인할 수 있어야 한다.

9.4. 성과목표 개발원칙

성과목표를 개발하는 원칙은 아래와 같다. 원칙에 준하여 성과목표를 개발하면 오류와 시간낭비를 방지할 수 있다.

① 핵심성과지표는 적을수록 좋다.

② 사업의 핵심성공요인들과 연계되어야 한다.

③ 설정된 관점상에서 조직의 과거, 현재, 미래를 한눈에 바라볼 수 있는 목표여야 한다.

④ 고객, 투자자와 기타 이해관계자들의 욕구를 기반으로 개발되어야 한다.

⑤ CEO의 의지로 시작하여 조직의 모든 구성원들에게 전파되어야 한다.

⑥ 성과목표는 변경 가능하고 환경과 전략의 변화에 따라 조정이 가능해야 한다.

⑦ 목적과 목표는 정확한 자료에 근거하여 설정되어야 한다.

• 무엇이 핵심인가?	• 핵심가치 동인을 규명하는 문제
• 무엇이 원인이고 결과인가?	• 선행지표와 후행지표들을 올바르게 선택하는 문제
• 무엇이 Best Practice인가?	• 경쟁사에 대한 벤치마킹 자료 입수 문제
• 어떻게 지표들 간에 균형을 맞추는가?	• 재무적 지표들과 비재무적 지표들간의 균형을 이루는 문제
• 같은 지표를 사용해도 좋은가?	• 상미한 전략적 사업 단위 간에 일관된 지표를 적용하는 문제
• 이해관계자가 누구인가?	• 서로 다른 이해관계를 파악하고 조정하는 문제
• 몇 개가 적당한가?	• 적정한 지표의 개수 선점문제

9.4.1. 성과목표 개발 점검 체크리스트

워크숍을 통하여 도출된 성과목표는 참가자의 협의와 토론을 거쳐 합의과정을 거쳐 선택되어야 하는데 이때 아래의 성과목표 개발 점검 체크리스트에 의해 도출된 안들이 점수화의 과정을 거치고 참가자 전원의 합의에 의해서 도출되어야 한다.

점수화 과정에서 적합성 종합점수의 5점 만점에서 평균이 2.5점 이상을 획득한 안을 중심으로 토론하고 협의하여 최종안을 도출한다.

성과목표 개발 점검 체크리스트

점검항목	배점					적합성
	5	4	3	2	1	
• 전략 연계성 : 전략목표의 달성 여부를 판단할 수 있는가						
• 목표 중요성 : 중요한 목표인가						
• 활동 지향성 : 지속적으로 활동하는 지표인가						
• 데이터 가용성 : 데이터로 사용 가능한가						
• 측정 가능성 : 측정 가능한가						
• 목표설정 용이성 : 목표로 설정이 용이한가						
• 목표간 균형성 : 목표로 설정이 용이한가						
• 지속 가능성 : 지속적으로 활동과 평가가 가능한가						
• 통제 가능성 : 지표관리자가 통제할 수 있는가						
• 평가의 객관성 : 측정방법과 산식이 객관성을 유지하는가						
적합성 합계						

10.1. 성과지표란

관리해야 할 대상에 대한 계량적 수치를 제공하는 지표를 말하며 조직이 추구하는 전략 및 업무에 대한 측정과 평가의 기준을 제공해 준다.

성과지표(performance indicator)란 조직의 임무, 전략목표, 성과목표의 달성 여부를 측정하는 척도로서 성과를 측정할 수 있도록 계량적 혹은 질적으로 나타낸 것을 말한다. 성과지표에 의해 객관적이고 정확하게 성과의 달성수준을 측정할 수 없는 경우에는 성과관리의 목적을 달성할 수 없기 때문에 성과지표는 성과관리의 가장 중요한 요소가 된다. 결과적으로 성과지표를 개발하는 것이 BSC 도입의 핵심이라 할 수 있다.

10.2. 성과지표의 분류

10.2.1. 지표의 속성을 기준으로 분류

성과지표(performance indicator)의 유형에는 지표의 속성을 기준으로 볼 때 투입지표, 과정지표, 산출지표, 결과지표로 나누어진다.

−투입지표 : 투입된 자원, 인력 등을 나타낸다. 사업추진의 효율성이나 생산성을 판단하는 것이 중요한 경우에 사용된다.

−과정지표 : 미완성의 사업에 투입된 재원, 인력 등을 나타낸다. 궁극적인 성과지표가 될

수는 없다. 중간단계에서 사업추진의 효율성 및 결과물을 분석하는 자료로서 중요한 역할을 수행한다. 중간결과물의 평가를 통해서 사업추진이 계획된 일정에 따라 추진되고 있는지 검토할 수 있다.

－산출지표 : 완료된 사업의 재화와 서비스를 나타낸다. 사업의 궁극적인 성과를 제시하지는 못한다.

－결과지표 : 사업의 추진으로 발생한 재화나 서비스로 인한 상황이나 행동의 변화를 나타낸다. 즉 사업추진 자체로 인한 성과가 아니라, 그러한 성과가 가져다주는 보다 궁극적인 성과를 의미한다.

－효과성 지표 : 효과성은 투입/산출, 생산성은 산출/투입으로 구한다. 효과성 지표에 지나치게 의존하면 산출의 증대에만 중점을 두는 재정 운영을 유도하여 사업의 궁극적인 결과나 서비스의 질은 등한시하게 된다.

－영향지표 : 사업으로 인해서 변화한 상황을 설명하기 위한 지표이다. 나타난 결과가 사업에 의한 것인지 다른 외부적인 영향에 의한 것인지를 구별하기 어렵다.

－중간결과 : 최종결과는 아니지만, 최종결과로 이끌어 주는 결과를 나타낸다(공공서비스의 질도 중간결과로 취급될 수 있음). 사업추진 과정을 중간점검하는 데 유용한 정보를 제공한다. 장기적으로만 사업 효과를 판단할 수 있는 경우에는 단기적 사업성과

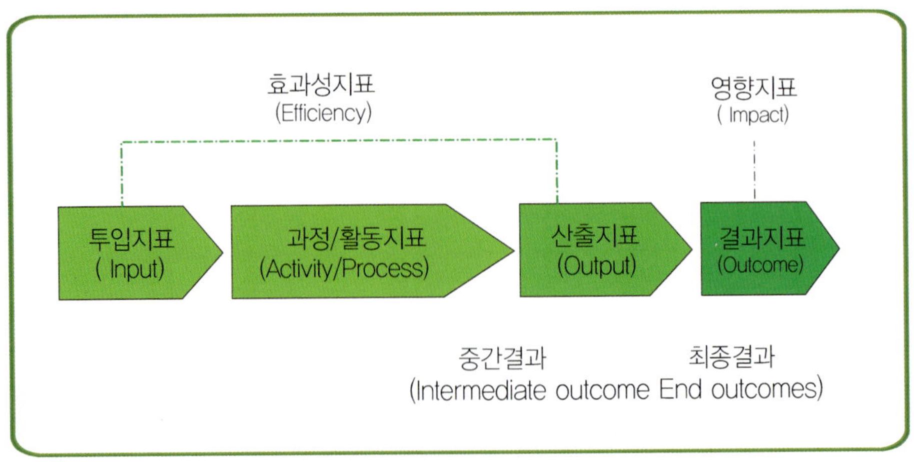

를 평가하기 위해서 중간결과를 이용한다. 사업추진방향에 따라 영향을 받는다.

−최종결과 : 사업의 대상에게 중요한 변화를 일으키는 결과를 의미한다(서비스 결과에 대한 소비자 만족도는 최종결과를 나타낸다). 사업추진방향과는 무관한 경우가 많다.

10.2.2. 성과지표 설계를 기준으로 한 분류

성과지표는 성과달성 목표 대비 달성된 수준을 평가하고 의사소통을 하는 수단이다. 성과지표 설계의 핵심을 이루는 선행지표와 후행지표가 있다.

① 선행지표 : 결과를 주도하거나 결과를 낳게 하는 지표이며, 후행지표의 성과를 예측할 수 있게 해 준다. 보통은 진행 중인 프로세스와 활동에 대한 성과를 측정한다.

② 후행지표 : 일반적으로 이전에 행해진 행동에 대한 결과를 나타낸다. 일정 기간 경과시점에서 결과에 초점을 두는 측정지표로 보통 과거의 성과를 나타내는 결과지표이다.

선행지표와 후행지표

구분	선행지표	후행지표
가례	− 고객 응대 시간 − 제안서 − 결근율	− 시장점유율 − 매출액 − 직원만족도
이점	예측적인 성격이므로, 결과에 기초해 선행지표의 조정이 이루어 진다	식별이나 확인하기가 쉽다
결점	이전에 없던 새로운 측정지표이므로 식별이나 확인이 어렵다.	성격상 사후지표이기 때문에 현재 진행하고 있는 업무를 반영하지 못한다. 예측력이 낮다.

BSC는 성과지표에 선행지표와 후행지표가 적절하게 혼합되어 있어야 한다.

10.3. 성과지표의 분류법

성과지표는 Process상으로 분류하면 투입지표, 과정지표, 산출지표, 결과지표로 분류할 수 있으며 효과성에 따른 분류는 효과성 지표와 영향성 지표로 분류하며 결과로 분류하면 중간결과와 최종결과로 분류할 수 있다.

표준관점을 기준으로 설명하면 학습과 성장관점에 속한 성과지표는 투입지표, 내부프로세스관점에 속한 성과지표는 과정지표, 고객관점에 속한 지표는 산출지표, 재무관점에 속한 지표는 결과지표로 구분할 수 있다.

간혹 관점에 따른 분류에서 상이한 지표가 발견되기도 하는데 이는 상황에 따라서 작업자가 올바른 판단으로 구분하는 것이 가장 현명한 방법이다.

성과지표의 분료

투입지표	과정지표	산출지표	결과지표
Input	Process	Output	Outcome
• 투입된 재원, 인력 등 • 사업 추진의 효율성이나 생산성을 판단하는 것이 중요한 경우에 사용됨	• 미완성의 사업에 투입된 자원 • 중간단계에서 사업추진의 효율성 및 결과물을 분석 자료로써 중요한 역할 • 중간결과물의 평가를 통해서 사업추진의 점검시	• 완료된 사업의 재화와 서비스를 나타냄 • 사업의 궁극적인 성과를 제시하지 못함	• 사업의 추진으로 발생한 재화나 서비스로 인한 상황이나 행동의 변화를 나타냄 즉 사업추진 자체로 인한 성과가 아니라, 그러한 결과가 가져다 주는 궁극적인 성과를 의미함
효과성지표			영향지표
효과성+투입/산출, 생산성=산출/투입 효과성 지표에 지나치게 의존하면 산출의 증대에만 중점을 두는 재정운영을 유도하여 사업의 궁극적인 결과나 서비스의 질은 등한시하게 됨			사업으로 인해서 변화한 상황을 설명하기 위한 지표 나타난 결과가 사업에 의한 것인지 다른 외부적인 영향에 의한 것인지를 구별하기 어려움
		중간결과	최종결과
		최종결과는 아니지만, 최종결과로 이끌어 주는 결과 사업추진과정을 중간점검 하는데 유용한 정보를 제공	사업에 중요한 변화를 일으키는 결과를 의미함 사업추진방향과는 무관한 경우가 많음

10.4. 조직단위별 성과지표 설정방향

성과지표는 전사지표, 사업부 등의 사업단위지표, 팀지표, 개인지표로 구분할 수 있는데 전사지표를 Cascading하여 하부 조직으로 내려오면서 전사지표를 할당받는다.

이때 전사에서 할당받은 전사지표와 사업부 등의 사업단위에서 특별히 관리해야 할 지표가 있을 수 있는데 이를 사업단위의 고유지표라고 하며 사업단위에서 관리할 수 있으나 그 점수는 전사로 올라가지는 못하고 부서나 팀의 인사평가자료로만 활용한다.

팀도 사업부 등의 사업단위에서 할당받은 지표와 팀에서 특별히 관리해야 할 지표가 있을 수 있는데 이를 팀의 고유지표라고 하며 팀에서 관리할 수 있으나 사업단위 이상으로 올라가지는 못한다.

개인지표도 팀에서 할당받은 지표와 개인의 특별한 업무로 개인만의 지표를 관리할 수 있는데 이를 개인의 고유지표라고 하며 팀단위 이상으로 올라가지는 못한다.

10.5. 성과목표, 성과지표 도출 방법론

BSC와 같은 성과관리 방법을 조직에 도입하여 적용하는 과정에서 가장 먼저 현실적으로 부딪히는 문제는 합리적이고 유효한 성과목표를 찾아내는 일이다. BSC의 효과성을 높이기 위해서는 성과평가 측정기준과 측정치가 타당해야 하고 구성원들로부터 수용될 수 있어야 한다는 점이다. 이를 위해 전략과 비전 분석을 토대로 한 성과목표 도출과 함께 구성원들의 수용도를 높이기 위해 직원들의 적극적 참여와 의사결정과정에의 합리적 반영 등을 확보할 필요가 있다.

이는 개인성과지표(개인별 성과지표)의 도출과정에도 해당된다. 상위 지표와 일관성을 유지함과 동시에 직무 및 역할 분석을 토대로 타당성 있는 개인성과지표를 도출해야 함은 물론이고 조직(부서장, 팀장 포함)과 개인 간 적극적인 의사소통과 합리적 통합을 통해 지표 및 목표치가 확정되어야 한다. 대부분의 BSC 도입 조직에서 유효하고, 합리적인 성과지표를 조직 구성원의 합의하에 도출하도록 명시적으로 규정하고 있지만, 실제로는 활용할 수 있는 방법의 부재로 어려움을 겪고 있는 경우가 많다. 이런 경우 비록 확정된 성과지표라고 하더라도 구성원들의 수용도가 낮아져 성과평가결과와 그 결과의 활용에 대해 불만을 가지게 될 것이다.

따라서 BSC 등 성과관리제도의 효과적인 도입과 운영을 위해서는 전략과 비전을 반영하고, 타당성과 수용성을 고려한 성과지표 및 목표치의 도출이 매우 중요하다. 이와 관련하여 최근 주목받고 있는 AHP 방법의 활용이 도움이 된다. 여기에 잘 알려진 성과목표 방법을 접목시키면 효과적이며 실제적인 성과지표 도출방법으로 활용 가능하다. 성과목표가 도출되면 이를 토대로 자연스럽게 성과지표를 도출하면 되기 때문이다.

10.6. 성과지표 간의 가중치 및 우선순위 도출: AHP

각 지표 간의 우선순위와 비중은 개인이나 팀의 성과평가나 인사고과에 연결되어 있을 때 상당히 민감한 사항이자 중요한 사항이다. 누구나 자신이 잘할 수 있는 관점이나 목표에 더 많은 배점을 두고 싶어 하고, 그렇지 않은 목표에는 더 낮은 배점을 두려고 하기 때문에, 합리적인 절차를 통한 지표 간의 비중을 설정하는 것은 평가결과에 대한 조직 구성원의 수용과도 직접적으로 연결된다고 하겠다. BSC는 지표 간의 인과관계에 대한 설명을 제시하고, 전체적인 성과지표의 분포를 보여 주지만, 각 지표 간의 우선순위나 비중을 결정하는 데는 아무런 방법론을 제시하지 못하고 있다. 따라서 AHP기법과 같은 보완적인 방법을 통해서 이를 극복하는 것이 필요하다.

AHP는 Analytic Hierarchy Process의 약어로 계층분석과정 또는 계층분석방법이라고 불린다. AHP는 의사결정의 계층구조를 구성하고 있는 요소 간의 쌍대 비교를 통해 평가자의 지식, 경험 및 직관을 포착하는 의사결정방법론 중 하나이다. 즉 의사결정의 전 과정을 여러 단계로 나눈 후 이를 단계별로 분석 해결함으로써 최종적인 의사결정에 이르는 방법이라고 할 수 있다. 즉 AHP는 다수의 대안에 대하여 다면적인 평가기준과 다수 주체에 의한 의사결정을 위해 설계된 방법이다. 의사결정자의 직관적, 합리적 또는 비합리적 판단을 근거로 정량적인 요소와 정성적인 요소를 동시에 고려함으로써 의사결정문제의 해결을 위한 포괄적인 틀을 제공해 준다.

AHP의 간략한 과정은 다음과 같다. 우선 직면한 의사결정 문제를 구성하고 있는 모든 요소를 나열한다. 그 요소로는 의사결정의 목적, 대안, 그 대안을 평가할 수 있는 기준 등이 있다. 이러한 요소들을 계층의 형태로 만든다. 이후 그 계층을 구성하고 있는 요소들 간 일대일로 쌍대비교를 한다. 비교결과를 선형대수학의 고유 벡터법을 이용하여 요소들의 가중치를 구한다. 마지막으로 각 레벨에서 구한 요소들의 가중치를 상위 레벨에서 하위 레벨로 곱하게 되면 의사결정대안의 최종가중치가 구해진다. 이를 토대로 의사결정을 내리게 된다.

단순히 평가자의 직관이나 혹은 피평가자의 요청에 의해서 지표 간의 비중을 선정하는 것
보다는 위에서 제시한 AHP기법을 도입하여, 이를 통해서 비중을 선정하는 것이 피평가자의
수용성도 높이고, 실제로 각 지표들 간의 중요도에 알맞은 비중을 선정할 수 있을 것이다.

AHP에 대한 자세한 내용은 부록을 참조하기 바란다.

10.7. 측정된 결과에 대한 효율성이나 타당성 검증

성과지표의 목표 달성을 위해선 필요한 이니셔티브를 실행해야 하고, 이를 위해선 예산과
인력을 투입해야 한다. 따라서 목표 값의 성취 여부와 함께 목표 값의 성취를 위해 사용
된 자원의 투입물과의 비교를 통해서 실제 달성된 결과의 효율성을 파악하는 것은 실제
로 설정된 목표 값의 적절성을 파악하는 데 필수적이라고 할 수 있다. 비록 목표는 달성
하였더라도, 실제 투입된 자원에 비해 그 결과 값이 다른 측정지표의 결과 값과 비교해서
더 낮다면, 그것은 상대적으로 효율성이 낮다는 것을 보여 준다고 할 수 있다.

투입물과 산출물의 비교를 통한 비용, 기술, 분배 측면의 효율성을 평가하는 것이 중요
함에도 불구하고 BSC는 이러한 효율성에 대한 언급을 하지 않고 있다. 다만 이니셔티브
의 중요성을 평가하여 이들 간의 우선순위를 정하고, 이에 따라서 예산을 배분하고 후에
목표 값 대비 결과 값을 비교하는 일련의 과정만을 소개하고 있을 뿐이다. 이러한 BSC의
평가상의 한계를 보완해 주는 기법이 바로 DEA이다.

DEA(Data Envelopment Analysis : 자료포락분석)는 선형계획법에 근거한 효율성 측정
방법이다. 통계학적으로 회귀분석법과는 달리 사전적으로 구체적인 함수형태를 가정하
고 모수(parameter)를 추정하는 것이 아니고 일반적으로 생산 가능 집합에 적용되는 몇
가지의 기준하에서 평가대상의 경험적인 투입 요소와 산출물 간의 자료를 이용해 경험적
효율성 프론티어를 평가대상으로 비교하여 평가대상의 효율치를 측정하는 비모수적 접

근방법이다. DEA는 원래 Charnes, Cooper & Rhodes(1978)에 의해 비영리적 목적으로 개발된 방법이다.

이러한 투입과 산출들을 결합할 수 있는 시장가격은 존재하지 않는 것이 대개의 비영리 조직(DMU : Decision Making Unit)이 처한 현실이며, 이럴 경우 효율성은 차선적인 차원, 즉 상대적인 관점에서 측정될 수밖에 없다고 주장한다. 따라서 이들은 효율적 DMU들이 경험적으로 형성하는 효율성 프론티어를 통해 각 DMU의 상대적 효율성을 측정할 수 있다고 본다.

DEA는 2차 자료를 통해 수집된 투입산출자료를 선형계획모형에 의해 지수로 계산한다. 이 방법의 우수성은 다수의 투입요소를 사용하여 다수의 산출물이 생산되는 복잡한 생산구조에서 유사한 투입산출물을 갖는 단위끼리 비교하여 상대적인 능률성을 측정해 주고 임의적 가중치를 정할 필요가 없으며, 자료를 분석할 때 투입과 산출의 원래 단위를 그대로 사용이 가능하다는 점에서 우수하다.

공공기관은 여러 자원을 사용하여 여러 가지 산출물을 생산하는 복잡한 조직이다. 이 때문에 공공기관의 성과를 평가하거나 생산성을 측정하는 일은 매우 어려운 일이다. 그러나 DEA를 적용한다면 상대적 능률의 측면에서 기관 간 평가와 능률성 지수의 계산이 가능하다.

10.8. 성과지표 개발과정

스텝 1 : 성과목표의 영역 정의

성과목표와 성과지표의 도출을 위해 가장 먼저 해야 할 일은 도출할 성과목표의 유형을 결정하는 것이다. 즉 도출할 성과목표가 조직 전체의 성과목표인지 운영단위 성과목표인지를 구분하여, 유형별로 고려할 요소와 참여자를 선정한다. 일반적으로 운영단위 성과 목표를 먼저 개발하고, 이를 토대로 조직성과목표를 개발하는 것이 좋다.

운영단위 성과목표의 개발에는 운영단위의 고위 관리자의 폭넓은 견해가 필수적이므로, 운영단위의 고위 관리자와 일선 감독자가 참여하여야 하며, 조직성과목표 개발과의 유기적 연계를 위해 조직성과목표 개발 실무자도 참여하는 것이 필요하다. 조직의 성과목표 개발을 위해서는 민간기업의 경우는 C level 임원(CEO, CFO, COO, CIO, CSO 등), 부사장 및 다른 임원급 직원 및 감사나 법률 고문 등과 같이 조직 차원의 특수한 역할을 수행하는 인사의 참여가 필요하다.

참여자의 다양한 견해, 지식, 경험 등을 통해 조직구조, 운영환경, 조직의 목적과 목표 등을 고려하여 다음과 같은 단계를 밟아 성과목표를 개발한다.

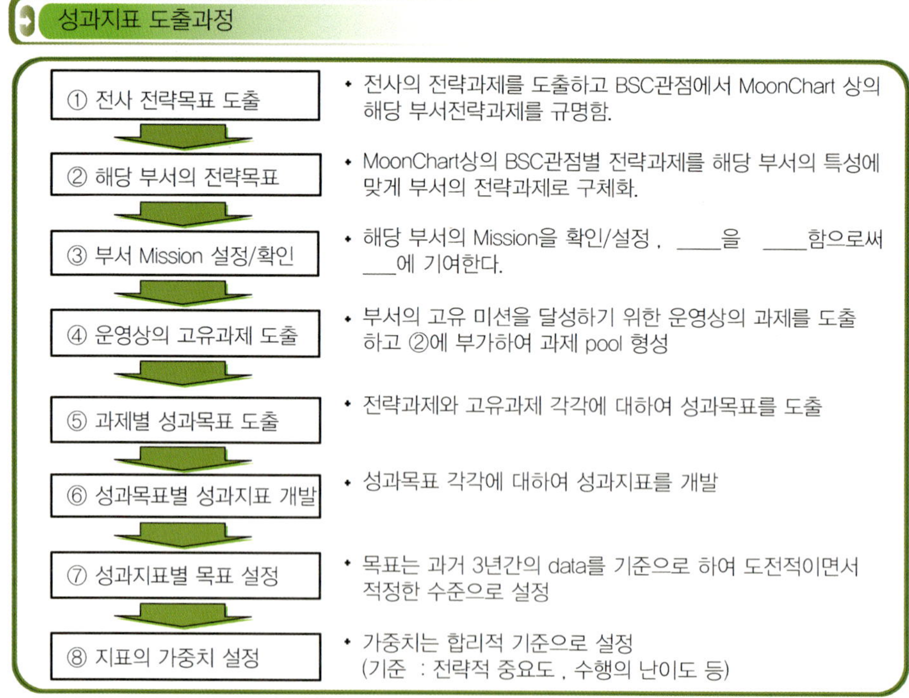

자료출처 : 저자미상 BSC관련 논문

스텝 2 : 자료의 수집

먼저 민간기업의 경우 조직의 미션이나 비전, 목적과 목표, 전략계획과 단기계획, 내부 감사보고서, 연간보고서, 해당 산업 관련 보고서, 기존의 성과목표들, 동종 업체나 산업조직의 성과목표들 등을 수집하여 검토한다. 자료를 구할 수 없는 경우나 필요한 경우에는 관련자에 대한 인터뷰를 통하여 자료를 수집한다. 인터뷰를 통한 자료의 수집이 매우 중요한데, 인터뷰를 통한 자료의 수집 시 사전준비, 인터뷰 실시, 질문사항 준비, 인터뷰 후속조치 등에 유의하여야 한다. 사전준비, 인터뷰 요령, 질문사항, 후속조치 등에 대한 구체적인 내용은 생략한다.

다음 단계의 분석을 위해, 수집된 자료를 체계적으로 구성하는 것이 매우 중요하다. 이를 위해 먼저 유사한 조직기능, 관리수준, 이슈 등으로 구별하여 그룹화하고, 다음으로 개별 질문에 대한 참여자 모두의 답변을 하나의 그룹으로 정리하며, 정보의 정확함과 완전함을 점검하여 부족한 정보가 있다고 판단될 경우에는 부족한 정보를 추가 수집한다. 분석이 시작된 이후 추가적인 정보를 요청할 경우에 참여자에 대한 선입견을 갖게 되는 경향이 있기 때문에 부족한 정보는 이 단계에서 보충하는 것이 필요하다.

스텝 3 : 분석

다음으로 성과목표 개발을 위한 원천자료인 수집 자료를 범주화하고 분석한다. 수집된 자료를 범주화함으로써 성과목표 개발을 위한 매우 중요한 단서를 획득하게 된다. 효과적인 범주화를 위해 ① 자료를 제공자로부터 분리하고(편견을 피하기 위해), ② 주요 의미와 개념으로 압축하여, ③ 분석할 수 있는 개체로 구성한다.

1) 활동 설명문의 작성

이를 위해 먼저 인터뷰한 내용이나 수집된 자료를 바탕으로 "성공을 확보하기 위해 응답자들이 그들이나 조직이 해야만 하는 것으로 믿고 있는 바"를 문장으로 기술한다. 이를 '활동 설명문'이라고 하는데 CSF 개발에 있어 매우 중요한 의미를 가진다. 잘 만들어진 활동 설명문에는 조직의 목적, 목표, 목표를 달성하는 과정상의 장애나 도전 등을 극복하기 위한 사항들이 담기게 된다. 또한 조직이나 운영단위의 사명 기술서(Mission Statement) 역시 활동 설명문의 좋은 원천이 된다.

2) 유사성에 따른 설명문의 그룹화

앞 단계에서 만들어진 활동 설명문을 가지고 초기 '유사성에 따른 그룹화'를 수행한다. 즉 아이디어, 생각, 개념 등을 공통적 특징, 특성, 속성 등에 따라 그룹화하여 조직하는 것이다. 이를 유사성 그룹(Affinity Grouping)이라고 한다.

Affinity Grouping을 통해 그룹화된 활동 설명문들의 주요 개념이나 의도에 따라 대표성 있는 이름을 나타낸다. 이때 대표성 있는 이름이 '요약 주제'가 된다.

스텝 4 : 성과목표 도출

성과목표는 만들어지거나 외부로부터 주어지는 것이 아니라 도출되는 것이다. 특히 다른 조직의 성과목표가 우리 조직에는 맞지 않는 성과목표인 경우가 많다는 것을 인식해야 한다. 즉 궁극적으로 자신의 조직에 맞는 성과목표를 내부적 노력을 통하여 찾아내야 한다.

유사성 그룹핑을 통해 만들어진 요약 주제들을 또다시 그룹으로 묶어 성과목표 후보군을 형성한다. 만일 요약 주제들을 그룹으로 묶기가 어렵다면, 이는 위 과정 수행 중 오류가 있었다고 판단할 수 있다. 성과목표는 여러 개의 요약 주제로부터 도출될 수도 있으며, 단 하나의 요약 주제로부터 도출될 수도 있다. 예를 들어 'e-commerce를 통한 서비스 제공을 확대함'을 성과목표로 삼을 수 있다.

그런 다음 조직과 운영단위의 특성을 정확하고 완전하게 나타내는 몇 개로 압축된 성과목표를 찾아낸다. 성과목표의 목적은 조직의 미션을 달성하는 데 있어 가장 중요한 활동들을 찾아내는 것이다. 따라서 성과목표의 개수는 정말로 중요한 요소를 반영하기에 필요한 최소한으로 해야 한다. 보통은 5~7개면 족하며, 많아도 10개를 넘지 않는 것이 좋다.

정말로 중요한 몇 개의 성과목표를 선정할 때, 앞서 살펴본 AHP기법을 활용하여 성과목표들의 상대적 중요도를 도출하여 이를 근거로 성과목표를 도출하면 된다. 이렇게 하면 성과목표 선정의 근거를 과학적으로 제시할 수 있게 되며, 조직원들의 합의 도출과 만족도 제고를 함께 이룰 수 있다.

스텝 5 : 성과목표 분석

위 단계에서 도출된 성과목표를 Affinity Analysis와 성과목표를 도출하는 과정에서 활용한 효과성 그룹핑은 다르다. Affinity Analysis는 다른 일련의 비교기준들 간의 공통점을 찾아내어 분석하는 것에 중점을 두는 것이다. 예를 들어 목적 및 목표를 성과목표에 비교하는 것이 Affinity Analysis의 한 방법이다.

이 Affinity Analysis가 성과목표 개발/도출의 핵심이다. 선정된 성과목표를 조직에 적용, 비교 관찰함으로써 성과목표의 갭과 문제점을 찾아내며 조직이 왜 미션을 달성하는 데 실패하는지에 대한 통찰력을 제공받게 된다. 이를 구체적으로 살펴보면 다음과 같다.

먼저, 성과목표를 비교할 기준을 결정한다. 비교할 기준으로는 조직의 업무 프로세스, 성과평가기준, 운영단위 목적 및 목표 등이 될 수 있다. 예를 들어 운영 단위의 목표를 기준으로 성과목표를 비교하면, 각 부서의 목표가 성과목표를 지원하고, 달성하며, 관찰하는 데 필요한 과제를 반영하고 있는지를 알 수 있게 된다. 많은 경우, 성과목표를 가지고 하나 이상의 Affinity Analysis를 수행한다.

스텝 6 : 성과지표 도출

성과목표가 도출되면 이를 기초로 성과지표를 도출하게 된다. 아래 그림에서 볼 수 있는 바와 같이 성과지표는 성과목표를 반영하는 수량화할 수 있는 측정지표를 말한다. 따라서 "고객에게 가장 신뢰받는 회사가 된다"와 같은 수량화할 수 없는 것은 성과지표가 될 수 없다. 앞에서 도출된 'e-commerce를 통한 서비스 제공을 확대함'이라는 성과목표에 대한 성과지표로 '서비스를 제공받은 고객 중 e-commerce를 이용한 고객의 비중' 또는 '고객이 e-commerce를 이용한 총 시간' 등을 생각할 수 있다.

또한 성과목표당 최소한 1개 이상의 성과지표가 있어야 한다. 그러나 다시 한 번 강조해야 할 점은 앞의 성과목표와 관련해서 이미 언급한 바와 같이, 성과지표 역시 극히 중요한 몇 개(Vital Few)로 한정하여야 한다는 점이다. 따라서 성과지표의 선정 시에도 성과목표의 도출에서 활용한 AHP 분석방법을 활용하면 매우 유용하다. 나아가 SMART(Specific, Measurable, Attainable, Realistic, Timely) 점검 등을 병행하면 좋은 성과지표의 도출에 도움이 된다(전략목표의 SMART와 약간 상이함).

SMART 법칙

구분	내용
Specific	구체적으로 전략과제 달성여부를 나타낼 수 있어야 한다.
Measurable	획득 가능한 데이터와 프로세스로 측정할 수 있어야 한다.
Attainable	달성 가능한 지표이어야 한다
Result	결과들이 나올 수 있어야 한다
Timely (Time-bound)	달성 기간이 명시되어야 한다

10.9. 성과지표 설정 시의 체크 포인트

성과지표 설정 시는 ① 기존지표 수집, ② 선진지표 수집/활용, ③ 지표 Pool 형성의 단계로 진행하는데 ① 기존지표 수집단계에서는 BSC 구축 이전부터 관리해 오던 지표가 있는지, 있다면 어떤 종류의 지표들인지, 활용은 가능한지 여부를 판단하고 ② 선진지표 수집/활용 단계에서는 우리와 유사한 기관이나 단체에서 벤치마킹을 하여 활용 가능한 지표가 있는지, 있다면 어떤 것들이 있으며, 활용이 가능한지 여부를 판단하고 ③ 지표 Pool 형성 단계에서는 수집된 지표와 새로 작성된 지표를 지표 Pool에 저장하고 필요시에 활용하는 방법이 가장 좋은 방법이다.

성과지표 설정 시 체크 포인트

세부활동	체크 포인트
기존 지표 수집	• 현재 각 조직에서 측정 및 관리되고 있는 지표들은 무엇인가? • 지표 생성의 책임자는 있는가? • 지표는 지속적으로 관리되고 있는가? • 지표의 정의는 무엇인가? • 데이터는 어디에서 생성되는가? • 어떻게 계산되어 도출되는가? • 정규적인 보고체계는 있는가? • 데이터는 주기적으로 갱신되는가?
선진 지표 수집 / 활용	• 경쟁기업의 핵심 성과지표에는 무엇이 있는가? • 선진 기업들은 어떤 핵심성과지표를 활용하는가? • 타 산업에 속한 기업들의 핵심성과지표는 우리가 어떻게 활용할 수 있는가?
지표 Pool 형성	• 지표 pool의 기준을 어떻게 만들 것인가? • 지표 Pool의 관리는 어떻게 할 것인가?

10.10. 성과지표의 속성 유형

성과지표(performance indicator)의 유형에는 지표의 속성을 기준으로 볼 때 투입지표, 과정지표, 산출지표, 결과지표로 나누어진다.

① 투입(input)지표 : 투입지표는 예산집행과 사업추진 과정상의 문제점을 발견하는 것이 목적이다. 필요한 재원 및 인력이 계획대로 집행되었는지 평가하는 지표로 예산집행률, 사업계획에 따른 인력, 자원 및 물자의 지원 여부, 사업의 최종 산출을 위한 중간투입물의 목표 달성에 대한 평가를 하게 된다.

② 과정(Activity/Process)지표 : 과정지표는 사업추진의 중간점검이 목적이다. 사업추진을 단계적으로 나누어, 각 단계의 목표 달성 여부를 평가하게 되며, 사업의 최종산출을 회계연도 말까지 얻을 수 없는 경우, 사업의 최종완료까지 사업의 효과가 나타나지 않는 경우에 사용하게 된다.

③ 산출(output)지표 : 산출지표는 예산 및 인력 등의 투입에 비례하여 목표한 최종산출

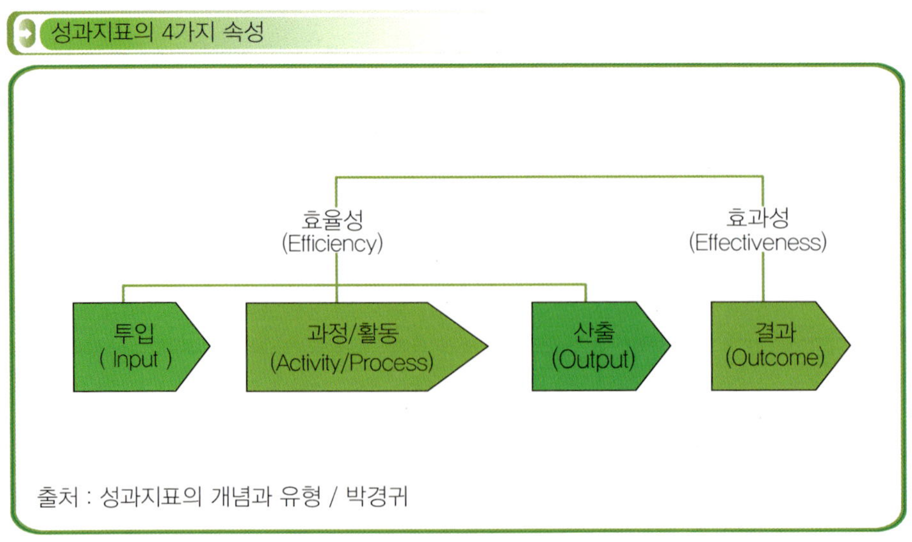

이 이루어졌는가를 평가하는 것이 목적이다. 따라서 사업이 목표한 최종 산출을 달성했는지를 평가하게 되며 최종산출물은 사업의 궁극적인 목표를 달성하기 위한 수단이 된다.

④ 결과(outcome)지표 : 결과지표는 사업의 시행을 통하여 달성하고자 하는 최종효과를 측정하기 위한 지표로 사업의 최종산출을 통해서 궁극적으로 얻으려는 성과의 달성 여부에 대하여 평가하게 된다. 물질적인 산출이 없는 사업의 경우, 사업의 결과와 산출이 동일한 경우가 많다.

10.11. 성과지표의 유형

BSC에 의한 성과지표 도출은 4가지 관점에서 균형 있게 도출되어야 한다.

① 고객관점 : BSC에서 고객의 의미는 크게 순수한 소비자로서의 고객뿐만 아니라 조직의 성격과 부문에 따라 국민, 이해관계자로서의 관계 기관과 관련 부처, 직접 생업에 관련된 종사자들 그리고 내부 고객인 조직원 모두를 포함할 수 있다. 문화와 경제환경이 바뀌듯이 고객의 욕구도 바뀌며 그 속도 또한 빠르게 변하고 있다. 이러한 변화에 대응하기 위하여 조직은 고객과의 긴밀한 관계를 형성하며 고객중심의 전략목표를 수립해야 한다.

② 재무관점 : 기업에서 설정하는 핵심성과지표와 핵심성공요인들은 인과관계에 의하여 재무적 성과로 이어지게 된다. 따라서 기업의 성과지표의 최종결과는 언제나 재무제표에 영향을 미치도록 설계된다. 그러나 공공 부문의 전략목표는 고객만족으로 연결되어야 하기 때문에 전략목표가 되는 최종 후행지표는 고객관점의 지표들로서 개발되어야 한다.

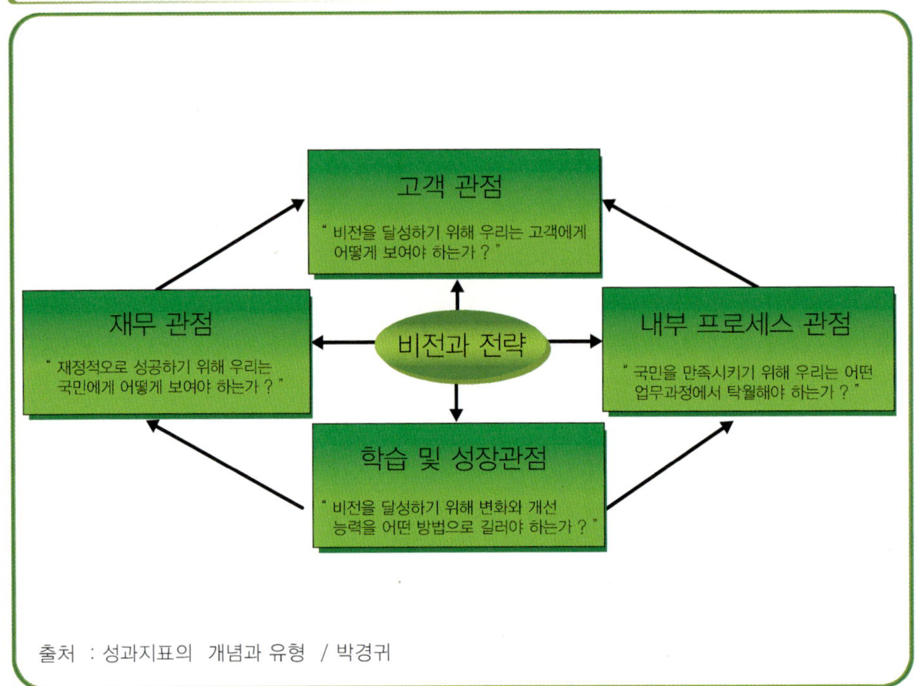

출처 : 성과지표의 개념과 유형 / 박경귀

③ 내부프로세스관점 : 잘 훈련되고 역량이 높은 조직원들로 구성된 훌륭한 내부프로세스는 고객서비스의 품질을 높이고 고객만족도를 높일 수 있다. 조직의 핵심프로세스와 핵심역량을 규명하는 과정 내에서 제 규정과 서비스가 고객들의 기대와 욕구를 충족시키기 위해, 이와 관련된 프로세스가 효율적으로 운영되도록 하기 위해서는 무엇을 해야 하는지를 구체화하는 과정이라고 할 수 있다.

④ 학습과 성장관점 : 학습하는 조직은 성장한다. 따라서 "우리 조직은 지속적으로 가치를 개선하고 창출할 수 있는가?"에 대한 답을 할 수 있어야 한다. 프로세스에 대한 지속적인 개선 노력과 혁신적인 제도의 개발 능력은 그 조직의 가치 창출 능력과 직결된다.

민간부문의 관점

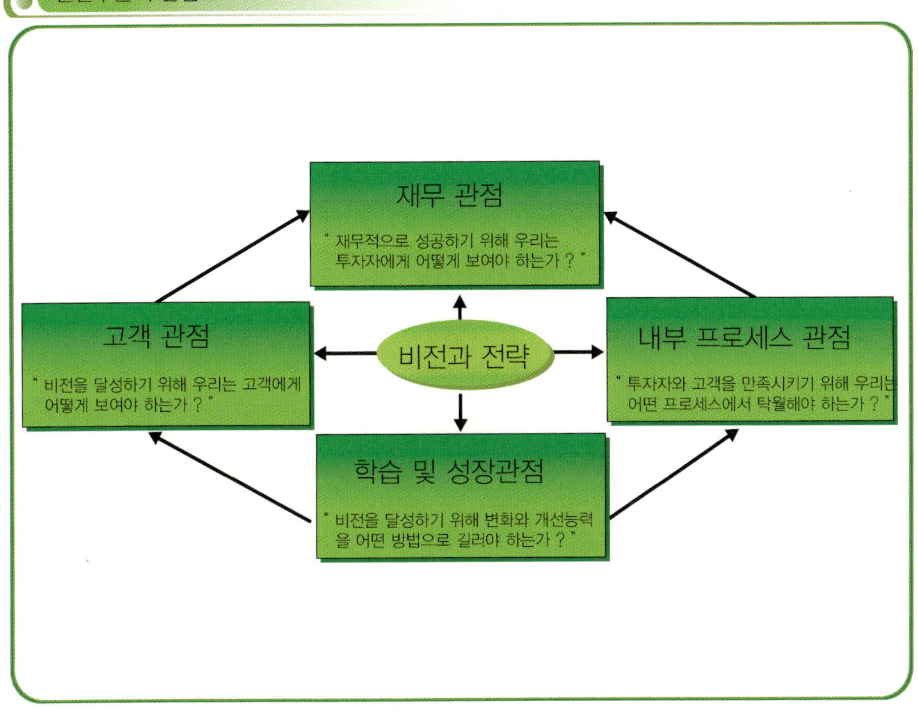

재무 관점
" 재무적으로 성공하기 위해 우리는
투자자에게 어떻게 보여야 하는가 ? "
고객 관점
" 비전을 달성하기 위해 우리는 고객에게
어떻게 보여야 하는가 ? "
비전과 전략
내부 프로세스 관점
" 투자자와 고객을 만족시키기 위해 우리는
어떤 프로세스에서 탁월해야 하는가 ? "
학습 및 성장관점
" 비전을 달성하기 위해 변화와 개선능력
을 어떤 방법으로 길러야 하는가 ? "

11. 이니셔티브

11.1. 이니셔티브란

성과목표 달성과 향상을 위한 모든 방법과 수단을 총칭하는 말로서 성과목표 달성을 위한 혁신전략이나, 성과향상을 위한 각종 프로젝트 및 동기부여 방법 등을 의미한다.

① 성과지표의 측정주기가 반기 또는 연단위로 설정되어 결과 값을 확보하기까지 추진상항이 정상적으로 이루어지고 있는지 판단하기가 곤란하다.

② 성과목표 달성을 위하여 부서별로 수행되는 단위업무가 성과 또는 전략목표 달성 간에 명확한 인과관계를 객관적으로 검증하기가 곤란하여 성과달성 정도를 모두 반영하지 못할 경우를 보완하기 위한 관리수단으로

③ 투입성과와 연결되지 못한 경우를 보완하기 위한 관리

④ 외생변수로 인한 성과측정의 불완전성을 보완하기 위한 관리

⑤ 성과지표 달성 정도에 대한 보조요소로 진척도, 수행 여부 등을 관리

⑥ 조직 내에서 순수 성과지표 결과 값만으로 모든 업무의 성과를 평가할 경우에 정책부서에 불이익이 발생할 우려가 있으므로 이를 방지하기 위하여 이니셔티브를 활용한다.

자료출처 : (주)넝쿨

이니셔티브

- 어떤 것을 먼저 할까?
- 어떤 것이 효과가 있을까?
- 지표값이 낮은 것과 이니셔티브와는 관련이 있을까?
- 이니셔티브를 100% 수행했는데 결과가 향상되지 않는 이유는?
- 어떤 것을 하면 전체적/부분적으로 영향을 줄까?

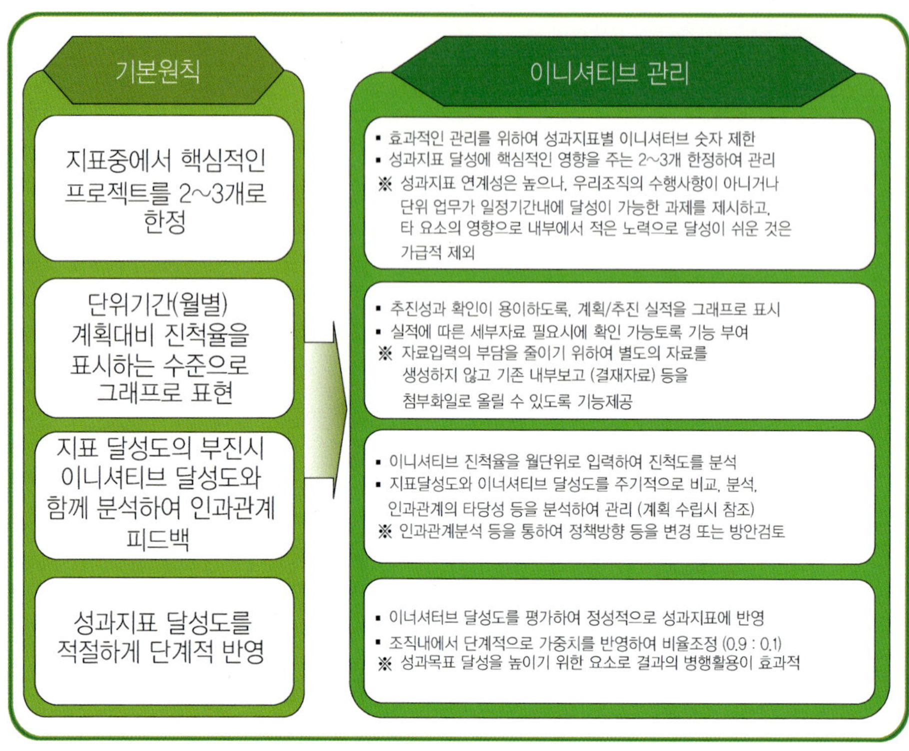

11.2. 이니셔티브의 작성방법

① 개발된 성과지표로 작성하되 성과지표 향상을 위한 정책은 없으나 향후 추진계획이 있는 부분은 반드시 포함하여 전략목표/성과목표와 인과관계가 있는 지표중심으로 목표별 2~3개만 작성한다.

② 성과지표가 구성하는 2~3개의 중요 요소에 의해 크게 영향을 받거나, 전체적인 성과와 함께 개별요소의 성과를 파악할 요소가 있는 경우에는 이니셔티브와 함께 별도 표기한다.

③ 지표 산식이 이질적인 항목의 결합으로 구성되었을 때에는 분리하여 이니셔티브를 작성한다.

본 부		부 서 명	고객지원팀
전략목표명	고객만족도 제고	성과목표명	고객만족도 제고
성과지표명	고객만족도 지수	이니셔티브명	C/S시스템 운영

구 분			8월		9월				10월	예 산	담당자
			3주	4주	1주	2주	3주	4주	1주		
C/S시스템 운영	업무프로세스 설계	계획								9,900천원	홍길동
		실적									
	모니터링 지표 및 시나리오 개발	계획									
		실적									
	상담원 교육 (1차:소양, 2차:직무교육)	계획									
		실적									
	시범운영	계획									
		실적									
	본격 가동 (정보시스템 포함)	계획									
		실적									

12. 캐스케이딩

12.1. 캐스케이딩이란

캐스케이딩이란 전사전략을 조직 전체에 할당하는 것을 의미하는데, 조직의 전략을 바탕으로 각 사업부별 전략이 만들어지고 성과목표, 지표들이 여기에서 도출된다.

마찬가지로 팀이나 그 외 하부 조직의 경우에도 상위 부서에서 만들어진 전략을 기준으로 캐스케이딩하여 최종적으로 개인지표에까지 도달하게 된다. 즉 전사적 전략을 개인에게까지 할당하는 것을 캐스케이딩이라고 한다.

전사전략과제는 BSC 시스템에서 하위 조직(또는 개인)으로 Cascading을 통해 모든 조직단위의 전략목표와 연계되도록 하여 부서(또는 개인)의 역량이 기업이나 조직의 전략 실행에 일관되게 집중될 수 있도록 설계해야 한다.

캐스케이딩

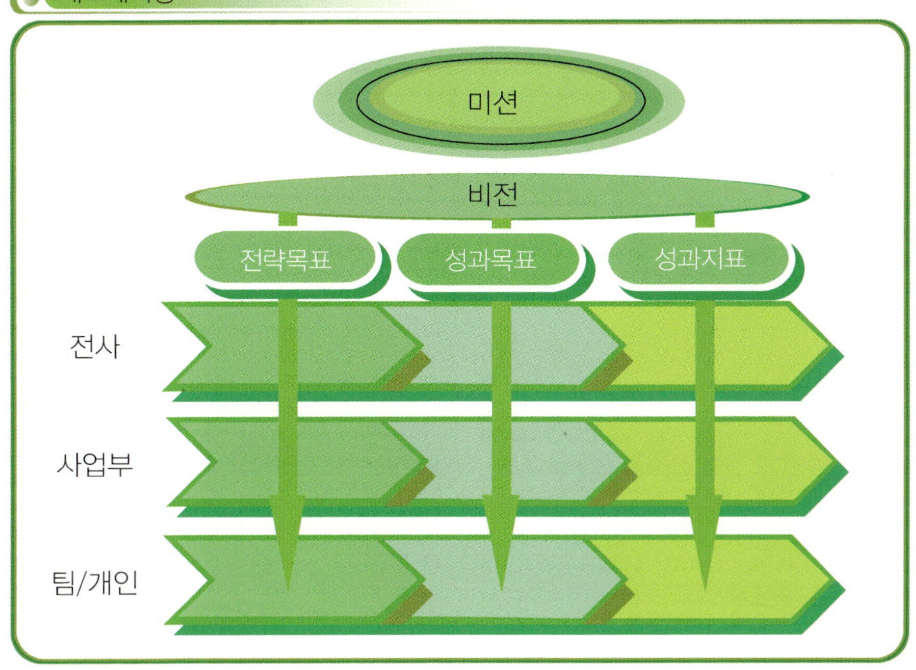

미션
비전
전략목표
성과목표
성과지표
전사
사업부
팀/개인

캐스케이딩

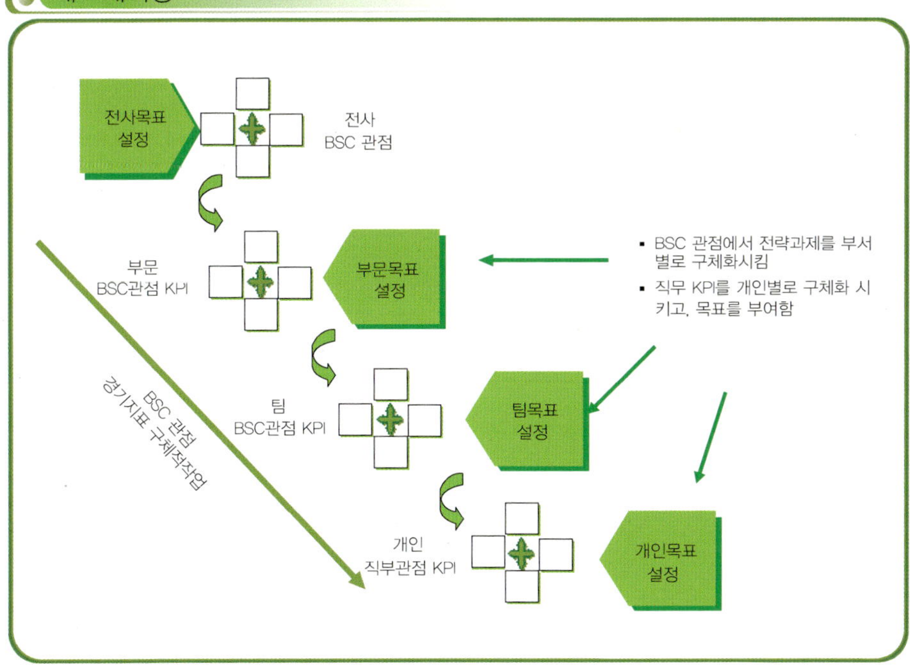

전사목표
설정
전사
BSC 관점
부문
BSC관점 KPI
부문목표
설정
팀
BSC관점 KPI
팀목표
설정
개인
직부관점 KPI
개인목표
설정
BSC 관점
경기지표 구체작업
▪ BSC 관점에서 전략과제를 부서
별로 구체화시킴
▪ 직무 KPI를 개인별로 구체화 시
키고, 목표를 부여함

13.1. 지표정의서

지표정의서는 아래의 원칙에 따라 작성하고, 관리되어야 한다.

① 객관성 : 판단 기준에 따라 다양한 의미로 해석 가능한 단어를 사용하지 않는다(예 : 추상적, 모호한, 주관성을 포함한 단어).

② 대표성 : 지표명은 2~3개 이하의 단어를 사용하여 지표가 갖는 속성을 표현해야 한다(예 : 지표산식을 구성하는 인자들의 나열은 피한다).

③ 지속성 : 지표는 일반적으로 장기간(1년 이상) 사용되므로, 쉽게 의미가 변하는 단어는 가급적 사용하지 않는다.

④ 이해도 : 지표는 일반적으로 직원들에 의해 보편적으로 이해될 수 있어야 한다.

⑤ 독특성 : 당해 지표가 여타의 지표에서 제공되는 성과정보를 중복적으로 제시하지 않고, 여타 지표에 의해 제시되지 않는 성과의 특수한 측면을 제시할 수 있어야 한다.

⑥ 동기부여 : 지표명은 조직원들이 항상 접하는 단어이므로, 부정적인 의미의 용어를 가급적 사용하지 않는다.

지표정의서

부서명					작성일자						
지표명					관　점						
성과목표					전략목표						
지표산식											
목표	하한선		기준선		목표값		Y+1 목표		Y+2 목표		Y+3 목표
주기별 목표	1	2	3	4	5	6	7	8	9	10	11	12
과거실적	Y−1실적		Y−2실적		Y−3실적		ETL Key값		측정주기		
									계량/비계량	계량	비계량
평가기준 세부설명							측정단위		전사	공통	고유
							지표구분				
							선행지표				
							후행지표				
							이니셔티브				
							Data Source				
							목표갱신주기				
							가중치				

13.1.1. 지표정의서 작성방법

부서명 : 사업부의 경우 사업부 명칭을 기록한다.

지표명 : 성과목표의 달성 여부 측정을 위한 성과지표의 이름

성과목표 : 전략목표를 달성하기 위한 세부 목표

관점 : BSC의 관점(재무, 고객, 내부프로세스, 학습과 성장)

전략목표 : 비전을 달성하기 위한 전략적 의미의 목표

지표산식 : 지표를 측정하는 산식을 세부적으로 기재하되, 구성요소의 명칭을 명확하게 기술

목표:

　　−목표 값 : 해당 연도의 목표 값을 기재하고 목표 값은 프로세스의 혁신이나 업무재설계를 통
　　　해 최대의 노력으로 달성할 수 있는 값

－기준선 : 목표 값과 하한선의 중간 값

　　－하한선 : 과거 3년의 추세선에서 전년도 실적 값

　　－Y+1 목표 : 1년 후의 전망 값

　　－Y+2 목표 : 2년 후의 전망 값

　　－Y+3 목표 : 3년 후의 전망 값

주기별 목표 : '측정주기'와 '목표 값'에 따른 '월, 분기, 반기, 연' 목표치 과거 실적

　　－Y-1 실적 : 1년 전의 실적 값

　　－Y-2 실적 : 2년 전의 실적 값

　　－Y-3 실적 : 3년 전의 실적 값

ETL 값 : 전산시스템에 연결되는 해당 지표의 고유번호

측정주기 : 월/분기/반기/연 중에서 선택

계량/비계량 : 계량지표/비계량지표의 구분

측정단위 : 지표의 측정단위를 기재[%, 금액(원, $), 점수, 시간 등]

지표구분 : 전사지표, 공통지표, 고유지표를 구분하여 표시한다.

선행지표 : 해당 지표(목표 값)에 영향을 미치는 원인지표

후행지표 : 해당 지표로부터 영향을 받는 결과지표

이니셔티브 : 성과를 도출하기 위한 Action Plan(실천 계획)

Date Source : 데이터를 확보할 수 있는 장표 및 문서, 관련 DBMS/DW 데이터

목표갱신주기 : 목표갱신주기를 기록

가중치 : 전사/팀에서 해당 지표가 얼마나 중요한지 보여 주는 항목

평가기준 및 세부설명(반드시 아래의 3개 항은 반드시 명시해야 한다)

　　－지표산식에 대한 상세설명

　　－당기 목표 값, 기준선, 하한선 설정 이유 기재

　　－향후 전망 : 매년 목표치의 전망

13.2. 계량지표와 비계량지표

BSC는 원칙적으로 계량지표만으로 평가하도록 설계되어 있는데 현장에서는 비계량 항목도 많이 취급된다. 되도록이면 계량항목으로 취급될 수 있도록 지표를 설정하고 선정하는 것이 필요하다.

부득이 계량지표만으로 평가의 한계가 있다면 그 한계를 극복하기 위하여 비계량 항목도 평가도 가능하도록 하여야 한다.

비계량 지표의 측정사례

1. 완성도 평가

평가기준	배점
직무활동의 내용이 모든 상황을 면밀히 분석하여 최고의 실행방안을 설정하여 성과를 얻고 있다	100점
직무활동의 내용이 보통 수준의 자료분석 결과 실행으로 평균 정도의 성과를 얻고 있다	80점
직무활동의 내용이 수준 이하의 분석과 실행으로 성과의 결과가 부실하다	60점

2. 준수성 평가

평가기준	배점
목표수행일 까지 기간을 준수하여 완료하였을 경우	100점
목표수행일 이후 1주일 이내 수행이 완료하였을 경우	80점
목표수행일 이후 1주일 보다 늦게 완료하였을 경우	60점

3. 효과성 평가

평가기준	배점
조직의 전반적인 경영혁신과 이익에 기여한다	100점
팀 차원의 업무활동에 기여하고 한다	80점
팀의 성과평가에 도움이 되지 않는다	60점

* 완성도 평가, 준수성 평가, 효과성 평가를 합한 후 조직의 상황에 따라 가중치를 부여하여 중요도, 난이도 등을 고려하여 활용할 수 있다.

자료출처: 알기 쉬운 BSC / KOM IT

비계량 항목을 평가하기 위해서는 명확한 기준을 정하고 그 기준에 따라 평가하고 평가의 오류를 방지하기 위하여 평가위원회 등을 구성하여 객관성과 공정성을 확보하여 운영하는 것이 중요하다.

14. 성과평가와 보상

14.1. BSC와 성과평가

14.1.1. 성과평가

14.1.1.1. 성과평가의 의의와 BSC

성과평가는 종업원이나 집단이 수행한 업무수행 결과와 현재 또는 미래의 능력을 객관적으로 파악하여 종업원에게 피드백하며 성과보상을 하는 근거가 되는 활동을 의미한다. 인사평가는 종업원의 업적을 평가하는 성과평가와 회사의 성장 발전에 필요한 종업원의 능력을 평가하는 역량평가로 구성되어 있다. BSC는 MBO(Managing by Objectives), 다면평가(360도 피드백) 등 여러 가지 현대적 성과평가 기법 중의 하나이며, 최근 들어 매우 강력한 전략적 성과관리 도구이자 경영혁신기법으로 자리매김하게 되었다.

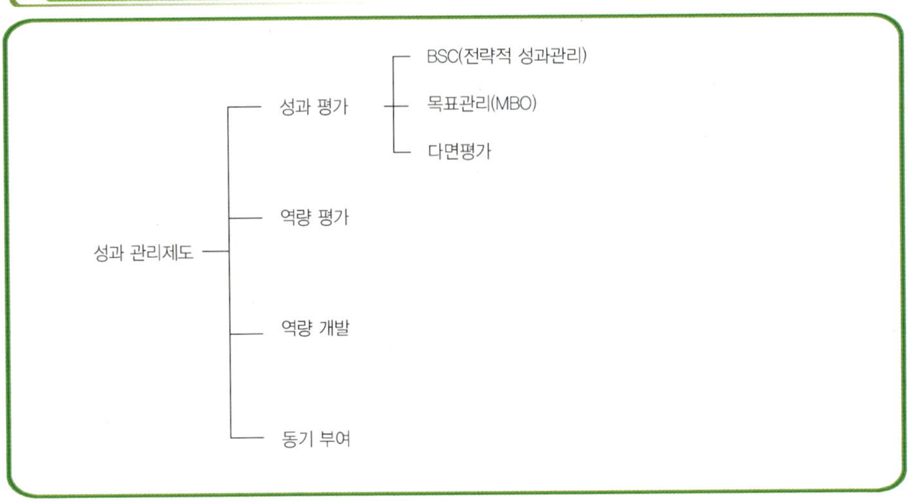

14.1.1.2. 성과평가의 목적

1) 전략 경영과의 연계

성과평가는 조직의 전략적 목적을 구성원들의 과업 활동과 연계시켜 그들로부터 성공적인 전략경영에 요구되는 행동과 활동 그리고 성과를 이끌어 내기 위한 것이다. 그러므로 잘 짜인 성과평가 체제는 종업원들에게 조직이 현재 추구하고자 하는 목표와 가치가 무엇인지 알 수 있게 해 주며, 임직원들의 역량이 어디에 집중되어야 하는지를 제시해 준다.

2) 성과향상

조직원들이 뛰어난 성과를 나타내었을 경우 이를 긍정적이고 공정하게 평가하고 보상해 준다면 그 조직원의 행동은 뛰어난 성과를 나타내는 것으로 더욱 강화될 것이다.

3) 공정한 처우 및 근로의욕의 향상

조직원 개개인의 성과를 공정하게 평가하여 급여, 상여, 승진, 승격 등에 반영함으로써 적정하고 공정한 인사관리를 할 수 있으며, 공정한 대우 및 평가를 통해 조직원의 의욕 향상이나 업무성과의 증진에 기여할 수 있다.

4) 적정 배치

성과평가 자료는 직무 배치에서도 중요한 근거자료가 될 수 있다. 성과평가가 낮은 조직원의 경우 그의 직무 적성을 재검토하고 다시 파악하여 적합한 직무로 재배치할 수 있을 것이다. 다시 말하면 자신이 수행하고 있는 직무성과에 대해 객관적으로 피드백을 받게 되면 자신이 그 업무에 맞는지 여부를 알 수 있게 된다.

5) 자기 개발 및 경력 개발 유도

성과평가를 통해 조직원 스스로가 자기에게 필요한 직무능력이 무엇이고 어떤 역량을 upgrade해야 하는지를 객관적으로 알 수 있다. 이를 통해 자신의 역량 개발 및 경력 개발에 필요한 활동이 무엇인지 깨달을 수 있게 된다.

14.1.1.3. 성과평가시스템의 전략적 가치를 판단하는 기준

성과평가시스템이 그 효과성을 극대화시키고 전략적 가치를 갖기 위해서는 다음과 같은 기준을 충족시켜야 한다.

1) 전략적 통합의 실행

성과평가시스템이 조직의 경영목적을 달성하는 데 필요한 바람직한 행동과 성과를 조직원들로부터 실제로 얼마나 이끌어 내느냐를 말하는 것으로, 성과평가시스템은 급변하는 조직환경과 이에 따른 전략목적에 유연하게 대응할 수 있어야 성공적인 전략적 통합을 이루어 낼 수 있다.

2) 타당성(validity)

성과평가의 타당성은 평가하고자 하는 모든 특성들을 얼마나 정확한 방법으로 평가하는가에 중점을 둔다. 다시 말하자면 평가 내용이 평가 목적을 잘 반영하고 있을 때 성과평가의 타당성이 크다고 말한다. 예컨대 독점적 시장에서는 판매원의 판매 실적만 가지고는 제대로 된 평가를 할 수 없다. 고객서비스 부분이나, 이익 부분도 평가를 해야 할 것이다. 이처럼 평가 항목의 타당도가 높을수록 성과평가시스템의 전략적 가치는 커지게 된다.

3) 신뢰성(reliability)

성과평가의 신뢰성이란 성과평가가 어떤 사람이 평가하더라도 객관적 일관성(consistency)이 있어야 한다는 것이다. 이것은 동일한 피평가자에 대해서 여러 평가자가 평가를 하더라도 모두 같거나 비슷한 수준의 결과가 나올 수 있어야 함을 의미한다. 그리고 평가 항목들 간의 일관성, 평가 시기상의 일관성도 함께 검토되어야 한다.

4) 수용성(acceptability)

수용성이란 성과평가시스템을 사용하는 조직원들(평가자, 피평가자, 기타 평가자료 사용자)이 실제로 그 성과평가시스템을 얼마나 잘 수용하고 이를 활용하는가 하는 것이다. 성과보상은 성과평가에 기초하여 이루어지기 때문에 조직원들이 성과평가의 공정성에 대해 의심하고 반발할 경우 공정한 성과보상 또한 이루어질 수 없다.

5) 피드백과 행동 개선 가이드

성과평가결과가 구성원들에게 피드백의 역할을 얼마나 잘하고 성과향상을 위한 구체적

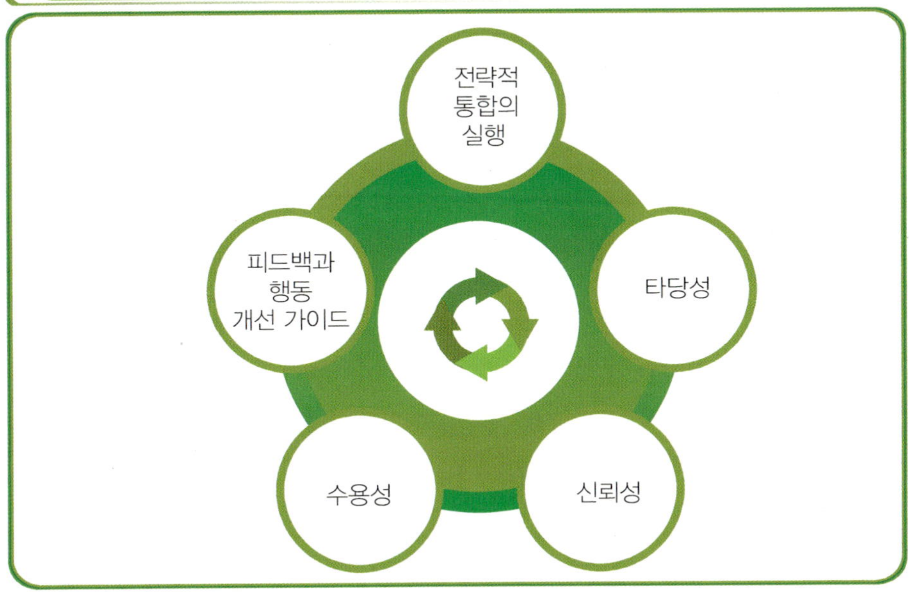

인 개선방안을 얼마나 잘 제시하는가를 의미한다.

14.1.1.4. 성과평가 방법

1) 전통적 평가기법

(1) 서열법 : 조직원의 성과에 대하여 순위를 매기는 방법으로 장점으로는 도입과 실시가 용이하고, 평가자 오류인 개인적 편견, 관대화, 중심화, 가혹화의 경향을 방지할 수 있다는 것이다. 하지만 동일 유형 직무에만 적합하고 대상인원이 너무 많거나 적어도 곤란하며, 평가결과를 공개할 경우 종업원들 간의 갈등을 초래할 수 있다는 단점이 있다.

(2) 평정척도법 : 전형적인 성과평가 방법으로 평가 요소 항목별 '행동견본'을 서술하고 '숫자 척도'나 '평어법'을 이용하여 평가를 하는 방법이다. 평정척도법의 장점은 가중치를 둘 수 있고 계량화가 가능하며 분석적 평가를 할 수 있다는 것을 들 수 있으나 평가요인의 선정과 구성이 어렵고 평가자 오류의 방지가 어렵고, 평가하는 사람의 주관적 판단을

배제하기 어려운 단점이 있다. 이 평정척도법은 특성 평가기법 중 도표척도법이나, 행동 평가기법 중 행동관찰법에 응용될 수 있다.

(3) 체크리스트법 : 대조표법이라고도 하며 성과나 평가 특성에 대한 질문을 중심으로 이에 대하여 '예'와 '아니요'를 표시함으로써 피평가자를 평가하는 방법이다. 평가항목을 점수화할 수 있고 중요도에 따라 가중치를 부여할 수 있다. 직무마다 해당되는 질문이 다르므로 전체적인 평가가 어렵고 또 직무마다 별도의 질문을 설계해야 하므로 많은 시간의 투입이 요구된다.

(4) 행위기준 척도법(BARS : Behaviorally Anchored Rating Scales) : 평정척도법의 결점을 보완하기 위하여 개발된 것으로 직무와 직접적인 관련이 있는 행동을 평가항목으로 선정하고 이것들을 평가 등급별로 나누어 구체적인 행동요소로 척도(지수)화한 것을 말한다. 행위기준 척도법의 장점은 성과평가 기법 개발에 상사 및 부하가 동시에 참여할 경우 조직원들은 직무 행동에 더 몰입하고 덜 긴장하며, 더욱 만족하는 등 성과평가에 관심과 주의를 유도할 수 있다. 그리고 관리자들은 부하직원들에게 의미 있는 중요 사건 기술서의 양식으로 피드백을 제공해 줄 수 있어서 부하직원들이 피드백을 더 잘 수용하게 된다는 것이다. 단점으로는 개발하는 데 많은 인원, 시간, 비용이 든다는 점이다.

2) 현대적 평가기법

(1) BSC와 평가의 실제

가) BSC 평가 전략

－BSC 평가 본연의 목적은 평가나 보상 그 자체가 아니라 기업의 경영활동이 전략을 달성할 수 있는 방향으로 움직였는지에 대한 검증에 있다.

－일반적으로 BSC 평가는 초기에는 전략 실행 모니터링에만 활용하고 성과평가 및 보상과는 직접적으로 연결하지 않는다.

－그러므로 BSC 구축 초기에는 BSC의 전략적 목적 및 BSC 자체의 조직 내 확산에 평가의 초점을 맞추어야 한다.

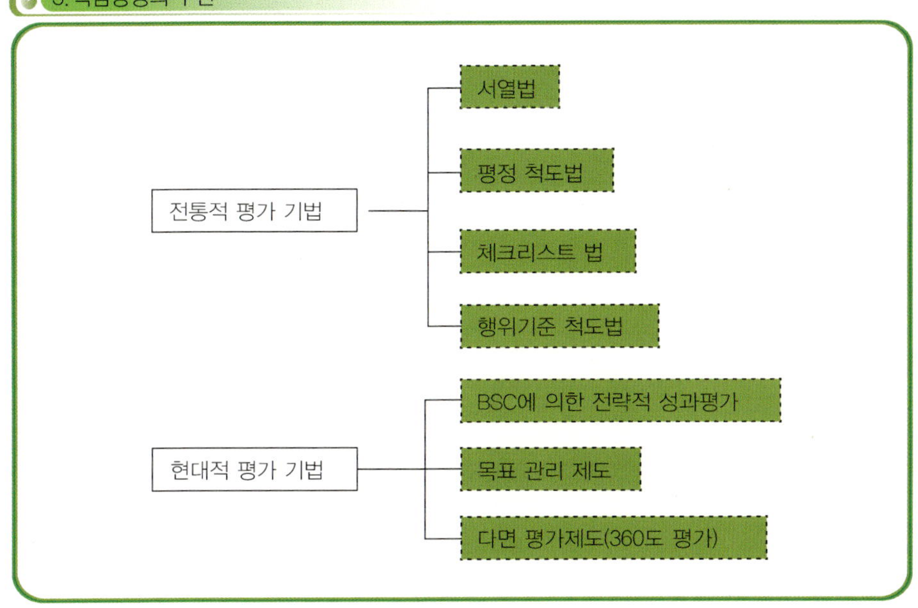

나) BSC 평가의 적용

- 처음에는 기존 평가 방식과 BSC 평가 방식을 병행하다가, 기존의 조직 및 개인평가지
표를 차츰 BSC 평가지표로 대치해 나간다.

- 평가 주기 및 횟수, 평가결과 공개 범위, 피드백 방법은 조직이 처한 상황에 따라 적절
하게 협의 조정한다.

- 평가 피드백은 업무의 잘잘못을 가리거나 목표와 실적의 차이를 보여 주는 자원보나
평가결과에 대한 원인 분석을 통해 전략이나 사업계획의 조정 등에 활용하는 데 초점
을 맞춰야 한다.

다) 조직단위의 BSC 평가대상

핵심 성과지표가 완성되면 조직 혹은 사업부 단위로 전략목표와 성과목표를 실행에 옮
길 전략 실행 계획을 수립하게 되는데, 이 실행 계획이 조직단위의 평가대상이 되며 평가
결과는 성과지표로 나타나게 된다.

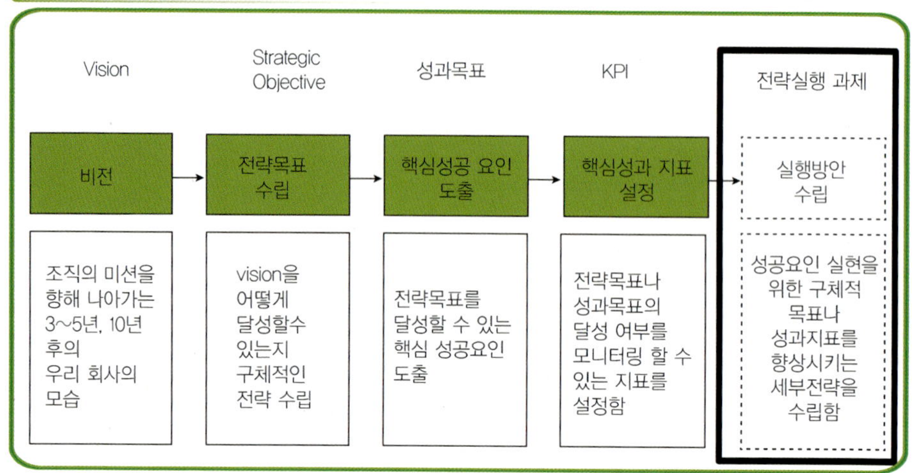

라) 조직평가와 개인평가

−BSC 도입 초기에는 사업부나 팀의 업적평가를 BSC로 대체해 나가게 되므로 본부장들과 팀장들은 BSC에 의한 평가를 받게 되고 이에 따른 성과급이 지급되는 것이 일반적이다.

−나머지 팀원들은 업적과 역량을 병행 평가하되 초기에는 업적 부분을 조직의 업적평가로 대체하여 성과급을 지급하거나 조직의 업적평가를 일정 비율 반영하는 방법이 있다.

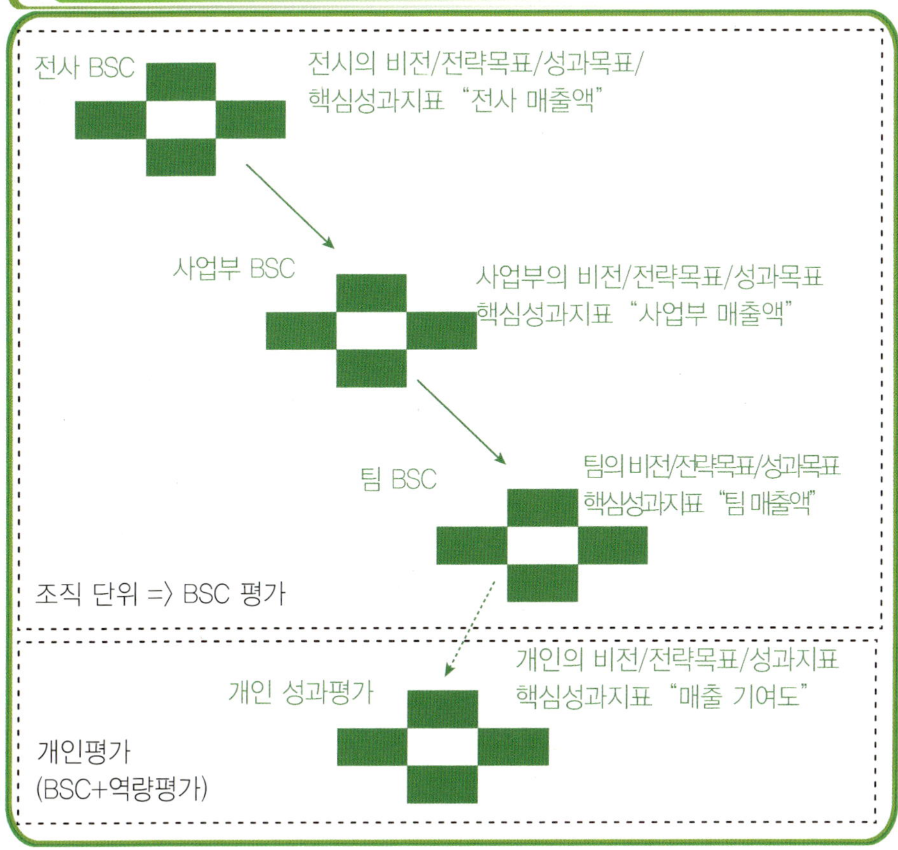

마) 개인 BSC 평가

-일반적으로 개인 BSC를 실시할 경우 전략에 관련된 평가지표보다는 운영에 관련된 평
가지표가 많아진다. 그러나 개인의 업무도 전사의 전략에 정렬되도록 평가지표를 만들
어야 한다.

-개인 BSC는 본부 및 팀 단위의 BSC가 안정되고 나서 시작한다. 조직에 따라 다르지만
대략적으로 3년 정도의 기간을 두는 것이 일반적이다.

<h1 style="text-align:center">사례: 마케팅 담당자의 BSC평가</h1>

성과지표	성과지표 정의	지표산식	평가방법	BSC관점	보고주기	데이터 출처
대내외 만족도	모델 선정에 대한 내외적 만족도 설문조사를 통해 평가	모니터요원 및 학생 모델을 대상으로 5점이상(10만점) 체크한 비율의 증가 정도 평가	Quality	고객	연간	–
시즌 별 광고 판촉 집행을 위한 사전 모델 계약 체결	"모델계약~1차촬영 "기간 증가	전년대비 기간 증가율(광고판촉물 제작 기획 시간 증가)	Time	고객, 내부 프로세스	연간	–
대내외 만족도	광고에 대한 대내외적만족도를 설문조사를 통해 평가	모니터요원 및 학생 모델을 대상으로 5점이상(10만점) 체크한 비율의 증가 정도 평가	Quality	고객	반기	–
적정광고비지출	효과 대비 효율적 광고비 지출에 대한 평가	전년대비 광고비 증가율	Monetary	재무	분기 (시즌)	마케팅 관리팀
적정 광고 노출	적절한 광고 매체에 적절한 노출에 대한 평가	전년대비 광고매체 증가수 및 광고 노출증가율	Quality	내부 프로세스	분기 (시즌)	마케팅
매출 증가	효과적인 광고를 통한 매출증가에 기여한 부분평가	전년대비 매출 증가 비율	Monetary	재무	연간	관리팀
대내외 만족도	판촉물에 대한 대내외적만족도를 설문조사를 통해 평가	모니터요원 및 학생 모델을 대상으로 5점이상(10만점) 체크한 비율의 증가 정도 평가&판매량의 증가정도를 연계 평가	Quality	고객	분기 (시즌)	–

성과 평가 구성 예시

목표의 설정[Goal Setting]: Marketing 팀장

성과목표	달성방안	성과지표	목표수준	평가가중치	달성수준	달성표(%)	평가등급	가중치적용점수
– 경상이익 향상	– 판매촉진 방안 확대 – 판매비용의 절감	– 경상이익률	20%	0.4	18%	90%	A: 4	1.6
– 신규 브랜드 매출신장	– 차별화 집중 – Target 고객확대	– 신규브랜드 매출액	10억	0.3	12억	120%	S: 5	1.5
– 리더십 강화	– 리더십 교육참여 – 팀원들 과의 지속적 인 면담	– 팀원의 리더십 평가	(정성)	0.1	(정성)	–	A: 4	0.4
– 우수인재 확보	– 적극적인 채용 – 우수인재의 이직 예방	– 신규채용인 원수 – 연평균 팀인 원수	4명 10명	0.1 0.1	4명 11명	100% 110%	A: 4 A: 4	ㅈ0.4 0.4
	합 계			총점 (5점)				4.3
				100점 만점 환산 점수				86
				최종 업적평가등급				A

성과평가 구성요소 반영 비중(예시)

최종평가등급 산출시, 일반적으로 업적 및 역량평가는 직급별로 차별화하며, 직급이 높을 수록 업적평가 부분을 강조함

● 평가반영 비율 차별화 예시

구분		업적평가		역량평가		
		부서 성과	개인 성과	공동역량	리더십역량	직무역량
팀장		80		20		
		100	N/A	40	60	0
	G1	70		30		
		30	70	50	40	10
	G2	60		40		
		30	70	50	30	20
	G3	60		40		
		30	70	50	20	50
	G4	50		N/A		
		30	70	50	N/A	50
	G5	40		60		
		30	70	50	N/A	50

(2) 목표관리제도(MBO)

가) 정의

회사의 Vision과 중장기 경영 전략 또는 연간 사업 계획을 달성하기 위하여 부문→팀→팀원에 이르기까지 상사와 부하가 사전에 목표에 대한 합의를 하고 업무목표를 수행하며 반기나 연도 말에 업무추진 실적에 대해 그 성과를 평가하는 방법으로 종업원의 참여를 중심으로 한 평가 방법이다. 이는 자기 책임하에 최대한 노력하여 본인의 업무목표를 달성함으로써 팀과 사업부, 회사의 경영목표 달성에 공헌하고자 하는 제도이다.

나) 실시 목적

-회사목표와 개인목표와의 연계를 통하여 경영목표를 효율적으로 달성하기 위한 것으로 자주적인 목표 설정, 자기 책임과 자기 통제하의 업무 수행을 통해 급변하는 경영환

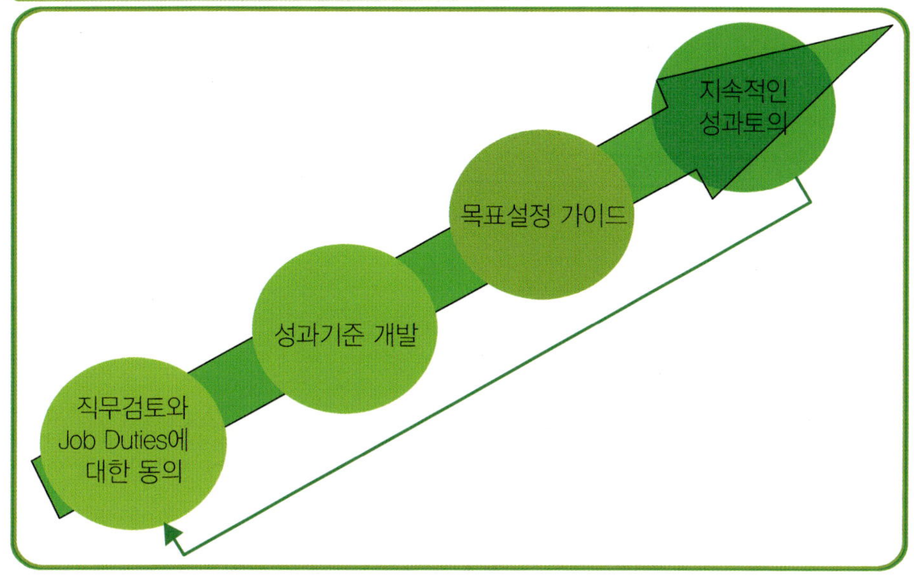

경에 탄력적으로 대처하기 위한 것이다.

–기존의 선입견이나 인물평에 의한 비합리적인 인사평가로부터 탈피하여 성과중심의 합
리적인 평가를 실현하기 위한 것이다.

–목표관리에 의한 성과중심의 평가를 통해 개인의 능력 발휘의 상태를 파악함으로써 능
력주의 인사를 실현하고자 함.

–목표관리를 통해 관리자의 리더십을 개발하고, 유능한 관리자의 지도를 통해 직원들의
능력을 향상시키고자 함.

다) Management by Objective(MBO)의 한계점

① 불가능하거나 또는 너무 쉬운 목표 설정 가능성

② Bottom line과 상관없는 성과 기준

③ 인사관리 및 조직관리시스템과의 연계 부족

④ 부서별 또는 직군별 특성을 고려할 수 있는 유연성 부족

⑤ 회사의 비전 전략과의 연계성 부족

⑥ 눈에 쉽게 띄고 측정할 수 있는 활동에 대한 지나친 강조의 가능성

⑦ 후행지표(과거의 성과) 중심으로 평가가 이루어지고 목표 달성을 위한 과정 및 방법을 평가하지 않음으로 인한 평가 관점의 불균형

⑧ 역량평가를 목표 달성의 정도에만 의존하는 성과급제도

(3) 다면평가제도(360도 평가)

가) 다면평가란

—다면평가란 상사가 부하직원을 평가하는 기존 개념에서 탈피하여, 피평가자 한 사람에 대해서 다양한 각도에서 여러 사람(본인, 상사, 부하, 동료, 외부인)이 평가하는 것을 말한다. 이는 상사 평가의 주관적 오류를 최소화시키면서 집단성과평가와 성과에 대한 피드백을 추구하는 평가기법이다.

—다면평가는 평가주체가 누구냐에 따라 직속상사가 부하를 평가하는 상사 평가, 피평가자의 지시, 감독하에 있는 부하가 상사를 평가하는 부하 평가, 수평적인 관계의 동료가 평가하는 동료 평가, 자신 스스로 업무성과를 평가하는 자기 평가, 외부인(고객, 외부 전문가)에 의한 평가 등으로 구분할 수 있다.

나) 다면평가의 장점

다면평가의 장점은 자신의 평가와 다른 평가들을 비교하여 무엇이 문제가 되는지를 확인하고, 수정하여 올바른 방향으로 성과향상을 추진할 수 있다. 무엇보다도 직속 상사의 주관에서 벗어나 다양한 관점에서 평가하여 평가의 객관성을 높일 수 있다는 장점이 있다. 따라서 개인들의 수용성 또한 높고 개인의 경력 개발 또한 효과적이다.

다) 다면평가의 단점

—직속 상사가 평가하는 평가의 비중이 줄어듦으로써 부하 육성에 대한 책임의식이 낮아질 수 있다.

−하급자가 상급자를 평가하는 경우 인기 투표적인 경향을 지닐 우려가 있고 동료 간의
상호 평가는 서로 주고받는 식의 상호 협조 경향을 지닐 우려가 있다.

라) 다면평가제도의 효용성과 시사점

−다각적인 관점에서 평가된 결과를 본인에게 피드백해 줌으로써 개인의 업무능력 개발
을 촉진할 수 있다.

−복수의 평가자에 의해 평가하기 때문에 평가의 객관성과 신뢰성을 확보할 수 있다.

−직속 상사가 부하직원을 일방적으로 평가하는 데에 대한 부작용을 최소화할 수 있으
며 상하 간에 의사소통이 활발해진다.

−다면평가를 처음 도입하거나 실행상의 문제점이 많은 기업에서는 평가결과를 승진이나
보상 등 인사상의 민감한 문제에 적용하기보다는 개인의 업무능력 개발과 상사의 리더
십 향상을 위한 기초 자료로 먼저 사용하는 것이 바람직하다.

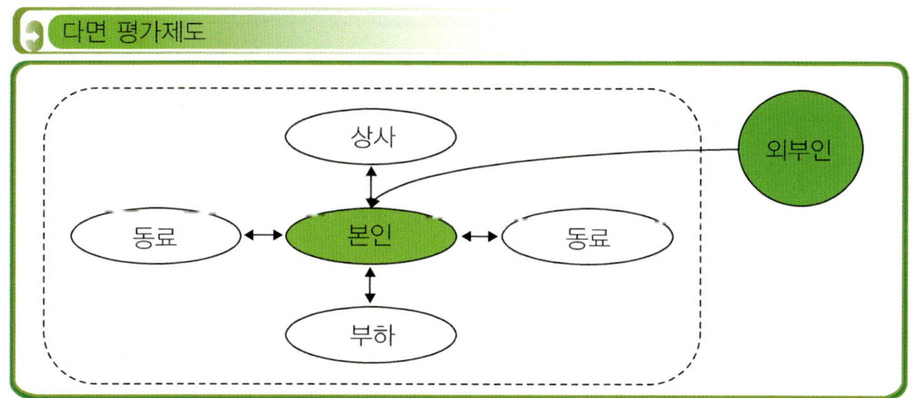

14.2. 역량평가

14.2.1. 역량(Competency)이란

오늘날처럼 경쟁이 치열한 비즈니스 세계에서 생존하기 위해서는 최첨단의 기술력, 우수
한 상품, 계속적인 자본의 유입, 혁신적인 경영 기법 등이 필요하다. 하지만 시장에서 경쟁
우위를 확보하는 데 있어서 결정적인 요소는 이러한 기술력, 상품자본의 유입, 경영혁신
기법의 효용성을 극대화하는 조직 구성원의 능력이다. 다시 말하면 한 기업의 경쟁력은
여러 중요 요소들을 활용하는 조직 구성원의 능력에 의해서 좌우된다. 이러한 능력을 역
량 또는 인적핵심역량이라 부른다. 더 정확하게 정의하자면 역량이란 조직 내에서 지속적
이고 안정적으로 높은 성과를 올리는 사람들이 가지는 공통의 행동 양식과 발휘능력을

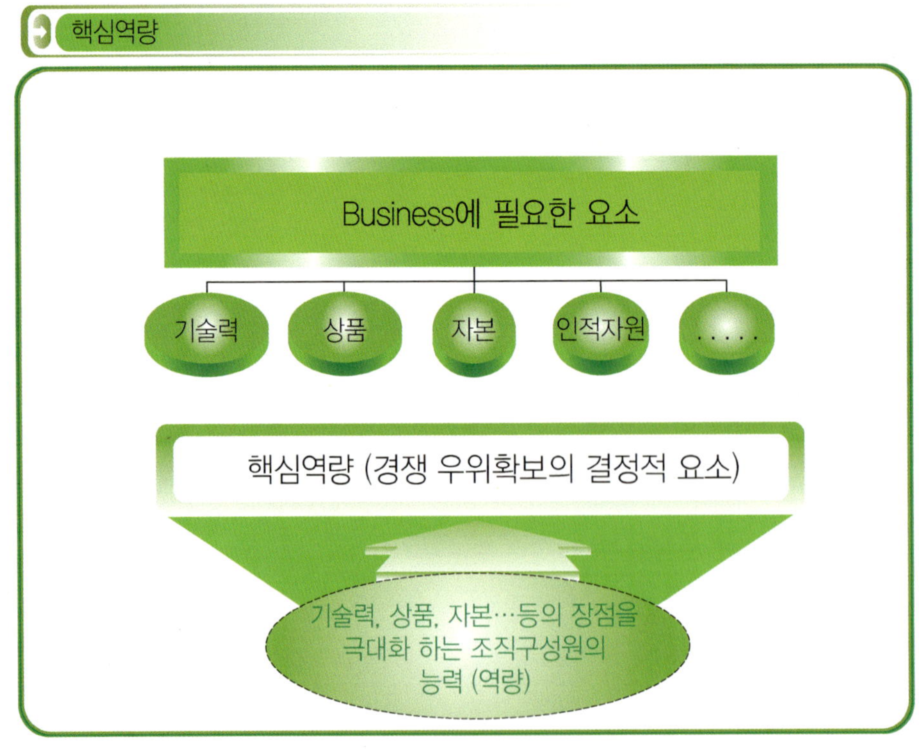

말한다. 또는 업무, 과업과 연관된 지식, 기능, 기술 및 조직의 성과에 중대한 영향을 미치는 행동 등을 말한다.

역량의 예를 들면 변화 관리능력, 업무 추진 능력, 고객 마인드, 문제해결 능력 등을 들 수 있다.

14.2.2. 핵심역량의 정의

핵심역량이란 용어나 개념에 대해서는 좀 더 확실하게 해 놓을 부분이 있다.

어느 기업이 경쟁자와는 차별적으로 보유하고 있는 독특한 자원과 능력을 보유하고 있다면 이것을 '차별역량'이라고 부르며, 이 '차별역량'이 경쟁우위 획득에 핵심적 역할을 할 때 '핵심역량'이라고 부른다. 기업의 경쟁력은 최종 제품의 품질이나 가격이 아니라 이 '핵심역량'에서 나온다. 혼다는 오토바이 사업으로 출발하였지만 오토바이 소형엔진 제조기술을 소형자동차, 펌프 등 엔진이 중요한 부가가치요소로 작용하는 사업 분야로 확장함으로써 계속적인 성공을 거둘 수 있었다.

국내 N테크놀로지 회사의 예를 들면 그 회사의 핵심역량은 '엔진 회로 보호 기술'이라고 할 수 있고, 국내 회사로서 반도체 클린룸 관련 소재의 세계 제1의 시장 점유율을 자랑하는 S사의 핵심역량은 다이캐스팅 테크놀로지라고 할 수 있다.

그런데 본서에서 사용하는 '핵심역량'은 이와는 달리 '인적핵심역량'을 말한다. '인적핵심역량'은 어떤 조직의 모든 구성원이 공통적으로 가져야 할 '인적역량'을 말한다. 본서에서 사용하는 핵심역량이나 역량의 의미는 모두 인적자원에 한정되어 있다.

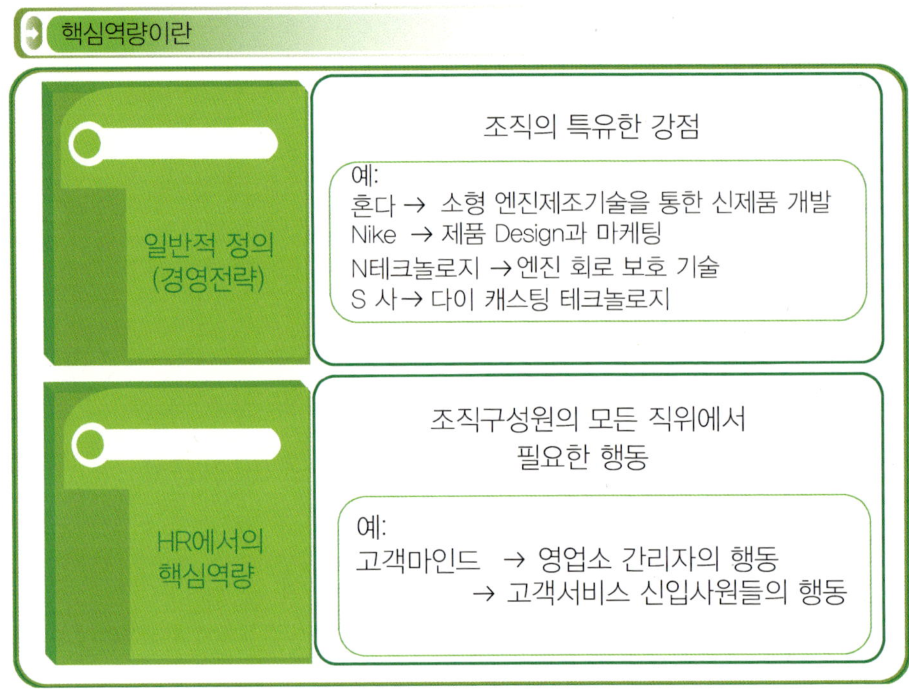

14.2.3. 역량(Competency)의 구분

'역량'이란 앞에서 언급한 것처럼 기업의 비전이나 전략목표를 달성하기 위해 조직 구성원들이 갖추어야 할 능력을 말한다. 그리고 역량은 일반적으로 '핵심역량', '리더십역량', '직능역량'으로 구분한다. '핵심역량'은 전략이나 비전을 달성하는 데 있어 조직 구성원들이 '직위, 직급에 상관없이 모두' 갖추어야 할 조직 구성원의 공통적 역량을 말하고, '리더십역량'은 조직의 간부나 팀장, 경영진들이 별도로 갖추어야 할 역량을 말한다. 그리고 각 직능 부서별로 필요한 역량을 '직능역량'이라고 말한다. 다음 그림은 국내 모 중견 회사의 역량 모델을 예시한 것이다.

K사 프로젝트팀의 역량 [예시]

구분	역량
공동(핵심)역량	1. 전문지식 개발 2. 고객 마인드 3. 업무 성실성 4. 팀웍 형성 5. 변화 수용성
리더십 역량	1. 계획 수립 2. 부하 육성 3. 목표 제시 4. 문제 해결 5. 업무 추진
직능 역량	1. 업무 관리 2. 손익 마인드 3. 전략 기획 4. 자기 개발 5. 정보 수집 및 분석

14.2.4. 역량(Competency)의 구성요소

역량(Competency)은 일반적으로 크게 지식(Knowledge), 기술(Skill), 태도(Attitude)의 세 가지 영역으로 구성된다. 어떤 학자는 이 세 가지 특질에 동기(Motives), 자기 개념(Self concept)을 추가하기도 한다. 그러나 역량은 뛰어난 성과로 발휘되는 행동 능력에 한정되는 것이므로, 모든 지식(Knowledge), 기술(Skill), 태도(Attitude)가 역량 안에 포함되는 것은 아니다. 요컨대 성공적인 업무수행 과정에서 적용되는 지식, 기술, 관찰 가능한 태도만이 역량인 것이다. 이를 그림으로 표시하면 아래의 그림과 같다.

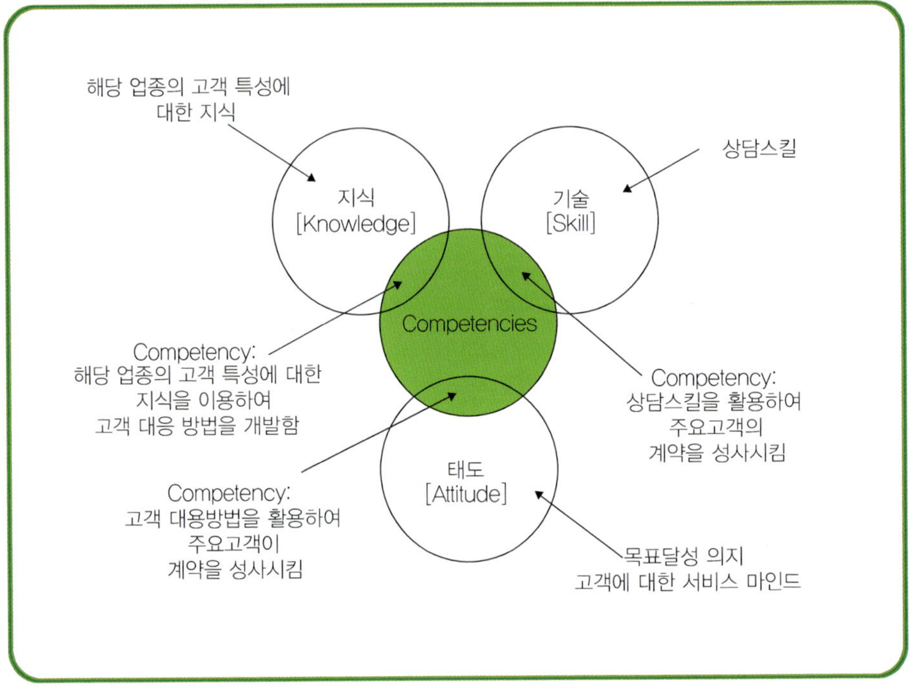

14.2.5. 역량평가의 의미

조직이 성과나 업적만으로 팀이나 개인을 평가하려 든다면 팀이나 개인은 조직의 성장과 발전에 결정적 역할을 하는 핵심역량의 개발에는 등한시하게 될 것이다. 역량평가는 업적 평가의 한계점을 보완하는 역할을 한다. 역량평가는 개인이 조직에 기여하는 뛰어난 성과를 올리기 위하여 행동으로 발휘되는 능력을 평가하는 시스템이다. 뛰어난 성과를 올리기 위해서는 합리적인 업무목표나 과제를 올바른 방법으로 해결하고 수행하는 것이 요구된다.

14.2.6. 역량평가의 기대효과

역량평가를 실시함으로써 기존의 평가와는 다른, 다음과 같이 조직 차원 및 평가자, 피평가자 측면의 기대효과를 가져올 수 있다.

14.2.6.1. 조직 측면

- 비전과 사업전략을 강화시킨다.
- 우수 인재가 양성되고, 직무 만족도가 향상되며, 목표 수립이 명확하게 된다.
- 핵심전략을 어떻게 전달하고 실행해야 하는지에 관한 표준화된 경력수준(Career level)을 제공한다.
- 핵심역량 축적을 통한 지식 경영이 가능해진다.

14.2.6.2. 평가자 측면

- 채용, 선발의 평가기준을 제시해 준다.
- 피평가자와의 성과 개발 면담 시 명확한 근거를 제시해 준다.

14.2.6.3. 피평가자 측면

- 본인의 역할을 성공적으로 수행하기 위한 기준을 제시한다.
- 본인의 장단점에 대한 객관적 평가와 보완이 가능해진다.
- 평가자와의 면담 시 명백한 근거를 가지고 임할 수 있다.

14.2.7. 역량평가 Tool

역량평가에는 일반적으로 직무역량 진단 카드를 활용하게 되는데 여기에 여러 가지 평정 척도법을 함께 사용하면 효과적이다.

① 역량평정척도법 : 전형적인 평정척도법을 활용하여 평가할 항목의 내용을 핵심적인 행위사례를 기준으로 구성하여 피평가자의 역량 수준을 평가한다.

② 전통적인 행위기준 척도법을 활용하여 직무와 직접적으로 관련이 있는 역량을 평가항목으로 선정하여 평가한다.

③ 행위관찰척도법 : 행위관찰척도(Behavior Observation Scales)는 행위기준 평정척도의 장점을 강화하고 단점을 보완한 행위기준 유형의 평가 방법이다. 행위관찰척도는 직무성과와 관련된 행위서술문으로 이루어져 있다.

14.3. 평가시스템의 설계원칙

평가시스템은 아래의 4가지 항목을 기준으로 설계함을 원칙으로 한다.

① 전략·목표·프로세스 점검 및 조정전략·목표·프로세스를 점검하고 개선하는 데 공헌하는가?

② 팀·개인간 협동 및 공동노력의 제고팀·개인간을 팀·개인간 협동 및 공동노력으로 조직목표 달성에 공헌하는가?

③ 성과주의에 입각한 공정하고도 객관적인 평가를 통해 건전한 경쟁을 유발하고 근로의욕을 고취시키는가?

④ 핵심역량의 축적조직의 강약점을 파악하여 핵심역량(인적자원과 경영능력)을 강화하는가?

14.4. 평가시스템의 성공 요건

평가시스템이 성공하기 위한 요건들은

① 기업전략(경영목표)과 연계되어야 하며 구성원의 의식 수준이나 능력에 맞는 평가시스템이 되어야 한다.

② 지나친 성과주의의 폐해를 방지하기 위하여 개인과 팀의 조화를 모색해야 한다.

③ 평가의 관점을 과거와 현재/미래, 원인과 결과, 재무적 요인과 비재무적 요인, 단기적 결과와 장기적 성장 역량 등의 사이에 균형 있게 설정하여 평가할 수 있도록 BSC를 활용한다.

④ 직속 상사의 권한을 분산시키기 위하여 다면평가제도를 활용한다. 상사 평가뿐 아니라 본인, 동료, 부하직원, 외부고객으로부터 평가를 통해 객관성을 확보한다.

⑤ 급격한 환경 변화에의 대응력을 높이기 위하여 역량평가를 보완적으로 실시한다. 역량이란 지속적이고 안정적으로 높은 성과를 올리는 사람들이 가진 공통의 행동양식과 발휘능력을 말하는 것으로, 성과는 환경에 영향을 많이 받기 때문에 환경 변화에 잘 대응하는 사람이 필요한 역량을 갖춘 사람으로 인정할 수 있다.

⑥ 평가시스템의 완성도보다는 관련자들의 상호 신뢰감이 형성되어야 한다.

⑦ 평가 실행 과정에 대한 적극적인 지원이 있어야 한다. 피평가자들에게는 평가시스템의 기본 원칙 및 실행방법에 대해서 지속적으로 교육을 실시하고, 평가자들에게는 평가 실행과정에서 주로 범하기 쉬운 오류에 대한 교육이 이루어져야 한다.

⑧ 경영전략이나 조직구조가 변화할 때에는 이에 따라 평가 내용이 지속적으로 수정되어야 하고, 평가의 공정성을 확보하기 위한 평가 방식의 개선이 지속적으로 이루어져야 한다.

⑨ 평가와 보상시스템이 합리적으로 연계되어 노력한 결과에 대한 공정한 보상이 이루어져야 한다.

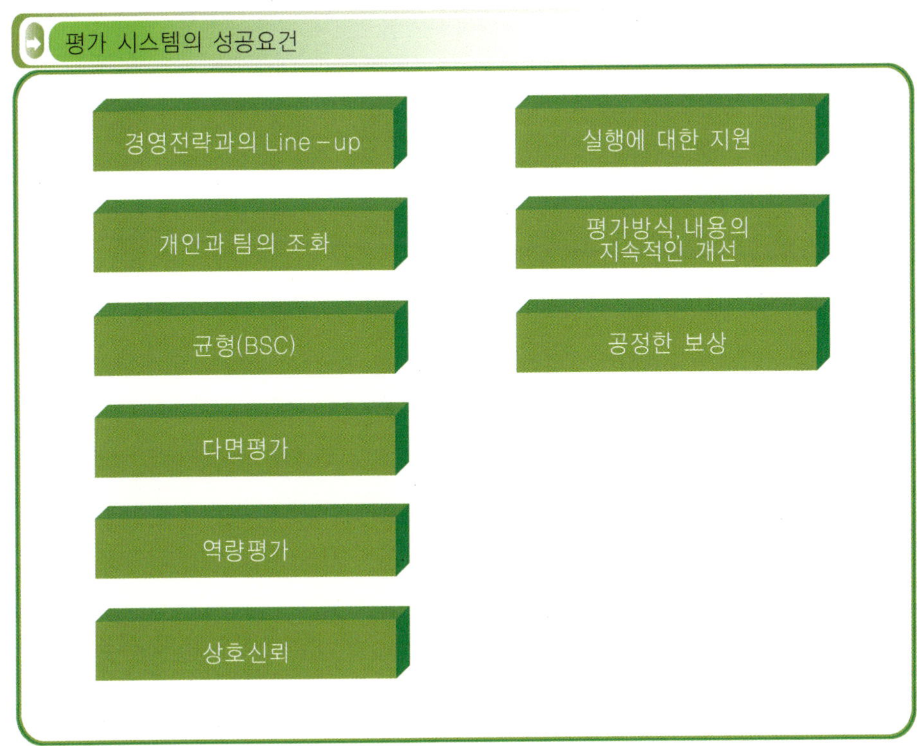

14.5. 평가의 오류

다음은 평가상 나타날 수 있는 오류들이다. 평가자는 이러한 오류를 범하지 않고, 평가의 신뢰성과 타당성, 수용성을 높이도록 노력하여야 한다.

14.5.1. 현혹 효과

어느 한 분야가 뛰어나면 나머지 분야의 점수도 후하게 주는 것을 말한다. 그러나 이런 평가는 객관성, 공정성에 문제가 발생할 것이다. 현혹 효과는 피평가자에 대한 선입견을 버리고, 분석적 평가를 하며, 사실에 입각하여 평가함으로써 이를 예방할 수 있다.

14.5.2. 선민(選民)주의

능력주의란 능력에 상응하는 기회와 보상을 부여하는 것이지, 몇몇 선택된 사람들을 특별 우대하고 나머지는 소외시키는 선민(選民)주의와는 다르다.

14.5.3. 중심화 경향

평가 점수가 중앙에 집중되어 우열의 차이가 없는 경향을 말한다. 이를 예방하기 위해서는 평가자에 대해 성과평가의 구조, 평가 요소, 평가 방법을 명확히 이해시켜야 하고 분포를 제한한다.

14.5.4. 관대화 경향

승진, 인간관계, 조직 분위기 등에 의해 대부분이 피평가자를 좋게 평가하는 것이다. 이를 예방하기 위해서는 구체적인 사실에 입각해서 평가를 해야 하고, 평가 요소에 따라 평가해야 하며, 절대 평가를 하고, 사적인 감정을 버려야 한다.

14.5.5. 최신 효과

과거의 업적보다는 최근의 업적을 더 중시한다. 이런 경우 연중 Performance Diary를 활용함으로써 오류를 방지할 수 있다.

14.5.6. 연공오류

피평가자의 현 직급과 급여 수준에 준해서 평가를 비슷하게 맞추려는 경향이다. 그러나 이것은 당사자의 능력을 정확히 판단하는 데 장애가 되는 요인이라 할 수 있다.

14.5.7. 인간에 대한 평가

기업에서 평가하는 것은 개인의 업무 수행의 성과와 능력을 평가하는 것이지 인간 자체에 대한 평가는 아니라는 사실을 주지해야 한다.

14.5.8. 논리적 오류

평가자 스스로 평가 요소 간의 관련성을 논리적으로 생각해서, 관련이 있다고 생각한 요소에는 동일한 평가 또는 유사한 평가를 하는 경향을 말한다. 이런 오류를 범하지 않기 위해서는 평가 요소를 명확하게 정의하고 추상적 평가 요소를 정비해야 한다.

14.5.9. 대비 오류

피평가자를 평가함에 있어서 자신이 지닌 특성과 비교해서 평가하는 경향을 말한다. 이런 오류를 범하지 않기 위해서는 자신의 평가기준을 고집하는 자기식 평가를 삼가고 자기 신고제나 자기 평가제를 도입하여 피평가자가 작성한 자료를 참고하여 평가한다.

평가의 오류

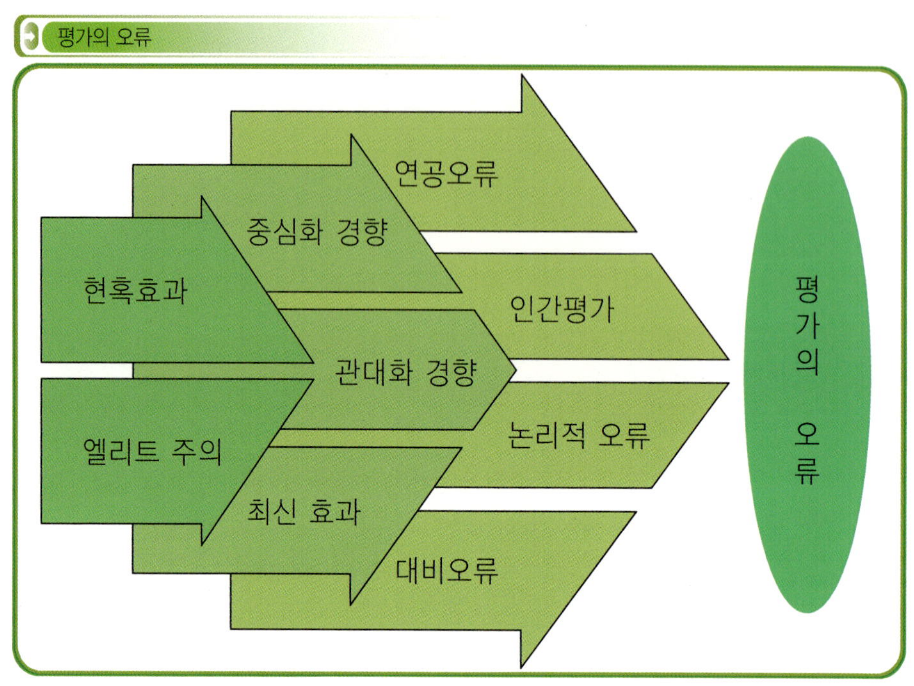
연공오류
중심화 경향
현혹효과
인간평가
관대화 경향
엘리트 주의
논리적 오류
최신 효과
대비오류
평가의 오류

15. BSC와 보상

15.1. 성과보상의 원칙

종업원의 업무에 대한 동기를 부여하고 나아가 업무성과를 향상시키기 위해서는 다음과 같은 성과보상의 원칙을 고려해야 한다.

① 공정성 : 보상은 공정해야 한다. 같은 노동 결과에 대하여 차별적인 분배가 있어서는 안 되고 또한 차별적인 성과에 대하여 같은 보상을 해서도 안 된다.

② 안정성 : 종업원들은 안정적인 보상을 통해 심리적 안정감을 가지고 업무에 몰두할 수 있다. 종업원들은 자기가 제공한 노동의 대가로 심리적 만족감과, 경제적 안정을 유지하기 원한다.

③ 수용성 : 모든 종업원이 현재의 보상체계에 납득하고 수용할 수 있어야 한다. 보상체계를 납득하지 못할 경우 업무 몰입에 부정적 영향을 끼치고, 나아가 업무성과에도 나쁜 영향을 끼친다.

④ 적절성 : 보상체제는 사회적 분위기나, 상식 그리고 정부의 관련 법규, 노사관계, 사회 경제적 상황 등에 맞게 설계되어야 한다. 되도록 노사 합의에 의하여 적절한 보상 수준이 결정되는 것이 바람직하다.

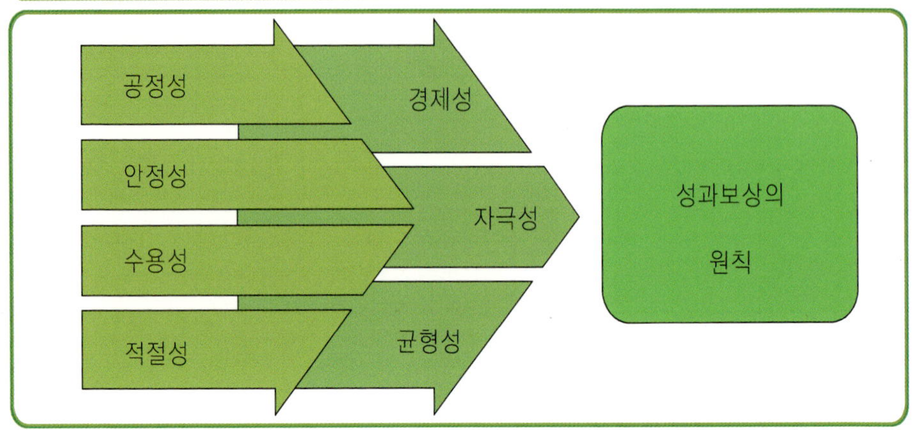

⑤ 경제성 : 보상은 회사가 지불할 수 있는 지급여력에 의해 제한을 받게 된다. 회사 경영에 지장을 초래할 정도의 보상은 당장에는 문제가 안 보일 수도 있지만 결국 회사의 지속적인 보상 능력에는 타격을 주게 된다.

⑥ 자극성 : 특별한 성과에 대한 인센티브나, 차별적인 업무성과에 대한 차별적인 인센티브는 종업원의 성취의욕을 자극할 수 있다.

⑦ 균형성 : 금전적 보상과 비금전적 보상을 균형 있게 혼합하여 사용할 때 보상체계가 효과적일 수 있다.

15.2. 국내 기업의 성과주의 보상체계의 도입 현황

① 기업의 보상시스템은 크게 기본 연봉과 단기 인센티브, 장기 인센티브로 구성되는데 최근에는 단기 인센티브의 비중이 높아지고 있다.

② 단기 인센티브의 대표적인 형태가 집단 성과급제이고 장기 인센티브는 스톡옵션제이다.

③ 많은 대기업과 벤처기업들이 도입하고 있는 연봉제는 개인의 성과와 능력, 공헌도를 평가해서 매년 연간 임금총액을 결정하는 성과보상시스템의 대표적인 형태이다.

④ 반면, 조직 구성원 전체가 하나의 공통된 목표를 위해 노력하고, 공동 노력의 결과로

성과를 구성원 전체가 분배하는 집단 성과급제는 이익을 기준으로 한 이익분배제도(Profit Sharing)와 생산성을 기준으로 한 성과배분제도(Gain Sharing) 등이 있는데 최근 우리 기업들은 대부분 이익분배제도를 선호하고 있다.

⑤ 이익분배제도(Profit Sharing)는 기업이나 사업본부, 팀 단위의 이익(성과)이 목표치를 초과했을 경우에 그 일부분을 구성원에게 사후적으로 배분하는 단기 성과급이다.

⑥ 성과배분제도(Gain Sharing)는 근로자들이 경영에 참가하여 매출액, 부가가치, 원가 절감의 생산성 활동을 통해 조직성과 향상을 도모하고, 그 과실을 회사가 근로자들과 함께 나누는 제도이다.

15.3. 성과주의 보상체계 운영상의 문제점

① 개인의 성과에 기초한 연봉제는 조직 구성원들의 팀워크를 저해하고 단기 성과에 집착하게 만드는 경향이 있어 제도상의 보완이 필요한 실정이다.

② 많은 사람들이 성과주의에 대한 긍정적인 태도를 갖지 못하는 이유는 낮은 평가를 받은 사람들에게 가해지는 낮은 급여(인센티브)와 회사에서의 퇴출이라는 압박 때문이다.

③ 또 하나의 근본적인 문제점은 성과주의가 성공할 수 있는 조직문화적 기반이 조성되지 않은 채 도입되고 있기 때문이다. 조직원에 대한 신뢰와 일 잘하는 사람이 급여를 많이 받는 것을 당연히 인정하는 문화, 평가의 공정성 확보 등이 사전에 이루어져야 한다.

④ 성과 기준을 설정하고 배분하는 방법을 정하는 데 있어서도 조직원의 참여가 결여된 상황에서 실행, 적용하는 경우가 많아 성과향상에 충분한 동기부여 요건이 조성되지 않고 있다.

⑤ 그 밖에 문제점으로 부각될 수 있는 요소는 성과 기준 설정의 공정성 문제, 무임승차 문제, 회사성과와 개인성과와의 연계문제, 차등 지급으로 인한 구성원 간의 갈등 문제 등이 있다.

15.4. 성과보상의 대표적 형태

15.4.1. 연봉제

개별 조직원의 능력과 업적 및 공헌도를 평가하고, 계약에 의하여 연간 임금액을 결정하는 능력과 업적을 중시하는 성과보상 형태 중 하나이다. 형식상으로는 임금형태의 한 종류이지만 내용상으로 볼 때는 능력과 업적 중시형 임금체계로 직무급과 성과급의 혼합 형태인 '직무성과급'이라고 정의할 수 있다.

15.4.2. 연봉제 도입의 목적

경영환경의 변화에 탄력적으로 대응하고 우수인재를 확보 및 유지하기 위한 것이며 이를 위해 임금체계를 단순화, 유연화하고 성과에 따른 차별적 보상을 강화하여 종업원들을 동기부여 함으로써 결과적으로 생산성 향상을 도모하고자 하는 데 있다.

15.4.3. 연봉제 적용이 가능한 조직

연봉제는 개인별 성과 측정이 어렵거나 업무상 재량권이 충분하지 않은 직종이나 직위에는 적용할 수 없다. 연봉제는 구체적인 개인별 성과목표의 설정과 측정이 가능하고 업무 수행상 재량권이 주어져 있으며 배치가 비교적 공정하게 이루어질 수 있는 조직에 적용하기가 용이하다.

15.4.4. 연봉제의 장점

① 성과주의를 통해 구성원들에게 동기부여를 해 줌으로써 의욕적으로 일을 할 수 있게
한다. 연봉제는 자신의 능력과 업적이 곧 임금으로 가시화되기 때문에 조직의 활성화
와 사기앙양을 유도할 수 있다.

② 직무와 능력에 맞는 임금대우가 가능하여 우수인재를 확보하고 유지할 수 있다. 창
의성이 중요한 벤처기업은 연봉제를 통해 창의적인 동기부여를 할 수 있다. 국제 부문
및 신규 사업 부문에서 국제적인 감각을 지닌 관리자, 전문직 종사자, 하이테크 기술
자 등 우수한 인재들을 확보하려면 연봉제가 아니고서는 불가능하다.

③ 임금체계와 임금 지급 구조를 단순화하여 임금관리의 효율성을 높이고, 임금관리가
용이해진다.

④ 목표를 수립하고 업무를 수행하는 과정에서 상사와의 커뮤니케이션이 원활해진다.

⑤ 목표가 상사와의 면담을 통해 이루어지며 그의 달성 여부에 따라 임금이 결정되기 때
문에 자연스럽게 공정한 평가문화의 분위기가 조성될 수 있다.

15.4.5. 연봉제의 문제점

① 연봉제는 서구의 개인주의에 바탕을 둔 개별적 임금제도로서 우리 고유의 사회문화적
전통인 유교의 장유유서 의식이나 선입자 우대원칙과 갈등이 예상된다.

② 연봉제는 평가결과가 곧바로 연봉에 영향을 미치기 때문에 평가의 신뢰성에 대한 요
구가 커질 수밖에 없다. 연봉액을 합리적인 기준 없이 운용했을 때 평가의 신뢰성에 대
한 문제 제기를 받게 된다.

③ 연봉제는 개인 간의 경쟁개념이 도입되기 때문에 종업원 상호간에 협조심이 부족해지
고 과도한 경쟁심과 위화감이 조성될 수 있다.

④ 단기적이고 가시적인 업무에만 집착하는 부작용이 있어, 장기적인 안목과 관련된 부
분에 대한 배려가 소홀해질 가능성이 있다.

연봉제의 장단점

장점	단점(문제점)
① 능력과 업적에 따른 동기부여로 조직활성화	① 우리 고유가치와의 갈등
② 우수인재 확보, 유지 가능	② 평가의 신뢰성 요구 증대
③ 임금관리 효율성 제고	③ 경쟁심, 위화감
④ 상하간 의사소동 활성화	④ 단기적 가시적 업무 집착
⑤ 공정한 평가문화 조성	

15.5. 성과보상과 BSC

공기가 사람들의 생존에 필수 불가결한 것처럼, BSC가 이론에 그치지 않고 조직에 필수 불가결한 실질적인 성과관리시스템이 되도록 하기 위해서는 BSC를 보상과 연결시키는 것이 중요하다.

BSC는 외적 보상 기능과 내적 보상 기능을 모두 가지고 있다.

BSC를 추진하여 회사의 비전과 전략목표를 전 임직원들이 공유하게 되는 것은 그 조직이 전략집중형 조직이 된다는 것을 의미하며, 임직원들은 강한 성취동기가 유발될 것이다. 전략집중형 조직의 직원들은 회사의 전략에 대해 상세히 알게 될 것이고 그 전략을 실행에 옮기기 위해 무엇을 어떻게 해야 할지를 고민하고 그것을 이루기 위해 집중적으로 노력을 하게 될 것이다.

외적 보상, 즉 BSC를 급여체계와 연계하는 것은 직원들이 무엇이 가치 있는 일이고 어떤 결과를 내어야 성과급을 얻을 수 있는지를 분명히 알게 해 줄 것이다. BSC와 급여를 연결시키는 외적 보상은 직원들의 내적 동기를 약화시킬 것이라는 우려를 하는 사람들이 있는데, 오히려 회사의 성공에 전 직원이 집중하게 만드는 역할을 한다. 헤이그룹(Hay Group)에서 BSC를 성공적으로 활용하고 있는 15개 회사를 대상으로 시행한 연구에 따르면 이들 회사 중 13개 회사가 급여를 BSC와 연계하여 운영하는 것으로 밝혀졌다.

15.6. BSC와 보상의 연계 방안

BSC 평가결과와 보상을 연계하는 것은 회사의 전략적 목표에 전 직원의 주의를 집중시키는 효과가 있다. BSC와 보상을 결합하는 방법은 여러 가지가 있다.

15.6.1. 전사적 성과와 연계된 보상

BSC 성과와 보상을 연계하는 가장 간단한 방법은 회사의 최상위 단계의 BSC를 성공의 척도로 하여 성과 상여금 지급 결정에 사용하는 것이다. 이 방법은 단순하기 때문에 매우 투명하고 전 임직원에게 커뮤니케이션을 하는 데 이상적이다.

그런데 성과급 지급에 이 방법을 사용하게 되면, 전체적인 재무목표의 달성 여부와 상관없이 직원들이 상여금을 받을 것이라고 생각하게 되는 문제점이 있다.

다음 표는 성과 지급의 예를 나타낸 것으로 이 표에 의하면 종업원들의 성과 보너스는 6%가 될 것이다.

성과지급의 예

구분	측정지표	목표값	가중치	결과	성과지급
재무	직원 1인당 수익 증가율	30%	20%	36%	4%
	당기 순이익 증가율	30%	20%	15%	0%
고객	시장 점유율	25%	10%	23%	0%
	고객 유지율	80%	10%	75%	0%
내부 프로세스	적기 납품	90%	10%	88%	0%
	제품 결함률	1%	10%	0.9%	0%
학습 및 성장	교육훈련 시간 증가	50%	10%	55%	1%
	제안건수 증가율	50%	10%	30%	1%

15.6.2. BSC와 단계적으로 연계된 보상체계

이것은 BSC 목표 달성에 따라 단계적으로 포상을 하는 성과보상시스템이다. 단계의 출발 포인트는 달성이 가능하다고 인정할 수 있는 최소한의 달성 정도를 나타내며 여기에 도달하지 못하면 성과급은 지급되지 않는다. 중간 포인트는 평균을 초과한 성과를 나타내며 성과에 따라 포상이 점점 더 증가한다는 것을 의미한다. 마지막으로 최종 목표는 최고점이며 비교적 달성하기 어려운, 상당한 노력이 요구되는 포인트다. 그러므로 이에 대한 추가적인 성과급도 지급하게 된다.

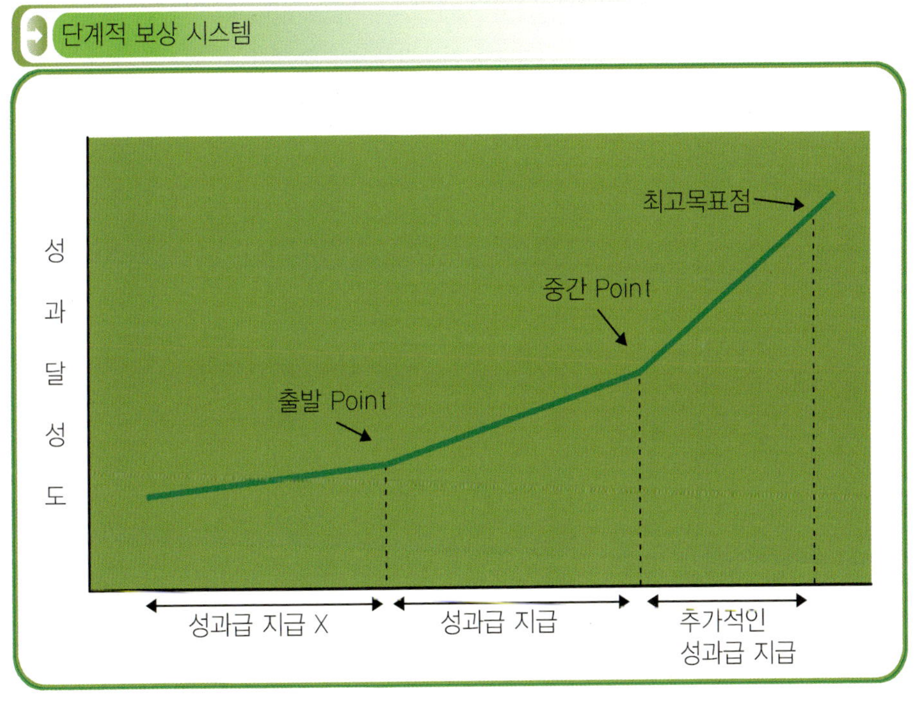

15.6.3. 능력급과 BSC

전 세계 산업의 경쟁력의 원천이 기계나 토지, 자본 등 유형자산에서 지식, 핵심역량 등 무형자산으로 이동함에 따라 경영자들의 관심이 BSC와 종업원의 역량에 집중되는 것은 대세인 것처럼 보인다. 경영자들은 그동안 프로세스 개선, 리엔지니어링, 식스 시그마 등의 경영혁신 기법을 동원하여 생산성 향상을 위한 마지막 한 방울의 물까지 짜내는 노력을 해 왔다. 하지만 이제 남은 생산성 향상의 가장 커다란 원천은 인간의 지식과 역량이다.

능력급 시스템은 기업이 경쟁우위를 확보하기 위해 조직원의 행동과 특성을 조직이 나아가고자 하는 방향으로 집중하게 만들어서 조직이 의도하는 성공을 이끌어 낼 수 있다. 자신이 가지고 있는 능력에 새로운 역량이 추가되었음을 증명할 수 있는 직원은 성과급 포상을 받게 된다. BSC는 학습과 성장을 중요한 관점의 하나로 보고 있기 때문에 모든 직원들은 BSC를 핵심역량 강화에 사용할 수 있다.

15.7. 이익 배분

이익 배분은 직원의 활동을 조직의 결과 향상에 연결시킬 수 있는 진보된 시스템이다. 주요 성과지표가 개발되고 개선목표와 비용 절감이 공감대를 형성시켜서 개선결과로 얻어진 절감 부분은 성과급 보너스를 통해서 직원들과 공유된다. 이를 위해서는 조직이 직원들과 사업 정보를 공유하고 여러 가지 교육을 실시하며 제안을 활성화시키는 등 여러 가지 형태로 직원을 참여시켜야 한다. 이는 이익분배가 잘되기 위해서는 BSC가 필요하다는 것을 의미한다.

15.8. BSC 평가와 보상을 연결할 때 고려해야 할 핵심 원칙

15.8.1. 충분한 의사소통

보상체계와 인센티브는 언제나 조직 구성원들의 사기에 지대한 영향을 끼칠 수 있으므로 보상이나 인센티브에 관련된 계획을 실천에 옮기기 전에 먼저 보상에 대한 의도를 구성원에게 충분히 알려야 한다. 특히 인센티브 제공 및 보상의 목적은 반드시 공유되어야 한다. 왜 그것이 BSC 실행상 필요하며 BSC와 전략목표 달성에 어떻게 기여하는지 등이 이해되어야 한다.

15.8.2. 보상계획 적용대상

BSC와 보상계획을 연계시키는 작업은 상위 조직에 먼저 적용해 보는 것이 상대적으로 성공할 확률이 높다. 그리고 차츰 검증되고 정착된 성과지표들을 활용하여 전체 조직으로 확산해 나간다. BSC가 조직 전반에 걸쳐 받아들여지고 활용되기 위해서는 모든 조직 구성원들의 관심과 이해가 전제되어야 한다. 그러므로 모든 직원들을 보상계획에 참여시켜 BSC의 핵심 성과지표에 에너지를 모으고 집중할 수 있도록 하는 것이 바람식하나.

15.8.3. 팀 단위 보상과 개인단위 보상

일반적으로 팀 단위 보상과 개인단위 보상을 병행하는 조직이 많다. 하지만 이것은 조직이나 업무의 성격에 따라 달라질 수 있다. 예를 들면 개인적 판매나 제품 혁신과 같은 경우에는 개인의 헌신과 뛰어난 재능을 필요로 한다.

팀 단위의 보상은 '무임승차자의 문제', 즉 개인들이 자기 자신의 독창적 결단과 행동에 의해 보상을 받지 않고 다른 사람의 아이디어와 노력에 의해 혜택을 볼 수 있는 경우에 발생한다. 하지만 몇 가지 경험적인 연구에 의하면, '무임승차자의 문제'는 알려진 것보다 그 심각성이 덜하며, 개인의 행동은 성과급보다는 동료들의 압력(group dynamics)과 사회적 관계에 의해서 좌우될 가능성이 더 크다고 한다. 스탠퍼드 경영대학원의 제프리 페퍼 (Jeffrey Pfeffer) 교수 등은 우수한 성과를 나타내는 조직의 경우 즐거운 직장, 동료들과의 상호 교류의 기회 제공, 미션과 목표에 관한 명확한 기술서, 새로운 방법에 따라 활동할 수 있는 자유를 제공함으로써 직원들에게 동기를 부여하고 있다고 강조한다.

15.8.4. 보상계획과 BSC 관점

BSC의 네 가지 관점 중 단지 한 가지 관점만을 기반으로 성과에 대한 보상을 하는 것은 BSC의 기본원칙에 어긋난다. 네 가지 관점의 성과에 골고루 연계되는 형태로 인센티브가 제공되어야만 조직 및 개인들은 성공을 위하여 노력할 것이다. 따라서 실무에서는 핵심적 성과동인에 조직 구성원들이 집중할 수 있도록 네 가지 관점별로 적절한 가중치를 부여해야 한다. 이와 관련된 한 연구결과, 평균적으로 응답자들은 재무지표에는 약 40%의 가중치를 부여하고, 고객, 내부프로세스, 학습과 성장관점에는 대략 각각 20%의 가중치를 부여하는 것으로 파악되었다.

15.8.5. 선행 및 후행지표와 보상

BSC와 보상을 연결한다는 것은 곧 성과결과에 대해 보상한다는 것이고, 이를 위해서는 성과의 후행지표에 초점을 맞추어야 한다. 결국 핵심은 균형이다. 조직 구성원들로 하여 금 현행 성과와 지속적인 성공을 위한 성과동인들에 집중하게 하기 위해서는 선행지표와 후행지표의 적절한 조합에 기초한 보상이 바람직하다.

1. BSC를 보상과 연결하기 전에 이러한 연결 목적에 관해 토론하고 규모 및 보상 배분 방식에 대하여 명확하게 설명하였는가?
2. 보상 체계에 참여하는 사람들이 납득할 만한 근거를 가지고 있는가?
3. 보상은 개인 성과와 조직 성과 중 어디에 기초하는가? 아니면 모두 사용하는가?
4. BSC의 네가지 관점을 모두 감안하는 소위 보상의 균형을 갖추고 있는가?
5. 조직의 성공에 핵심적인 성과지표를 보상체계에 포함하고 있는가?
6. 보상계획에 포함된 후행지표들이 구성원들로 하여금 행동보다는 결과에 더 초점을 두도록 하고 있는가?
7. BSC 보상이 이루어지기 위해 반드시 달성해야 할 재무적 임계점을 초과했는가?
8. 미래에 직원들에게 무형의 보상과 함께 제공될 재무적 보상에 필요한 재원을 확보했는가?
9. 직원들이 성과표상 핵심 성과 결과에 집중하도록 하기 위해 종종 결과를 보고하고 지출을 점검하는가?

(출처 : [BSC진단과 개선] Nemo Books, Paul R. Niven지음, 신홍철, 서한준, 김태균 옮김, p 311~313

15.9. 성공적인 성과보상 운영을 위한 전제조건

① 명확한 목표의 설정 및 제도 도입에 대한 공감대 형성

　– 작업장 혁신, 열린 경영, 품질 개선 등 기업의 생산성을 높일 수 있는 목표를 수립해야 하며, 제도 도입과정에서 노사 간의 충분한 협의를 통해 도입 필요성에 대한 공감대 형성이 중요하다(근로자의 소득 감소에 대한 불안정 해소).

② 개별 목표들이 체계적으로 조직화되어 조직의 전략적 방향과 일관성을 갖고 있어야 한다.

　– 구성원들은 평가가 이루어지는 일에 대해서만 초점을 맞추고 평가되지 않는 일에 대해서는 관심을 기울이지 않기 때문에 본인의 직무 중 중요한 부분이 측정되어야 하며 그것은 조직의 전략적 방향과 일관성을 갖고 추진되어야 한다.

③ 직무성과와 연계된 성과평가와 공정한 보상시스템 구축

　– 보상은 실제 직무성과와 연계되어야 하며, 모든 구성원들에게 이해되어야 하고 설정된 성과 기준은 경영 측의 주관이나 선호에 의해 그때그때 바뀌어서는 안 되며 평

가결과가 부정확하거나 편향적이라는 생각이 들지 않도록 객관적이고 공정하게 설계
되어야 한다.

④ 보상의 양과 유형이 구성원들에게 동기부여가 될 수 있을 정도로 매력적이어야 한다.

⑤ 신뢰와 협력의 노사관계 구축

   – 노사관계가 안정되어 있고 기업의 업적 향상을 지향하는 노사의 인식이 일치해 있
을 경우에 성공할 가능성이 크다.

⑥ 적정 임금수준의 확보 및 임금체계의 단순화

   – 임금수준이 지나치게 낮은 경우에는 소득의 안정적 확보를 요구하는 근로자들 때문에
시행의 어려움이 있으며, 성과급의 효과를 기대하기 위해서는 임금체계가 단순해야 한다.

15.10. 성과보상제도 운영의 기대효과 및 시사점

성과보상제도는 조직원들을 동기부여 하고 성과를 개선하는 데 매우 효과적인 기법이다.
그러나 회사가 충분히 이익을 내지 못하거나, 목표 달성을 하지 못하거나 경기침체 등으
로 성과보상을 하지 못할 때에는 오히려 조직원의 사기를 저하시키고 생산성을 떨어뜨릴
수도 있으니 설계 및 운영상에 세심한 배려를 기울여야 한다.

지나치게 복잡한 성과평가지표는 오히려 이해를 어렵게 하고 동기부여 효과를 낮출 위험
이 있으므로 성과평가기준은 가능한 단순하게 하고, 그러한 성과에 영향을 미치는 요인
들은 성과관리를 위해 정보제공과 커뮤니케이션 목적으로 활용하는 것이 좋다.

또한 성과평가제도는 기업이 추구하는 전략방향이나 사업특성 등과 충분히 합치하지 못
할 경우에 오히려 부작용이 클 수도 있으니 도입 시 신중을 기해야 할 것이다.

15.11. 사례(교육인적자원부의 성과평가)

15.11.1. 성과평가 기본방향

○ 연공서열 위주에서 성과중심 평가체계로 전환

기존의 연공서열 위주의 평가를 지양하고, 성과와 역량을 중시하는 성과주의 확산을 통해 직원들의 자발적·적극적 업무의욕 고취

○ 일한 만큼 보상 받는 생산적 조직문화 정착

성과 및 능력을 바탕으로 한 정당한 보상시스템 구축을 통해 성과중심의 조직문화 정착

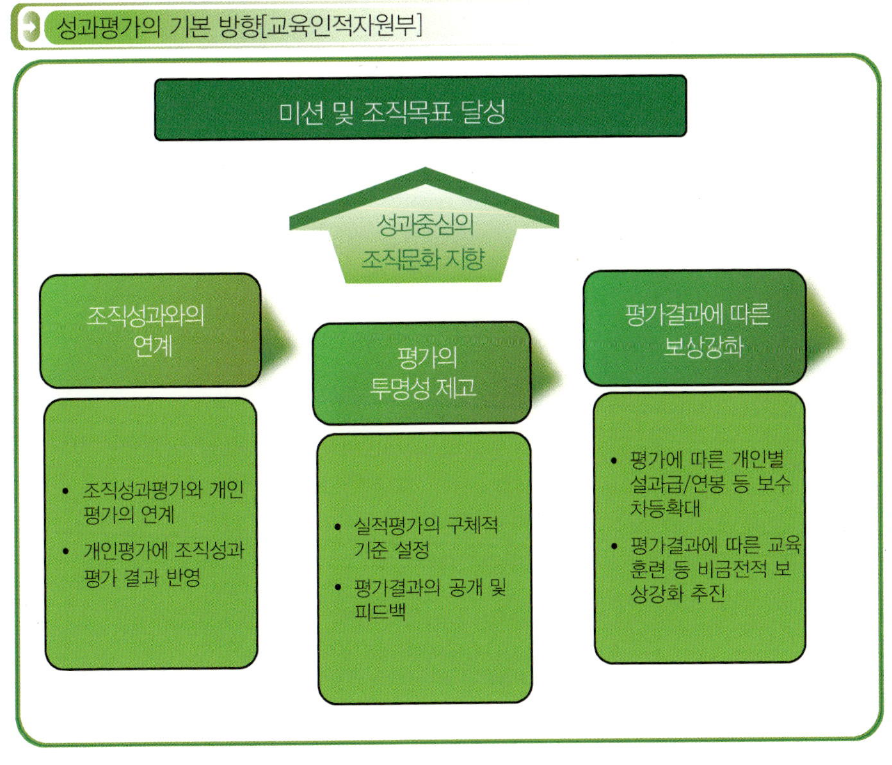

15.11.2. 개인성과평가 기본방향

○ 국장, 과장, 복수직 4급 이하로 구분, 근무실적과 직무수행능력으로 개인평가

○ 근무실적은 성과평가와 혁신평가로 구분 산출

○ 직무수행능력은 다면평가 또는 역량평가 활용 결정

○ 개인평가결과는 상대적 순위로 결정

　　– 과장급 이상은 부 전체 순위 산출

　　– 과장급 미만은 실·국별 상대 순위 산출

○ 개인평가결과는 상대적 순위로 결정

　　– 과장급 이상은 부 전체 순위 산출

　　– 과장급 미만은 실·국별 상대 순위 산출

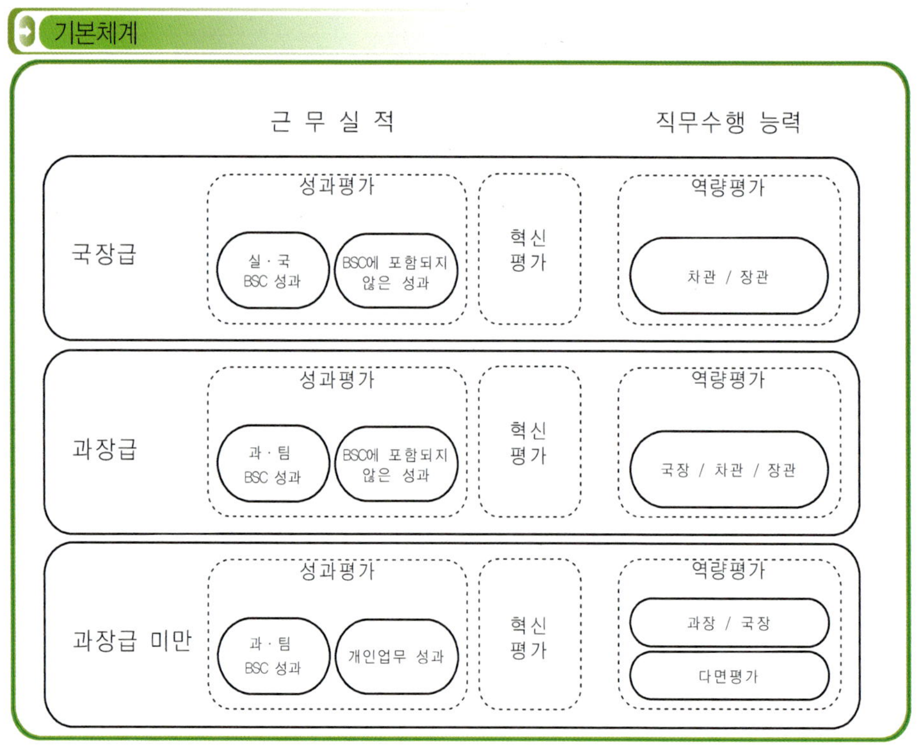

직급별 평가요소 반영율

구분	근무실적(70%)	직무수행능력(30%)		
과장급 이상	성과평가(%)	혁신평가(%)	다면평가(%)	역량평가 (%)
	80	20	–	100
과장급 미만	70	30	50	50

15.11.3. 근무실적평가

15.11.3.1. 4급 과장급 이상

O 평가 요소 : 성과평가(80%)+혁신평가(20%)

    – 성과평가 : BSC 순위와 BSC에 포함되지 않는 성과 순위의 가중평균

    – 혁신평가

국장급	개인(10%) + 과장급합계 / 인원수(90%)
과장급	개인(20%) + 직원합계 / 인원수 (30%) + 부서 (50%)

○ 평가 방법

  – 성과평가

  • BSC 점수 : 실·국장급은 실·국 BSC 점수, 과·팀장급은 과·팀 BSC 점수로 순위 결정

  • BSC에 포함되지 않는 성과 점수 : 목표 달성도, 업무 난이도 등에 따라 직상급자가

    정성평가를 통해 순위 결정

  • 각 순위의 가중 평균치(직무성과계약 시 설정)가 최종 개인성과평가 점수임

  – 혁신평가

  • 개인 및 부서의 혁신활동 결과에 점수를 부여

  • 혁신마일리지시스템에 의한 결과 반영

    ※ 구체적 내용은 「06년 혁신평가 기본계획」에 의함

15.11.3.2. 과장급 미만

○ 평가 요소 : 성과평가(70%)+혁신평가(30%)

  – 성과평가 : 과·팀 성과평가 점수(50%)+개인 업무성과 점수(50%)

  – 혁신평가 : 개인마일리지(50%)+부서마일리지(50%)

○ 평가 방법

  – 성과평가

  • 과·팀 단위 성과평가점수 그대로 활용

  • 개인 업무성과는 과장·국장이 기여도, 협력도, 업무난이도 등을 감안하여 정성평가

    실시하되, 직급별 4등급으로 차별화

    ※ S등급(20%), A등급(40%), B등급(30%), C등급(10%)

  – 혁신평가

  • 개인 및 부서의 혁신활동 결과에 점수를 부여

  • 혁신마일리지시스템에 의한 결과 반영

    ※ 구체적 내용은 「06년 혁신평가 기본계획」에 의함

15.11.4. 직무수행능력평가

15.11.4.1. 과장급 이상

O 평가 요소 : 역량평가(100%)

O 평가 방법

  – 국장급은 차관·장관, 과장급은 국장·차관·장관이 평가

  – 업무난이도, 리더십, 업무 성실도 등을 종합 고려하여 정성평가

15.11.4.2. 복수직 4급 이하

O 평가 요소 : 역량평가(50%)+다면평가(50%)

O 평가 방법

  – 역량평가

  • 과장·국장이 정성평가를 실시하되, 직급별 4등급으로 차별화

    ※ S등급(20%), A등급(40%), B등급(30%), C등급(10%)

  – 다면평가

  • 실·국별 360° 다면평가방식 도입, 상급자와 동·하급자 평가비율을 5:5로 반영

  • 분기별 평가결과를 누적하여 반영

  • 전자인사관리시스템(PPSS)에 의한 온라인 평가

  • 평가결과를 본인에게 공개하여 피드백 기회 제공

15.12. 평가결과 활용

15.12.1. 조직성과 제고

O 성과평가결과가 미흡한 부서나 개인의 업무프로세스에 대해 그 원인을 분석하고 대안

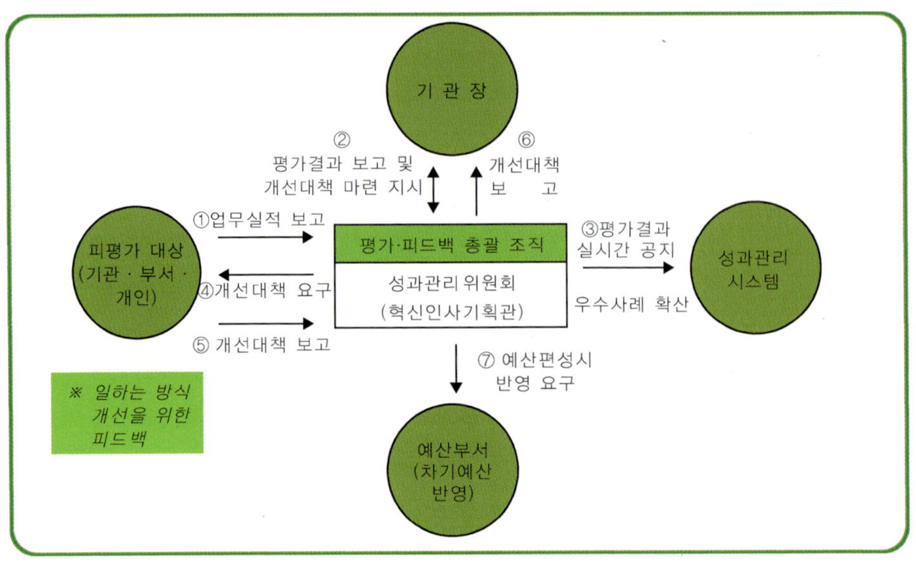

을 모색하여 프로세스를 개선하는 데 활용함

ㅇ 평가결과를 차기 연도의 전략 수립, 예산편성, 업무개선 등에 활용

15.12.2. 인사 및 경제적 보상과의 연계

기본 방향

◆ 성과평가 결과 우수한 부서나 개인에 대한 근무 평정에의 반영, 승진이나 전보 등에 반영 등의 방법으로 활용함

◆ 경제적 보상은 성과평가 결과 우수한 부서나 개인에게 연봉조정, 성과급 지급, 인센틱브 제공 등의 방법으로 활용함

15.12.2.1. 승진

○ 새로운 근무성적평가제도에 따른 성과결과를 누적관리·활용

○ 승진 적격자 추천제 및 승진 다면평가제의 결과를 반영, 승진심사위원회에서 결정

평가결과가 누적 관리되기 전인 '06년도에는 승진 적격자 추천제 및 승진다면평가제 결과
중시

※ 구체적 내용은 「'06년 해당 직급별 승진 기본계획」에 의함

15.12.2.2. 성과급

○ 새로운 근무성적평가결과와 성과급 간 직접적 연계

※ 구체적인 내용은 「'06년 성과급 지급 기본계획」에 의함

15.13. 사례2(KOTRA BSC 평가)

15.13.1. KOTRA BSC의 특징

○ KOTRA 활동의 최종성과는 수출과 외국인투자유치 실적

 • 학습→내부프로세스→고객→핵심성과(수출, 외국인투자유치 실적)

 ※ 비영리기관의 성격상 수익보다 수출과 외국인투자유치 실적을 기업활동의 최종결
  과물로 정의한 점이 사기업 BSC와의 차이점

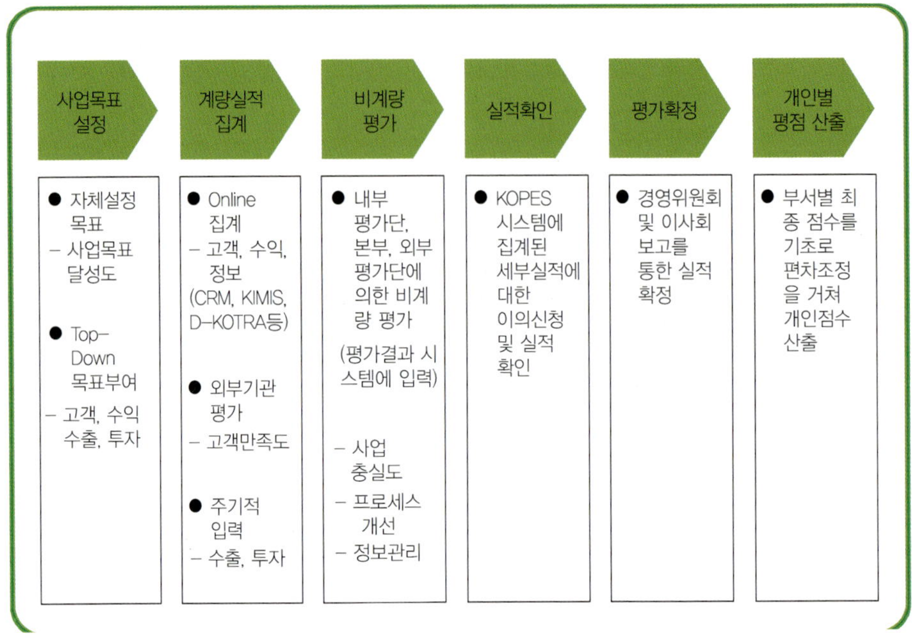

15.13.2. 사업(성과)평가의 체계

① 조직과 개인의 목표는 사장–본부장–팀장–팀원 간의 협의 조정 과정을 거쳐 Top-Down 또는 Bottom-up 방식에 의해 설정된다(경영목표 : Top-Down, 기타 목표 : Bottom up방식).

② BSC 온라인 평가시스템에 의해 조직목표 달성도를 실시간으로 평가하고 피드백하며, 이때 팀 목표의 60%는 CRM 등 타 시스템의 데이터를 인터페이스하여 실시간 자동 평가하고 나머지 40%는 내부 및 외부 평가단에 의해 비계량적으로 평가한다.

③ 개인목표 달성도는 MBO 평가시스템에 의해 반기 1회 평가하되, 팀장은 조직평가인 BSC 득점률을 100% 반영하고, 팀원은 팀평가 70%, 개인 MBO 평가 30%를 반영한다.

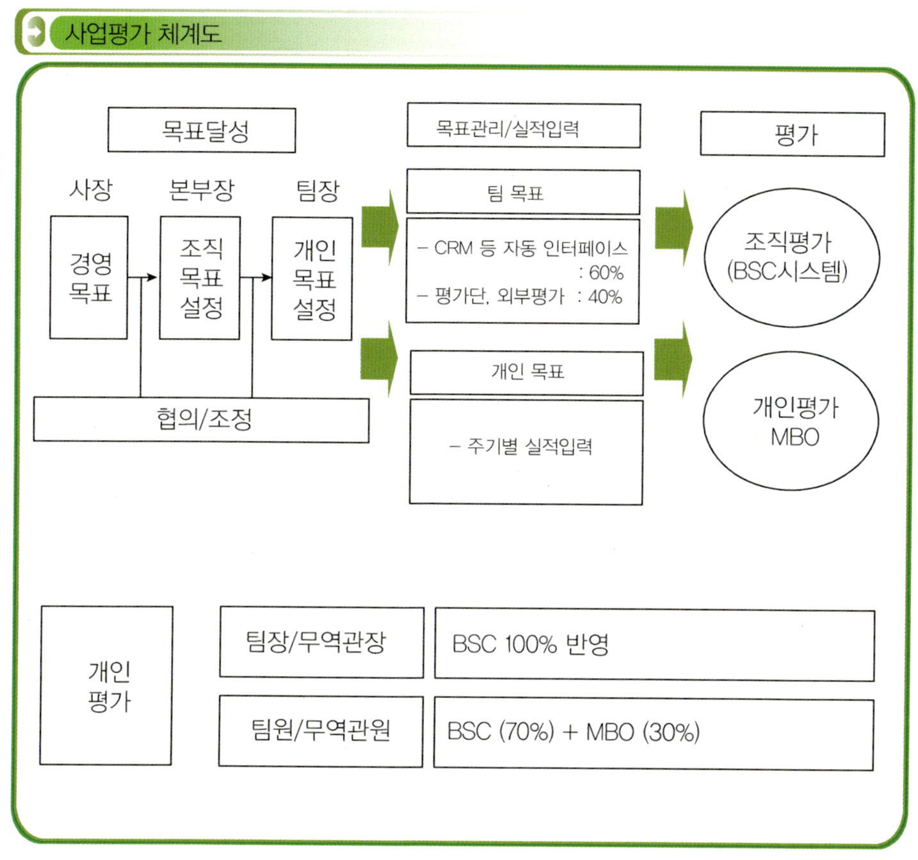

15.13.3. 인사 및 보상

개인 능력평가를 위한 근무 평정은 능력평가(60%)와 업적평가(40%)로 구성하되, 능력평가는 상사, 동료, 하급자의 다면평가에 의해 실시하고, 업적평가는 BSC(조직)와 MBO(개인)에 의해 평가한다.

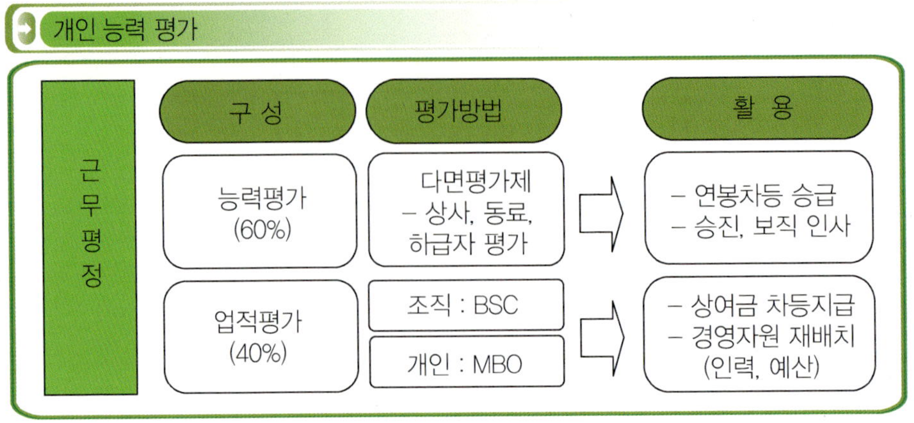

15.13.4. 경제적 보상-인센티브, 연봉제

① 누적식 연봉제를 운영함에 따라 성과연봉의 영향력을 극대화하고 있다.

② 이에 따라 근속 연수가 동일한 경우 2직급 직원이 3년 연속 최하위 등급(하위 10%)이고, 3급 직원이 3년 연속 최상위 등급(상위 10%)일 경우 연봉 역전이 가능하게 된다.

인센티브, 연봉제

■ 인센티브 차등 : 기본연봉의 35% 차등(1직급 팀장 기준)
  2004년도의 경우 1,000만원 이상 차이

■ 연봉구조 : 기본연봉 + 성과급(기본월봉의 500% 내에서 경영평가경적에 따라 결정)

■ 주적식 연봉제 운영
  성과에 따른 영본차등승급 (상위 10% 2등급 승급, 하위 10% 유급)

■ 연봉기준 : 능력평가 60% + 업적평가 40%

IV단계 BSC 운영단계

 **16. 운영계획 수립**

16.1. 세부운영계획 수립

BSC가 경영 전반에 효과적으로 활용되고 정착될 수 있도록 하기 위해서는 구체적이고 실질적인 운영계획이 수립되어야 한다. 이러한 운영계획의 수립 범위는 원칙에 따라서 마련되어야 한다. 무엇을 대상으로 평가할 것인가라는 평가대상의 선정으로부터, 누가 운영주체가 되어, 어떠한 방법으로 평가운영을 하며, 평가주기와 횟수는 언제 실시하고, 어디에 평가결과의 활용방안과 피드백할 것인가를 신중히 검토하는 등 그 목적과 범위를 명확히 해 두어야 한다.

BSC 성공 여부는 조직 구성원들이 조직 및 사업부의 비전 및 전략에 관련한 핵심성과지표를 얼마나 많이 인식하고 공유하는지 그 의지에 달려 있으므로 실질적으로 많은 업무를 수행할 평가팀과 사업부 간에 충분한 협의와 조율을 거친 후 BSC 세부운영계획이 수립되도록 해야, 기대한 바의 효과를 거둘 수가 있는 것이다.

16.1.1. 평가주체

평가대상을 누가 평가할 것인가? BSC 운영에 있어서 가장 말도 많고 탈도 많은 것이 평가주체의 선정이다. 평가주체에 대하여 평가대상자로부터 정당성을 얻지 못하면 평가결과에 대하여 신뢰성을 얻을 수 없다. 평가주체는 사업본부와 팀에서 취합하고 조정한 지표를 전사 차원에서 조정하고 평가를 총괄한다.

일단 시범운영 단계일 경우에는 경영혁신팀에서 담당하고, 전사적일 경우에는 조직의 최고경영자로 구성된 전략평가임원회의와 BSC 구축 당시부터 구축된 사업부별 BSC 담당자로 주축이 된 운영평가팀으로 구성하고, 그 평가결과를 대상으로 재검토하고, 타당성을 확인하는 BSC 평가위원회로 구성한다.

전략평가임원회의는 BSC 운영의 전반적이고 전략적인 방향과 성과결과를 보고받고, 이에 대해 검토를 하게 되며, 전략이 제대로 실행되었는지 평가하며, 조직의 전략방향을 결정하고 차기의 전략목표를 선정한다.

운영평가팀은 정기적인 회의를 통하여 사업부별 BSC 성과를 검토하고, 다른 사업부서와의 평가지표와 성과결과를 공유하고, 이에 대한 문제점을 최소화하고 조정하는 역할을 한다. 마지막으로 BSC 평가위회는 운영평가팀에서 취합하고 검토된 지표와 목표를 전사 차원에서 조정하고 데이터를 수집하며, 검토된 지표와 목표의 적절성 등을 재검토하는 역할을 하게 된다. 따라서 전사 조직원들로부터 객관성과 신뢰성을 보장받기 위해서 가능하면 외무 전문가와 내부 전문가 자문집단으로 구성하는 것이 바람직하다.

BSC 평가주체 운영

16.1.2. 평가운영

평가운영은 전략평가임원회의에서 전사적으로 설정한 전략목표와 핵심성과지표를 검토하고, 이것을 바탕으로 운영평가팀에서는 사업부별 및 팀별에서 설정한 핵심성과지표와 목표를 해당 조직에 전달하고 운영하여 그 성과결과의 적정성을 검토하고, 운영 프로세스를 전반적으로 조정하여, 그 결과를 평가운영위원회에 전달한다.

최종적으로 평가위원회에서는 도출된 핵심성과지표평가를 재검토하여 사업부별로 피드백하여 각 사업 간에 공유될 수 있도록 한다. 만약 사업부 간에 최종 평가를 인증할 수 없을 경우에는 재평가를 요청할 수 있도록 하여 합의 도출된 평가결과를 요약 정리하고 그 결과를 전략평가 임원회에 보고하여 최종 경영진의 차기 BSC 전략 설정과 방향을 결정하도록 하는 단계로 운영된다.

16.1.3. 평가주기

평가주기는 언제로 할 것이며 그리고 몇 회로 할 것인가를 검토하여야 한다. 전략목표와 성과지표의 성격에 따라 평가주기가 설정되어야 한다. 평가주기와 보고주기가 제대로 관리되지 못하면 BSC 운영에 차질이 생길 수 있다. 일반적으로 주요 재무적 성과는 월 단위의 평가주기로 집계하고, 기타 결과는 평가지표에 따라 분기, 반기 및 연 단위로 이루어진다. 월 단위 평가결과를 종합하여 분기나 반기 평가에 반영하고, 이를 다시 연 단위 종합 성과평가에 반영하고, 그 평가결과를 토대로 차기 연도의 전략목표와 방향을 결정할 수 있도록 한다.

16.1.4. 평가결과 관리 및 피드백방안 수립

도출된 평가결과에 대한 관리방식과 피드백을 어떻게 적용할 것인가를 검토하여야 한다.

시스템 구축을 통하여 평가결과에 대한 적합한 피드백으로 조직 간 평가의 공정성과 효율성 측면에서 조화가 이루어지도록 하여야 성과평가에 대한 조직원들 간의 동기부여와 긍정적인 협조를 이끌어 낼 수가 있는 것이다. 만약에 평가결과가 제대로 이루어지지 못하면 평가가 좋지 못한 사업부별 간의 BSC 성과에 대한 불신을 조성하게 되므로 평가결과 관리와 피드백은 신중하게 결정하여야 한다. 즉 BSC 운영의 평가결과에 의해 동기유발이 되어야 하는데 조직 간에 동기부여를 꺾거나, 위화감을 조성하면 안 되기 때문이다.

피드백도 단순한 조직의 목표와 실적의 차이를 보여 주는 것에서 끝나는 것이 아니고, 그 원인 분석을 통해 전략의 수정 여부와 사업계획 수립내용의 수정 여부도 지속적으로 모니터링할 수 있는 수단으로 운영되도록 하여야 한다.

16.1.5. 평가결과 활용

BSC 운영은 전사적으로 도출된 핵심성과지표를 적용하고 그 수치적 결과를 피드백하는 과정을 체계화함으로써, 조직 구성원들의 지속적이고 자발적인 성과평가를 가능하게 하여 사업부와 팀별 평가에 활용하여 해당 조직의 인센티브 제공 및 학습능력의 기준으로 활용할 수 있는 체계이다. 과거의 성과평가가 일부 또는 특정 계층에만 활용한 것과는 달리 전사적으로 핵심성과지표에서 설정된 목표의 달성 여부를 평가하고 그 설과를 기초로 조직원 스스로가 업무수행능력을 평가하고 업무에 활용할 수 있도록 만들어 준다.

평가결과의 활용에서 시범운영 6개월은 목표와 핵심성과지표가 실제로 적용 가능한 지표와 목표인지를 각 사업부서에서 유효성을 검증하도록 하고, 본격도입 1차 연도에는 사업계획이나 예산에 BSC를 활용하고, 2차 연도에는 사업부 및 팀별의 인센티브를 제공하는 자료로 활용하며, 3차 연도부터는 개인별 성과관리에 적용할 수 있도록 한다. 또한 전략적인 성과관리 프로세스에서는 실행조직과 그 구성원들의 업무방향을 검토하고 차월 또는 차기의 실행계획에 활용하고, 기업의 전략방향과 단기적 목표를 수정하고 차기 연도의 전략, 목표, 예산편성을 위한 전략적인 의사결정에 적용한다.

평가 결과 활용방안 수립

기간	세부내용
3월~6월	각 사업부서 및 팀에서 목표와 핵심성과지표가 실제로 적용 가능한 지표와 목표의 유효성 검증
1차년도	사업계획이나 예산편성에 활용
2차년도	사업부 및 팀 별의 성과 관리와 인센티브 자료로 활용
3차년도	개인별 성과관리에 활용

17. 마스터플랜 수립

17.1. BSC 도입단계

새로운 경영혁신 수단인 BSC가 조직 내에 제대로 정착하기 위해서는 장기적인 마스터플랜을 수립하여야 한다. 장기적인 마스터플랜을 수립함으로써 BSC가 자연스럽게 기업의 경영혁신을 구축할 수 있는 경영도구로 정착될 수 있도록 해야 한다.

BSC 평가지표가 단순한 상벌의 평가지표가 아니라 조직 구성원의 업무성과를 조직원 스스로가 학습능력을 향상시키고, 조직 전체의 경영의 효율성을 높이고 자산 배분을 합리적으로 할 수 있다는 변화관리의 도구로 인식되도록 해야 한다. 대부분의 경우 경영진과 구성원들 간에는 조직의 평가관리체계에 대한 인식이 근본적으로 다르다.

조직 내에서 경영혁신의 변화가 시도되면 조직 전체적으로는 개선의 기회로 받아들이지만 조직 구성원들에게는 그 평가결과로 인해 득보다 실이 된다는 인식 때문에 조직 변화를 바라보는 근본적인 시각이 다르다. 아무리 좋은 경영혁신기법이라도 조직원들이 공감하지 않으면 실패할 확률이 높다. 특히 BSC의 경우에 있어서는 경영성과뿐만 아니라 인사평가시스템으로 확장될 가능성이 높아 조직 구성원들에게는 일말의 불안감으로 거부감을 일으킬 수 있으므로 BSC 도입에 대한 조직 구성원들의 공감대를 형성하는 것에 우선적인 목표를 두어야 한다. 그러므로 BSC 도입 구축 초기 단계에는 조직 구성원들이 거부감 없이 받아들이도록 하는 선행작업이 선행되어야 한다.

BSC 도입 구축단계에서는 BSC 구축이 궁극적으로 개인과 조직 전체에 어떠한 영향을 미칠 것인가를 분명히 인식하도록 교육활동에 많은 노력을 기울어야 한다. 특히 조직 구성원들과 공유하고 의사소통을 활성화시킬 수 있는 수단으로 활용하는 데 역점을 두어야 한다.

이 시기에는 전사적으로 운영하기보다는 특정 사업부를 대상으로 운영하는 것이 바람직하다. 도입 초기부터 전사적으로 운영하는 것은 시간과 노력이 많이 들기 때문이기도 하지만, 전략목표와 핵심성과지표가 실제로 적용 가능한 지표와 목표인지를 각 사업부서에서 유효성을 검증하도록 하고, 소규모 시스템 구축으로부터 시작하여 대규모 시스템 구축에 따른 위험을 최소화할 수 있기 때문이다. 특히 이 시기에는 BSC 결과를 평가와 보상을 목적으로 활용하지 않도록 하고 성과의 모니터링과 관리에 주안점을 두어야 한다.

17.2. BSC 운영단계

BSC 운영은 전사적으로 도출된 핵심성과지표를 적용하고 유효성과 검증을 통하여 그 수치적 결과에 대해 조직 구성원들의 공감대가 형성되면 BSC 운영이 실제적으로 업무에 적용할 수 있도록 BSC 운영프로세스를 설정해야 한다.

전 단계가 BSC를 조직 내에 접목을 하기 위한 단계라면 이 시기는 본격적으로 조직의 업무프로세스와 연계하여 활용할 수 있는 단계이다. 이를 위해서는 특정단위별로 구축한 BSC 운영을 전사적으로 성과를 평가하고 이를 토대로 보상과 연계하여 동기유발이 일어날 수 있도록 객관적인 평가가 이루어지도록 해야 한다.

또한 특정 부문에만 도입한 시스템 구축도 전사적으로 확장할 수 있도록 본격적인 시스템 구축이 이루어지도록 해야 한다. 각 사업 부문과 지원 부문의 각종 데이터들이 서로 연계하여 업무프로세스로부터 자동적으로 생성되고 통합 관리할 수 있도록 해야 한다.

사업 부문의 BSC와 지원 부문의 BSC가 전사적으로 공감대를 형성할 수 있도록 성과평가에 대한 피드백이 체계적으로 수행되어야 한다. 도출되고 실행한 조직단위별 핵심성과 결과에 대한 근본적인 문제점을 파악하기 위해 이슈들을 정리하고 이에 대처하는 꾸준한 노력도 함께 병행하도록 해야 한다.

17.3. 일상적인 BSC 활동단계

BSC가 특별활동이 아닌 일상적인 업무프로세스로 운영되고 자동적으로 피드백되는 시기를 말한다. 모든 조직과 조직 구성원들이 조직의 비전과 전략을 달성하기 위해 어떻게 업무를 수행해야 하는지를 인식하고, 성과결과가 조직의 책임경영을 요구하고, 개인의 평가와 보상을 위한 기본 수단으로 활용할 수 있는 점을 주지시켜야 한다. 따라서 핵심성과지표도 구체적인 성과보상으로 연계할 수 있는 만큼 상세화하고, 시스템 역시 개별조직 구성원들이 활용 가능하도록 정교화되어야 한다.

이 시기는 BSC가 일상적인 업무프로세스로 이해되어야 하며, 새롭게 적용되는 개인성과 및 보상방안에 대한 조직적인 제도화와 교육이 필요한 시점이다. 또한 조직의 전략목표를 달성하기 위한 향후 운영방안과 장기적인 발전방향에 대한 전반적인 재검토가 필요한 시점이기도 하다.

시스템 구축

18.1. BSC 시스템 구축 프로세스

BSC 시스템을 구축하기 위한 프로세스는 ① 분석단계에서 BSC 도입목적을 명확화하고 ② 구축단계에서 시스템 아키텍처를 결정하고 지표별 화면을 디자인하고 데이터 생성 및 추출을 하고 입력시스템을 디자인한 후 ③ 검증단계에서 데이터를 검증하고 ④ 운영단계에서 피드백 및 운영을 실시한다.

전략적 성과관리(BSC)시스템 구축이 공공 부문에 확산되면서 그 파급효과가 민간 부문에도 막대한 영향을 주고 있다. 공공 부문의 경우는 조직원의 규모에 따라 다르긴 해도 100인 이상인 경우 수작업으로 성과를 관리하는 것은 사실상 불가능하다.

그래서 BSC 도입을 검토하고 있는 기업이나 조직은 성과관리의 편의성을 도모하고 효과적인 정보 공유와 관리를 위해 시스템 도입을 적극 검토하고 있다. 최근에 발주되는 전략적 성과관리(BSC) 구축 용역사업의 경우 BSC 솔루션을 BSC 컨설팅과 동시에 추진하는 경우가 대다수이다.

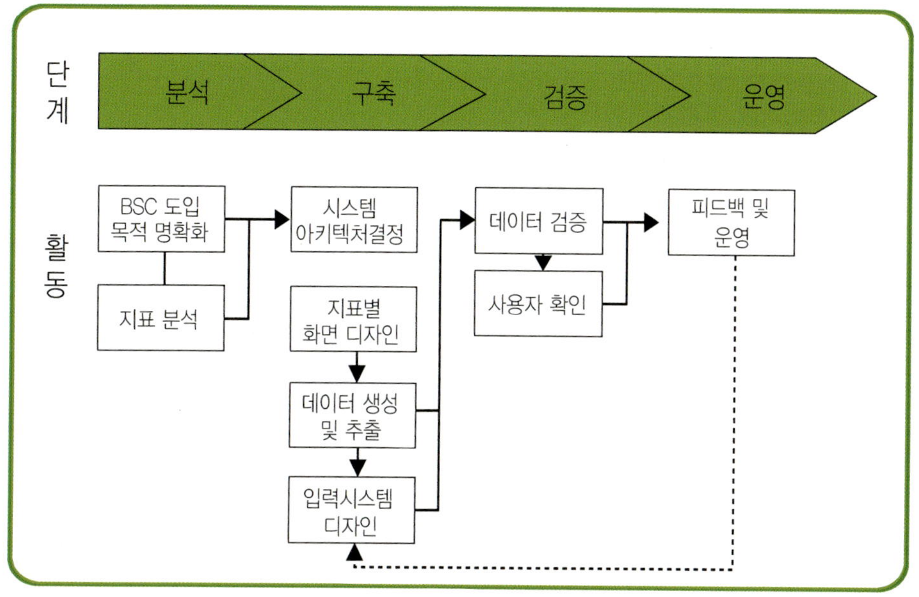

BSC 시스템 구축을 준비하는 기업이나 조직으로부터 받게 되는 가장 흔한 질문은 시스템 아키텍처를 어떻게 구축해야 하는지에 대한 것인데 이에 앞서서 왜 전략적 성과관리시스템을 구축하려고 하는가? 전략적 성과관리시스템으로 얻으려고 하는 것은 무엇인가를 먼저 확실히 해야 한다. 그 후 시스템의 주요 기능을 점검하여 자사의 목적과 부합하는지를 검토한 후 선정해야 한다.

18.2. 변화를 시도하는 기업이나 조직이 지켜야 할 8가지 원칙

전략적 성과관리(BSC)시스템의 구축을 통해 기업이나 조직이 추구하는 목적을 달성하려면 각 단계마다 최적의 산출물이 도출되어야 한다. 미션, 비전, 전략, 성과목표 등은 각개로서가 아니라 미션을 정점으로 비전이 수립되어야 하며 전략은 비전을 달성하기 위하여 수립되어야 하며 성과목표는 전략달성이 목표가 되어야 한다. 이 중 어느 한 가지라도 모호한 상태에서 시작하면 양질의 결과를 얻을 수 없다. 따라서 BSC 구축과 운영과정에서

1. 긴박감을 조성하라

2. 권한을 이양하라

3. 변화에 대한 비전을 만들어 보여줘라

4. 비전을 제대로 전달하라

5. 조직원들이 비전을 따르도록 만들어라

6. 장기/단기 성과계획을 균형되게 하라

7. 변화를 너무 빨리 확신하지 말라

8. 비전에 적합한 기업문화를 형성하라

– John P, Kotter –

자료출처 : BSC 실천 매뉴얼

발생 가능한 시행착오들을 최소화하고 기대한 효과를 거두기 위해서는 아래의 8가지 원칙을 준수하면서 진행하는 것이 효과적이다.

18.3. 실무경험에 의한 핵심성공요인

실무경험에 의한 내용을 정리하면

① 미션, 비전, 전략목표, 성과목표는 인과관계를 가지고 연계되어야 한다.

② 성과목표와 지표는 실현 가능해야 한다.

③ 계량지표와 비계량지표를 모두 도출할 수 있어야 한다.

④ 상위목표의 달성은 하위 프로세스에서 행동이 이루어지도록 연계되어야 한다.

⑤ 전사적으로 모든 계층에 걸쳐 시행되어야 한다.

⑥ 사용방법이 용이해야 성공적으로 정착할 수 있다.

⑦ 다른 정보시스템과 통합 운영되어야 일체감이 있고 효과적이다.

BSC구축 10가지 원칙

1. BSC구축 목적을 분명히 하고 알려라

2. BSC도입이유를 조직원이 공감해야 성공한다

3. 조직의 관리 수준에 적합하게 구축하라

4. 꼭 필요한 지표만 설정하라

5. 핵심성과지표를 계량화를 하라

6. 도전적 수준의 목표를 수립하라

7. 유관조직끼리 공감대를 형성하라

8. 전 구성원을 참여시켜라

9. 중간관리자의 역할이 성공을 좌우한다

10. 입력데이터는 정확하게 적시에 관리되어야 한다

18.4. 시스템 구성도

시스템 구성은 크게 사용자 레이어, 서비스 레이어, 데이터 레이어로 구성되는데 사용자는 전용 웹브라우저를 통해서 BSC 솔루션의 서버에 접속하여 BSC 솔루션에 접근할 수 있다.

사용자와 관리자의 구분에 따라 사용자 권한이 부여되는데 부여된 권한에 따라 일반 사용자는 모니터링만 지표관리자는 지표관리만 시스템관리자는 시스템관리가 가능하도록 권한을 부여하는 것이 일반적인 형태이다.

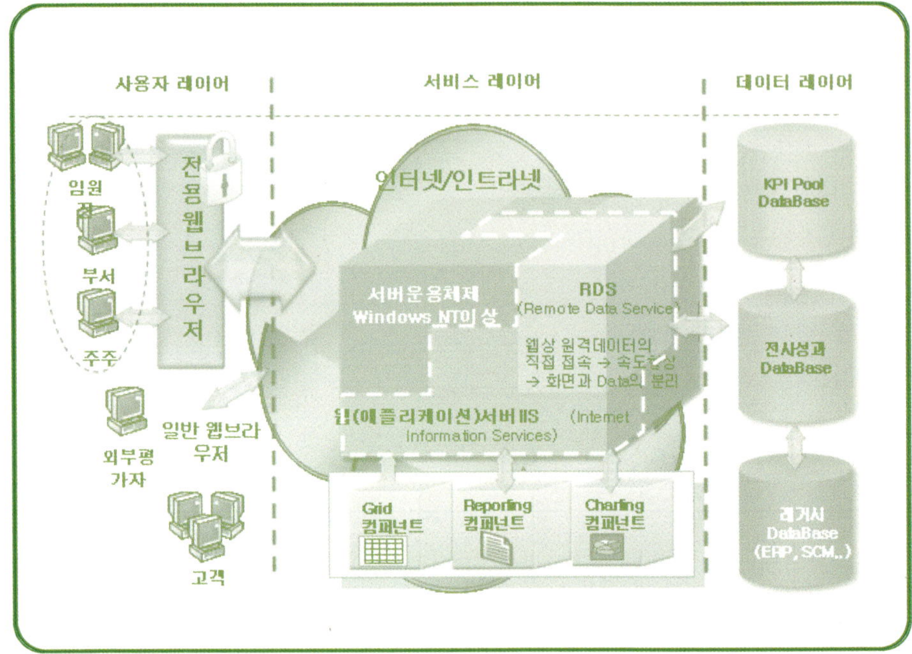

자료출처 : 베스트 정보기술

18.5. 아키텍처 구성도

시스템 아키텍처의 구성도와 사례는 아래와 같다.

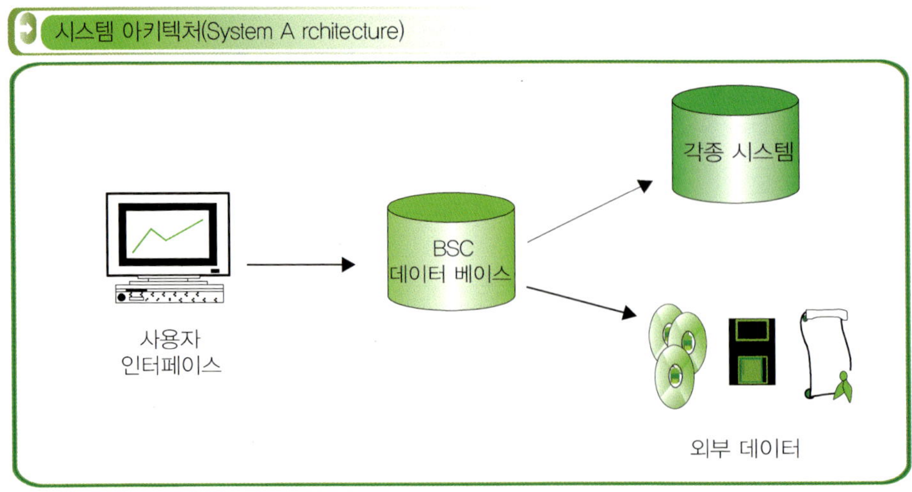

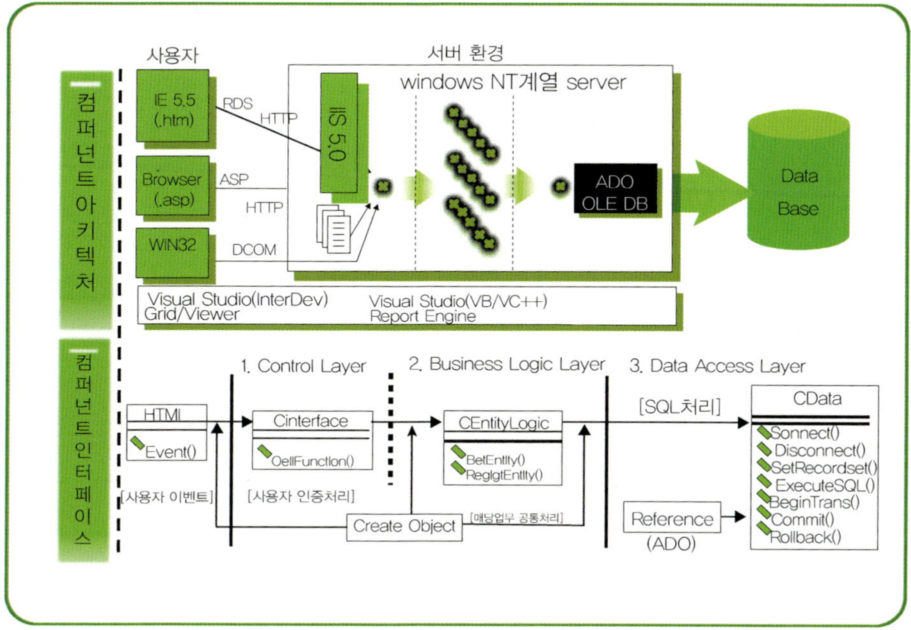

자료출처 : 베스트 정보기술

18.6. 시스템 권장사항

요구되는 시스템의 권장사항은 하드웨어와 관련 소프트웨어 측면에서 아래와 같은 요구 조건을 충족하면 별다른 문제없이 사용할 수 있다.

하드웨어	CPU Pentium 4 급 이상	
	Memory : 256MB 이상	
	HDD : 5GB 이상	
	LAN : 10/100 Base 이상	
관련소프트웨어	운영체제(Operating System)	Windows 2000server 이상
	데이터베이스(DataBase)	MS-SQL 2000
	웹서버(Web Server)	IIS 5.0 이상
	리포트툴(Report Tool)	Crystal Report 9.0
	웹브라우저(Web Browser)	Microsoft Internet Explorer 5.50이상

자료출처 : 베스트 정보기술

18.7. 업무구성도

전략적 성과관리(BSC)시스템의 근본목적은 성과의 모니터링이다. 그러나 성과의 모니터링을 하다 보니 자연스럽게 성과평가, 더 나아서는 기업이나 조직에 따라 인사평가관리와의 결합이나 데이터의 연결을 요구하는 추세에 따라 최근에는 BSC 성과관리시스템에 인사평가관리를 포함해 주기를 원하는 추세에 따라 일부 제품은 인사평가관리를 내장한 솔루션도 출시되고 있다.

인사평가시스템을 이미 구축한 기업이나 조직은 BSC 솔루션과의 데이터 교환이나 연결을 통하여 활용할 수도 있다. 또는 전사 차원에서 아예 통합시스템을 구축하는 곳도 점차 증가하고 있는 추세이다.

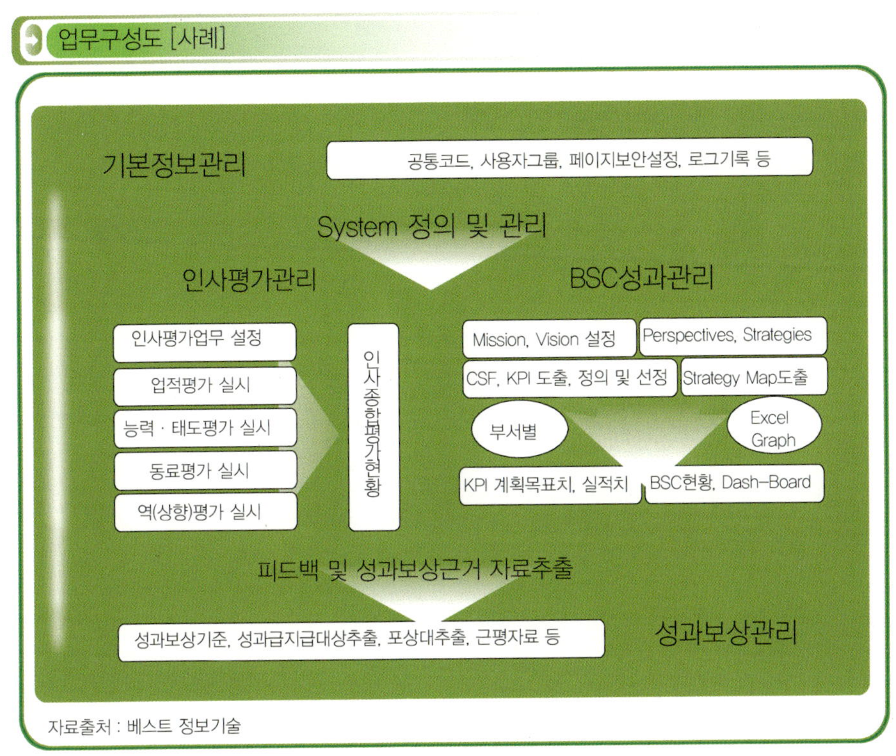

18.8. 시스템의 주요 기능

전략적 성과관리(BSC)시스템에 요구되는 주요 기능은 아래와 같다.

시스템의 주요기능

기능	주요기능
보안성	• 사용자 로 그인 및 사용 자별 접근 및 검색조건 차별화 기능
유연성	• OLAP(Online Analytical Processing)과 연결기능 • 내부 및 웹 환경에서 어디에서나 HTML Link 기능 • 주요 D/B로부터의 Metrice 자동전송 기능
편의성	• 성과지표의 최대치, 최소치 설정에 의한 자동 점수계산 기능 • 전략목표, 성과목표, 성과지표 등에 대하여 내부 커뮤니케이션을 위한 메시지 전달 및 응답기능 • 성과 결과의 분석 및 그래프 제공 기능 • 성과 결과의 Top Down, Drill Down 기능 • 성과지표 Pool 기능에 의한 조건별 적용 및 선별 기능 • 사용자별 성과점수의 한계 초과 혹은 미달 발생지표 표시 기능
효율성	• Themes별 검색 및 설정 기능, 지표에 대한 사용자별 메모 기능 • 이니셔티브 관리기능 (성과향상을 위한 동기부여와 수단, 방법 등에 대한 Action) • Plan 및 진행에 대한 모니터링 기능 • 사업무별, 팀별 경고 지표 열람 및 성과지표의 일괄 등록, 관리 기능 • 관점 설정 및 성과 관리 대상조직의 다양성 지원 기능 • 조직(부서)별 미션, 비전 설정 기능
연계성	• 전략목표, 성과목표 및 지표와 사업부/팀별 가중치 부여기능 • 전략체 계도의 지표 연결 및 점수 모니터링 기능 • 전략맵의 점수 모니터링, 전략체계도와 지표의 연결기능

18.9. 세부 단계별 주요 활동

단계별	세부구축단계	세부활동	
I. 준비단계	•선행분석	•도입타당성 분석 •자료 및 인터뷰 분석	•비전 및 전략분석 •전략 테마 및 대안 도출
	•프로젝트계획 수립	•프로젝트 범위 •프로젝트 추진 일정 •프로젝트 관리프로세스	•프로젝트 계획 수립 •조직별 업무분장 •프로젝트 관리 지침
	•변화관리	•변화관리 •Kotter의 8단계 모델	•GE의 변화관리 모델 •단계별 변화관리
II. 가치체계 구축단계	•가치체계 구축	•미션 •비전 •가치	•가치 •관점 •가치체계 도출과정
	•관점	•관점의 정의 •관점의 종류	•관점 설정 프로세스 •관점 수립절차
	•Value Chain	•Value Chain의 개념	•Strategy & Value Chain
	•전략목표 도출	•전략목표의 정의 •전략목표의 개발 •전략목표 설정 프로세스	•전략목표 수립절차 •전략목표 도출과정 •전략정렬 피라미드
	•전략체계도	•전략체계도의 개발 •전략체계도의 개념	•4가지 관점 •전략체계도의 용도
III. BSC 개발 단계	•성과목표 도출	•BSC의 구조적 이해 •성과목표란?	•성과목표 도출 방법론 •성과목표 도출
	•성과지표 개발	•성과지표란? •성과지표의 분류 •성과지표 도출 방법론 •가중치 부여 •타당성 검증	•성과목표 개발원칙 •성과지표 설정시 체크 포인트 •성과지표의 속성유형 •이니셔티브 •캐스케이딩 •지표정의서 작성
	•평가 및 보상	•성과관리의 변화 •성과관리 프로세스 •MBO •목표설정의 원칙 •평가시스템의 설계원칙	•역량평가시스템 •평가의 오류 •조직원 유형별 성과관리 •영리기업의 평가보상 사례 •공공기관의 평가보상 사례
	•시스템 구축	•시스템 아키텍처 결정 •핵심성과지표별 화면 디자인 •데이터 생성 및 추출	•입력 시스템 디자인 •데이터 검증 및 사용자 확인 •피드백 및 운영

Ⅳ. BSC 운영 단계	•BSC 운영계획 수립	•BSC 운영 프로그램 개발	
	•마스터플랜 수립	•BSC 마스터플랜 정교화	

18.10. BSC 시스템 구축 프로세스

BSC 시스템 선정기준

사용자 측면	시스템 측면	일반사항
•사용 편리성 •지표 표형의 다양성 •커뮤니케이션의 용이성	•시스템 확장의 용이성 •시스템 보안	•비용 및 개발지원 •개발경험

BSC 시스템 구축 성공요소

사용자 측면	테이터 측면	시스템 측면	시스템 운영 측면
•사용 편의성 •지표계량화 •Help 체계의 완비	•정보의 신뢰성 확보 •정보의 직시성 보장 •다차원 정보제공	•시스템 성능확보 및 확장 용이성 •타 시스템과의 통합 및 연계	•운영의 용이성 •보안체계 •지표 Pool 형성

성과창출

올라가는 사람이 많았던 희망의 사회에서 올라가는 사람보다 내려가는 사람이 많은 사회로 '희망의 사다리'가 점점 사라지는 현실에서 성공하기 위해서는 자신의 역량을 키우고 긍정적인 마인드로 무장하고 하는 일마다 남보다 더 높은 성과를 창출하는 사람만이 성공할 수 있는 시대가 되었다.

올라가는 사람이 많은 사회에서 내려가는 사람이 많은 사회로　단위:%

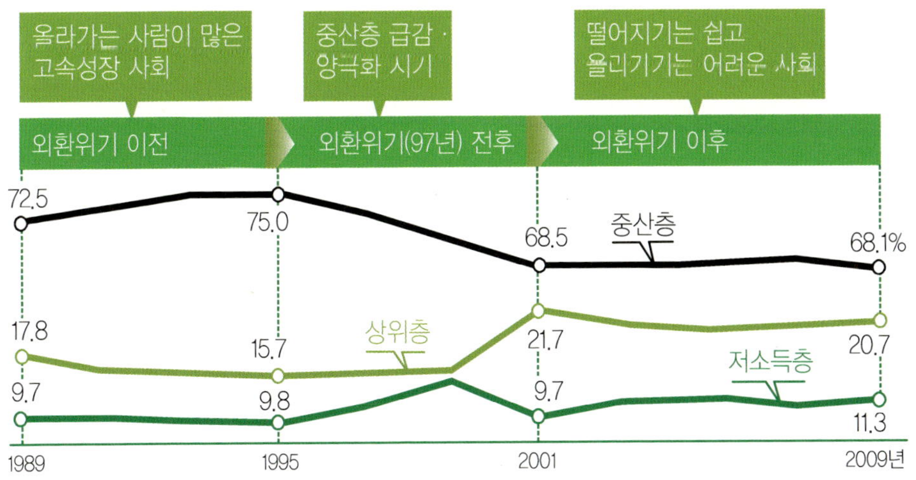

자료: 한국노동패널조사, 분석: 방하남 한국노동연구원 선임연구위원

1.1. 불가능을 가능케 하는 긍정의 힘

긍정적인 마인드가 인생을 살면서 얼마나 중요한지는 뒤에서 자세히 설명하겠지만 고 정주영 현대그룹회장의 일화는 우리에게 긍정적인 마인드가 얼마나 중요한지를 일깨워 주는 좋은 교훈이다.

1975년 어느 날, 박정희 대통령이 현대건설 정주영 회장을 불렀다.
오일달러가 넘쳐나는 중동국가에서 건설공사를 할 의향이 있는지 타진하기 위해서였다.
이미 다른 사람들은 너무 더워서 일을 할 수 없고, 건설공사에 절대적으로 필요한 물이 없어서 불가능하다는 답을 들은 터였다. 미션을 받고 한달음에 중동에 다녀온 정 회장은, 대통령에게 이렇게 보고했다.

"중동은 이 세상에서 건설공사를 하기에 제일 좋은 지역입니다."
"왜요?"
"1년 열두 달 비가 오지 않으니 1년 내내 공사를 할 수 있고요."
"또요?"
"건설에 필요한 모래, 자갈이 현장에 있으니 자재 조달이 쉽고요."
"물은?"
"그거야 어디서든 실어오면 되고요."
"50도나 되는 더위는?"
"낮에는 자고 밤에 시원해지면 그때 일하면 됩니다."
1970년대를 상징하는 중동 붐은 이렇게 시작되었다.
긍정은 '할 수 있다'는 자신감이 '할 수 없다'는 두려움을 이기는 것이다.
고 정주영 회장의 "임자, 해 보기나 했어?"라는 정신으로 덤비면 못 할 것이 없다. 일은 그렇게 하는 것이다.

1.2. 잘살려면 일을 잘해야 한다

'일'이란 과연 무엇이며, 무엇이어야 하는가?
일본 교세라그룹의 창업자인 이나모리 가즈오 회장은

① 나는 내면을 키우기 위해 일한다.
내면을 키우는 것은 오랜 시간 엄격한 수행에 전념해도 이루기 힘들지만, 일에는 그것을 가능하게 하는 엄청난 힘이 숨어 있다. 매일 열심히 일하는 것은 자신의 내면을 단련하고 인격을 수양하는, 놀라운 작용을 한다.

② 한평생 자신의 일에 최선을 다하고 자기 일을 사랑하는 사람을 존경한다.
오랜 시간 자기 일을 올곧게 지켜 오면서 마음을 갈고닦은 사람만이 가질 수 있는 인격의 무게감, 나는 그런 사람, 그런 인격과 마주할 때마다 숙연해진다.

③ 도대체 무엇을 위해 일하는가?
당신이 일하는 것은 스스로를 단련하고, 마음을 갈고닦으며, 삶의 중요한 가치를 발견하기 위한 가장 중요한 행위를 하고 있다는 점을 명심하라.

④ 노동은 맡은 일을 달성하는 것이 아니라, 내적 완성을 위한 과정이다.
일은 그 일에 종사하는 사람의 마음을 연마하고 인간성을 키워 준다.

⑤ 탐욕, 분노, 불만은 스스로를 옭아매는 근원이다.
불가에서는 이 세 가지를 '삼독'이라 부르며, 깨달음에 장애가 되는 근본적인 번뇌이자 잘못된 행동으로 이끄는 나쁜 근원이라고 여긴다. 탐욕, 분노, 불만을 완전히 없앨 수는 없어도 이 나쁜 기운을 회석시킬 수는 있는데 이를 위한 가장 확실한 방법이 바로 '열심히 일하는 것'이다. 주어진 일에 집중하고 누구보다 성실히 일함으로써 자연스럽게 세 가지 독을 해독할 수 있다.

⑥ 일에 몰두하면 화를 진정시키고 푸념하지 않게 된다.

또한 꾸준히 노력함으로써 인격도 수양할 수 있다. 일은 인생을 사는 수행이다.

⑦ 자기가 좋아하는 일을 추구하기보다는, 자기에게 주어진 일을 좋아하는 것부터 시작
   하라.

자기가 좋아하는 일을 추구하는 것은 유토피아를 찾는 것과 같다. 유토피아는 화려하지만, 현실에서는 절대로 이루어질 수 없다. 유토피아는 유토피아일 뿐이다. 그래도 유토피아를 현실에서 이루고 싶다면, 지금 자신 앞에 놓인 일을 먼저 사랑하라.

⑧ 지금하고 있는 일이 좋아질 수 있도록, 사랑하도록 끝없이 노력하라. 다른 방법은 없다.

자료출처 : 이나모리 가즈오, 『왜 일하는가』

1.3. 일과 성과

성과관리시스템을 외관상 멋지게 구축하기만 하면 그날부터 개인이나 조직의 성과가 창출될 것으로 착각하는 사람들이 많다.

그러나 개인이나 조직이 일을 시작하기 전에 반드시 갖추어야 할 사항들이 있는데 그중에서도 가장 중요한 것은 왜 그 일을 하려고 하는지에 대한 명확한 정의가 있어야 한다.

이는 방향을 설정하는 일로 가장 중요한데도 이는 대충해 놓고 성과목표나 지표만 가지고 어떻게 해 보려고 하는 경향이 많은데 이렇게 구축한 성과관리시스템은 조직에 오히려 악영향을 끼치며 차라리 성과관리를 시작하기 이전보다 더 나쁜 상황을 만드는 경우가 많다.

몇 개의 기업에서 경영자가 성과관리를 조직원들을 쥐어짜는 도구로 활용하기 위하여 도입하려는 경우를 많이 보았는데 그때마다 BSC의 원칙에 입각한 이해와 CEO의 자발적이고 헌신적인 노력 없이 구축한 성과관리의 폐해를 설명하고 차라리 성과관리를 하지 말 것을 권유한 경우가 많다.

사람은 태어날 때 작든 크든 재능을 타고났다. 타고난 재능을 능력으로 발전시키면 성공할 수 있으므로 자신의 숨겨진 능력을 발견하여 회사나 조직에 활용할 때 인재는 더욱 빛을 발하고 조직은 탁월한 능력을 발휘할 수 있다.

바람직한 성과관리를 위해서는 조직원은 자신의 성과만으로 평가를 받겠다는 각오가 필요하며 경영자나 CEO는 조직의 문화와 근무환경을 성과가 창출될 수 있는 여건으로 조성해 주고 성과에 상응하는 금전적, 비금전적 보상을 반드시 실천하겠다는 각오와 의지가 있을 때 성공할 수 있다.

제일 먼저 자신이 어디에 어떻게 있으며 어떤 역량이나 자원을 확보하고 있는지에 대한 올바른 판단이 있어야 하고 그런 자원과 역량을 보유한 조직이나 개인이 목표하는 바가 명확해야 올바른 방향을 설정할 수 있다.

대개의 개인이나 조직은 명확한 목표방향의 설정이 없이 어떻게 되겠지라는 막연한 생각으로 또는 계획은 그럴듯하지만 실천에 대한 충분한 고려 없이 시작하는 경우가 많은데 이는 참으로 위험하고 어리석은 행동이다.

부산으로 갈지, 서울로 갈지, 동해로 갈지, 서해로 갈지도 정하지 않고 움직이기부터 하는 방식은 이전의 일하는 방식으로 이렇게 열심히 일하면 망할 수밖에 없다.

부산으로 갈 사람이 무조건 서울방향으로 출발한다면 얼마를 서울방향으로 전진했든지 간에 그 사람은 간 길을 되돌아 부산방향으로 가야 하는데 서울방향으로 전진하기 위해

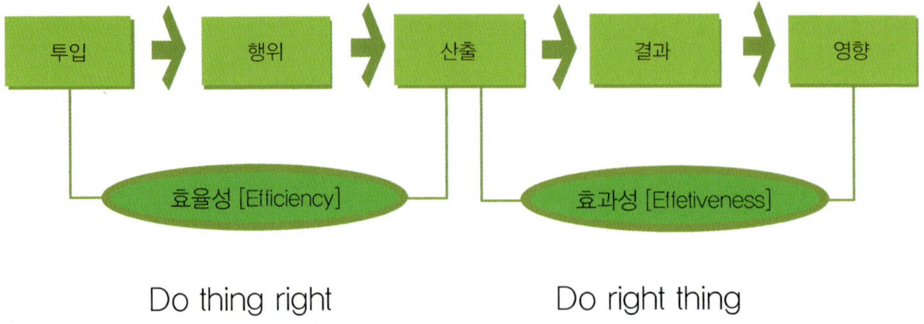

서 투입한 모든 자원과 역량은 허사가 되고 만다.

보유한 자원을 투입단계에서 100% 투입하고 실행과정에서 100% 실행했지만 산출과정에서 산출은 0인데 어떻게 경영할 수 있겠는가? 개인이든 조직이든 보유한 자원을 사용하여 업무를 수행하면 반드시 산출이 있어야 하며 투입보다 항상 산출이 많아야 조직이 생존할 수 있다.

첫째, 일을 잘하기 위해서는 올바른 일을 해야 하는데 비전과 정렬된 일은 올바른 일(Do right thing)이며 비전방향에서 이탈한 일은 이유여하를 불문하고 틀린 일이며 틀린 일을 해서는 성과를 창출할 수 없다.

둘째, 올바른 일(Do right thing)을 올바르게(Do thing right) 해야 한다. 올바른 일(Do right thing)은 효과성이며 올바르게 하는 것(Do thing right)은 효율성으로 2가지 요소의 곱이 성과(Performance)이다.

효율적인 것은 일을 제대로 하는 것이고, 효과적인 것은 제대로 된 일을 하는 것입니다. 수많은 교회들이, 아니 교회뿐만 아니라 각종 기업과 조직들이 효율적으로 돌아가고 있어요. 하지만 효과적인 것은 아니지요.

자료출처: 리처드 브랜슨, 빌 게이츠, 워런 버핏 외 지음, 『위대함의 법칙』

'효율'과 '효과'는 다르다. 그 차이를 인식하는 것에서 '성과'는 시작된다.

피터 드러커는 이 두 가지를 구분하는 것이 중요하다고 강조하는데, '효율적인 것'은 주어진 어떤 일을 제대로 하는 것이고 '효과적인 것'은 '제대로 된 일'을 하는 것으로 근본적인 차이가 있다.

내가 시간을 효율적으로 관리한다는 것은 그 대상인 일들에 초점이 있는 것이 아니라 그 일들을 처리하는 수단에 초점이 맞춰져 있는 것이며 내게 주어진 일들을 능률적으로 잘 처리한다는 의미다.

하지만 중요한 것은 '어떤 일을 하느냐'가 중요한 것이다. 그래서 가장 중요한 일, 제대로 된 일을 '선택'해서 그 일을 하는 것이 필요한데 이것이 바로 '효과적인 것'이다.

이런저런 일들을 능률적으로 잘 처리하는 것이 아니라, 정말 중요한 일을 택해서 그 일을 하는 것이 중요하다. 그래야 성과를 만들어 낼 수 있기 때문이다.

효율적인 것과 효과적인 것의 차이를 인식하고, 효과, 즉 '제대로 된 일'에 집중하는 것. 여기서 성과는 시작되는데 효과성과 효율성은 곱의 관계로 어느 하나가 0이면 나머지가 100이라도 결과는 0이 될 수밖에 없다. 성과관리에서 가장 중요한 Keypoint인네 이를 무시하고 지표 몇 개를 관리해서 성과를 창출하겠다는 것은 언어도단이다.

1.4. Do right thing & Do thing right의 전제조건

올바른 일(Do right thing)을 올바르게(Do thing right) 하기 위해서는 반드시 선행되어야 할 전제조건이 있다. 이 전제조건이 충족되지 않으면 노력한 만큼의 성과를 창출할 수 없다.

1.4.1. 일머리가 공부머리를 이긴다

일머리란 어떤 일의 내용, 방법, 절차 등의 중요한 줄거리를 말하며 통상 일하는 방법, 노하우를 뜻하기도 한다. 실생활에서는 일머리가 있다, 없다 식으로 사용한다.

사람들이 일하는 것을 보면 일머리와 공부머리는 다르다는 것을 알 수 있는데 SKY 출신이 항상 일처리가 뛰어난가? 그렇지 않다. 핵심을 파고드는 뇌를 가진 이가 일처리가 뛰어나며 높은 성과를 낸다.

머리가 좋다는 말은 기억력과 판단력, 사고력과 집중력, 창조력과 표현력을 비롯해 매사에 의욕적으로 배우려는 자세, 이해가 될 때까지 끈기 있게 생각하는 힘, 계획한 일을 신속하게 실천하는 행동력, 경청하는 능력, 타인에 대한 배려, 관용, 자신의 잘못과 실패를 인정하는 솔직함 등 포괄적이고 종합적인 것이다. 그 결과 지성, 이성, 감성을 균형 있게 갖추는 것이 명석한 두뇌라고 할 수 있다.

뇌를 단련하려면 지능과 마음을 같이 연마하는 것이 좋기 때문에 종교적으로는 기도와 묵상, 참선 등이 크게 도움이 된다. 자신만을 생각하는 사람은 일시적으로는 높은 성과를 창출할 순 있어도 지속하기는 어려운데 이는 인간의 뇌는 자신을 방어하는 뛰어난 반응구조를 가지고 있기 때문에 지나치면 자신을 손상시키는 역방향으로 활성화되어 잠재된 이기심이 부정적으로 작용하는 결과 때문이다.

명석한 두뇌와 능력을 향상시키기 위해서는
① 긍정적으로 뇌를 활성화시켜라.
② 흥미를 느끼면서 재밌게 하라.
③ 무슨 일이든 의욕적으로 하라.
④ 감동하면서 일하라.

그러면 각각의 신경계가 활성화되어 생각하는 능력과 태도가 향상되어 고성과자가 될 수 있다.

무조건 열심히 하겠습니다는 사회 초년병 때 하는 말이어야 하며 서른을 넘으면 엉덩이가 아닌 머리로 일을 해야 출세도 하고 성공도 할 수 있다.

목표를 세우고 달성하는 능력 또는 인생의 비전을 세우고 이루는 힘은 뇌를 얼마나 능숙하게 활용하는가에 달려 있다.

우리는 목표 달성이 눈앞에 보이는 듯하거나 기록달성이 가능한 것 같아 목표를 달성한 것으로, 기록을 달성한 것으로 생각하는 순간, 우리의 뇌는 기능이 완화되어 실패하는 경우가 비일비재하다. 성공의 목전에서 이제 성공했구나라고 생각하고 성취감을 느끼는 순간 두 신경계를 연결하고 있던 신경 전달 회로 기능이 둔해져 순간적으로 기능이 급격히 저하하여 실패하게 된다. 뇌는 지나치게 여유로우면 그 기능이 완화된다.

인간의 능력은 단숨에 치솟듯이 가속도를 높이는 성향을 가지고 있기 때문에 컨디션이 좋을 때, 일이 잘 풀릴 때는 그 상태를 지속적으로 유지시켜야 높은 성과를 창출할 수 있는데 여기서 성공한 것으로 착각하거나 멈추고 샴페인을 터뜨리거나 이제 성공했다는 생각을 하는 순간 발전이 정체되고 기록갱신이나 높은 성과의 문턱에서 실패하는 경우가 많다.

올림픽 결승에 진출한 2명의 선수는 기량, 경험, 실력이 거의 비슷하다고 보아야 한다. 그런데 예상을 뒤엎고 기대하지 못했던 선수가 우승의 금메달을 따는 것은 우승예상선수가 시합이 끝나지도 않았는데 금메달을 딴 것 같은 정신적 착각을 뇌가 받아들이고 활성화를 멈추는 순간 기량이 급격히 저하하기 때문이다.

목표를 달성하고 말겠다는 강한 집중력과 긴장감, 승부욕, 투쟁심 등……. 이렇게 고양된

정신은 생리학적으로 교감신경을 자극하여 신체기능을 활발히 할 뿐 아니라 뇌 과학 측면에서 뇌 안의 사고계와 운동계 신경 간의 빠른 정보 교환과 연계활동으로 높은 성과를 창출할 수 있다.

인간의 뇌는 3가지 중요한 본능에 따라 작용하는데

① 살고 싶다 (자기 보존)
② 알고 싶다 (학습본능)
③ 어울리고 싶다 (무리본능)가 있는데

인간의 뇌에는 인간을 사랑하고 그 무리 속에 동화되고 싶은 본능이 잠재해 있으므로 자신이 소속된 집단에 친밀감을 느끼고 어울리려고 하고 동료와 조직을 위해 최선을 다하고자 하는 마음이 인간에게는 지극히 자연스러운 감정이다.

그래서 이런 본능을 고취시키고 강화하여 개인이 지닌 능력을 최대한 발휘하고 팀의 역량도 극대화할 수 있는 조직을 만들기 위해선

① 밝고 적극적으로 업무에 몰두할 것
② 동료의 험담을 하지 말 것
③ 의사소통 능력향상과 타인을 배려할 것
④ 부정적인 언어의 사용이나 행동을 하지 말 것

바른 마음과 명석한 두뇌는 거의 동시에 작용하며 마음이 활성화되면 뇌 기능도 활성화되면서 사고와 지능 수준이 향상되면서 개인의 능력과 그 집합체인 팀의 역량도 향상된다.

반대로 부정적인 사고나 행동은 뇌 기능을 말살시켜 뇌가 정상적으로 활성화되지 않아서 성과를 창출할 수 없다.

일을 잘하기 위해선 뇌에 대한 이해가 필요하다. 인간의 성격도 뇌 호르몬(신경전달물질)의 작용에 크게 영향을 받는다.

1) 도파민(dopamine)

뇌 호르몬의 일종인 도파민(dopamine)은 인간의 의욕과 활력의 원천인 '활성계' 호르몬이다. 이것을 전달물질로 삼는 뇌 신경을 많이 이용하는 사람은 대개 성격이 밝고 활동적이며 호기심이 많고 적극적인 사고와 행동을 한다.

2) 세로토닌(Serotonin)

치유계 호르몬으로 안정과 안심작용을 한다. 세로토닌(Serotonin)계의 신경 호르몬을 전달물질로 삼는 뇌 신경을 많이 이용하는 사람은 대개 성격과 행동이 신중하고 내향적인 성격을 띤다.

성격은 혈액형에 따라 결정되는 것이 아니라 뇌 안의 어떤 신경물질을 많이 활용하는가에 따라 결정된다. 밝고 진취적인 사고와 행동으로 도파민 분비를 촉진하면 뇌가 활성화되어 사고와 지능이 향상된다.

뇌와 성격의 관계는 뇌가 지닌 다양한 기능의 일부에 지나지 않는다. 우리가 알고 있는 생각하거나 기억하는 지(知)의 부분과 성격, 감정 같은 마음의 부분노 뇌가 담당하고 있디.

마음과 뇌는 연동하므로 독보적인 능력을 발휘하는 사람은 뇌 기능도 우수하고 두뇌도 명석하다. 바꾸어 말하면 두뇌가 명석한 사람은 마음씨도 훌륭하다.

인간인 이상 실패는 불가피하며 실패할 가능성은 누구에게나 어떤 일에나 존재한다. 실패하지 않으려고 노력하는 자세 이상으로 실패했을 때 그 영향이 가급적 적게, 가급적 가볍고 빠르게 수습하려는 노력이 중요하다. 실패가 더 이상 확대되지 않도록 하는 일이 중요하며 실패의 책임을 특정 개인이 지게 하는 것이 아니라 모두가 공평하게 책임질 수 있는 풍토의 조성이 중요하다.

개인의 실패를 질책하는 조직에서 사람들은 '지나친 자기방어'로 가기 때문에 자신을 지키려는 나머지 자기 자신을 손상시킬 수 있는 위험이 개인이나 조직에 발생할 수 있기 때문이다.

뇌의 공간 인지 능력을 구사하여 팔 동작을 가장 효과적으로 발휘하는 라인을 라이프 라인이라 하며 라이프 라인은 시선, 허리, 견갑골의 세 가지 위치가 수평으로 균형을 유지할 수 있어야 한다. 공간 인지 능력이 올바로 기능하면 운동능력뿐만 아니라 뇌의 활성화를 촉진시킨다. 자세가 바른 사람은 능력도 뛰어나고 잠재된 능력도 크게 육성할 수 있다.

뇌의 공간 인지 능력을 발달시키기 위해선 글씨를 바르게 쓰는 연습을 하면 눈에 보이게 좋아진다.

정신적인 일이던 육체적인 일이던 일하는 사람의 일하는 자세를 보면 그 일의 결과를 예측 할 수 있는데 라이프 라인이 바른 자세에서 한 일은 성과가 높고 일의 품질이 양호하고 일한 사람 자신이 일에 만족을 느끼는 반면 라이프 라인이 바르지 못한 자세에서 한 일의 결과는 성과는 낮고 일의 품질이 불량하며 일한 사람 자신이 불만족과 과도한 피곤함을 느끼게 된다.

바른 라이프 라인이 몸에 배기 까지는 시간이 걸리지만 자신이 항상 라이프 라인을 점검하면서 바른 라이프 라인이 몸에 배개한다면 언제 어디서 무슨 일을 하든 즐겁고 행복한 마음 으로 일을 할 수 있으며 그 결과는 항상 만족할 수 있다.

당신이 관리자거나 리더라면 조직원들의 일하는 자세를 점검해서 라이프 라인이 바르지 않은 사람은 라이프 라인을 고쳐주지 않는 한 높은 성과는 창출할 수 없으며 불평불만 또한 줄어들지 않을 것이다.

2.1. 장애를 극복하는 법

위대한 사람들은 재난의 시기에 배출되었다.
위대한 사람들은 재난과 혼란의 시기에 배출되었다.
순수한 금속은 가장 뜨거운 용광로에서 만들어지고,
가장 밝은 번개는 캄캄한 밤의 폭풍 속에서 나온다.
자료출처 : 찰스 C. 콜턴

위험에서 벗어나게 해 달라고 기도하지 말고, 위험에 처해서도 두려워 말게 해 달라고 기도하며, 고통을 멎게 해 달라고 기도하지 말고, 고통을 이겨 낼 용기를 달라고 기도하고 노력해야 한다.

2.1.1. 장애는 뇌의 능력을 키울 기회다

일의 기쁨이나 즐거움은 눈깔사탕처럼 입 안에 넣는 즉시 달콤한 것은 아니다. 일의 즐거움은 일의 즐거움과 괴로움 속에만 존재한다. 괴롭고 힘들면서 땀을 흘린 후 마시는 시원한 물의 소중함은 무엇과도 바꿀 수 없는 단맛이다. 일의 기쁨은 그런 것이다.

커다란 장애에 부딪히면 자신이 더 크게 성장할 수 있는 기회로 알고 기뻐해야 한다. 장애를 사랑하라. 괴로운 일, 힘든 일도 적극적인 마음으로 부딪히면 뇌 안에 긍정 뇌가 형성된다. 그러므로 즐거운 길과 어렵고 힘든 길이 있다면 어렵고 힘든 길을 선택해야 더 크게, 더 보람 있는 성취를 맛볼 수 있다.

2.1.2. 일을 잘하기 위해서 애쓰기보다는 진심으로 일을 좋아하라

어렵고 힘든 일을 사랑하기란 실제로는 어려운 일이나 대상이 무엇이든지 간에 무언가를 좋아하게 되면 뇌가 활성화된다. 취미생활을 하는 노인들이 원기 왕성하고 생기발랄한 것은 좋아하는 일을 하는 것이 뇌에는 영양소로 작용하기 때문이다. 호감이 능력 향상의 원점인 것은 일도 마찬가지다. 좋아하는 일을 하라. 만약 그렇지 못하다면 현재 하는 일을 사랑하라.

2.1.3. 자신만이 잘할 수 있는 특기를 만들라

누구에게도 지지 않을 만한 자신만의 특기를 한 가지쯤 가지고 있어야 한다.
남들이 보기에 하찮고 보잘것없는 것일지라도 이 세상 누구도 할 수 없는, 자신만이 잘할 수 있는 특기를 만들면 그것이 자신감이 되어 무슨 일에 도전할 때 도전짐과 받침점이 될 수 있다. 자신감은 사람을 바꾸어 놓는다. 지금까지 소심하게 굴던 사람이 한 가지 특기나 장점으로 인해 당당하게 급성장할 수 있다. 자신감은 뇌에 도파민을 분비하여 A10 신경계를 중심으로 하는 기능을 향상시키기 때문이다.

2.1.4. 상사를 좋아한다고 착각하라

같은 말과 행위라도 좋아하는 사람과 싫어하는 사람의 반응은 180도 다른데 이성적으로는 비합리적이라는 것을 알면서도 뇌의 통일성, 일관성의 강한 구속성에 따라 좋고 싫은 감정이 잘잘못을 따지는 논리를 능가한다. 무엇인가를 좋아하는 것, 무엇인가에 호감을 느끼는 것의 힘은 강하다. 그러므로 결집력이 강한 조직을 만들려면 우선 부하직원은 상사를 좋아하고, 상사도 부하직원을 좋아하는 것부터 시작해야 한다.

함께 일하는 동료를 좋아하면 '어울리고 싶다'는 인간의 본능이 충족되고 그 본능이 동료를 좋아하는 마음에 박차를 가한다. 그리하여 팀은 신뢰도가 높아지고 조직은 시너지 효과로 강력해지게 된다. 좋아하는 것과 신뢰하는 것에는 단순 명쾌하지만 강력한 힘이 있으며 개인이나 조직에도 동일하게 작용한다.

부하직원이 상사의 험담을 하는 순간 부하직원의 뇌 기능은 이완되며 뇌의 이완으로 인해 능력도 떨어지며 부하직원에 대한 불만을 말한 상사도 동일한 현상이 일어나므로 조직 내에서 험담은 삼가야 한다. 상대방을 좋아할 수 없을 만한 결함이 있다 하여도 그것을 극복하고 좋아하려고 노력하면 그것 자체가 힘이 된다.

2.1.5. 정조준 칭찬을 하라

언제나 꾸지람을 듣다 보면 우리의 뇌는 한계에 다다르고 한계에 다다르면 상대방의 이야기를 적당히 받아넘기면서 자기 자신을 지키려고 한다. 이것이 만성화되면 타인의 말을 듣지 않는 뇌가 되어 잘못된 생각을 하고 있어도 깨닫지 못하고 잘못을 외면하는 도피 뇌가 형성된다. 도피 뇌가 형성되면 타인의 말을 경청하지 않게 되고 집중력, 사고력, 기억력, 창의력이 저하되어 나중에는 아무 일도 할 수 없는 상태가 된다.

그러므로 인재를 육성하기 위해서는 역시 칭찬이 제일인데 어디가 좋은지, 무엇을 잘했는지를 구체적으로 정조준하여 칭찬하면 칭찬의 효과를 배가시킬 수 있다. 칭찬하면 상대방은 나를 좋아하게 되고 긍정 뇌도 형성되기 때문에 능력도 일취월장한다. 칭찬하는 것은 뇌에 포상, 즉 상을 주는 것이기 때문이다.

2.1.6. 동기를 부여하라

동기는 목표를 향해 부하직원들에게 강력하게 부여하는 힘, 부하직원들이 일을 좋아하도록 만들고 스스로 의지를 불태우도록 하는 견인력으로 조직원 모두가 비전을 향해 신바람 나게 업무에 몰입할 수 있는 환경을 조성해 주어야 한다.

또한 리더는 자신의 결점과 잘못을 솔직하게 인정하고 동료의 실패를 질책하기보다는 서로 감싸 주며, 장점은 서로 칭찬하며 공유하는 조직풍토를 만드는 데 솔선수범해야 한다.

조직의 리더는 조직의 귀중한 목적을 위해 자신을 버리거나 자제하여 부하직원들이 스스로 능력을 발휘하도록 유도할 수 있어야 한다. 자기방어의 반대 개념이, 자기희생이 훌륭한 리더를 만든다.

자료출처 : 하야시 나라유키, 『일머리 단련법』

2.2. 성공하는 인생

성공하는 인생을 살기 위해선 앞에서 언급한 정신적, 육체적 준비사항을 완료하여 좋은 습관과 태도를 익힌 후 자신은 무엇 때문에 이 세상에 존재하는지에 대한 이유인 미션(목적)을 수립하고 미션방향으로 전진하기 위한 비전(목표)을 수립하고 어떻게 달성할지에 대한 전략을 수립하고 조금씩 실천하면 당신의 꿈은 이루어진다.

A DREAM written down with a date becomes a GOAL,

a GOAL broken down becomes a PLAN

a PLAN backed by action

makes your DREAM come TRUE.

비전 : 미션이 방향을 잡아 주는 것인데 비해 비전은 그 방향으로
　　　 언제까지 얼마나 가려고 하는지 목표를 설정하는 것

성격 : 가까이 있고, 구체적이고 분명한 것이어야 한다.
　　　 기업이나 조직에서 슬로건과 같은 것이고 역량을 하나로
　　　 모아주는 힘이 있는 것이다.
　　　 비전이 꿈과 다른 것은 기간과 계량화된 목표가 있기 때문이다.

예시 :

3M　　　　: 3/30 → 3/50
스타벅스　: 2000년까지 매장 2000개
삼성물산　: Profit & Reward
사우스웨스트항공사 : On Ground time 30분
해경　　　: Best Frontier, Best Guard , Best Service
넝쿨　　　: CSM 2007 (고객성공 메이커 No 1)
해양부(안) : CCH5(See See Hi Five)

자료출처 : (주) 넝쿨

꿈을 이루기 위해선 일반적(General)인 지식, 경험과 함께 특별(Special)한 나만의 꿈을 이루기 위한 지식과 경험을 병행해서 실천해 나가야 하는데 인생을 살아가는 기준이 되어야 하며 이는 어떤 어려움이나 장애가 있어도 변경하면 안 된다. 다만 미성년 시에는 심사숙고하지 않고 결정한 의사결정으로 변경하거나 보완할 수 있지만 성년이 되어서 결정한 미션과 비전은 강철 같은 마음으로 실천해야 성공할 수 있지 조금 어렵다고 용이하게 수정하거나 변경하는 것은 바람직하지 않다.

이렇게 오랜 세월 쌓은 지식과 경험은 당신이 리더가 되었을 때 또는 리더가 되기 위해서 반드시 필요한 필수요소이며 먼 훗날 인생을 마감할 때도 후회 없는 인생의 척도가 된다. 아는 것은 누구도 할 수 있으나 아는 것을 바로 실천에 옮기기는 쉬운 일이 아니지만 이를 계획대로 실천한 사람이 그렇지 않은 사람들의 위에 군림하게 된다. 예를 들어 하루에 100원씩 저축하기로 한 사람이 이를 실천한다면 10년이면 365,000원인데 이를 30~40년 복리이자로 계산하면 엄청난 결과를 초래할 수 있다는 것을 염두에 두고 실천해야 한다. 어떤 조직이나 개인이든 계획을 잘못 세워 실패한 경우는 극히 드물고 거의 실천을 하지 않고 작심삼일이 되기 때문에 성공하지 못하는 것이다.

3. 개인의 성과창출

개인이 성과를 창출하거나 성공한 인생을 살기 위해서는 반드시 아래의 5가지 철칙을 지키고 어떤 어려움이 있어도 극복할 수 있을 때 성공의 단맛을 맛볼 수 있으며 성공의 과실을 소유할 수 있다.

① 비전이 있어야 한다.
② 열정이 있어야 한다.
③ 태도와 습관이 좋아야 한다.
④ 자기발전을 위해서 지속적으로 학습해야 한다.
⑤ 다양한 커뮤니케이션 능력을 길러야 한다.

3.1. 비전이 있어야 한다

나는 왜 이 세상에 태어났는가? 나는 세상에 태어난 목적(미션)을 달성하기 위하여 어떤 목표(비전)를 가지고 있는가에 대한 깊은 성찰과 고민이 없이 인생을 살고 있다면 참으로 한심한 일이다.

개중에는 부모를 잘 만나서 또는 많은 재산이 있어서 경제적으로 자유로운 사람도 있긴 하지만 스스로 자신에 대한 성찰과 고민이 없이 살게 되면 그 재산은 곧 날아갈 공산이 크다. 옛말에 부불십년(부자는 십 년을 넘기기 어렵고)이요 권불백년(권세는 백 년을 넘기기 어렵다)이라 하지 않았는가?

현대사회는 지식사회다. 바꾸어 말하면 지식이 돈이 되는 세상인데 지식이 없다면 돈을 만들 수 있는 능력이 없는 것과 같다. 세상에서 돈이면 무엇이든 할 수 있는 것은 아니지만 돈이 있어야 삶의 기본이 해결된다. 돈을 벌 능력이 없어서 부모나 형제에게 얹혀서 사는 입장에 있으면서 사고나 행동이 자유롭고 떳떳할 수는 없다. 최소한의 경제적 문제는 스스로 해결할 수 있을 때 모든 것으로부터 자유로울 수가 있다.

왜? 사는지! 어떻게 살 것인지가 분명하지 않으면 그가 누구건 행복한 삶을 살고 있다고 할 수 없다. 개중에는 성과관리를 하면 인간성을 말살하고 사람을 기계화한다는 의견이 있는데 이는 아주 단편적이며 성과관리를 경험해 보지 않은 사람들이 어깨너머로 듣거나 보고 장님이 코끼리 만지기 식으로 판단한 결과다.

당신은 1997년 IMF를 기억하는가? 개인이든 기업이든 국가든 돈이 없으면 존립 자체가 어렵다. 그리고 가진 자로부터 갖은 압박과 불이익을 감수해야 한다. 그것이 싫다면 당신은 반드시 성공해야 한다.

가난보다 슬픈 것은?
내일도 가난할 거라고 생각하는 것.
생각이 가난하면 모든 게 가난해진다.

자료출처 : 정철, 『불법사전』

3.2. 열정이 있어야 한다

무슨 일을 하든지 자신이 주인인 것처럼 일하는 사람은 반드시 먼 훗날 주인이 된다. 그러나 매사를 남의 일처럼 하는 사람은 인생을 마칠 때까지 남의 밑에서 월급쟁이를 벗어날 수 없다. 자신의 일처럼 열과 성을 다해 일할 때 스스로 신이 나고 자신이 주인이라고 생각할 때 미친 듯이 몰입해서 높은 성과를 창출할 수 있다. 높은 성과는 높은 금전적, 비금전적 보상과 함께 진급의 우선권이 부여되고 신분상승의 틀을 마련하여 성공의 가도로 진입하게 된다.

열정이란 자신의 일에 미치는 것

정신이 머리 밖으로 나가다.
정신이 나간 그 빈자리에 과학으로 설명할 수 없는 힘이 들어온다.
즉, 제정신으로는 생각할 수 없는 일을 해내고 마는 초인간적인 상태가 되는 것.

미치는 법?
① 매일 밤 잠들기 직전에 나에게 묻는다.
오늘 하루는 뭐에 미쳤었니?
② 매일 아침 눈뜨자마자 나에게 묻는다.
오늘 하루는 뭐에 미칠 거니?

자료출처 : 정철, 『불법사전』

3.3. 태도와 습관이 좋아야 한다

인품이란 일종의 습관으로 인사하는 습관, 옷 입는 습관, 책 읽는 습관, 돈 쓰는 습관,

상대의 이야기를 경청하는 습관, 상대의 입장을 배려하는 습관, 아이들이나 어려움에 처한 사람을 보면 감싸고 도와주는 습관, 사물의 이면을 관찰하는 습관 등 헤아릴 수 없이 많다. 이 습관이 모여서 한 사람의 인품을 만든다. 습관이 행동으로 표출될 때 태도가 된다.

성공하는 사람은 훌륭한 습관을 지니고 있으며 실패하는 사람은 실패할 수밖에 없는 습관을 가지고 있는데 바꿔 말하면 훌륭한 습관을 지니고 있어서 성공할 수 있었던 것이다.

성공을 꿈꾸지 않는 사람이라면 나쁜 버릇을 평생 고치지 못하지만 성공을 꿈꾸는 사람이라면 나쁜 습관은 한시라도 빨리 고쳐야 성공할 수 있는데 한번 잘못 길들여진 습관은 고치기가 엄청 어렵다는 데 문제의 심각성이 있다.

어제의 습관이 오늘의 나를 만들었고, 오늘의 습관이 내일의 나를 만든다, 따라서 성공을 하기 위해서는 성공할 수 있는 습관을 먼저 익히는 것이 필요하다.

옛날 고사에 만행에 나선 스님이 그 마을에서 가장 잘사는 부잣집에 들러 하룻밤 묵어가기를 간청하였더니 부자가 환대해 주는 고로 스님은 공양에 대한 보답으로 무얼 도와줄까 생각하다가 집 안을 한 바퀴 돌아보았는데 주인장이 다리를 달달 떠는 것이 아닌가. 스님이 생각하시길 저렇게 다리를 떤다면 3년 못 가 재산이 거덜 나겠구먼 하고 생각하고 주인이 잠들기만을 기다렸다가 주인이 잠들자 도끼를 가지고 달달 떠는 주인의 발목을 자르고 줄행랑을 쳤다.
마을에서는 난리가 났다. 중놈이 하루저녁 기거할 자리가 없어 따뜻한 음식을 배불리 먹이고 따뜻한 방까지 주었더니 은혜도 모르고 주인의 발목을 자르고 도망쳤다고…….
2~3년이 지난 후 스님은 또다시 만행길에 나서 그 마을 그 부잣집 소식을 물었더니 다리는 잘렸지만 아직 부자로 산다는 소식을 듣고 안도의 한숨을 쉬었단다.

이렇게 한번 잘못 든 버릇은 다리몽둥이를 자르기 전에는 고칠 수 없을 만큼 고치기가 어렵지만 우리는 감내하기 힘든 고통이 따르더라도, 좋은 습관을 몸에 익혀야 성공할 수 있다. 우리는 학교에서 지식과 학문을 배우지만 더 중요한 것은 학습(學習)을 배우고 익히는 것이다. 학습이란 좋은 습관을 말한다.

좋은 습관은 스스로 참고 견디며 몸에 배게 해야 하는데 고기를 싸 놓은 종이에는 고기 냄새가 배며, 재래식 변소에서 나오면 변소 냄새가 몸에 배는 법이다.

좋은 습관이 이슬에 옷 젖듯이 배어야 훌륭하고 성공적인 삶을 살 수 있기 때문이다.

3.3.1. 미소 짓는 사람이 되자

우리가 사람을 쳐다볼 때 가장 먼저 눈을 쳐다보게 되는데 단지 쳐다보는 모습이 많이 쳐다보는가, 적게 쳐다보는가, 바로 쳐다보는가, 곁눈질로 쳐다보는가에 따라 다를 뿐이다.

과연 우리는 어떤 모습으로 사람을 쳐다보는가? 중요한 것은, 처음 눈을 쳐다볼 때 첫 인상이 머릿속에 각인이 되어 오래도록 가슴에 남게 되는 것으로 눈의 모습을 본 후의 행동에 따라 다음에 '어떤 모습으로 대할까?', '어떤 행동을 취할까?'를 결정하게 된다.

그렇다면 우리는 어떻게 해야 좋은 이미지를 보일 수 있을까? 바로 눈이 먼저 웃을 수 있도록 해야 하는데 어떻게 하면 눈이 먼저 웃을 수 있을까?

① 상대방에게 호기심이 가득해야 한다.
② 상대방을 존경하는 듯한 모습으로 대하라.
③ 긍정적인 마음을 가지고 쳐다보라.

이런 마음자세가 되어 있으면 자연스레 눈이 먼저 웃게 된다. 바로 눈이 먼저 웃는 순간!

우리의 만남은 부드러우면서도 편안한 관계가 될 것이다. 웃었다가 자칫 실없는 사람이 될까 웃고 싶어도 먼저 웃지 못하는 것이 지금 우리의 현실이다.

웃고 사는 법

① 거울을 접할 때마다 수시로 미소 지어라. 미소짓기도 연습이다.

② 나만의 웃음노트를 만들어라. 신문, 잡지 가리지 말고 우울할 때 한 번씩 들쳐 보면 기분전환이 된다.

③ 웃을 시간을 정해 두자. 하루의 피곤함에 웃을 일이 없어도 억지로 웃으면서 웃음을 습관화하자.

④ 우울한 뉴스는 NO. 이는 피어나는 웃음을 해치는 적이다.

⑤ 웃음에 시와 때를 가리지 말자. 식사 때, 처음 만난 사람과 눈을 마주쳤을 때도, 심지어 화장실에서 볼일을 볼 때도 웃자.

⑥ 저절로 미소 짓게 만드는 나만의 사진을 눈에 잘 띄는 곳에 둔다. 가족사진이나 재미있었던 사진도 좋다.

⑦ 인기 코미디 프로그램의 한 부분을 따라 해 보거나 개그맨을 흉내 내 본다. 나뿐만 아니라 주변사람들에게도 웃음을 줄 수 있다.

⑧ 과거에 있었던 일, 미래에 일어날 일 등 수시로 즐거운 생각을 떠올리며 웃는다.

예로부터 소문만복래(笑門萬福來)라 하지 않았는가? 자, 오늘부터 거울을 보고 미소 짓는 연습을 하는 좋은 습관을 만드시기 바란다.

3.3.2 바른 인사를 하자

안녕하십니까?
맛있게 드십시오.
불편하신 점은 없으십니까?

네, 지금 곧 가져다 드리겠습니다. 좋은 시간 되셨습니까?

어떠십니까?

마음에 드십니까?

즐거운 시간 되십시오.

다시는 이런 일이 없도록 주의하겠습니다.

걱정하지 마십시오. 제가 모셔다 드리겠습니다.

더욱 건강하시길 바라겠습니다.

제가 해결해 드리겠습니다.

고맙습니다.

좋은 아침입니다.

마음 푹 놓으십시오. 편안하게 모시겠습니다.

오래 기다리셨습니다.

정말 죄송합니다.

어서 오십시오. 무엇을 도와 드릴까요.

잠시만 기다려 주시겠습니까?

완벽하게 고쳐 놨으니 마음 푹 놓으십시오.

이쪽으로 와 주시겠습니까?

친절하게 모시겠습니다.

타실 때 조심하십시오.

제가 도와 드리겠습니다.

행복한 시간 되시길 바랍니다.

저에게 주십시오. 잠시만 기다리시면 곧 연결해 드리겠습니다.

오늘 하루 어떠셨습니까?

안전 운행 중입니다.

또 뵙게 되길 기대하겠습니다.

언제든지 오시면 곧 바꿔 드리겠습니다.

여러분의 사랑에 감사드립니다.

항상 가까이서 모시겠습니다.

만족하셨습니까?

가지 마시고 기다려 주시겠습니까? 곧 결과를 알려 드리겠습니다.

다음엔 더욱 정성껏 모시겠습니다.

오늘 하루는 저희가 책임지겠습니다.

언제나 어디서나 누구에게나 이렇게 말하고 인사하면서도 자신이 기쁨을 느낄 수 있다면 당신은 반드시 성공할 것이다. 그러나 규정이나 업무지침 또는 매뉴얼에 따라 앵무새처럼 이런 말이나 용어를 사용하는 사람이라면 그는 성공과는 거리가 먼 사람이고 얼마 지나지 않아서 실패나 좌절의 고통을 뼈저리게 느끼는 경험을 하게 될 것이다. 바르게 인사하는 법을 실천하는 좋은 습관을 몸에 익히게 되면 당신은 인사법 하나로도 성공할 수 있다.

3.3.2.1. 인사란 무엇인가

인사는 마음으로부터 우러나오는 존경을 직접 행동으로 나타낸 것으로 자신의 인격과 교양의 척도이며, 인간관계의 기본임은 물론이요, 상대와의 첫 커뮤니케이션으로 인사는 마음의 문을 열어 주는 열쇠이며 인사는 내 직분의 일부이다.

3.3.2.2. 인사는 무엇을 표현하는 것인가

인사는 상대에 대한 봉사정신의 표현이며 마음가짐의 외석 표현이며 애사심과 애착의 표현이며 상대에 대한 존경심의 발로이며 자부심의 표현이고 동료에 대한 우애의 상징이며 자신의 교양과 인격의 표현이며 나를 변화시키기 위한 결의의 표시이다.

3.3.2.3. 인사하는 방법은

① 발꿈치를 붙이고, 자세를 곧게 펴서 바르게 하고 상대를 향해 선다.

② 상대의 눈을 부드러운 눈으로 바라보며 인사말을 한다.

③ 등, 목, 허리가 일직선이 되게 하여 허리를 굽힌다는 기분으로 상체를 정중히 굽히는데 이때 목이 구부러지지 않도록 주의한다.

④ 머리를 숙인 채 상대방 발끝을 보면서 약 1초간 잠시 멈춘다.

　(마음속으로 빠르게 하나, 둘, 셋, 넷을 외우면 1초다)

⑤ 고개를 숙일 때보다 천천히 든다.

⑥ 똑바로 서서 다시 상대방의 미간(눈과 눈 사이)을 보면서 살짝 미소를 짓는다.

이렇게 좋은 인사습관을 몸에 익히면 언제나 어디서나 누구를 만나도 즐겁고 기분이 좋으며 그 결과는 당신에게 성공을 가져다줄 것이다.

3.3.2.4. 인사의 핵심 포인트

① 상하를 가리지 않고 먼저 본 사람이 먼저 인사한다.

② 기왕에 인사하기로 마음을 먹었으면 언제나, 만날 때마다, 활력 있게, 상대방이 기분 좋게, 적극적인 자세로 인사한다.

③ 정다움과 친밀감을 실어 몸을 상대방 쪽으로 밝고 명랑하게 한다.

④ 고객이나 윗사람에게는 일어서서 상대방을 바라보며 인사한다.

⑤ 인사말은 따뜻하고 다정하게 한다.

⑥ 인사를 받았으면 아무리 바빠도 답례를 한다. 답례를 하지 않으면 지금까지 쌓은 관계가 하루아침에 물거품이 될 수도 있음을 명심하라.

3.3.2.5. 인사의 종류는

① 목례(5°)

목례는 자주 대할 경우 복도나 실내에서 가볍게 머리만 숙이며 하는 가벼운 인사로서 엘리베이터나 식당에서 또는 양손에 짐을 들었을 때 하는 인사이다.

② 가벼운 인사(15°)

대화 도중, 선배를 만났을 때, 복도에서, 보행 중에 또는 업무 중인 사람에게 말을 걸 때 사용하는 인사이다.

③ 보통 인사(30˚)

일상에서 하는 일반적인 인사이다.

④ 정중한 인사(45˚)

의식행사에서 또는 윗사람에게 하는 인사로 상체를 서서히 일으켜 상대방에게 경의를 표하는 인사로서 실수했을 때, 감사의 뜻을 표할 때, 출·퇴근 시에 하는 인사이다.

⑤ 악수

악수는 선 자세에서 오른손을 내밀어 자연스럽고 가볍게 2~3초간 서로 손을 잡고 흔드는데 흔드는 측은 연장자가 흔들어야 하며 악수 시에는 손에 약간의 힘을 넣어 당당하게 해야 한다.

악수를 청하는 순서는 윗사람이 청한다, 연장자가 청한다, 여성이 청하는 게 순서이지만 꼭 구애받을 필요는 없다.

3.3.3. 경청(傾聽)

인간관계는 거의 대부분이 말 잘하기와 말 잘 듣기로 이루어신나 해도 과언이 아닌데 우리는 말 잘하기는 공부를 하거나 따로 배우는 노력을 하지만 말 잘 듣기를 위해서는 특별한 공부나 노력을 하지 않고 있는 현실에서 가장 중요한 것은 경청이다.

경청(傾聽)의 한문을 파자하여 풀어 보면 마음을 기울여 진실하게 귀로 듣는 것이 으뜸이라는 의미로, 잘 말하기 위해서는 상대방의 말을 잘 들어줘서 상대를 감동시키면 나는 적은 수의 말로 상대를 감동시킬 수 있기 때문에 경청이 더욱 중요한 이유이다.

의사소통의 구성요소는 시각적 이미지 55%, 청각적 이미지 38%, 말의 내용이 7%를 차지

하는데 잘 들으려면

① 상대방의 말에 감동할 수 있어야 하는데 대화 도중 "과연 그렇군요", "그렇게 말씀하시다니 정말 대단하십니다", "나라도 그렇게 했을 겁니다" 등 상대방의 말에 공감적 이해를 나타내면서 감동할 수 있어야 한다.

② 마음을 활짝 열고 상대의 말을 들어야 한다. 상대의 말이 모두 옳거나 사리에 부합된다고 할 수는 없으므로 이야기를 듣는 순간은 상대의 말에 몰입해서 들을 수 있어야 하며 대화 후 취사선택하여 배울 점은 배우고 아닌 점은 버려도 늦지 않다.

③ 대화 중 의문이 가는 점에 대해서는 구체적으로 말씀해 주실 수 있을까요 등으로 적극적으로 의사를 표현하면서 들어야 한다.

경청을 하면
① 카타르시스 효과를 얻을 수 있다.
② 친구효과를 얻을 수 있다.
③ 상대방의 문제를 해결하게 해 주는 효과를 얻을 수 있다.
④ 듣는 사람의 말을 경청하게 하는 효과가 있다. 그리하여 이청득심(以聽得心 : 귀 기울여 듣는 것은 사람의 마음을 얻는 지혜이다) 할 수 있다.

3.3.4. 글로벌 매너를 위해 습관화해야 할 5가지 영어 문장

영어를 사용하면서 좋은 인상을 줄 수 있는 지름길이 있다. 우리와 서양은 사고방식과 문화에 차이를 보인다.

우리는 "고맙습니다"라고 굳이 말하지 않아도 이심전심으로 전해진다고 생각하지만, 국제적인 관점에서는 고맙다는 의사표현을 반드시 해야 한다. 내가 말하지 않는 부분에 대해 상대가 내 마음을 읽어 가며 알아주길 바랄 수는 없다. 그래서 꼭 습관화해야 하는 문장 5가지는 의식적으로 연습해서 입에 붙인다면 글로벌 스탠더드의 기본을 익히는 것이나 마찬가지다.

① Please

② Excuse me

③ I am sorry

④ May I ask~/Could you tell me~/I'd like to~

⑤ Thank you

자료출처 : 서대원, 『글로벌 파워 매너』

Please, Excuse me, I am sorry, Thank you, May I ask~/Could you tell me~/I'd like to~…….
'매너'는 한국인들 간에도 당연히 중요한 덕목이지만, 특히 외국인과의 관계에서는 '문화적인 차이' 때문에 불필요한 오해를 빚어내지 않도록 그리고 한 걸음 더 나아가 좋은 인상을 주어서 업무상의 성과를 만들기 위해서 우리가 익혀야 할 내용이라는 생각이다.

특히 'Excuse me'와 'Thank you'는 많은 생각을 하게 하는 단어인데 굳이 표현하지 않아도 될 것 같은 상황에서도 이런 말로 자신의 마음을 표현하는 외국인들과는 달리, 우리는 대부분 이 단어들을 너무 사용하지 않는 듯하다.

저자는 이를 "굳이 말하지 않아도 이심전심으로 전해진다고 생각하기 때문"이라고 이야기했지만, 사실 이는 너무 좋게 해석한 면이 있다. 제법 큰 실례를 해도 아무 표현 없이 지나가 버리는 경우, 고마워할 법도 한 상황에서도 아무런 감사표시 없이 있는 경우……, 국내외에서를 막론하고 고마움과 미안함은 표현하는 게 좋은 매너라는 생각이다.

다른 사람에게 무언가를 요청할 때는 앞이나 뒤에 'Please'를 붙이는 것이 좋겠다. "Well
-done, please(바짝 익혀 주세요)"나 "Open the window, please(창문 좀 열어 주세요)"
처럼 말이다. 'Please'를 붙이지 않고 말하면 명령조의 거친 말투로 인식될 가능성이 있으
니까.

가급적 'May I ask~/Could you tell me~/I'd like to~'를 사용해 예의 바른 표현을 하
는 것도 필요하겠다. "When will he be back?"이라고 묻기보다는 "Could you tell me
When he will be back?"이라고 묻는 것이 좋다는 것이다. 저자는 우리가 질문을 직설적
으로 하는 경향이 있다며, 이런 표현들을 사용해 보다 공손하고 예의 바른 표현을 쓰는
것이 좋다고 조언한다.

외국인과 대화할 때 우리가 의식적으로 사용하면 좋을 글로벌 매너를 위한 영어 표현들
로서 당신의 좋은 습관의 일부가 되길 희망한다.

3.3.5. 습관을 바꾸는 21일의 법칙

우리 뇌는 충분히 반복되어 시냅스가 형성되지 않은 것에는 저항을 일으킨다. 그러므로
좋은 습관이 몸에 배일 때까지는 21일간 의식적으로 노력을 기울여야 하는데 이유는 사
람의 생체시계가 교정되는 데는 최소한 21일이 소요되기 때문이다.

21일은 생각이 대뇌피질에서 뇌간까지 내려가는 데 걸리는 최소한의 시간으로, 생각이 뇌
간까지 내려가면 그때부터는 심장이 시키지 않아도 뛰는 것처럼, 의식하지 않아도 습관적
으로 행하게 된다.

자료출처 : 정철희, 『21일 공부모드』

어제의 습관이 오늘의 나를 만들었고, 오늘의 습관이 내일의 나를 만든다. 따라서 성공하기 위해서는 성공 습관을 먼저 익히는 것이 필요한데 '21일 법칙'은 무엇이든 21일 동안 계속하면 습관이 된다는 법칙으로 예일대를 비롯한 많은 대학에서 실제 활용하고 있는 좋은 사례이다.

동양에서는 예부터 내려오는 '21일간 소원을 빌며 자기 도장을 찍으면 과거, 현재, 미래에 걸친 나쁜 기운을 씻어 내고 좋은 기운만을 불러들인다'는 일종의 전통과 유사하다.

3.4. 자기발전을 위해서 지속적으로 학습해야 한다

지식기반 사회에서 생존의 유일한 조건은 지속적인 학습을 통해 전문성을 신장시키는 방법밖에 없다. 최고의 전문가가 되는 길은 자신이 좋아하는 일을 찾아서 신나게 하는 것이다.

이 세상에서 가장 멋진 사람은 자신이 하고 싶은 분야를 최선을 다해서 열정적으로 하는 사람이다. 자신의 주관에 근거해서 자신이 좋아하는 일을 선정하고 그 일에 몰입하는 사람이 참으로 멋진 인생을 사는 사람이다. 자신만이 잘할 수 있는 일을 선정해서 이를 부단한 학습을 통해 전문성을 개발하는 사람이야말로 이 시대가 요구하는 인재이다.

3.5. 다양한 커뮤니케이션 능력을 길러야 한다

3.5.1. 즉시 실천

실천하지 않고 이루어진 성공은 없다.

오늘은 '승자'들의 단어이며 내일은 '패자'들의 단어다. 삶에서 가장 파괴적인 단어는 내일이라는 단어다. 내일이란 단어를 자주 사용하는 사람들은 가난하고 불행하고 실패하는데 이런 사람들은 종종 내일부터 투자하겠다고 말한다.

또는 내일부터 운동과 살빼기를 시작하겠다고 말한다. 그러나 내일은 다시 오늘이 될 뿐이라 그들이 운동이나 살빼기에 성공할 확률은 없다. 오늘은 '승자'들의 단어이고, 내일은 '패자'들의 단어다.

당신의 인생을 바꿀 수 있는 말은 '오늘'이라는 단어다.

자료출처 : 로버트 기요사키, 『마이 라이프, 마이 스포츠』

내일 하겠다는 말, 다음 주, 다음 달, 내년에 시작하겠다는 말은 하지 않겠다는 말과 유사한 결과를 가져온다. '천천히 하자', '내일 하자'라고 미루는 마음이야말로 자신도 모르게 자신을 가장 무능한 사람으로 만들어 버린다.

승자와 패자의 갈림길은 실행이다. 꿈은 행동하는 자의 것이다.

질문을 잘하라.

유태인과 한국인이 지구상에서 가장이 두뇌가 명석하고 실행력이 높다는 가정하에 유태인과 한국인의 노벨상 수상자를 비교해 보면 엄청난 차이가 나는 데 놀라지 않을 수 없다.

유태인도 나라를 찾기까지 엄청난 고난의 세월을 보냈고 한국도 일제하에서 어려움과 6·25전쟁으로 폐허가 된 점, 현재는 부강한 국가인 점 등 유사하거나 공통점이 되는 점들이 많다.

한국인들은 초등학교에 다니는 학생이 있는 가정인 경우 학생이 학교에서 귀가하면 부모가 묻는 말에 공통점이 있는데 그것은 오늘 학교에서 무얼 배웠니이다. 그러나 유태인 부모들은 오늘 학교에서 무얼 질문했니라고 묻는다.

선생님이 가르쳐 준 걸 듣고 배우면 10% 이해하며 스스로 질문을 생각해 질문하면 90% 이해하게 된다. 유태인이 높은 노벨상 수상자를 배출하게 된 원동력은 바로 가정교육에 있으며 특히 질문에 있다는 질문의 중요성을 이해하고 실행해야겠다.

"질문하는 사람은 답을 피할 수 없다." 구하라, 그러면 얻을 것이라는 말이 있다.

스타니슬라브스키 레히(Stanislvsky Lech)는 죽음의 수용소에서 탈출하기 위해서 "어떻게 하면 이 기회를 이용해 탈출할 수 있을까?"라고 자신에게 질문하고 해답을 얻고, 결단을 내리고, 행동을 실행하여 탈출에 성공할 수 있었던 것이다.

질문이 생각의 수준을 좌우한다. "내가 어떤 감정을 가지고 어떤 행동을 하게 되는지를 결정짓는 것은, 어떤 사건 그 자체가 아니라 그 사건에 대해 내가 어떻게 해석하고 평가하는가 하는 데 따라 성공할 수도 실패할 수도 있는 것이다."

내가 어떻게 평가하려고 하는가?
평가란 정확히 무엇을 말하는가?
바로 지금 나를 평가하는 중이다. 안 그런가?
나는 지금 무엇을 하고 있는가?
"평가란 결국은 질문이라고 할 수 있지 않을까?"

생각한다는 것은 단지 질문하고 답하는 과정에 지나지 않는다는 것이다. 삶의 질을 높이고 싶다면 습관적 질문을 바꾸어야 한다. 성공한 사람은 더 나은 질문을 하고 그 결과 더 나은 답을 얻는다.

훌륭한 질문이 훌륭한 인생을 만든다.

사람들은 사물을 있는 대로 보며 '왜?'라고 묻는다. 반면에 나는 없는 것을 꿈꾸면서 '왜 안 될까?' 하고 묻는다.

– 조지 버나드 쇼 –

"아름다운 질문을 하는 사람은 언제나 아름다운 대답을 얻는다."

– E. E. 커밍스 –

"이것을 기회로 활용할 수는 없을까?
이 위치에서 다른 사람을 도울 수는 없을까?"

자신에 대해 더 높은 가치기준을 세워야 한다. 그리고 자신에게 가능한 것이 무엇인지에 대한 신념을 바꾸고, 그것을 이룰 수 있도록 더 효과적인 전략을 세우고 실천해야 한다.

나는 뛰어난 평가가 뛰어난 삶을 만들어 낸다는 것을 안다. 의미 있고 값진 삶을 살려면 꾸준히 자신에게 수준 높은 질문을 던지면서 삶을 살아야 한다.

질문은 어떤 작용을 할까

① 질문은 순간적으로 생각의 초점을 변화시켜 우리의 감정을 바꾼다. 단지 생각의 초점을 바꿈으로써 우리 자신의 감정을 즉각적으로 바꿀 수 있으므로 활력을 불어넣는 질문을 해야 한다. 위기의 순간에 활력을 불어넣는 질문하기는 인생에서 가장 힘들었을 때 자신을 이끌어 줄 결정적인 기술이다.

② 질문은 우리가 집중하는 것과 부정하는 것을 바꾸는 힘이 있다. 질문은 인간 의식의 레이저와 같아서 우리가 집중해야 할 초점과 느낌 그리고 행동을 결정한다.

③ 질문은 우리의 잠재능력을 고양시킨다. "이 상황을 어떻게 전화위복으로 삼을 수 있을까?", "나는 누구인가, 어떤 능력을 갖추고 있는가, 나의 꿈을 실현하기 위해서 무엇을 할 수 있는가?"에 대한 인식을 할 수 있게 만든다. 신념이 없으면 긍정적인 질문을 할 수 없다. 어떤 질문을 하더라도 옳은 대답을 얻게 될 것이라는 확고한 신념이 있기 때문이다.

문제 해결을 위한 질문을 하라

중요한 것은 우리에게 활력을 주는 질문을 항상 할 수 있도록 습관을 계발하는 것이다.

① "이 문제의 좋은 점은 무엇인가?"

② "아직 완전하지 못한 점은 무엇인가?"

③ "내가 원하는 대로 해결하기 위해 무엇을 할 것인가?"

④ "내가 원하는 대로 해결하기 위해 무엇을 포기할 것인가?"

⑤ "내가 원하는 대로 해결하기 위한 노력을 하면서 어떻게 그 과정을 즐길 것인가?"

다른 사람에게도 질문을 선물하라

"당신은 어떤 것에서 자부심을 느끼나요?

지금 당신을 즐겁게 하는 것은 무엇인가요?

누구를 사랑하십니까? 그리고 누구한테 사랑을 받고 있습니까?"

운명을 바꾸는 핵심 질문

발전을 이루기 위해 질문을 멈추어야만 할 때가 있는데 어느 정도 질문을 한 후에는 평가하는 것을 중단하고 행동을 시작해야 한다.

만일 당신의 일상에 대한 느낌과 감정 상태를 즉시 바꿀 수 있는 한 가지 행동이 있다면 그것이 무엇인지 알고 싶지 않은가?

우리는 풍요로운 삶을 위하여 위대한 질문을 할 수 있도록 준비하고 노력해야 하며 위대한 질문은 긍정의 질문, 사랑의 질문, 회복의 질문, 신뢰의 질문, 미래의 질문, 비전의 질문, 창조의 질문, 생기의 질문, 해결의 질문, 배움의 질문, 화해의 질문이다.

부정이나 부적절한 질문은 사람을 모멸하고 죽이며 국면을 침체시키는 질문이지만 긍정의 질문은 사람을 살려 내고 활기를 불어넣어 주는 질문이다.

3.5.2. 밀어붙일 때와 포기할 때

일을 하다 보면 밀어붙여야 할 때와 과감하게 포기해야 할 때가 있다. 우리는 이런 경우에 반대로 행동하여 실패하는 경우가 많다. 이를 올바로 알고 실행할 수 있다면 실패를 줄이고 보다 큰 성공의 과실을 맛볼 수 있을 것이다.

3.5.2.1. 밀어붙여야 할 때

① 포기에 유혹당해서는 안 되는 상황과 포기해야 마땅한 상황을 구분하는 것이 당신이 원하는 것을 얻기 위해 넘어서야 할 첫 단계이다.

② 절대로 포기해서 안 되는 경우 : 딥(the dip)

성공하는 사람은 단순히 딥(the dip)을 견뎌 내는 데 그치지 않고 그들은 딥(the dip)을 적극적으로 활용한다. 딥(the dip)은 강하게 맞설수록 빨리 사라지지만 우유부단하면 오랫동안 질기게 괴롭힌다.

③ 인생에서 해 볼 만한 가치가 있는 거의 모든 일에는 '딥(the dip)'이 관여한다.

딥(the dip)은 어떤 일의 시작과 그것에 숙달되는 지점 사이에 놓인 길고 지루한 과정인데 이 길고 지루한 과정이 사실은 지름길이다. 당신이 가려는 곳으로 다른 어떤 길보다 빨리 데려다 주기 때문이다.

④ 딥(the dip)의 사례들 : 골프건 침술이건 비행기 조종이건 화학 실험이건, 처음에는 다

재미있고 주위 사람들에게 좋은 소리도 많이 듣는다. 최초의 며칠 또는 몇 주 동안은 배우는 속도도 빠르기 때문에 신이 나서 계속하게 된다. 그리고 나서 딥(the dip)이 발생한다.

⑤ 딥(the dip)은 초심자가 운 좋게 잘되는 것과 의미 있는 업적 달성 사이에 놓인 머나먼 길이다. 딥(the dip)은 당신 같은 사람을 막기 위해 설치한 일련의 인공적인 차단막이다.

⑥ 현대의 왕족처럼 사는 「포춘」 500대 기업의 CEO들의 이력서를 들춰 보면 그들이 그 자리에 앉기까지 25년 동안이나 딥(the dip)을 견뎌 왔다는 사실이다. 20~30년 동안 그들은 참고 참으며 고개 숙인 채 묵묵히 지시받은 일을 해냈다. 그들은 목표를 달성 해야 했고, 남들보다 긴 시간 일하며 상사의 비위를 맞춰야 했다. 단 하루도 빠짐없이, 수년간을 그렇게 지내 온 것이다.

CEO 노릇은 어려운 것이 아니다. 어려운 것은 그 자리에 오르는 일이다.
그곳에 이르는 길에 거대한 딥(the dip)이 자리 잡고 있기 때문이다. 누구도 이 길을 쉽게 가거나 피해 갈 수는 없다.

3.5.2.2. 포기해야 할 때

일을 할 때 어려움이 닥치면 그냥 참고 견디면서 꾸준히 하는 것이 능사가 아니다. 포기 하지 못하고 미적거리다가 사업이나 삶에서 큰 비용을 지불하고 실패하게 된다. 우리는 밀어붙여야 할 때와 과감하게 포기해야 할 때를 잘 판단할 수 있어야 성공할 수 있다.

① 사람들은 대부분 당신에게 좀 더 참고 견뎌야 성공할 수 있다고 말하면서 좀 더 노력 하고, 자원을 더 투자하며, 좀 더 많이 훈련받고, 더 열심히 일해야 한다고 하면서 '포 기하지 말라!'고 간곡히 충고한다. 하지만 성공하는 조직(혹은 개인)의 비밀은 전략적 포기를 잘하는 데 있다.

그리고 원하는 것을 얻기 위해 분투하는(그리고 실패하는) 조직(혹은 개인)들이 실패하는 원인은 반사적 포기와 연속적 포기에 있다. 대부분의 사람들이 그런 식으로 포기한다. 그들은 고통스러우면 포기하고, 포기하는 것이 오히려 번거로울 때는 계속 밀고 나간다.

② 장래성이 없으면 빨리 포기하라

'막다른 길'이라는 의미의 프랑스어인 '컬드색(cul-de-sac)'을 말하는데 일을 아무리 열심히 해도 별로 달라질 게 없는 상황으로 크게 좋아질 것도, 크게 나빠질 것도 없이 늘 그저 그런 상태로 장래성이 없는 일이다. 장래성이 없는 일은 당신이 다른 일도 하지 못하도록 가로막으며 나아질 가망성이 전혀 없는 일에 당신의 인생을 투자한다는 것은 그 기회비용이 너무나 아깝지 않은가.

③ 당신이 처한 상황이 '딥(the dip)' 상황인가 아니면 '컬드색(cul-de-sac)' 상황인가를 정확히 구분해야 하는데 딥(the dip)은 참고 견뎌 내야 하지만 컬드색(cul-de-sac)은 빨리 포기해야 한다. 다른 대안은 없다.

④ 또 하나의 상황은 '절벽' 곡선과 같은 것인데 이것은 딥(the dip)이나 컬드색(cul-de-sac)에 비해 보너스에 해당하는데 흡연중독, 알코올중독처럼 시간이 갈수록 점점 포기하기 어려운 일들이 있는데 이를 두고 낭떠러지 곡선이라고 부르는 이유는 추락해서 모든 것이 결딴나기 전에는 포기할 수 없는 상황이기 때문이다. 시간이 지나갈수록 포기의 고통이 크고 백해무익한 것은 가능한 지금 당장 그만두도록 해야 한다.

⑤ 컬드색(cul-de-sac)은 지루하고 낭떠러지 곡선은 잠시 동안이나마 흥미진진하지만 만일 당신이 이 두 곡선 중 하나에 들어 있다면 포기해야 한다. 그것도 '곧'이 아니라 '지금 당장.' 감히 말하건대 인생의 성공을 가로막는 최대의 장애물은 이 두 가지 곡선을 당장 포기하지 못하는 무능력에 있다.

자료출처 : 세스 고딘, 『더딥』

어떤 일을 계획할 때는 그 일이 성공할지, 실패할지를 예측하기 어렵지만 일을 진행하면서 계속적으로 밀어붙여서 성공시킬 일과 중간에서 아깝지만 더 많은 기회 손실과 실패를 줄이기 위해서 과감하게 포기할 줄 아는 것 또한 필요한 덕목이다.

 기업의 성과창출

조직에서 개인은 자신이 하는 일이 조직 전체의 일 중에서 어떤 역할이나 위치를 차지하고 있는지 파악할 수 있어야 성과를 창출할 수 있다. 그러므로 리더는 조직의 임무나 역할 또는 추진하는 업무에 대하여 조직원에게 명확하게 알려 주고 부서별, 개인별 목표를 명확하게 부여해야 한다.

4.1. 한전사례

김쌍수 한국전력 사장이 2010년 6월 28일 창립 49주년을 맞아 기업 가치를 정리한 '켑코 웨이(KEPCO Way)'를 선포하고 "성과중시·글로벌 마인드로 공기업 DNA를 바꾸겠다"라고 조직문화 혁신을 선언했다.

김 사장이 이날 제시한 '켑코 웨이'는 '세계 최고'와 '성과 추구', '도전 혁신' 등 5가지. 특히 김 사장은 글로벌 사업과 수익 중심으로 회사를 운영하겠다는 뜻을 밝혔다.

김 사장은 "회사의 위상이 높아진 만큼, 글로벌 기업들의 견제와 도전도 거세지고 있다"

며 "그동안 성과에 자만하면 미래의 성공은 보장받을 수 없다"고 말했다. 또 "기업문화도 생산적인 내부 경쟁을 통해 회사 전체의 경영효율을 높이는 성과 지향적인 문화로 바꿔 가겠다"며 "끊임없이 도전하고 혁신하는 기업만 살아남을 수 있고, 이제 혁신을 우리의 기업문화로 정착시켜야 한다"고 말했다.

LG전자 부회장 출신으로 2008년 8월 한전 사장에 취임한 김 사장은 그동안 성과제를 도입하는 등 한전을 민간기업처럼 운영하고 있다. 올해부터는 같은 직급에서도 연봉이 최대 2,000만 원 정도 차이가 나도록 성과 연동 연봉제를 강화하기도 했다.

자료출처 : 조선일보

4.2. 자기주도형 인간 vs 종속형 인간

21세기에서 살아남고 번성하기를 바라는 사람이나 회사 혹은 국가는 무한한 두뇌의 창조능력과 혁신능력을 바로 지금 개발해야 한다. 혁신적인 조직은 혁신적인 개인이 만들어간다.

혁신은 실천하지 않을 거창한 계획과 전략을 수립하고 어떻게 실천할 것인지를 고민하기보다 작은 일이라도 실행 가능한 과제를 선택해서 실천에 옮기는 과정으로부터 시작한다.

사람은 개를 길들이고, 고양이는 사람을 길들인다고 인류학자 마르셀 모스가 말했는데 여기서 개는 회사종속형 인간을, 고양이는 자기주도형 인간을 지칭한다. 개는 인간의존형 동물이지만, 고양이는 인간과 독립적으로 자존심을 지키면서 살아가는 동물이다.

자기주도형 인간은 헌신과 몰입의 원천이 내면에서 우러나오는 반면, 회사종속형 인간은 상사나 다른 사람으로부터 충성심이 유발된다.

디지털 지식혁명시대는 독창적인 아이디어와 자신의 전문성을 기반으로 일에 헌신적으로 몰입하는 열정적인 사람을 요구한다. 한마디로 일상적인 삶에서뿐만 아니라 일터에서도 튀는 개성, 끼 있는 인재의 자율성이 그 어느 때보다도 존중되고 격려되며 촉진되어야 하는 시대가 되었다.

암묵적 강요와 맹목적 충성보다는 명시적 신뢰관계 속에서 자신이 좋아하는 일을 찾아 최선을 다하는 자율적이고 독립적인 인간이 필요한 시기다. 위계조직 속에서 시키는 일만 따라 하는 매뉴얼형 인간의 세계에서는 자율성과 독자적으로 활동할 수 있는 폭이 넓지 않다.

그러기 때문에 계층이 낮은 사람은 계층이 더 높은 사람들보다 더 나은 삶을 살 수 없다. 전문성으로 차별화되지 않고 연륜과 경험 그리고 직급으로 차별화되던 시대는 이미 지나갔다.

집착은 중독을 일으키지만 집중은 몰입을 유도한다. 중독은 벗어나기 어려운 고착증세를 유발하지만 열정은 위대한 성취를 일구어 낸다. 목표물이 나타날 때까지는 기다리면서 묵묵히 자신의 전문성을 갈고닦다가 기회가 오면 최선의 노력을 경주하여 기회를 포착해야 한다.

고양이가 세수하듯 일을 대강 하여 성취되는 일은 없다. 무슨 일이든지 온몸을 던져 몰입할 때 성과가 나오고 성취로 연결될 수 있다. 혁신은 어제와 다르게 생각하고 실천할 때 이루어지며 타성에서 벗어나 남다른 발상과 행동을 보여 줄 때 혁신의 싹은 나온다.

고정관념은
즉 관념이 고장 난 상태
관념이 고장 나 움직일 수 없는 상태
관념을 고쳐 줄 정비소마저 문을 닫은 상태를 말한다.

자료출처 : 정철, 『불법사전』

4.3. 혁신에 방해되는 4가지 장벽

① 혁신에 성공하려면 우선 혁신적인 아이디어 구상이나 혁신적 도전 이전에 자신감을 저하시키고 안 된다고 생각하는 의심과 두려움을 버려야 한다. 혁신은 의심보다는 의문과 질문 속에서 자란다. 의심이나 의구심은 불신하는 마음속에서 자라지만 의문과 질문은 끊임없는 호기심에서 자란다. 자신의 내부에 있는 가능성만을 믿고 현실에 안주하려는 타성을 벗어던져야 한다. 당연하다고 생각되는 관념에 의문을 가지고 집요하게 파고들면서 질문을 던질 때 가능성이 발견된다.

② 오랫동안 누구도 의문시하지 않고 당연히 지켜야 되는 규범이나 관습으로 정상적으로 습관적으로 반복해 온 타성, 오랫동안 옳다고 믿어 온 신념체계나 고정관념을 문제의식 없이 받아들이는 자세와 태도인데 혁신은 비정상적이고 비합리적이며 몰상식한 발상에서 비롯된다.

③ 실패에 대한 두려움으로 모든 인간은 성공하려는 욕망이 있으며 실패를 두려워한다. 실패는 좌절과 패배의식을 주고 자신감을 저하시키기 때문에 피해야 할 사항이다. 세상의 모든 위대한 성공은 실패를 먹고 자랐다. 혁신하기 위해서는 도전해야 하고 도전에는 언제나 실패가 기다리고 있다. 실패는 피해야 할 금기사항이 아니라 권장해야 할 덕목이다. 에디슨의 2,000여 번의 실패가 없었다면 우리는 전등을 사용할 수 없다. 실패하는 것이 실패가 아니라 실패하고 다시 도전하지 않는 것이 실패다. 실패를 반복해야 보다 혁신적이고 완성도가 높은 성공의 열매를 맛볼 수 있다.

④ 혁신적인 조직은 혁신적인 리더로부터 시작하는데 리더의 능력에 따라 조직 전체가 혁신적인 조직이 될 수도, 현실에 안주하는 무능력한 조직이 될 수도 있다. 혁신은 한 사람의 외로운 노력의 산물이 아니라 혁신적인 사람들이 신명나게 일할 수 있는 분위기나 여건에서 탄생한다. 혁신적인 리더는 신명에너지가 충만한 조직 분위기와 여건을 조성하는 사람이다. 바쁜 업무 일정 속에서도 여유롭게 생각하고 색다른 아이디어를

낼 수 있는 가족 같은 분위기, 관념과 타성, 규범과 관습을 벗어던질 수 있는 문화, 색다른 도전을 하다가 실패해도 실패에서 교훈을 학습할 수 있는 근무환경을 조성해주는 리더십이 살아 있을 때 창의적인 성공의 과실을 맛보고 공유할 수 있다.

인력은 조직운영에 필요한 불특정 다수의 구성원을 총칭하고 인재는 해당 분야의 전문성을 갖고 자신의 경력을 체계적으로 개발해 나가는 프로페셔널을 지칭한다. 우리는 엉덩이로 일하면서 숫자만 채우는 인력이 아니라 스스로 변화하고 스스로 발전할 수 있는 창의적인 인재가 되어야 한다.

자료출처 : 스테판 C. 런딘, 캣츠(고양이에게 배우는 9가지 혁신원리)

개인은 三心, 四行, 五守의 日常生活을 습관화하여 육체와 정신이 건강하고 긍정적인 인간으로 거듭나도록 노력해야 한다.

① 三心 : 바른 마음, 고운 마음, 넓은 마음을 가진다.
② 四行 : 사랑하기, 효도하기, 봉사하기, 양보하기를 실천한다.
③ 五守 : 예절, 질서, 시간, 분수, 약속을 지킨다.

이렇게 지성, 감성, 핵심역량을 갖춘 인재만이 높은 성과를 창출할 수 있으며 자신의 역량으로 이 사회에 기여할 수 있다. 이기적인 능력을 가진 사람은 일시적으로 높은 성과를 창출하였다 하더라도 일시적이며 반대자나 스스로의 내부저항으로 실패하게 된다.

4.4. 도전

"새로운 일을 해낼 수 있는 사람은 그 분야에서 지식과 경험이 많은 전문가가 아닌, 모험심이 강한 사람이다." 누구도 자신이 원하는 분야의 전문가가 아니라고, 배운 것이 많지 않다고 실망하거나 주저앉지 마라. 오히려 틀에 얽매이지 않는 자유로운 발상과 의욕이 충만하다면 새로운 일에 도전할 자격이 충분하다.

자료출처 : 이나모리 가즈오, 『왜 일하는가?』

운전 면허증을 갖고 있어도 오랫동안 쓰지 않으면 '장롱 면허증'이 되고 만다. 날개가 있어도 사용하지 않으면 오리처럼 날지 못한다. 누구에게나 '도전'할 자격이 주어져 있는데도 불구하고 고정관념의 틀에 안주하여 호기심, 모험심과 새로운 발상, 의욕을 잃으면 누구도 무슨 일이든 도전할 수 없다.

도전하라! 도전하는 자만이 성공의 과실을 맛볼 수 있다!

4.5. 기업의 목표

기업은 성과의 창출도 중요하지만 이제는 기업 자신만을 생각하던 기업관에서 일보 전진하여 약한 자와 이웃과 지역사회와 함께 공존하는 착한 기업으로 거듭나야 생존할 수 있다.

1886년 미국 대법원의 수석재판관인 모리슨 웨이트는 미국 수정헌법 제14조에 근거하여 회사는 사람과 똑같은 권리를 가지는 존재라고 판결했다. 회사는 적어도 법적으로는 실제 사람과 똑같은 존재인 법인(法人)이 되어서, 그 자신의 이름으로 사업을 운영하고 자산을 취득하며 노동자를 고용할 뿐 아니라 법원에서 자기 권리를 옹호하게 되었다.

자본주의 시장경제에서 회사는 어떤 성격의 존재였던가? 캐나다의 법률가이자 작가인 조엘 바칸은 저명한 심리학자 로버트 헤어 박사가 창안한 심리검사 기준을 적용하여 회사(법인)가 실제 사람(자연인)과 같은 존재라고 가정하면 과연 어떤 성격의 사람인지 분석해 보았다.

① 회사는 자신의 목표를 달성하기 위해 다른 모든 사람을 위험에 빠뜨리는 '무책임한' 태도를 보인다.

② 여론을 포함해서 모든 것을 '조종'하려고 하며, 자신이 늘 최고라고 주장하는 '과대망상'의 성격을 가지고 있다.

③ 자신 때문에 희생하는 사람들에 대해 전혀 개의치 않는 '동정심의 부족'과 '비사회적 태도'라는 특징도 있다.

④ 회사가 위법 행위를 하다가 발각되면 약간의 벌금을 물고는 다시 같은 행위를 반복하는 점에서 '자기 행동에 대해 책임감이 없고 양심의 가책을 느끼지 않는' 존재이다.

⑤ 회사는 일반 대중에게 자신의 이미지를 각인시키려는 의도로만 관계를 맺으려고 하므로 대인관계는 언제나 '피상적'이다.

실제 이런 성격을 가진 사람은 다름 아닌 사이코패스, 즉 폭력성을 동반한 이상심리 소유자이다. 지금까지 많은 회사는 분명히 이런 성격의 존재였다. 멕시코 만에 엄청난 원유 유출 사고를 일으킨 BP의 행태를 보면 그런 분석에 공감하지 않을 수 없다.

그러나 현대 사회경제 역시 진화를 거듭하여, 이제는 과거와 같은 행태를 고집해서는 회사가 존립할 수 없는 시대가 되었다. 현대 마케팅 이론의 대가인 필립 코틀러는 기업의 사회적 책임을 다하는 '착한 기업'만이 살아남는다고 주장했다.

기업들 보고 모두 천사 같은 박애주의자가 되라고 할 수는 없겠으나, 최소한 이 사회에서 다른 사람들과 조화롭게 살아가는 성숙한 인격자가 되라고 요구하고 있다.

자료출처 : 주경철의 히스토리아, 「조선일보」

4.5.1. 사회적 책임경영(CSR : ISO26000) 사례

국민은행은 최근 외부 감사 대상인 중소기업의 신용평가 때 기업의 '사회적 책임경영 실천 정도'를 반영하기 시작했다.

일자리 창출 기여도와 사회복지사업 참여도, 환경보호 실천, 녹색 성장산업에 대한 투자, 녹색 기술 활용, 윤리경영 실천 등 기업에 요구되는 각종 사회적 책임활동을 종합적으로 파악해 A·B·C·D·E의 5등급으로 신용도에 반영한다는 것이다. A등급과 E등급은 100점 기준으로 최대 5.6점 차이가 난다. 기업 신용등급은 해당 기업의 대출 여부를 좌우하는 기준이면서 대출금리 수준을 결정하는 주요 요소다.

신한은행 역시 이달 중 기업의 환경관리 능력 등을 평가하는 시스템을 개발해 신용평가 때 반영할 예정이다. 우리은행은 작년 하반기부터 환경위험 부문을 여신 심사에 반영하고 있고, 하나은행도 환경 부문을 기업의 비재무 항목 평가 때 일부 반영하고 있다.

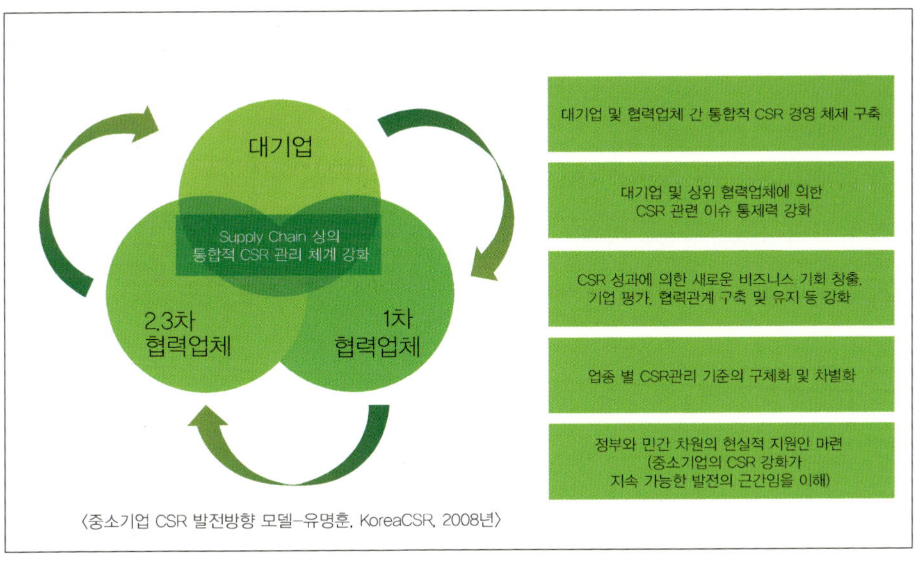

〈중소기업 CSR 발전방향 모델–유명훈, KoreaCSR, 2008년〉

금융권이 이처럼 사회적 책임을 아예 신용평가에 넣기 시작한 것은 세계은행 산하 국제금융공사의 '적도 원칙(The Equator Principles)'이 출발점이 됐다. 적도 원칙은 1,000만 달러(1,200억 원) 이상의 개발 프로젝트가 환경 파괴를 일으키거나 해당 지역 주민들의 인권을 침해할 경우 자금을 대지 않겠다는 금융회사들의 자발적 협약으로 2003년 6월 씨티그룹, HSBC, ABN암로 등 세계 10개 대형 은행이 서명하면서 시작됐다. 2009년 말 기준, 이 원칙에 참여하는 금융회사는 70여 곳으로 전 세계 프로젝트 파이낸싱시장에서 80%를 웃도는 비중을 가지고 있다.

금융권의 중소기업에 대한 '사회적 책임' 평가는 올 하반기 발표될 ISO26000과 맞물려 뜨거운 감자가 될 전망이다. ISO26000은 환경, 지배구조, 윤리경영, 사회 공헌 등 광범위한 사회적 책임을 요구하는 국제 표준으로 대기업·중소기업을 가리지 않고 적용된다. 이미 IBM, 소니와 같은 글로벌 기업들은 법령 준수나 인권보호 등 일정한 기준에 미달하는 기업들의 부품을 공급받지 않고 있다. 중소기업청 기업협력팀 최정민 주무관은 "국내도 발 빠른 일부 대기업을 중심으로 협력업체들에 사회적 책임에 대한 가이드라인을 제시하고 실행하도록 독려하고 있다"고 말했다.

이 때문에 수출을 주력으로 하는 중소기업들은 벌써 속이 타고 있다. 화장품 제조업체인 제닉의 유현우 사장은 "우선 기부처를 찾아 물품을 주고 대중교통 이용하기 등의 자체 환경 캠페인을 벌이고 있긴 하지만, 본격적으로 어디서부터 시작해야 할지 난감하다"고 말했다. 특히 CSR의 범위가 자원봉사나 기부에 그치는 것이 아니라 환경, 노동, 지역사회와의 관계 등 광범위한 주제를 포괄하고 있기 때문에 그 당혹감은 더욱 크다.

중소기업연구원 김익성 박사는 "ISO26000은 새로운 무역 장벽이 될 가능성이 높다"며 "중소기업의 사정이 좋지 않고 여력이 없다고 하더라도 기업의 투명성, 환경 경영, 지역사회와의 관계, 인권에 대해서 고민해야 할 시점"이라고 강조했다.

4.5.2. 사회적 책임경영(CSR : ISO26000)이란

ISO(International Organization for Standardization)는 '국제표준화기구' 로서 지적 활동이나 과학, 기술, 경제활동 분야에서 세계 상호간의 협력을 위해 활동을 하고 있는 국제기구 로서 지난 5월 코펜하겐 회의에서 사회적 책임(Social Responsibility)에 관한 국제표준을 담은 ISO26000을 확정했다.

사회적 책임(Social Responsibility)이란? 조직활동과정에서 뇌물수수금지와 회계 투명성 등 윤리경영, 환경 및 인권보호, 사회공헌 등의 가치를 제고시켜 관련 이해관계자 뿐 아니라 인류사회 전체에 이익이 되도록 하기 위한 기업의 책무를 뜻한다.

지속가능발전이라는 용어는 1987년 UN의 보고서에서 향후 경제발전이 지향해야 하는 새로운 개념이 등장하면서 생겼는데 '다음 세대가 그들이 원하는 것을 달성할 수 있는 기회를 박탈하지 않으면서 우리 세대가 우리가 원하는 것을 달성할 수 있도록 하는 발전'이다. 즉, 경제발전을 지속적으로 추구하되 자원을 덜 쓰고, 환경오염을 덜 시키고, 사회적 불평등을 덜 야기하도록 함으로써 지속적인 성장이 가능하도록 하는 발전의 개념이다.

지속가능발전에 있어 핵심적인 역할을 하는 주체는 바로 기업 · 비즈니스 부문이라는 사실이 강조되면서, 기업의 경영방식이 단순히 이익을 좇는 것이 아니라 환경과 사회를 동시에 고려해야 한다는 것이 대두돼 지속가능경영이라는 개념이 나왔다.

지속가능경영은 '환경오염을 줄이는 한편 사회 친화적인 경영 등을 통해 지속적인 성장을 이어가는 경영방식'이라고 할 수 있다. 지속가능경영에서 기업의 성과는 단순히 경제적 이익에만 국한되는 것이 아니라 '얼마나 환경에 도움이 됐나' '얼마나 사회에 기여했나' 등의 다중 잣대로 평가된다. 사실상 CSR와 지속가능경영은 현재 거의 같은 의미로 사용되고 있지만 지속가능경영은 지속가능발전에서 출발했고 환경문제에 대한 기업의 역할이 중요하다는 개념에서 시작된 반면, CSR는 사회문제에 대한 기업의 역할에 초점을 맞추고 있다는 점이 다르다.

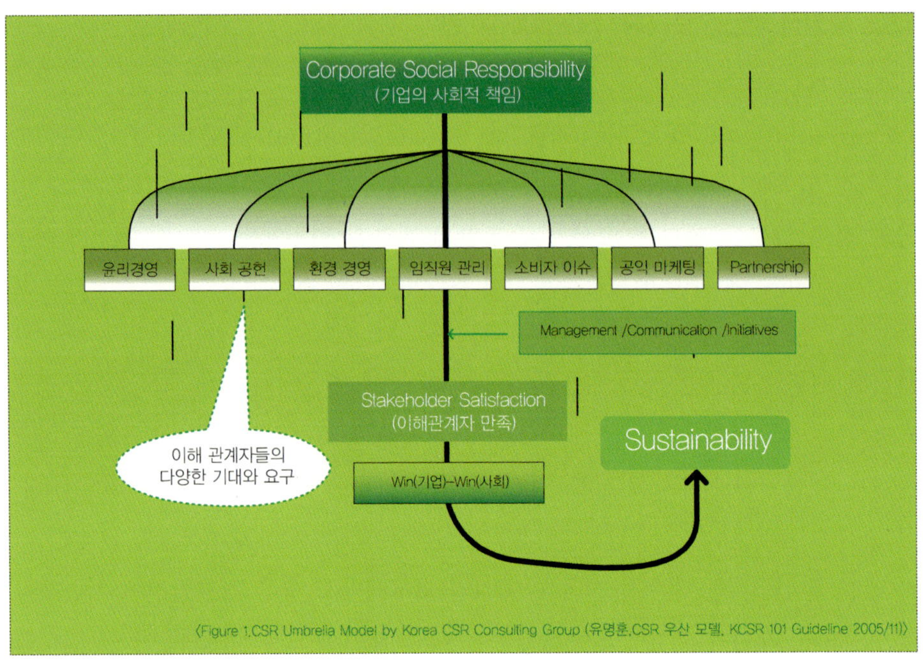

ISO26000은 기업이 사회적 책임활동을 얼마나 잘 하고 있는지를 검증하기 위해 일종의 점검기준을 정해 놓은 것으로 분야는 환경, 인권, 노동, 지배구조, 공정한 업무 관행, 소비자 이슈, 지역사회 참여 등 7가지 분야이다.

기업은 지속가능보고서(기업의 경제적 성과를 서술한 재무제표 이외에 환경적 책임과 사회공헌 성과를 함께 정리한 것)를 해마다 공개해야 한다.

더 나아가 ISO26000은 기업뿐 아니라 모든 사회적 주체가 사회적 책임을 져야 한다는 뜻으로 기업, 노동자, 소비자, 금융, 정부, NGO 등 모든 조직에 적용되는 국제규범이라는 점이다.

4.5.2.1. 구성요소

재무측면 + 비재무측면 (ESG : 환경적(Environment), 사회적(Social), 거버넌스 (Gover-nance) 문제와 성과를 동시에 고려함

- 환경적 : 기후변화협약 대응, 친환경제품 생산

- 사회적 : 인권과 노동, 다양성, 지역사회 공헌

- 거버넌스 : 이사회 구조의 책임성, 회계와 기업정보 공개 등의 투명성

4.5.2.2. 향후 전망

- 사회적 책임경영이 도입되면 반드시 성과평가가 필요하게 됨.

- 검증받은 시스템 시장이 필요하며, 검증 시스템은 감사시스템 수준이 적절함.

- 향후 국제사회에서 "사회적 책임"에 대한 신뢰를 잃으면 국제경쟁에서 도태될 수 있음

- CSR(Corporate Social Responsibility)을 핵심으로 한 사회책임(Social Responsibility) 이 경영환경 변화로 대두되어 사회책임이 곧 경쟁력인 시대가 도래하고 있음.

4.5.2.3. 사례

- 교보생명 : 간병봉사단, 미숙아지원 활동

- 롯데칠성 : 맑은 물 깨끗한 세상 만들기 활동

- 유한킴벌리 : 우리강산 푸르게 푸르게 활동

4.6. 조직의 성과창출

직장인 1,000명을 대상으로 설문조사를 실시한 결과, 업무에 몰입한다 6%, 별로 몰입하지 않는다가 38%, 마지못해서 한다가 10%로 전체의 54%가 몰입해서 업무를 수행하지 않는 것으로 나타났다.

몰입하지 않는 이유로는 리더의 리더십 부족, 자신의 경력개발에 도움이 되지 않아서, 보상이 없거나 만족하지 못해서 등으로 나타났으며 경영자가 인재육성에 노력하는가는 32%, 리더가 복지수준 향상에 관심이 있는가에는 27%만이 긍정적인 답변을 하였다.

내가 하는 일이 조직 전체의 일 중에서 어떤 역할이나 위치를 차지하고 있는지를 자신이 명확히 파악할 수 있어야 성과를 창출할 수 있는데 자신의 업무에 몰입하지도 않고 리더십도 부족하고 미래에 대한 전망이 없을 때 조직원은 성과를 창출할 수 없다.

문제의 원인은 전적으로 리더에게 있다. 조직원에게 임금을 지불하였으면 최소한 자기 연봉의 3배는 벌어 줘야 조직이 현상유지를 할 수 있는데 이런 상태로는 흑자는 고사하고 적자를 면하기도 어렵다.

일하러 직장에 나온 직장인이 오늘은 근무시간의 30%만 열심히 일하고 70%는 자신의 일을 하겠다고 작심하고 출근하는 직원은 없다. 조직이 조직원이 몰입해서 근무할 수 있는 리더십, 비전의 공유, 근무환경, 조직의 문화, 사내 커뮤니케이션 등이 원활하다면 하루 근무시간 전체를 조직을 위해서 몰입해서 근무할 순 없다 하더라도 현재보다 높은 몰입으로 높은 성과를 창출할 것은 자명한 일이다.

4.6.1. 아이디오(IDEO)팀 브라운 사장의 'CEO의 역할'

① 비전과 가치를 제시할 것
② 조직이 외부의 기대에 부응토록 할 것
③ 예측하기 힘든 것들을 이해할 것
④ 역량과 신뢰를 증대시킬 것
⑤ 겸손

4.6.2. 감성리더십

최근 조직 구성원이 다양해지고 가치관이 빠르게 변하면서 직원들의 감성관리가 더욱 중요해지고 있다. 이와 함께 직원들의 감성을 이해하고 배려하며 구성원과 긍정적인 관계를 유지하는 감성리더십이 필요하다.

감성리더십은 직원들을 배려하는 한두 번의 이벤트로 구축되는 것이 아니라 착실하게 기반을 다지며 순차적으로 직원들과의 관계를 강화하는 단계적 접근이 필요하다.

4.6.2.1. 감성리더십 구축 4단계

1단계: 자기통제 (1:0의 관계)

감성리더십을 제대로 발휘하기 위해서는 리더 스스로가 자신의 감정상태를 정확히 통제할 수 있어야 한다. 동일한 집단에서 함께 일하는 사람들은 서로 감성이 전이(Emotional Contagion)되므로 리더의 분노, 증오 등 안 좋은 감정은 직원들에게 부정적인 영향을 미친다.

어려운 상황에서도 긍정적인 태도와 기분을 유지하는 리더는 직원들과 공감대를 형성하고 조직의 안정을 유지하는 역량도 탁월한 반면 리더가 스스로 감정을 통제하지 못하고 직원들에게 분노와 비난을 쏟아 붓는 공포경영은 직원들을 방어적으로 만들어 조직의 성과에도 악영향을 끼친다.

2단계: 신뢰구축 (1:多의 관계)

직원들을 진심으로 존중하고 대우하는 진정성을 표현하고 실천함으로써 신뢰관계를 구축해야 한다. 신뢰관계를 바탕으로 조직과 직원이 함께 성장하는 선순환 구조를 구축해야 한다.

직원들에 대한 신뢰와 존중을 경영철학으로 공표하고, 이를 실제 리더의 행동으로 가시화할 때 신뢰가 구축되는데 '직원 제일주의'라는 경영철학을 표방한 사우스웨스트 항공의 CEO 허브 켈러허는 정당한 이유 없이 직원을 모욕하는 고객에게 항공료를 돌려주며 다른 항공사를 이용할 것을 정중히 권유한 일이 있다.

3단계 : 개별적 관심과 배려 (1:1의 관계)

직원들은 리더가 개별적 관심을 표현하면 조직 구성원 중 하나가 아닌 남과 다른 특별한 존재로 대우받는다는 느낌을 갖게 된다. 특히 직원 개개인의 상황에 따라 일상적이지 않은 맞춤형 배려를 하는 것이 효과적이다.

또 리더의 개인적인 칭찬과 격려는 직원들의 업무열정을 높인다는 점에서 매우 중요하다.

4단계 : 긍정적 집단감성 형성 (多:多의 관계)

감성리더십은 조직 전체가 긍정적 감성을 공유할 때 완결된다. 리더 혼자만 직원들의 감성을 이해하고 공감하는 것이 아니라 직원 간에도 서로 관심을 보이고, 배려하도록 독려하는 분위기기 되도록 해야 한다. 이를 통해 직원들은 서로 우호적인 관계를 유지하며 상호 협력할 수 있다.

기업경영은 조직성과를 위해서 반드시 직원들의 희생이 뒤따라야 하는 제로섬(Zero-sum)게임이 아니다. 직원들의 입장이나 처지를 공감하고 이해하며 배려하는 감성리더십을 발휘해 조직과 구성원이 함께 성장하는 기반을 구축해야 창의적으로 높은 성과를 창출할 수 있다. 이를 위해서는 리더가 먼저 진정성을 가지고 긍정의 전도사가 되어야 한다. 리더가 앞장서서 긍정에너지를 발산해야 조직 구성원들도 긍정적이고 우호적인 관계를 유지할 수 있다.

업무관리만으로는 신세대, 여성인력 등 다양한 직원들의 몰입과 열정을 끌어내는 데 한계가 있는데 감성리더십은 직원들의 협력을 이끌어 내고 새로운 방식으로 문제를 해결할 수 있도록 촉진함으로써 창조적으로 조직의 성과를 창출할 수 있다.

일회성이 아닌 본질적, 단계적 접근이 중요한데 감성리더십을 본질적으로 이해하고, 발휘하기 위해서는 자신의 한계와 가능성을 객관적으로 판단해 자신의 감정을 잘 다스리고 상대방을 진심으로 이해하며 타인과 좋은 관계를 유지할 수 있는 감성지능을 개발하는 것이 필수적이다.

감성지능(Emotional Intelligence)

구분	정의
자아인식력 (Self-awareness)	-자신의 기분, 감정, 취향 등이 타인에게 미치는 영향을 인식하고 이해하는 능력
자기통제력 (Self-Regulation)	-부정적인 충동과 기분을 통제하거나 바꿀 수 있는 능력 -행동하기 전 판단을 위해 잠시 멈출 수 있는 절제력
동기부여 (Motivation)	-돈, 지위를 추월해 직무를 성공적으로 수행하려는 열정 -끈기를 가지고 목표를 추구하려는 성향
감정이입 (Empathy)	-다른 사람의 감정을 헤아려 이해하는 능력 -다른 사람의 감정적인 반응에 대응하고 처리하는 기술
사교성 (Social skill)	-인간관계를 형성하고 관리하는 능력 -공동의 입장을 발견하고 친밀한 관계를 형성하려는 능력

자료 : Goleman, D.(1998, 「What makes a leader?」 「Harvard Business Review」)

감성리더십은 타고난 성품에 의해 좌우되는 선천적인 것이 아니며 개발 가능한 리더십 역량이므로 지속적인 노력을 기울여 개발해야 한다. 단, 직원들이 감정 상할 것을 염려하여 리더로서 반드시 해야 할 말이나 행동을 하지 못하는 '착한 리더 증후군'과 감성리더십은 명확히 구분되어야 한다.

4.6.2.2. 창조적 리더십

감성리더십만으로는 마음씨 좋은 리더는 될지 몰라도 급변하는 내·외부 환경과 국가와 사회와 조직이 요구하는 성과를 창출하기에는 부족함이 있는데 이를 보완하기 위해선 창조적 리더십이 필요하다.

실용적 신정부 출범과 세계경제의 저성장기조 전환 등 경영환경의 변화가 CEO의 역할에 큰 변화를 요구하고 있다. CEO의 역할은 경영환경의 시대적 조류에 따라 변화해 왔다. 국내 CEO의 경우 창업가형 CEO(~1960년대)에서 사업확장형(1970~1980년대), 관리형(1980~1990년대) 및 구조조정형(1998~2008년) 등으로 변화해 왔다.

높아진 경영환경의 불확실성을 극복하고 보수화된 경영체질을 탈피하기 위해서는 '창조형 CEO'가 요구된다. '창조형 CEO'란 창조적 파괴활동을 통해 신사업, 신제품 및 신시장을 개척하는 창조적 의지와 역량을 발휘하는 리더를 의미한다.

경영환경의 변화는 CEO를 둘러싼 CEO 환경에도 적지 않은 변화를 초래했는데 대표적인 CEO 환경변화는

① CEO 평가주기 단축에 따른 지위(status)의 불안정
② CEO 브랜드 출현 등 CEO 시장의 정착
③ TMT(Top Management Team) 등 시스템경영의 확산
④ 글로벌 감각, M&A 등 팔방미인형 역량의 요구 등이다.

CEO가 경영환경의 큰 흐름을 읽지 못하고 단지 자신을 둘러싼 CEO 환경의 변화에만 집착할 경우

① 단기 성과에만 집착
② 개인의 몸값 올리기
③ 의사결정 책임의 회피
④ 어중간하고 무난한 리더십 발휘 등 기업경영을 위험에 처하게 하는 CEO 함정에 빠질 수 있다.

CEO는 경영환경의 변화를 통찰하고 이에 대응하는 기업전략의 중추로서 피터 드러커가 "종업원이 아무리 많아도 기업실적은 결국 CEO의 자질에 좌우된다"라고 말할 정도로 기업에서 CEO는 매우 중요하고 책임이 막중하다.

	경영환경	시사점
정부	−신정부 출범 : 실용주의, 친기업성향	−규제완화 등 기업여건 개선
경제	−저성장 기조 −원자재 가격 상승, 환율의 급변	−국내외 시장 위축 −원가 상승, 환리스크 증대
사회	−사회적 요구 증대 : Green Economy, 사회적 책임 경영(CSR) 등 강조	−다양한 이해관계자에 대한 고려
소비자	−감성적 소비 : 디자인, 브랜드 등 소프트 요소 중시	−창의적 소프트 요소의 중요성
경쟁환경	−글로벌경쟁 격화 : 신흥국 기업 부상, FTA 확산 등	−경쟁자의 범위가 국적과 지역을 초월
기업	−인재 확보 전쟁	−창의적 인재 확보 및 후계자 양성

자료출처 : SERI 한창수 외, 『미래 CEO의 조건 : 창조적 리더십』

기업에 경쟁우위를 달성하기 위해 기업과 CEO에게 필요한 역량은 창조성이다. 이를 위한 창조형 CEO의 5대 조건은

1) 부단한 성장 추구

창조형 CEO는 역경 속에서도 성장기회를 추구해야 한다. 확고한 전략적 의지를 기반으로 호황기를 대비한 선제적 투자를 실시하며 전방위적인 위기관리시스템을 구축하며 특히 현장중시경영(Management by Wandering Around)을 통해 조직말단에까지 경영의 활력과 긴장감을 부여해야 한다.

2) 인재 확보 및 후계자 육성

창조형 CEO는 다양한 인재를 확보하고 실패를 두려워하지 않는 조직문화를 배양하며 체계적인 후계자 육성프로그램을 운영해야 한다. 또한 일하기 좋은 직장을 가꾸는 데 있어서 단순한 복리후생차원을 넘어 기업전략과의 적합성을 높여야 한다.

3) 조직에 창조적 영감 부여

창조형 CEO는 다양한 방법으로 조직에 창조적 영감을 부여해야 하는데 인문학 등 다양한 분야에 관심을 가지고 모험과 파격적인 의사결정이나 행동을 통해 조직에 신선한 자

극을 주고 고객의 감성을 자극하는 디자인과 브랜드에 집중적으로 관심을 기울여야 한다.

4) 글로벌시장 개척

창조형 CEO는 글로벌시장 공략을 통해 브랜드가치 제고와 국내시장에서의 경쟁우위 확보 등 글로벌화를 기업경쟁력 강화의 기호로 활용한다. 또한 자사가 보유한 핵심역량을 기반으로 글로벌 경영의 신모델을 창출해야 한다.

5) 사회와의 소통

창조형 CEO는 사회와의 끊임없는 의사소통으로 기업가치를 증대시키며 기업윤리 및 친환경 중시와 같은 사회현상도 사업기회로 승화시킬 수 있는 능동적 자세를 견지해야 한다.

4.6.2.3. 사례기업 : NHN

월요일에 출근하면 자리에 여러분을 위한 선물이 하나씩 있을 것이다. NHN이 본사를 이전하는 첫날, 출근을 앞둔 직원들에게 이런 메시지가 이메일로 전달됐다.

"선물이라니, 뭘까?"

의아해하며 출근한 직원들을 맞이한 것은 사무실 각 자리마다 포장도 뜯지 않고 배달된, 최고급 사무실 의자 제조사로 유명한 미국 허먼 밀러(Herman Miller)사의 '에어론 체어(Aeron Chair)'였다. 하나에 130만 원 하는 최고급 의자를 NHN이 본사 이전에 맞춰 직원들에게 선물한 것이다.

NHN은 2005년 9월 서울 역삼동 스타타워에 있던 본사를 경기도 성남시 분당구 정자동으로 옮겼다. 분당에 자사 사옥을 짓고 있는 NHN으로서는 분당 시대에 대비하는 한편 직원들의 적응력을 높이기 위한 방안이었다.

역시 IT기업인 SK C&C의 분당 정자동 사옥 9~16층에 세를 내고 들어온 NHN은 이런 훌륭한 명분에도 불구하고 직원들을 달래고 사기를 고취시킬 필요가 있었다.

아무래도 사옥을 이전함에 따라 불편함을 호소하는 직원들이 많이 있을 것이 분명했기 때문이다. NHN은 본사 이전에 대비해 여러 가지 직원 복지대책을 마련하였다. 이미 업계 최고의 복지 수준을 자랑하지만 분당 시대 개막과 함께 더욱 높아진 것이다. 그중 백미가 미국계 최고급 의자 '에어론 체어'였다.

NHN이 이런 최고급 의자를 직원들에게 일괄적으로 지급하게 된 데는 재미있는 일화가 있는데 본사를 이전하기 전에 역삼동 스타타워 시절, 당초 사내에서 허리가 좋지 않은 개발자 5~6명이 특수의자를 구입하기 위해 여기저기 사이트를 뒤지다가 의견일치를 본 것이 바로 허먼 밀러사의 '에어론 체어'였다.

국내에서는 역삼동 뒤쪽에 매장이 하나밖에 없다는 사실을 알고 함께 의자를 구입하러 갔지만 무척이나 고가였다. 하나씩 사는 것보다 단체로 구입하면 좀 더 싸게 살 수 있다는 말에 은밀히 추가적으로 의자를 살 사람을 모으기 시작했지만 고가라서 그런지 많은 사람이 모이진 않았다. 마침 평소 허리가 좋지 않아 의자에 오랫동안 앉으면 피곤을 심하게 느끼던 최휘영 대표가 동참했고, 10여 명이 공동으로 의자를 구입했다.

한 달여쯤 의자를 써 본 공동 구매자들은 모두 그 효과에 놀랐다. 허리로 고생하던 최휘영 대표를 비롯해 다른 개발자들 역시 이 의자를 쓰고 난 다음부터는 장시간 앉아 있어도 허리로 인한 고통이 덜하다는 것을 느꼈다.

이에 최휘영 대표는 "이렇게 좋은 의자를 직원들이 모두 사용하도록 하자"고 의견을 냈고, 때마침 본사 이전과 맞물려 분당 시대 개막 선물로 직원들에게 하나씩 제공하게 되었다.

처음에 이 소식을 들은 이해진 CSO가 직접 사비를 털어 전 직원들에게 의자를 선물하겠다는 의사를 보였다. 하지만 수뇌부의 회동 결과 회사 돈으로 구입해 직원들에게 선물하는 것이 좋겠다는 결정이 모아지면서 결국 회사 비용으로 처리했다.

"구글, 야후, 마이크로소프트는 일하는 사람들의 천국처럼 표현되는데, NHN이 훨씬 떨어지는 것처럼 비치는 것은 정말 속상한 일이지요. 그래서 이사 오면서 정말 많은 부분에서 배려했습니다. 가능하면 일하기 좋은 공간, 편한 공간을 만들어 주고 싶다는 게 경영진 모두의 바람이자 철학이거든요."

NHN이 분당 시대를 개막하는 날, 사옥에 기자들을 초청한 자리에서 최휘영 대표가 한 말이다. 최 대표의 말에서 나오듯 NHN은 일할 맛 나는 직장을 만들어 직원들의 창조력을 배가하기 위한 복지 수준에 있어서는 타의 추종을 불허한다.

NHN의 대표적인 직원 보살피기는 이른 아침 셔틀버스 운행으로부터 시작된다. 2005년 분당으로 사옥을 옮기면서 서울에서 출퇴근하는 직원들을 위해 모두 11개 권역으로 나눠 25대 이상의 셔틀버스를 운행하고 있다. 본사 이전을 실행하기 전에 직원들의 편의를 위한 셔틀버스 운행을 계획하는 일에 제일 먼저 신경 쓸 정도로 직원들이 편하게 일하는 환경을 만드는 데 최우선을 두고 있다.

통근버스로 10시에 회사에 도착하는 직원들은 무료로 제공되는 김밥과 샌드위치를 맘껏 먹을 수 있다. 업무 중간 외부에서 손님이 찾아오거나 직원들 간에 대화가 필요할 때는 회사 내에 만들어진 카페테리아를 찾으면 되는데 외부 커피전문점에서 4,000~5,000원 하는 음료가 무조건 500~700원 사이 금액으로 판매된다. 수익금은 전액 사회복지시설에 기부되는지라 직원들도 기꺼이 돈을 내고 커피를 사 마신다.

회사 공간 곳곳을 황토와 나무, 벽돌로 장식해 그야말로 '웰빙 사무실'을 만들어 냈다. 딱딱한 의자에서 벗어나 편안히 회의나 모임을 진행하도록 온돌식 회의장도 만들어 놓았다.

갑작스러운 사고나 통증을 느끼는 직원들을 위해선 업무시간 내내 의무실이 개방된다.

전문 간호사가 상주하면서 링거도 놔 주고 간단한 응급치료도 해 준다.

9층 한편에 있는 양호실에는 안마의자와 발마사지기가 피곤한 직원들을 기다린다. 수면실, 수유실(모자유친방)도 마련되어 있다. 매달 1,000명의 전 직원에게 5만 원짜리 인터넷 서점 상품권이 지급된다. 매 3년마다는 2주일간의 휴가가 주어진다. 이 기간 동안 배낭여행을 하는 직원에게는 비행기 요금도 지원한다.

각 층마다 업무용 자료와 도서를 비치한 'NHN 북카페'가 있어 필요할 때마다 열람과 대여가 가능하다. 벤처 기업으로는 상상하기 어려울 만큼의 돈을 투자해 하나은행, 포스코, IBM, 대교 등과 함께 사내 어린이집을 설립하기도 했다. 주택 구입 및 임대 시 2,000만 원까지 무이자 대출도 해 준다.

최휘영 대표는 강조한다.
"인터넷 산업은 전통 산업과 달리 공장이나 생산설비 없이 직원들의 아이디어가 사업의 기반이 되기 때문에 직원들의 쾌적한 근무환경이 곧 생산성을 높이는 방법이다. 직원들의 창의적인 발상과 자유로운 커뮤니케이션 환경을 위해 지속적으로 투자할 것이다."

이런 얘기들이 알려지면서 NHN은 젊은이들이 가장 일하고 싶은 기업 대열에 당당하게 올라섰다.

이처럼 NHN이 대기업도 부러워할 만큼의 복지를 자랑하게 된 배경에는 이해진, 김범수 두 창업자의 신념이 있었다. 김범수 대표의 책상 한쪽에는 '좋은 기업을 넘어 위대한 기업으로'라는 책이 늘 놓여 있다. 사람에게 투자하고, 사람을 아끼는 기업이라야 위대한 기업이 될 수 있다는 생각을 한시도 잊지 않겠다는 의미다. 인터넷 업계의 후발주자였던 NHN이 지금과 같은 절대 강자의 위치에 오를 수 있었던 데는 이 같은 두 사람의 '사람을 아끼는' 경영철학이 큰 몫을 했다는 것이 일반적인 평이다.
NHN이 마련한 엄청난 수준의 복지제도와 직원들 보살피기 정책은 국내 인터넷 업계나

IT 업계에 처음엔 단순한 부러움과 시기 정도에 그쳤지만 이제는 점차 확산되는 추세를 보이고 있다. IT업계, 특히 게임업계에선 그야말로 NHN 따라 하기가 유행처럼 번지고 있는 게 사실이다.

물론 가장 큰 이유는 인재를 확보하기 위해서지만 NHN이 최고의 복지제도를 갖추고 있다는 소식에, 특히 젊은 직원들이 NHN에 우선 지원하고 있기 때문이다. 기업 입장에서는 유능한 직원을 뽑을 때 처음부터 NHN에 빼앗기는 결과를 초래할 수 있기에 NHN의 복지제도를 벤치마킹하는 사례가 급속하게 늘어나는 상황이다.

넥슨, 네오위즈, 다음커뮤니케이션 등 인터넷/게임업계에서 NHN과 경쟁하면서 만만치 않은 실적을 내고 있는 회사들은 NHN의 복지제도에 자극을 받아 선진적인 복지제도를 도입하고 있다.

자료출처 : 임원기, 『네이버 성공신화의 비밀』

5. 공기업의 성과창출

5.1. 고객의 Needs와 Wants를 읽어라

지난 6·2 지방선거는 많은 사람을 놀라게 했다. 사전 여론조사와 너무나도 판이한 결과를 보였던 것이다. 어떻게 이렇게까지 큰 차이가 났을까?

물론 여론조사가 만능은 아니다. 표본이 어떻게 구성되느냐에 따라 결과는 크게 달라질 수 있다. 이번 선거에서도 전화조사에 의존하는 바람에 집에서 전화를 받지 않는 20·30대 유권자의 표심을 읽기 어려웠다. 너구나 드위디를 통해 '투표 인증샷'을 올리는 등 새로운 양상의 선거 참가 바람이 불면서 젊은 유권자의 투표율이 예상보다 높아졌다.

여론조사의 이러한 내재적 한계를 감안하더라도 크게는 예상과 10% 이상 오차를 보인 결과는 여전히 당혹스럽다. 인터넷을 통한 사회적 네트워크 서비스(SNS)가 증가하면서 젊은 계층의 트렌드가 매우 유동적이고 빠르게 변하고 있다. 더욱 정교한 조사방법을 개발하지 않으면 이런 당황스러운 결과는 언제라도 재현될 것이다.

역설적이지만 이번 선거는 공공 부문에서도 유권자 혹은 소비자 선호의 추세적 흐름, 즉 트렌드를 잡아내는 작업이 얼마나 어렵고 중요한 것인가를 일깨우는 계기가 됐다. 이번 선거는 당사자들에게 큰 아쉬움을 남겼을 것이다. 예상이 정확했더라면 여야를 막론하고 더 신중하게 공천하고, 더 열심히 선거운동을 하고, 더 적극적으로 후보 단일화에 힘썼을 것이다.

사실 공공 부문에서는 선거 외에는 여론조사를 자주 벌이지 않지만, 시장에서는 소비자 조사와의 전쟁이 매일 벌어진다. 신제품을 출시할 때마다, 새로운 광고 캠페인을 기획할 때마다, 매출이 부진해질 때마다 브랜드와 기업 이미지에 대한 소비자의 선호를 파악하기 위해 기업들은 치열한 조사를 벌인다. 설문지를 통한 양적 조사에 그치지 않고, 심층면접·표적집단면접(FGI)·트렌드헌터·참여관찰·투사기법 등 매우 다양한 질적 기법을 동원한다. 심지어 특정 브랜드에 대한 반응을 정확히 파악하기 위해 소비자의 뇌를 기능적 자기공명장치(MRI)로 찍을 정도다.

반면 공공 부문에서는 소비자 트렌드 조사가 활발하지 않다. 대학이나 연구소에 정책 용역을 주면서 "설문조사도 좀 해 달라" 요구하는 정도다. 공공 부문은 경쟁이 치열하지 않고, 매출을 올려야 한다는 유인(incentive)도 크지 않은 탓이다.

지금까지 공공기관의 정책이나 서비스들은 많은 경우 공급자 위주적인 절차를 통해 주먹구구로 도출한 것이었다고 할 수 있다. 해결할 문제가 발생하면 행정지도·규제·지원금·조세감면·조직설립 등 공급 가능한 대안을 일단 나열한 후 그중에서 당장 보기에 명분이 좋고, 예산·법령상 시행 가능한 정책을 내놓는다. 예를 들어 어느 자치단체가 저출산 대책을 내놓는다고 하자. 아마 십중팔구 '출산장려금 ○○만 원 지급' 혹은 '영유아 보육시설 대폭 확충' 등일 것이다. 하지만 이러한 정책이 얼마나 실효성 있고 고객지향적일지는 의문이다.

가장 먼저 필요한 것은 문제를 정확히 파악하는 것이다. 즉, 저출산 문제가 결혼한 부부들이 아이를 적게 가져서 생긴 문제인지, 아니면 젊은이들이 결혼을 미루어서 생긴 문제인지부터 확인해야 한다. 해당 지역 내의 수많은 인구통계지표의 추세적 변화를 치밀하게 분석해야 얻을 수 있는 결론이다.

조사 결과 만약 후자의 이유 때문이라면 위에 예를 든 기혼부부 위주의 대책은 별 효과가 없을 것이다. 설령 기혼부부의 출산율을 높이는 것이 바른 목표로 판명된 경우라도 각 가정의 소득·생활주기·연령대·가구원 상황 등을 기준으로 정책 대상 집단을 세분화해야 하고, 분류된 그룹마다 어떤 수요를 가지고 있는지 정확히 파악한 후 그에 걸맞은 대책을 내놓아야 한다.

이처럼 과학적이고 치밀한 정책고객 분석을 통하지 않은 채 실효성 없는 대책이 빈발하면 막대한 세금이 낭비될 뿐만 아니라 해당 기관장도 좋은 평가를 얻기 어렵다.

그럼에도 공공기관이 민간에 비해 소비자 조사를 등한히 하는 것은 아직 '트렌드 마인드'가 부족한 탓이다. 트렌드 마인드란 거저 생겨난 것이 아니다. 소비자의 지엄한 선택이 일상적으로 이루어지는 시장에서 살아남아야 하는 사기업들은 적자생존을 온몸으로 체험하며 트렌드 마인드를 길러 왔다.

소비자 선택의 무풍지대에서 안주해 온 공공기관을 이제 고객지향적으로 바꿔야 한다. 정당은 유권자의 선호를 반영한 공전을 해야 하고, 공공기관의 평가지표는 더 고객지향적으로 변해야 한다. 그리고 정책들이 얼마나 고객지향적인 논리에 입각한 것인지 다양한 경로로 검증받아야 한다. 민간기업이 히트상품을 만들기 위해 들이는 노력의 절반만이라도 공공영역이 기울여 준다면 나라 발전의 속도는 배가될 것이다.

어떻게 공공기관의 트렌드 마인드를 높일 수 있을 것인가? 평가·피드백 시스템과 기관장의 의지가 매우 중요하다. 하지만 궁극적으로는 국민이 나서지 않으면 안 된다. 기업의 생사를 결정하는 것이 소비자였듯, 공공서비스의 평가와 존속도 결국은 국민의 합리적 선택을 통해 이루어져야 한다.

정책에 대한 합리적 판단을 통해 정책과 지도자에 대한 선호를 표시하는 것, 그것이 유일하면서도 절대적인 방도다. 그러한 기준이 각종 선거와 공공기관평가에 효과적으로 반영될 때 우리는 비로소 소비자 지향적인 공공서비스를 누릴 수 있다.

트렌드를 정확히 파악해야 살아남는다. 이는 이제 공공 부문에서도 부인할 수 없는 지엄한 정언이 됐다.

자료출처 : 「김난도 교수의 트렌드 노트」, 『조선일보』

5.2. 공기업이 생존하는 법

5.2.1. 리더십

공기업이 철밥통인 시대는 이미 지나갔다. 정책에 대한 합리적 판단을 통해 정책과 지도자에 대한 선호를 표시하는 것, 그것이 유일하면서도 절대적인 방도다.

평가·피드백 시스템과 기관장의 의지가 매우 중요한데 기업의 생사를 결정하는 것이 소비자였듯, 공공서비스의 평가와 존속도 결국은 서비스의 수요자인 국민의 합리적 선택을 통해 이루어지게 될 것이다.

5.2.2. 공정하고 합리적 평가시스템

성과를 측정할 때 가능한 사람의 개입이 적은 성과측정 및 평가, 보상시스템을 구축하여야 한다. 평가시스템에 사람의 개입이 되면 될수록 투명성이 저하되어 조직원으로부터 신뢰를 잃고 조직원이 신뢰치 않는 평가보상시스템으로 평가하고 보상하면 그 결과에 누가 순응하고 동조하겠는가?

5.2.3. 인재 육성시스템

인재를 채용하거나 보직을 할 때도 조직의 미션과 비전을 공유할 수 없는 인물을 채용하거나 배치한다면 성과관리는 소기의 목적을 달성할 수 없다. 예를 들어서 복지업무를 수행하는 공기업이 머리만 좋은 인재를 선발해서 채용한다면 해당 인원도 불행의 시작이고 그 인재를 뽑은 기관도 불이익을 볼 수밖에 없다.

복지업무에 대한 지식과 경험 그리고 복지에 관련된 사람과 업무를 진정으로 사랑하는 사람이라야 장기간 열과 성을 다해 업무를 수행하면서 자신도 만족을 느끼고 그 결과 조직에 기여할 수 있는 것이지 복지업무도 모르고 복지업무에 애정도 없는 사람이 어떻게 그 일을 좋아하면서 열과 성을 다해 장기간 근무할 수 있겠는가? 그런 사람은 호시탐탐 더 좋은 보직, 더 수월한 업무를 찾아서 이직할 것이 너무도 자명하기 때문이다. 엉덩이로 일하는 인원이 아니라 창조적 아이디어로 무장하고 열과 성을 다해 몰입해서 근무할 수 있는 인재가 필요한 것이다.

열심히 일하다가 발생한 사소한 과오로 불이익을 받는 조직원이 없도록 이니셔티브를 관리하여 결과도 중요하지만 추진과정 자체를 점검하고 평가함으로써 불이익을 받는 조직원이 없도록 기관장이 리더십으로 관리해야 혁신의 선봉장들이 배출되고 그들이 조직을 혁신하면서 높은 성과를 창출할 수 있다. 좋은 것이 좋다는 식의 안일한 생각이나 태도로는 조직을 혁신할 수 없으며 혁신하지 않는 조직의 성과는 믿을 수 없다. 성과는 몸과 머리로 실천했을 때 나타나는 것이지 볼펜 끝에서 창출되는 것은 성과가 아니라 파멸의 씨앗이 된다.

부록

1. 비전(Vision)

비전은 기업이 추구하는 장기적인 목표와 바람직한 미래상이다. 비전은 전략방향을 설정하고, 구성원들에게는 동기를 부여할 수 있어야 한다. 기업의 비전에는 장기적인 존재이유가 기업의 목적(Corporate Purpose), 사업영역(Business Scope) 및 경쟁우위(Competitive Advantage) 창출의 측면에서 명확하게 표현되어야 한다.

2. 전략(Strategy)

전략이라는 단어는 비즈니스뿐만 아니라, 현대를 살아가는 모든 사람들에게 친숙한 단어가 되었다. 전략은 자신이 갖고 있는 한정된 자원을 어떻게 효율적으로 활용하여 기업의 가치를 증대시킬 수 있을 것인지에 대한 의사결정이 핵심을 이룬다.
전략에 대한 정의는 학자들마다 매우 다양하지만, 전략의 핵심은 고객지향성(Customer Orientation)과 경쟁우위(Competitive Advantage)의 창출이라고 요약할 수 있다.

2.1. 전략목표(Objective)

비전을 달성하기 위한 관점별, 부문별 중점목표(과제)를 말한다.

2.2. 성과목표(Goal)

전략목표를 달성하기 위한 세부목표(하나 이상의 지표로 측정할 수 있어야 함)를 말한다.

2.3. 전략지도(Strategy Map)

전략지도는 캐플란(Robert S. Kaplan)과 노턴(David P. Norton)에 의해 개발되었다. 전략지도는 BSC의 4가지 관점(① 재무, ② 고객, ③ 내부프로세스, ④ 학습과 성장)으로 조직의 전략적 목표를 통합하여 시각적(화살표와 도표를 사용)으로 보여 주는 개념적 틀(framework)을 말하며 전략의 체계화와 전략 실행 사이에 연결이 끊어진 곳을 이어 주는 역할을 한다. 전략지도는 조직의 전략에 대해 간결하면서도 종합적인 그림을 볼 수 있게 한다. 이 그림을 통해 기업의 임원들은 회사 전략에 대한 설명이나 측정, 실행을 훨씬 더 효율적으로 할 수 있게 된다. 그러나 전략지도로부터 가장 높은 효율을 위해서는 실제 실적과 목표치를 상호 비교하는 BSC(균형성과표)와 결합되는 것이 필요하다. 이렇게 전략지도와 BSC를 결합시키는 방법은 전략을 계속적으로 주시하고 목표치와 실제 실적치 간에 격차가 생길 때 즉시 이를 메울 수 있는 프로그램을 운영하는 데 극히 유용하게 사용될 수 있다.

전략지도 개념을 요약하면 다음과 같다.

재무적 측면 : 주주들이 보기에 어떻게 하면 성공적으로 보일 수 있을지 재무적인 측면에서 나타낸다. 이는 장기적 성장을 위한 투자와 단기적 실적을 위해 비용을 절감하는 것

사이의 균형을 의미한다.

고객의 측면 : 조직이 고객들에게 어떤 차별화된 가치 제안을 하는지 보여 주며 4가지 제안으로 분류된다. ① 총 소유비용의 최소화, ② 우수한 품질의 제품 또는 서비스, ③ 완벽한 고객 솔루션 제공, ④ 폐쇄적 시스템 개발을 통한 업체 변경 불가능화

3. 관점(Perspectives)

관점(Perspectives)은 기업의 가치창출에 대한 근원적인 시각을 제시한다. '기업의 가치는 과연 어디에서 나오는 것인가? 그 가치 원천들을 어떻게 지속적으로 유지시킬 수 있을 것인가?'에 대한 답은 바로 관점에서 찾을 수 있다. 관점(Perspectives)은 '조직가치 창출의 원천' 혹은 '전략적 성과지표들의 묶음'으로 정의될 수 있으며, 기업 개개의 상황에 따라 달라질 수 있으며 달라져야 한다. 관점에서 설명할 수 있는 대표적인 관점 4가지를 설명하면 다음과 같다.

3.1. 재무적 관점(Financial Perspectives)

재무적 관점이란 기업의 주요 이해관계자들에게 새무적인 지표를 통해 조직의 성과를 보여 주기 위한 것이며, 영리기업뿐만 아니라 비영리조직이나 정부 등 모든 조직들에 공통적으로 적용되는 중요한 관점이다. BSC에서 강조하는 것은 다른 관점들의 결과로 인해 재무적인 성과가 나타나게 된다는 인과적 해석이 전통적인 회계적 측면에서의 재무성과와 비교되는 점이다.

3.2. 고객관점(Customer Perspectives)

고객관점은 기업가치 창출의 가장 큰 원천이 고객임을 파악하고 고객에 대한 면밀한 검토와 고객정보 획득을 통하여, 이를 자사의 핵심역량으로 만들어 나가야 할 필요성에 따라 고객중심의 전략을 수립하려는 관점이다. BSC에서는 고객을 기업가치 창출의 중요 핵심영역으로 제시하고 있으며, 고객을 기업의 수익창출과 연관시키기 위해 기업의 전략을 집중하고 프로세스를 변화시키며 조직원의 역량을 모으도록 하여야 한다.

3.3. 내부 비즈니스 프로세스관점(Internal Business Process Perspective)

내부 비즈니스 프로세스관점은 성과를 극대화하기 위하여 기업의 핵심프로세스 및 핵심역량을 규명하는 과정에 관련한 관점이다. 즉 기업의 가치사슬 내에서 제품 및 서비스가 고객들의 기대를 충족시키고 경쟁사를 앞서기 위해 이와 관련된 프로세스가 효율적으로 운영되기 위해서 무엇을 해야 하는지를 구체화하는 과정이다.

3.4. 학습과 성장관점(Learning & Growth Perspectives)

학습과 성장관점은 BSC의 4가지 관점 중에서 가장 미래지향적인 관점이며, 현재에는 그 가치가 보이지 않지만 회사의 장기적인 잠재력에 대한 투자가 기업에 얼마나 영향을 미칠 수 있을지를 이 관점에서 파악할 수 있다. 학습과 성장관점은 다른 3가지 관점의 성과를 이끌어 내는 원동력으로서, 특히 구성원의 역량을 강조하고 있다.

4. 핵심성공요인(Critical Success Factors)

핵심성공요인이란 기업이 속한 산업 내에서 지속적으로 생존하고 번영하기 위해 가장 중요한 요소들이며 또한 기업 혹은 단위사업영역의 존재 목적을 달성하고 목표시장에서 만족할 만한 성과를 거둘 수 있도록 하는 요소 및 요구조건들이라고 정의할 수 있다. 따라서 핵심성공요인은 같은 산업에 속해 있는 기업들마다 달라지며 개별 기업에 속해 있는 전략적 사업단위마다 달라진다. 또한 핵심성공요인은 특정기간 동안 이루어지는 조직적 노력의 우선순위를 의미하기도 한다. 즉 도출된 핵심성공요인은 기업 또는 사업이 진출한 시장 내에서 지속적인 경쟁우위를 유지하기 위하여 필요한 가장 우선적인 요건이다.

5. 핵심성과지표(Key Performance Indicator)

핵심성과지표란 기업이 현재의 경영성과뿐만이 아니라 미래의 가치를 증대시키기 위하여 무엇을 관리해야 하는가를 보여 주는 일종의 도구이다. 핵심성과지표에는 기업의 전략적 의미가 담겨 있으며 각 지표의 담당조직이나 책임자가 정해져 있기 때문에 성과에 대한 책임이 분명하다. 또한 미래예측을 가능하게 하는 정보를 제공한다. 핵심성과지표는 관점에 따라 재무적 관점지표, 고객관점지표, 내부 비즈니스 프로세스관점지표, 학습과 성장관점지표가 있으며 인과관계에 따른 분류에 나라 원인 및 결과 지표, 선행 및 후행지표, 기본 및 도전지표가 있다.
책임 및 권한에 따른 분류에는 전략지표와 공동지표가 있다.

5.1. 선행지표와 후행지표

선행지표는 해당 목표에 영향을 미치는 원인지표이며, 후행지표는 해당 지표가 영향을 주는 결과지표를 말한다.

6. 인과관계(Cause and Effect Relationship)

기업의 전략이란 것이 그 기업이 가지고 있는 역량을 토대로 기업의 성장가능성을 가장 크게 높일 수 있도록 간단한 문장으로 서술한 것이라면, 기업의 성공 여부는 전략 간의 인과관계를 규명하는 역량에 달려 있다고 해도 과언이 아니며, BSC의 성공적인 구축을 위해서는 이러한 인과관계를 설정하는 것이 필수적이라고 할 수 있다.

6.1. 가중치(Weight) & 목표치(Target)

관점 내에서의 가중치, 관점별 가중치, 부문·팀별 가중치, 지표별 가중치 등을 고려하여야 한다. 목표치는 월별, 분기, 반기, 당기, 차기 FY+1, FY+2, FY+3, FY+4, FY+5 등의 기간이 명시된 목표를 말한다.

6.2. 목표치, 기준선, 하한선

목표치는 목표 대비 실적 혹은 실제 측정치들에 대하여 등급을 설정할 때 목표 값을 말하며 하한선은 목표 대비 실적 혹은 실제 측정치들에 대하여 등급을 설정할 때 경고(Red) 수준의 한계 값을 말한다. 기준선은 목표치와 하한선의 중간 값으로 하며 실적 값의 흐름을 파악하기 위하여 설정한다.

목표치 〉 기준선 〉 하한선

7. 목표(Target)

핵심성과지표가 성과를 평가하기 위한 도구의 역할을 한다면, 목표는 평가의 잣대가 된다. 즉 목표의 달성 여부에 의해 평가결과가 이루어진다. 따라서 평가의 잣대, 즉 BSC의 목표는 공정하고 합리적으로 설정되어야 한다.

8. 피드백(Feedback)

피드백이란 성과를 검토하여 성과에 대한 보상을 하고 새로운 전략을 수립하거나 경영목표를 변경하는 일련의 과정을 말하며, 하위 조직단위에서 짧은 시간간격을 두고 단기적인 실행계획의 변경 및 운영성과에 대한 평가를 위주로 이루어지는 운영적 피드백과, 조직의 상위계층에서 비교적 중장기적으로 시간간격을 두고 장기적인 기업전략의 수립 및 전략적 성과에 대한 평가를 수행하는 전략적 피드백으로 나누어진다.

9. 마스터플랜

BSC를 조직 내에 정착시키기 위한 장기적인 운영계획을 지칭한다. 통상 BSC를 기업 내에서 자연스럽게 정착시키기 위해서는 적어도 2년 내지 3년의 기간이 소요된다. 따라서 BSC 마스터플랜을 수립함으로써 BSC가 일회적인 구축으로 끝나지 않고 기업의 최적화된 경영도구로 정착하도록 하여야 한다. 마스터플랜은 인식기, 활용기, 정착기로 나누어서 세부적으로 수립한다.

10. CRM(Cusromer Relationship Management)

CRM이란 기업과 고객과의 상호 작용을 효과적으로 관리하기 위하여 조직, 프로세스, 정보기술을 전략적으로 변화시키는 과정이며 다양한 고객접점에서의 정보를 통하여 고객에 대한 지식을 습득하고 전략적으로 활용하여 기업의 수익성과 운영상의 효율성을 제고하는 것이라고 정의할 수 있다. BSC는 CRM을 추진하는 기업에 좀 더 균형 잡힌 시각에서 고객을 바라볼 수 있는 시각을 제시한다. CRM 성과를 BSC의 핵심성과지표를 통하여 계량화하고 구체적인 목표를 수립하게 되면 기업이 추구하고자 하는 CRM이 좀 더 명확해지고 조직 구성원들에게는 고객관리 방법을 가장 현실적이면서도 효과적으로 설명하는 도구가 된다.

11. ABC(활동기준원가)

활동(Activity)이라는 객체를 통하여 원가를 유발하는 주요 인자를 정확하게 분석하여 원가계산을 시도하는 방법이다. 이러한 ABC 정보를 이용하여 BSC를 구축할 경우에는 재무적 측면과 관련된 주요 성과지표를 각 제품, 고객별 수익성 지표로 활용할 수 있으며 특히 EVA의 하부 지표로 조직수준의 BSC를 구축할 경우에는 매우 효과적으로 활용할 수 있다.

12. 지식경영

지식경영은 조직의 지식을 정의하고 구성원들 간에 공유함으로써 기업의 핵심역량을 발굴하고 이를 경쟁우위의 기반으로 삼자는 기본개념에서 시작되었다. BSC에서는 지식경영에서 파악된 핵심지식들을 관점을 통해 구체화시키고 이를 전략과 연계시킴으로써, 모호한 지식경영활동을 보다 구체화시킬 수 있다.

13. 6시그마(6 Sigma)

6시그마는 기업이 도달할 수 있는 무결점의 수치로서 비즈니스에서 6시그마를 적용한다는 것은 불량률이나 에러발생률을 1백만분의 3.4 이하로 한다는 무결점 수준의 목표를 설정하고, 마케팅, 엔지니어링, 서비스, 계획 수립 프로세스 등 경영활동 전반을 대상으로 추진하는 전사적인 활동을 의미한다. 6시그마는 BSC에 추상적일 수 있는 리엔지니어링의 한계를 극복하고 실질적인 혁신의 수단으로 사용할 수 있도록 과학적인 측정과 구체적인 달성목표를 제시한다.

14. 가치명제

가치명제는 생산자가 고객에게 제공하는 제품, 가격, 서비스관계 그리고 이미지에 대한 하나의 믹스이다. 그것은 타깃화된 세분화 시장, 그 시장에서 스스로가 어떻게 차별화되었는가, 경쟁자와 관계 등을 결정한다.

15. 수행성과동인

과정이나 행위의 진척 정도를 표시하기 위한 측정지표. 이런 측정은 대상의 미래 결과물을 예측하는 데 유용하다. 예를 들어 고객과 함께 소비한 시간, 교차 기능 x를 만난 시간, 재작업 공정 소요시간, 등 BSC의 수행성과동인은 빈번히 내부프로세스, 학습과 성장 관점에서 나타난다.

15.1. 수행성과지표

회사가 전 기간 동안의 방향성(WHAT)에 대한 추적과 경향을 측정하기 위한 지표, 방향과 스피드처럼 실제적인 목표는 아니다. 수행성과지표는 측정할 수 있는 단위를 표현하여야 한다($, Headcount, rating). 예를 들어 연간 매출액(재무적), 고객만족도 비율(고객),

서비스 에러율(내부), 전략적 스킬 커버 비율(학습과 성장) 등이다.

16. 전략집중형 조직(SFO)

전략집중형 조직은 경영 과정의 중심에 전략을 위치시킨다. 전략은 조직의 중심 주제이다. 전략집중형 조직은 5가지 원칙이 있다. CEO의 리더십을 통하여 변화를 이끌어 내라, 전략을 업무상의 용어로 전환하라, 조직을 전략에 정렬시키라, 전략을 모든 사람의 직무로 만들어라, 전략을 끊임없는 프로세스로 만들어라.

17. 주제(Theme)

비전의 가장 높은 수준에서 묘사되는 것에 따른 전략의 중요한 구성요소를 표시하는 묘사적 기술을 말한다. 가장 중요한 전략은 3~5개의 주제로 표시될 수도 있다. 주제는 빈번히 조직의 내부프로세스 또는 고객가치 명제로부터 그려진다. 주제가 수직적으로(적어도 고객과 내부적) 몇 개의 스코어카드의 관점에 의한 목표의 그룹핑과 연결되어 있다는 것이 중요하다. 주제는 빈번히 조직이 기억하고 내부화시키기에 쉬운 이해 가능한 문장 또는 단어로 기술된다.

18. 가치체인(Value Chain)

이 과정은 회사가 고객의 니즈를 명시하는 것에서 고객만족으로 이동하는 것에 의해 진전된다.

19. 선행프로그램

성과지표와 목표 사이의 갭, 목적을 달성하기 위해 개발된 핵심 행동 프로그램을 말한다. 선행프로그램은 종종 프로젝트, 행동, 활동으로 알려져 있다. 이것은 좀 더 명시적이고, 시작과 끝이 명백히 선언되어 있고, 이것을 성취하기 위해 사람과 팀을 할당하고, 예산을 쓴다는 점에서 목표(Objective)와 다르다. 대개의 선행요소는 명시적 목표와 주제를 함께 묶을 수도 있다. 조직이 선행지표에 대한 경계를 정의하는 것은 매우 중요하다. 자연스럽게 선행요소가 전략이 되는 것 또한 중요하다.

1. 측정

1.1. 측정의 의의

○ 연구주제나 내용을 과학주의에 의해서 연구하기 위해서는 우선 정확하게 가설을 구성할 수 있어야 한다. 정확하게 가설을 구성한다는 것은 연구주제를 현실의 경험사회에서 검증이 가능한 형태로 만들어야 한다는 것이다.

○ 측정(measurement)이란 인과관계를 형성하고 있는 변수 간의 관계를 진술한 가설을 경험적으로 검증하기 위해서 각 변수들의 내용을 현실사회에서 측량할 수 있도록 조작시키는 작업이다.

　가설이 될 수 있다는 것은 가설을 구성하고 있는 변수의 내용을 현실적으로 검증할 수 있도록 그에 맞는 자료를 수집할 수 있다는 것이고, 따라서 변수의 내용을 검증할 수 있도록 조작시키는 핵심적인 작업이 측정이기 때문이다.

1.2. 측정의 수준(방법)

변수의 내용을 검증하기 위한 측정의 방법은 질적 측정과 양적 측정 두 가지로 나눌 수 있다.

1.2.1. 질적 측정

가설을 구성하고 있는 변수나 개념의 값을 숫자 대신에 레벨이나 이름 등을 부여하여 조작하는 방법이다. 대표적인 것이 명목측정이다.

1.2.2. 양적 측정

개념이나 변수 값에 숫자를 부여하여 조작하는 방법으로 일반적으로 측정이란 양적 측정을 의미한다. 따라서 양적 측정에 의하여 부여된 숫자는 가감승제의 대상이 될 수 있다. 여기에는 서열측정, 등간측정, 비율측정이 있다.

1.2.2.1. 명목측정(nominal measurement)

명목측정은 질적 측정으로서, 측정대상의 특성을 분류하거나 확인할 목적으로 숫자를 부여하는 과정이다. 이때 부여된 숫자는 단순히 분류목적이나 구분의 편의를 위해서 사용된 것에 불과하고 그 자체에는 아무런 의미가 없다.

＊ 학번, 차량번호, 주민등록번호, 전화번호, 시내버스노선번호, 운동선수의 등번호

이러한 명목측정은 측정대상을 상호 배타적인 집단으로 구분하는 데 이용된다. 상호 배타적인 분류란 모든 개개의 측정대상을 어느 한 집단에 속하도록 분류할 수 있어야 하며, 동일한 집단에 속해 있는 대상은 동일한 값을 가져야 하고, 하나의 대상이 두 개의 값을 가질 수 없다는 것을 의미한다.

1.2.2.2. 서열측정(ordinal measurement)

서열측정은 변수 값을 서열이나 등급으로 측정할 수 있도록 조작시키는 방법이다.
측정대상 간의 순서관계를 밝혀 주는 것으로서, 측정대상을 측정하고자 하는 속성으로

판단하여 측정대상 간에 크고 작음이나 높고 낮음 등의 순위를 부여해 준다. 서열측정에서의 순서나 등급은 단지 등급이나 서열 그 자체를 표시할 뿐 등급 사이 또는 서열 간의 차이점을 알 수 없다.

이러한 서열측정은 주로 정확하게 정량화하기 어려운 응답자의 태도, 선호도, 사회계층 등의 측정에 이용된다.

서열측정은 중앙값, 서열상관관계, 서열 간의 차이 분석 등을 행할 수 있으나, 산술평균이나 표준편차 등과 같은 산술계산이 포함되는 분석은 실행할 수 없다.

1.2.2.3. 등간측정(interval measurement)

등간측정은 측정대상의 속성에 숫자를 부여하되 숫자 사이의 간격을 동일하게 측정하는 방법이다. 이러한 등간 측정은 각각의 서열이나 등급의 간격을 반드시 일정하고 균일하게 구분해야 하며, 따라서 등급 간의 차이점을 정확하게 측정할 수 있다.

'절대 영점'이 존재하지 않는 경우에 사용되며, 각각의 숫자의 의미는 가감의 대상이 될 수 있다.

* 온도계의 수치, 물가지수, 생산성지수, 주가지수 등

1.2.2.4. 비율측정(ratio measurement)

비율측정은 등간측정이 갖는 특성에 추가적으로 측정값 사이의 비율계산이 가능한 측정방법이다. 이 측정방법은 절대 영점이 존재하여야 한다.

* 몸무게, TV시청률, 투표율, 신문구독률, 저축금액 등

〈측정수준/방법의 비교〉

측정수준	비교방법	대표치 측정	적용가능 분석방법	대표적인 예
명목측정	확인, 분류	최빈값	빈도분석 비모수통계 교차분석	성별, 분류, 운동선수 등번호, 종류
서열측정	순위비교	중앙값	서열상관관계 비모수통계	후보자선호순위, 학교성적석차, 사회계층
등간측정	상대적 크기 비교	산술평균	모수통계	온도, 광고인지도, 주가지수
비율측정	절대적 크기 비교	기하평균	모수통계	방송청취율, 투표율, 무게, 소득, 나이, 가격

1.3. 측정의 종류

측정의 종류는 측정방법과 측정값의 차이가 나는 원인에 따라 구분할 수 있다.

1.3.1. 측정방법에 따른 구분

측정방법이란 특정 사건이나 사물을 어떻게 측정하는가를 의미하며 본질측정, 추론측정, 임의측정으로 나눌 수 있다.

1.3.1.1. 본질측정(fundamental measurement)

본질측정은 어떤 사물의 속성을 표현하는 본질적인 법칙에 따라 숫자를 부여하는 측정방법으로, A급 측정(measurement of A magnitude)이라고도 한다. 다른 사물이나 속성을 개입시키지 않고 해당 속성만을 고려하는 것으로 가장 기본적인 측정이다. 키를 잰다, 회사의 매출액을 계산한다 등이 여기에 해당된다.

이 본질측정은 후에 다른 변수들과 함께 분석할 수도 있으며 법칙에 의하여 다른 변수와 관련을 짓게 되면 관련된 다른 변수를 측정하는 것도 가능하다.

이러한 본질측정은 조작적인 개념도 가지고 있으며 확고한 이론적 배경도 가지고 있다.

1.3.1.2. 추론측정(derived measurement)

추론측정은 어떤 사물이나 사건의 속성을 측정하기 위해 관련된 다른 사물이나 사건의 속성을 측정하는 것으로 B급 측정(measurement of B magnitude)이라고도 한다.

대표적으로 밀도는 부피와 질량 사이의 비율을 통해 간접적으로 측정하게 된다.

추론측정은 법칙에 따라 속성들 간의 관계가 결정된 후에 이것을 바탕으로 측정한다. 따라서 자연과학에서는 이러한 관계가 이미 정립된 것들이 많아 추론추정이 흔하지만, 사회과학에서는 법칙이라기보다는 가설 혹은 검증되고 있는 이론에 불과한 관계가 많기 때문에 적은 편이다.

1.3.1.3. 임의측정(measurement by fiat)

임의측정이란 일시적으로 어떤 사물의 속성과 측정값 간에 관계가 있다고 가정하고 측정하는 것을 말한다.

선호도 조사, 지적능력 조사 등이 여기에 해당한다.

이러한 것들은 조작적 개념만 가지고 있으며 이러한 조작적 개념은 사실(fact)에 근거하기보다는 논리적 근거, 논리적 가정에 의존하고 있을 뿐이다.

사회과학에서 많이 사용되고 있는데, 이는 하나의 개념에 대해 어떻게 조작적 정의를 내리는가에 따라서 여러 가지 측정값이 나올 수 있으므로 측정오류가 발생할 가능성이 높다.

1.3.2. 측정값의 차이가 나는 원인에 따른 구분

측정값의 차이가 나는 원인이란 특정 자극에 대한 측정값의 차이가 나는 원인이 응답자 개개인의 특성 차이에서 오는 것인가 아니면 자극의 특성 차이에서 오는가를 의미하는 것으로 응답자중심 접근법, 자극중심 접근법, 반응중심 접근법으로 나눌 수 있다.

1.3.2.1. 응답자중심 접근법

응답자중심 접근법은 특정 자극에 대하여 응답자들 간의 측정값의 차이를 조사하여 응답자들의 개인적인 차이를 알아보려는 것이다.

동일한 강아지 사진을 보여 주고 얼마나 좋아하는지를 측정함으로써 사진 자체에 대한 개개인의 차이를 측정한다.

1.3.2.2. 자극중심 접근법

자극중심 접근법은 특정 응답자에게 대하여 자극이 가지고 있는 특성에 대한 응답치의 차이를 조사하여 자극들의 특성 차이를 알아보려는 것이다.

응답자 개인의 차이를 제거한 후 단지 자극특성의 차이만을 보고자 하는 것으로, 응답자 개개인의 주관은 배제한 상태에서 객관적인 응답만을 요구한다.

1.3.2.3. 반응중심 접근법

반응중심 접근법은 응답자중심 접근법과 반응중심 접근법을 통합한 방법으로, 자극들에 대한 응답치를 조사하여 응답자의 개인특성의 차이와 자극특성의 차이를 동시에 알아보려는 것이다.

자극에 대해 개개인의 주관적인 느낌을 측정함으로써 응답자 개개인의 차이와 자극의 차이를 모두 측정하게 된다.

2. 척도

2.1. 척도의 의의

2.1.1. 척도의 개념

척도는 측정하고자 하는 대상에 숫자를 부여하기 위하여 사용하는 도구를 말한다. 척도는 숫자로 이루어져 있으므로 척도는 숫자가 가지고 있는 기본특성을 그대로 가지고 있다. 따라서 척도의 특성은 숫자의 기본특성을 얼마만큼 가지고 있는가에 따라서 결정된다.

2.1.2. 척도의 평가

척도의 평가는 궁극적으로 척도의 특성이 사물 혹은 사건의 특성을 측정하기에 얼마나 적합한가를 알아보는 것이다. 척도로 측정한 값이 사물 혹은 사건의 특성을 얼마나 잘 설명해 주며, 다른 사건들의 측정치들과의 관련성을 얼마나 명확하게 표시하는가에 따라 척도에 대한 평가가 내려진다.

척도의 평가기준은 다음과 같다.

첫째, 연구자의 직관에 의한 방법이다. 연구자의 직관에 따라 만들어지며, 측정과정이 정확하다면 직관에 의해 적절하다고 판단된 척도는 유용한 측정치를 얻을 수 있다.

둘째, 척도가 가지고 있는 특성을 적절히 이용했는가에 관한 것으로, 위에서 설명한 척도의 특성들과 측정대상이 가지고 있는 특성이 적절한가를 판단하는 것이다.

셋째, 척도의 유용성을 판단해 보는 것으로, 자료수집과정에서 여러 가지 오류발생 가능성을 진단함으로써 유용성을 판단해 본다.

2.2. 척도의 구분

척도는 자료수집적 측면과 분석적 측면으로 나누어 구분할 수 있다.

2.2.1. 자료수집적 측면의 구분

자료수집적 측면의 구분은 연구자가 여러 이론적인 측면에서 척도의 특성을 조합한 후 이 특성을 모두 포함하면서 효과적으로 자료를 수집할 수 있는 방법들을 나눈 것이다. 여기에는 차이발생법, 등급법, 양적 판단법 등이 있다.

2.2.1.1. 차이발생법(variability method)

차이발생법은 기본적으로 서열측정에 의한 방법이다.

1) 쌍대비교법(paired comparison)

두 개의 자극을 한 쌍으로 만들어 그 두 개 자극 중에서 어느 한쪽이 다른 것보다 더 좋다든가, 어떤 특성을 더 많이 가지고 있다든가를 비교하여 판단하게 하는 것이다.

2) 순위법(ranking)

순위법은 여러 개의 측정대상들이 가지고 있는 특정 속성의 정도에 따라 측정대상의 순위를 정하는 방법이다.

이러한 순위법은 일반적으로 일상생활에서 자주 경험하여 익숙하며, 비교적 응답이 쉽고, 시간이 적게 드는 장점이 있다.

그러나 비교하여야 할 대상의 수가 많아지면 순위를 정하는 데 필요한 시간과 노력이 급격히 증가하며, 중간에 해당하는 대상들의 순위를 정하는 데 어려움이 뒤따른다.

3) 항목순위법(ordered category sorting)

여러 개의 측정대상들이 특정속성을 가지고 있는 정도에 따라 순서대로 몇 개의 집단으로 나누는 것을 말한다.

연구상황에 따라 각 항목집단에 해당될 자극의 수를 미리 지정하는 방법과 그렇지 않은 방법이 있고, 각 항목들이 서열 수준에서 측정하는 방법과 등간 수준에서 측정하는 방법이 있다.

이 방법은 자극의 수가 15개 이상으로 많을 때 매우 유용하며, 응답자들이 자극들에 대하여 순위를 매길 정도로 정확히 알고 있지 못할 때 많이 쓰인다.

2.2.1.2. 등급법(rating method)

등급법은 가장 흔히 사용되고 또한 사용하기 쉬운 척도법의 하나이다. 등급법의 표현방법은 숫자를 이용한 방법, 그래프를 이용한 방법, 언어를 이용한 방법 등이 있는데 보통은 숫자와 언어를 이용한 방법이 많이 쓰인다.

2.2.1.3. 양적 판단법(quantitative judgement method)

양적 판단법은 조사자가 등간 수준에서 측정을 원할 경우에 사용하는 방법으로 직접판단법, 비율분할법, 고정총합척도법 등이 있다.

1) 직접판단법(direct judgement method)

직접판단법은 등급법과 거의 동일한 방법으로 단지 그 측정치를 등간측정이나 비율측정으로 간주하는 것에서 차이가 난다. 여기에는 가능한 반응을 항목으로 규정하는 반응제한법과 자유로이 반응할 수 있는 반응자유방법으로 나누어진다.

2) 비율분할법(fractionation method)

비율분할법은 응답자에게 기준이 되는 자극과 조사하고자 하는 자극 두 개를 주고, 특정속성에 대하여 그들 간의 비율을 숫자로 표시하게 하는 방법이다. 이 방법은 응답자들이 자극에 대해 정확한 평가를 할 수 있는 경우에는 많은 정보를 가지고 있어 바람직하나, 응답자들이 자극에 대해 모호한 개념을 가지고 있을 때는 사용하지 않는 것이 좋다.

3) 고정총합척도법(constant sum method)

응답자에게 일정한 점수를 주고 이를 평가대상에 대해 할당하도록 하는 방법으로, 대개는 10이나 100을 상대적인 중요도나 선호도에 따라 할당하는 방식을 취한다. 이 척도법은 측정결과가 비율측정인 자료를 얻을 수 있다는 점에서 장점이 있으나, 평가대상이 많아지면 점수를 할당하는 데 상당한 어려움이 따른다는 단점이 있다.

2.2.2. 자료분석적 측면의 구분

자료분석적 측면의 구분은 자료들을 평균, 최소자승법, 그래픽방법을 통하여 최종 측정값을 구해 내는 방법이다.

이들 측정치를 분석에 사용하기 위해서는 서열측정을 가정하고 있는 차이발생방법은 물론이고 등간측정, 비율측정으로 가정하고 있는 양적 판단법도 척도모형에 의한 변환을 필요로 한다.

양적 판단법의 경우에는 간단한 처리를 하면 되지만, 차이발생법은 서열측정을 등간측정으로 바꾸는 변환이 필요하다.

2.2.2.1. 자극을 분석하는 기법

자극을 분석하는 기법으로는 서스톤V 척도모델과 어의차이 척도법이 있다.

1) 서스톤V 척도모델

주로 차이발생법에서 얻은 서열측정을 등간측정으로 바꾸어 주는 모델이다. 이 모델은 인간의 측정자극을 평가할 때는 그 자극의 속성 등에 대하여 주관적으로 속성이 어느 정도라고 판단하는 것이 아니라, 그 속성을 표현하는 여러 다른 속성의 수준들과 비교하는 과정에 의해서 평가한다고 가정한다.

이 모델의 평가는 등간 수준에서 측정된 값으로 선호비율을 계산하고 이를 실제 값과 비교하여 평가한다.

2) 어의차이 척도법(semantic differential scale)

양적 판단법으로 자료를 수집할 때 자료의 분석과정에서 요인분석 등과 같은 다변량분석에서 적용이 용이하도록 자료를 얻을 수 있게 해 주는 방법이다.

이 어의차이 척도법은 양적 판단법에서 측정치를 분석하는 방법이다.

어의차이 척도법의 일반적인 형태는 척도의 양극점에 서로 상반되는 형용사나 표현을 붙인 5~7점 척도이다.

이보다 약간 확장된 어의차이 척도법의 효용은 어떤 자극의 속성에 대하여 그 속성에 대한 찬반 정도와 그 속성을 얼마나 선호하는지를 모두 조사하여 그 속성에 대한 태도를 조사하는 것인데, 리커트 형태척도법이 대표적이다.

2.2.2.2. 응답자를 분석하는 기법

응답자를 측정하는 기법은 응답자가 가진 태도 등을 측정하여 응답자에게 점수를 부여하는 기법으로, 리커트 합산척도법과 Q-소트기법이 있다.

1) 리커트 합산척도법(Likert summated scale)

이 척도법은 여러 개의 항목으로 응답자의 태도를 측정하고 해당 항목에 대한 응답을 종합(합산)하여 평가대상 응답자에 대한 전체적인 태도를 측정하는 방법이다.

리커트 합산척도법은 평가속성에 관련된 여러 개의 문항으로 구성된 평가항목들에 대해 찬성과 반대의 정도를 나타내도록 한 척도로서 각 항목에 대한 평가를 평균하여 측정값을 구하게 된다.

이 척도법은 각 항목과 총점의 상관계수가 일정하게 높다면 큰 문제가 없고 사용하는 데 신뢰도와 편의성을 얻을 수 있다. 그러나 잘못 구성된 리커트 합산척도법을 사용하게 되면 서로 다른 태도를 가진 사람의 응답의 총점이 동일한 경우가 발생할 수 있는데, 이 척도의 분석으로는 동일한 점수를 갖는 응답자들이 동일한 태도를 가지고 있는 것으로 결론지을 수 있는 단점이 있다.

2) Q-소트기법(Q-sort technique)

이 기법은 주로 특정자극에 대해 비슷한 태도를 가진 사람들을 분류하기 위한 방법으로 사용되거나, 특정집단 사람들이 비슷한 태도를 지니고 있는 자극이나 대상을 분류하는 기법으로 활용된다.

이 기법은 응답자로 하여금 특정 기준에 따라 문항들을 분류하게 하여 측정대상을 나누게 한다.

이 기법은 시간이 적게 들고 여러 분석방법에 이용할 수 있다는 장점이 있으나 문항 수와 응답자 수가 늘어나면 처리하기 힘들며, 그에 따른 비용도 과다하다는 단점이 있다.

2.3. 척도 선택 시 고려사항

첫째, 연구목적의 달성을 위하여 적용해야 할 분석기법과 자료획득의 용이성 정도를 고려하여 얻어진 자료가 이산형(nonmetric-명목·순위측정)이어야 할 것인가 아니면 연속형(metric-등간·비율측정)이어야 할 것인가를 판단해야 한다.

둘째, 척도구성을 함에 있어서는 척도점의 수와 척도점의 기준점을 고려하여야 한다. 기준점은 각 척도점에 해당하는 평가속성에 대한 수준을 말로 기술해 놓은 것으로 이 기준에 따라 응답결과에 상당한 영향을 미칠 수 있다.

척도점의 수가 너무 적으면(4점 척도 이하) 분석 시 응답자의 태도의 정도를 정확히 밝힐 수 없으며, 분석상의 어려움이 따른다. 반대로 척도점의 수가 많으면(7점 척도 이상) 조사자가 각 척도에 적합한 설명을 붙이기가 어려워지며 이를 이용한 응답자들의 평가에 어려움은 있으나, 측정하고자 하는 속성의 수준을 보다 정확히 반영할 수 있으며 분석이 용이해진다는 장점이 있다.

셋째, 척도점에 응답의 편의를 위해 설명을 붙이게 되는데, 이때 기준점을 정하는 방식에 따라 응답에 영향을 미칠 수 있다.

중립점을 두는 경우와 두지 않는 경우가 가장 좋은 예인데, 중립점을 두게 되면 별다른 생각 없이 중립점에 표시해 버리는 중립화 경향의 영향을 많이 받을 수 있으며, 중립점을 두지 않는 경우에는 실제로 중립적인 태도를 가지는 응답자들도 강제로 어느 한쪽으로 평가해야 한다는 문제점을 가지게 된다.

중립점을 두는 경우에는 중립점의 좌우에 해당하는 척도점의 수가 동일하여야 하며, 각 척도점의 수준이 좌우 균형을 이루도록 해야 한다.

3. AHP활용사례

우리는 살아가면서 많은 결정을 한다. 또한 경영환경하에서는 더 많은 선택과 결정이 기다리고 있다. BSC에서는 균형(Balance)을 중요시 여기고 있으며, 그에 따라 기업에서 평가지표로 설정하는 모든 요소들은 '정성적'보다는 '정량적'인 지표로 관리하는 것이 핵심이라 할 수 있다.

3~4가지 대안을 가지고 최적의 방안을 선택하거나, 여러 사람의 의견에서 최선의 방안을 선택하기 위해서는 '논리적', '체계적'인 접근방식에 의한 의사결정이 필요하였으나, 그동안은 몇 사람의 의견에 의해서 결정되었으며, 그러한 결정은 다른 사람들에게 동기부여가 되지 못하여 실제 원하는 결과만큼의 만족을 얻지 못하곤 하였다.

이에 계층적 의사결정법, 즉 AHP(Analytic Hierarchy Process)의 간략한 소개와 BSC를 구축하면서 발생되는 의사결정 및 여러 대안 중에서 최적의 대안을 결정할 때 활용할 수 있도록 사례를 설명하였다.

1. AHP 개요

1.1. AHP 연혁

AHP는 1970년대 초반 펜실베이니아대학교 와턴경영대학원 교수였던 Thomas Saaty(현 미국 피츠버그대학교 카츠경영대학원)에 의하여 개발되었고, 1980년 출간한 『The Analytic Hierarhy Process』를 통해서 알려지게 되었으며, 1999년 5월 포춘지의 「Click Here for Decisions」라는 기사에 초기개발과 성공사례가 소개되었다.

1.2. AHP 개요

AHP는 Analytic Hierarch Process의 약어로 계층분석과정 또는 계층분석방법이라고 불린다. AHP는 의사결정의 계층구조를 구성하고 있는 요소 간의 쌍대비교를 통해 평가자의 지식, 경험 및 직관을 포착하는 의사결정방법론 중 하나이다. 즉 의사결정의 전 과정을 여러 단계로 나눈 후 이를 단계별로 분석 해결함으로써 최종적인 의사결정에 이르는 방법이다.

다수의 대안에 대하여 다면적인 평가기준과 디수 주체에 의한 의사결정을 위해 설계된 방법이다. 의사결정자의 직관적, 합리적 또는 비합리적 판단을 근거로 정량적인 요소와 정성적인 요소를 동시에 고려함으로써 의사결정문제의 해결을 위한 포괄적인 틀을 제공해 준다.

AHP는 상대적 중요도 또는 선호도를 체계적으로 척도화하여 정량적인 형태로 결론을 도출하는 집단 의사결정 기법이다. 이러한 AHP 분석은 연구진들이 최종결론에 도달하게 된 근거를 명시적으로 제시하여 제삼자가 그 결론의 합리성을 판단할 수 있도록 함으로써 의사결정의 투명성과 객관성을 제고하는 이점이 있다.

AHP의 과정은 다음과 같다.

① 직면한 의사결정 문제를 구성하고 있는 모든 요소를 나열한다(의사결정의 목적, 대안,
   그 대안을 평가할 수 있는 기준 등).
② 이러한 요소들을 계층의 형태로 만든다.
③ 그 계층을 구성하고 있는 요소들 간 일대일로 쌍대비교를 한다.
④ 비교결과를 선형대수학의 고유 벡터법을 이용하여 요소들의 가중치를 구한다.
⑤ 각 레벨에서 구한 요소들의 가중치를 상위 레벨에서 하위 레벨로 곱하게 되면 의사결
   정대안의 최종가중치가 구해진다.
⑥ 이를 토대로 의사결정을 선택한다.

1.3. AHP 적용

AHP의 적용 분야는

경제문제 : 에너지·자원, 교통, 입지 등
경영문제 : 재무·금융·회계, 인사조직, 마케팅, 호텔·관광 등
사회문제 : 교육, 안전·재해·복지, 도시·환경·건설, 보건·의료, 농업, 체육 등
기술문제 : R&D·신제품개발, 생산·제조, 품질, 컴퓨터·정보 등

매우 다양한 분야에서 활용되고 있다.
AHP의 활용사례는 다음과 같다.

① 신제품 개발에 있어서 AHP기법을 이용한 의사결정에 관한 연구제품 개발과 관련된
   시장환경 요소들을 고려하여 신속한 제품 개발에 관한 의사결정을 할 수 있는 AHP
   모형을 제안하고, 의사결정 프로세스를 구축

1.4. AHP 특징

AHP의 가장 큰 특징은

① 복잡한 문제를 계층화하여,

② 주요 요인과 세부 요인들로 나누고,

③ 이러한 요인들에 대한 쌍별비교를 통해 중요도를 결정하는 데 있다.

이 기법은 인간의 사고와 유사한 방법으로 문제를 분석하고 분해하여 구조화할 수 있다는 점과 모형을 이용하여 상대적 중요도 또는 선호도를 체계적으로 비율 척도(Ratio Scale)화하여 정략적인 형태로 결과를 얻을 수 있다는 점에서 그 유용성을 인정받고 있다.

2. BSC 프로젝트 시 AHP 활용 사례

BSC 프로젝트 진행 시 기업은 많은 대안 도출 및 선택을 반복해야 한다. 프로젝트에서 '미션' 설정에 관한 사례를 통해서 AHP의 활용을 설명하고, 그것을 Excel로 간략하게 적용할 수 있는 사례를 설명한다.

① (주)성공에서는 회사의 미션을 설성하기 위하여 워크숍을 진행하였으며, 총 25명이, 팀별 5명씩, 5개 팀으로 나누어서 각 팀별로 미션을 설정하도록 하였다. 그에 따라 다음과 같은 조별 미션이 선정되었다.

조	1차 선정된 미션
1조	최상의 시설과 서비스로 시민행복을 증진하자.
2조	시민들의 삶의 질을 향상시키자.
3조	시민을 위한 편의시설로 생애 최고의 서비스를 제공한다.
4조	전통문화 계승과 풍요로운 삶
5조	시민들의 삶의 질을 향상시키자.

② 2조와 5조에서 제안한 미션이 비슷함에 따라, 양쪽 조의 동의를 얻어 하나로 통일하여 4개 안으로 1차 조정.

안	1차 선정된 미션
1안	최상의 시설과 서비스로 시민행복을 증진하자.
2안	시민들의 삶의 질을 향상시키자.
3안	시민을 위한 편의시설로 생애 최고의 서비스를 제공한다.
4안	전통문화 계승과 풍요로운 삶

③ 4개 안을 의사결정을 하기 위하여 참석한 30명에게 쌍대비교를 하기 위한 설문지를 설계하여, 설문조사를 실시한다.

No		9	8	7	6	5	4	3	2	1	2	3	4	5	6	7	8	9	
1	1안																		2안
2	1안																		3안
3	1안																		4안
4	2안																		3안
5	2안																		4안
6	3안																		4안

이때 설문의 문항 수는 N×(N−1)/2개 항이 나타난다. 즉 위의 사례에서 보면 4개 안으로 쌍대비교를 실시함에 따라 4×(4−1)/2=6, 그래서 6개 문항으로 작성되었다.

No		9	8	7	6	5	4	3	2	1	2	3	4	5	6	7	8	9	
1	1안						Y												2안
2	1안								Y										3안

만약 홍길동이 위의 설문에서 다음과 같이 표시를 했다는 것은, 1안 Vs 2안 중에서는 1안이 약간 중요함과 중요함 중간이라고 판단하는 것이고, 1안 Vs 3안 중에서는 1안이 비

숫함보다는 중요하고 약간 중요함보다는 못 미친다고 판단하여 4점을 부여한 것이다.

③-1) 각각의 설문지는 의사결정자의 의견이 일관성 있게 측정되었는지를 검토하기 위하여 일관성 지수를 통하여 결정한다. 즉 설문지 작성자가 1안, 2안 등 쌍대비교를 하는 데 일관성이 있는지를 조사하는 것으로 1안 Vs 2안에서는 1안이 중요하고, 2안 Vs 3안에서는 2안이 중요하다고 했다면, 1안 Vs 3안은 1안이 중요해야 함에도 불구하고, 3안이 중요하다고 했다면 이건 모순되기 때문에 일관성에 문제가 있다고 판단하여 그러한 설문은 조사에 반영하지 않기 위한 작업이다.

④ 설문결과로 쌍대비교 결과 정리

작성자 : 홍길동, 작성일 : 2006. 01. 05.

No		9	8	7	6	5	4	3	2	1	2	3	4	5	6	7	8	9	
1	1안						Y												2안
2	1안								Y										3안
3	1안						Y												4안
4	2안										Y								3안
5	2안										Y								4안
6	3안								Y										4안

위한 같은 설문 결과는 아래와 같은 쌍대비교 결과로 정리할 수 있다.

행	열	A	B	C	D
	구분	1안	2안	3안	4안
1	1안	1	4	2	4
2	2안	1/4	1	1/2	1/2
3	3안	1/2	2	1	2
4	4안	1/4	2	1/2	1

즉 쌍대비교 결과는 1안에서 본 2안의 중요도와 2안에서 본 1안의 중요도를 표시한 것이라 말할 수 있다.

④-1) 쌍대비교 행렬 만들기

여러 사람의 의견을 반영하는 쌍대비교 행렬은 다수의 의사결정자의 평균값을 가지고 진행하며, 이때 평균값은 계산하기 쉽고 간단한 산출평균보다는 기하평균을 가지고 분석하는 것이 이론적으로 좋다고 한다.

행	열 구분	A 1안	B 2안	C 3안	D 4안
1	1안	0.5000	0.4444	0.5000	0.5333
2	2안	0.1250	0.1111	0.1250	0.0667
3	3안	0.2500	0.2222	0.2500	0.2667
4	4안	0.1250	0.2222	0.1250	0.1333
	합계	1.0000	1.0000	1.0000	1.0000

이때 A열의 1행은 쌍대비교 결과표를 계산하여 만든 것으로, 즉 A1:D4 셀 범위에 다음과 같은 공식으로 계산한다.

=A1/SUM(A\$1:A\$4)

④-2) 일관성 지수를 구하기 위하여 가중치, 가중치 합, 비율을 구한다.

행	열 구분	A 1안	B 2안	C 3안	D 4안	E 가중치	F 가중치의 합	G 비율
1	1안	0.5000	0.4444	0.5000	0.5333	0.4944	2.0222	4.0899
2	2안	0.1250	0.1111	0.1250	0.0667	0.1069	0.4299	4.0195
3	3안	0.2500	0.2222	0.2500	0.2667	0.2472	1.0111	4.0899
4	4안	0.1250	0.2222	0.1250	0.1333	0.1514	0.6125	4.0459
	합계	1.0000	1.0000	1.0000	1.0000			

가중치는 E1의 경우=AVERAGE(A1:D1)로 구할 수 있다.

또한 가중치의 합은 쌍비교 행렬 A1:D4와 가중치 E1:E4의 곱으로 구할 수 있으며, =MMULT(A1:D4, E1:E4)의 공식을 활용한다.

비율은 가중치의합/가중치 값을 말한다.

④-3) 일관성 지수(CI)

일관성 지수는=(AVERAGE(G1:G4)-n)/(n-1)로 구한다. 이때 n은 평균에 참여하는 Item을 말하며, 여기서는 4가 적용된다.

여기서 일관성 지수는 0.0204이고

일관성비율(CR)=CI/RI이므로 0.0204/0.9=0.0227이므로

따라서 일관성 지수(CI)와 일관성비율(CR)이 0.1, 즉 10% 이하이므로 본 설문결과는 일관성이 보장되고 따라서 쌍비교가 완벽하게 이루어졌다고 볼 수 있다.

⑤ 전체 설문 중에서 ④ 같은 작업을 통해 일관성이 보장된 설문만 최종 집계에 참여시킨다.

⑥ 각 항목 1안 Vs 2안 등을 평균을 통해서 전체 쌍대비교표를 만든다. 이때 산술평균보다는 가중평균으로 작업한다.

⑦ 전체 비교표에서 전체 쌍대비교행렬을 구한다.

⑧ 가중치, 가중치합, 비율, 일관성 지수, 일관성 비율을 구한다.

⑨ 일관성 지수, 일관성 비율을 통하여 쌍대비교행렬의 일관성을 검토하다.

⑩ 이때 가중치의 순서가 곧 참석자들의 최종 의견이라 할 수 있다.

이때 쌍대비교의 척도는 다음과 같이 정의한다.

중요도	정의	설명
1	비슷함 (Equal Importance)	어떤 기준에 대하여 두 활동이 비슷한 공헌도를 가진다고 판단됨.
3	약간 중요함 (Moderate Importance)	경험과 판단에 의하여 한 활동이 다른 활동보다 약간 선호됨.

5	중요함 (Strong Importance)	경험과 판단에 의하여 한 활동이 다른 활동보다 강하게 선호됨.
7	매우 중요함 (Very Strong Importance)	경험과 판단에 의하여 한 활동이 다른 활동보다 매우 강하게 선호됨.
9	극히 중요함 (Extreme Importance)	경험과 판단에 의하여 한 활동이 다른 활동보다 극히 선호됨.
2, 4, 6, 8	위 값들의 중간 값	경험과 판단에 의하여 비교 값이 위 값들의 중간 값에 해당한다고 판단될 경우 사용함.
역수 값	활동 i가 활동 j에 대하여 위의 특정 값을 갖는다고 할 때, 활동 j는 활동 i에 대하여 그 특정 값의 역수 값을 갖는다.	
1.1~1.9	동등한 활동 (For tied activities)	비교요소가 매우 비슷하여 거의 구분할 수 없을 때 사용하는 값으로서, 약간 동등은 1.3, 약간 차이가 나는 경우는 1.9를 사용함.

n의 변화에 따른 RI(Random Index : 확률지수)

n	RI	n	RI	n	RI
2	0	5	1.12	8	1.41
3	0.58	6	1.24	9	1.45
4	0.9	7	1.32	10	1.51

21. AHP 관련 서적

① 『AHP를 위한 의사결정론』, 2001. 08./박용성 외/자유아카데미.

② 『AHP기법을 이용한 마케팅 의사결정』, 1994. 10./이성근, 윤민석 외/석정.

③ 『앞서가는 리더들의 계층분석적 의사결정』, 2003. 09./조근태 외/동현출판사.

④ 『집단 의사결정론』, 2000. 03./이창효 외/세종출판사.

⑤ 『리더를 위한 의사결정』, 2000. 01./토마스 사티, 조근태 옮김/동현출판사.

⑥ 『Policyanalyst 정책분석론(정책분석평가사1급)』, 2005. 02./최창현 외/시대고시기획.

⑦ 『(제5물결 디지털리더와 지식혁명시대의)지식경영론』 2005. 05./하정출/두남.

2.2. AHP 관련 논문

Seq	표제	저작자	발행자	연도
1	계층적 분석 기법(AHP)을 이용한 온라인 인터넷 벤처 기업 평가에 관한 연구	이광용	한양대학교	2005
2	계층화분석법(AHP)을 이용한 관광정책의 우선순위 설정에 관한 연구	정승준	경기대학교	2005
3	공급자 선정을 위한 e-마켓플레이스의 의사결정 시스템 개발 및 도입 효과 : 사례연구	박혜연	연세대학교	2005
4	다기준 분석적 학교평가 대안모형 탐색	권순영	충북대학교	2005
5	도시압축성평가에 관한 연구	유성근	한양대학교	2005
6	소비자참여디자인 시스템을 통한 아파트평면 선호도 조사 방법론 연구	김희경	서울대학교	2005
7	적정 수준의 국방절충교역(defense offset trade) 비율 결정에 관한 AHP 연구	송학	서울대학교	2005
8	AHP기법에 의한 공동주택의 리모델링 평가항목 선정에 관한 연구	석철환	부경대학교	2005
9	AHP기법을 이용한 정보시스템 사용에 대한 저항 원인의 중요도에 관한 연구	최양우	연세대학교	2005
10	AHP기법을 적용한 IT프로젝트 사전타당성 평가항목의 중요도 산출	권민영	건국대학교	2005
11	AHP 분석법을 활용한 친환경 실내마감재의 소비자 선호도 분석	김경희	연세대학교	2005
12	AHP(계층적분석과정)을 이용한 함양축제 상품 예산배분 우선순위 설정에 관한 연구	강석화	진주산업대학교	2005
13	AHP기법을 이용한 개발기획 프로젝트선정 알고리듬	김태완	한양대학교	2005
14	AHP기법을 이용한 건설노동생산성 저하요인 분석에 관한 연구	표영민	동의대학교	2005
15	AHP기법을 이용한 안티바이러스 소프트웨어 평가 요인 분석	황낙언	부산내학교	2005
16	AHP기법을 이용한 제품의 위해성 분석에 관한 연구	신동주	경희대학교	2005
17	AHP기법을 이용한 협력업체 평가모형 개발	홍종락	고려대학교	2005
18	AHP를 이용한 온라인 게임 유저인터페이스 디자인 요인에 관한 연구	황세일	건국대학교	2005
19	AHP를 이용한 인터넷 게임 중독 영향 요인 분석	문상덕	금오공과대학교	2005
20	AHP를 이용한 정보시스템 아웃소싱 업체 선정에 관한 연구	박상규	연세대학교	2005
21	AHP를 활용한 공로화물운송수단의 선택 요인에 관한 연구	주재호	서울대학교	2005
22	AHP와 ANP를 이용한 ITS서비스의 우선순위결정에 관한 연구	이선우	계명대학교	2005
23	GIS와 AHP기법을 이용한 최적노선선정 및 비용평가	박정락	상주대학교	2005
24	IT 아웃소싱 업체 선정의 기준 도출 및 웹 시스템 구현	김현숙	서울대학교	2005

25	SCM에서 CBR과 AHP를 이용한 규모성 있는 공급자선정시스템의 설계에 관한 연구	김지만	경희대학교	2005
26	개량형 정보 표시 평가 항목의 중요도 선정에 관한 연구	장성필	금오공과 대학교	2004
27	개발사업 사업성 평가를 위한 리스크 지수 산정에 관한 연구	이백래	한양대학교	2004
28	계층분석기법(AHP)을 이용한 HVAC 시스템의 대안평가방법에 관한 연구	이동주	중앙대학교	2004
29	고관여제품의 구매의사결정지원을 위한 DEA와 AHP 통합 접근 방법	오태민	경희대학교	2004
30	공동주택 리모델링 사업의 리스크 분석 모델에 관한 연구	이택운	경희대학교	2004
31	생애주기비용과 계층적분석과정 기반의 최적 교량 대안 선정 방법론	장미숙	충북대학교	2004
32	소프트웨어 프로젝트 소요공수 추정	현경순	고려대학교	2004
33	재건축의 Pre-design단계에 있어서의 건설사업관리 적용방안에 대한 연구	이창훈	연세대학교	2004
34	제품 디자인을 통한 남녀 간의 재미감성 차이에 관한 연구	강정원	연세대학교	2004
35	퍼지-계층분석(Fuzzy-ahp)모형을 이용한 호텔 기업의 경영성과 평가모형 연구	김창현	세종대학교	2004
36	학습지 회사의 서비스 품질과 고객서비스의 방법	김상준	한양대학교	2004
37	효율적인 서비스 품질 측정 방법에 관한 연구	이승섭	한양대학교	2004
38	AHP기법을 이용한 국방 CALS의 효과적 활용방안에 관한 연구	김연중	고려대학교	2004
39	AHP기법을 이용한 스마트카드형 전자화폐 비교평가	박홍주	고려대학교	2004
40	AHP기법을 이용한 CRM 도입의 성공요인분석	함준석	연세대학교	2004
41	AHP기법을 활용한 번호이동성 도입 시 이동통신 사업자 전환 행동에 미치는 요인에 관한 연구	홍원기	한국과학 기술원	2004
42	AHP기법을 활용한 중소기업의 대중국 최적 진출 방안 및 경영성과 만족도에 관한 연구	김우형	서강대학교	2004
43	AHP 적용 시 나타나는 의사결정구조 분석 연구	정연재	서울대학교	2004
44	AHP기법을 이용한 공항 입지선정 연구	송경일	울산대학교	2004
45	AHP기법을 이용한 댐 건설 환경영향평가 평가항목 우선순위 분석에 관한 연구	임범교	연세대학교	2004
46	AHP기법을 활용한 정보시스템 개발 프로젝트 위험요인 평가에 관한 탐색적 연구	손동기	상명대학교	2004
47	AHP를 이용한 벤처기업 평가 모형에 대한 연구	이진욱	한양대학교	2004
48	AHP를 이용한 아파트 주동입면 디자인 요소의 우선순위 분석에 관한 연구	조현준	한양대학교	2004
49	AHP를 이용한 외식업 입지선정 기준모델 연구	김미경	경원대학교	2004

50	AHP를 이용한 원자재 공급업체 선정에 관한 실증적 연구	장은진	금오공과 대학교	2004
51	AHP를 이용한 의사결정시 효율적인 가중치 설정을 위한 의사결정 지원시스템	장래학	성균관 대학교	2004
52	AHP를 이용한 제삼자 물류업체 선정 평가기준에 관한 연구	박이숙	전남대학교	2004
53	AHP를 이용한 프로젝트 선정에 관한 실증적 연구	김홍수	금오공과 대학교	2004
54	AHP를 활용한 소프트웨어 프로젝트 공수 산정	남일규	고려대학교	2004
55	AHP와 쓰루풋회계를 이용한 기술가치 평가모형의 연구	이영찬	건국대학교	2004
56	BOT 프로젝트의 입찰단계 의사결정 지원모델	이계욱	서울시립 대학교	2004
57	Cell−based GIS와 fuzzy−AHP를 이용한 도로노선 경로선정에 관한 연구	김성훈	영남대학교	2004
58	Delphi와 AHP를 이용한 가상현실 게임 구성요소의 중요도에 관한 연구	배혜진	인제대학교	2004
59	GIS를 이용한 저류지 적지분석	소여진	전남대학교	2004
60	ITS 전자도로지도 중앙DB 항목 우선순위 선정에 관한 연구	최동근	서울대학교	2004
61	계층분석과정(AHP)을 이용한 지식경영시스템 평가에 관한 연구	전성용	경성대학교	2003
62	계층적 구조를 갖는 의사결정 방법론의 비교	은영표	고려대학교	2003
63	계층화 분석법(AHP)에 의한 한국의 적정 국방비 수준 결정에 관한 연구	김명진	경희대학교	2003
64	계층화분석법(AHP)을 이용한 원자력발전소 운영 관련 연구개발 우선 순위 설정	신영균	아주대학교	2003
65	국내 제삼자 물류업의 현황과 발전방안에 관한 연구	유승근	고려대학교	2003
66	군부대 정신전력 평가를 위한 AHP모델	한승조	한국과학 기술원	2003
67	무선 인터넷과 모바일 PDA 기반의 AHP 집단의사결정 지원 시스템	김태환	고려대학교	2003
68	보전성을 중심으로 한 토지적성평가 개선 방법에 관한 연구	김영숙	서울시립 대학교	2003
69	분석적 위계과정(AHP) 기법을 활용한 체험환경교육 프로그램 평가	이은주	서울대학교	2003
70	지방공기업 경영평가지표 선정 및 가중치 설정	백승천	고려대학교	2003
71	AHP 방법론을 이용한 정보보호인력 양성정책 분석	전효정	충북대학교	2003
72	AHP기법과 GSIS를 이용한 도로의 노선선정에 관한 연구	손영민	관동대학교	2003
73	AHP기법을 활용한 경관평가법 작성에 관한 연구	양희승	경희대학교	2003
74	AHP를 이용한 지방자치단체 웹사이트 평가모델 개발에 관한 연구	김선주	공주대학교	2003

75	AHP를 이용한 CMS 평가방법에 관한 연구	이철승	전남대학교	2003
76	AHP를 활용한 정선카지노 경쟁력분석 및 지역개발전략에 관한 연구	황임규	한양대학교	2003
77	AHP를 활용한 CRM 문제점 분석에 관한 연구	오동진	명지대학교	2003
78	AHP 방법과 LISREL 모형을 이용한 게임완성도 평가모형 설정 및 Web DB구축에 관한 연구	안창호	동국대학교	2003
79	AHP-SERVQUAL모형에서의 고객지향 우선순위 결정	이병전	한양대학교	2003
80	DEA/AHP를 이용한 서수적 요소가 존재하는 R&D 프로젝트 선정 방법론에 관한 연구	양원모	경희대학교	2003
81	Fuzzy AHP기법을 이용한 건설공사의 코스트 리스크 분석방법에 관한 연구	이동운	부산대학교	2003
82	GIS와 다기준분석법(MCA)을 활용한 연안지역 평가방법 연구	최희정	경희대학교	2003
83	개인의 특성에 따른 정보시스템 내부통제요소 우선순위에 관한 연구	박종은	한국외국어 대학교	2002
84	계층화분석법을 이용한 주거선택의 중요도 결정방법에 관한 연구	정금호	전남대학교	2002
85	사고다발지점 간 시설투자 우선순위 결정을 위한 AHP 활용화 방법에 관한 연구	강희철	명지대학교	2002
86	사후종료매립지의 합리적 관리를 위한 AHP의 적용에 관한 연구	이원영	서울시립 대학교	2002
87	패밀리 레스토랑의 서비스 수준 벤치마킹을 위한 AHP 의사결정에 관한 연구	원갑연	세종대학교	2002
88	퍼지-AHP와 셀룰라 오토마타를 이용한 도시성장에 관한 연구	윤정미	부산대학교	2002
89	AHP기법을 이용한 호텔입지 선정에 관한 연구	서지민	세종대학교	2002
90	AHP기법을 활용한 하이테크 제품의 브랜드 이미지 평가에 관한 연구	박보미	서울대학교	2002
91	AHP(계층분석 과정)를 이용한 자동제어 시스템의 평가	장성호	고려대학교	2002
92	AHP/DEA에 의한 인터넷 쇼핑몰 평가에 관한 연구	김민석	고려대학교	2002
93	AHP기법을 이용한 지상전술 C4I체계의 전투효과 분석에 관한 연구	강승철	국방대학교	2002
94	AHP기법을 적용한 미집행도시계획시설 재정비 의사결정지원시스템 개발 연구	주용수	서울시립 대학교	2002
95	AHP기법을 활용한 전자상거래 사이트 사용성 평가 모형에 관한 연구	전선주	성균관 대학교	2002
96	AHP를 이용한 정보시스템 개발업체 선정에 관한 연구	장양철	한성대학교	2002
97	AHP를 이용한 지역관광개발 유형선정의 분석모형에 관한 연구	이광호	군산대학교	2002
98	AHP 방법을 이용한 외주 및 사내생산 대안 분석	김승영	중앙대학교	2002
99	GIS환경에서 GRID와 AHP를 이용한 Geoprocessing에 관한 연구	김태형	부산대학교	2002

100	계층분석과정(AHP)을 이용한 현수애자교체에 대한 연구	신이희	성균관 대학교	2001
101	계층화의사결정법(AHP)을 이용한 항공기 기종선정에 관한 연구	은희봉	인하대학교	2001
102	공정활동 개선을 위한 S/N비적용 QFD 수행기법의 개발	박재현	명지대학교	2001
103	표적 식별 시스템에서의 AHP기법을 이용한 Decision Fusion 기법	윤기범	고려대학교	2001
104	GSIS와 AHP법을 이용한 산사태 발생지역 예측	김제천	강원대학교	2001
105	Internet GIS와 AHP 의사결정을 이용한 시설물 관리 기법	성은영	부산대학교	2001
106	도시공원조성에 있어서 계층분석과정(AHP)을 이용한 우선순위 결정에 관한 연구	조점임	동아대학교	2000
107	신제품 개발에 있어서의 AHP기법을 이용한 의사결정에 관한 연구	진성호	연세대학교	2000
108	한국 벤처기업 육성정책에 관한 연구	민호준	한양대학교	2000
109	AHP 가중치를 이용한 예측결합방법	신성식	숭실대학교	2000
110	AHP기법을 이용한 선박 매매 중개 시스템 소프트웨어 선정 기준에 관한 연구	구명모	고려대학교	2000
111	AHP기법을 이용한 아파트 가치평가에 관한 연구	노금숙	성균관 대학교	2000
112	AHP/정수계획법을 이용한 함정 수리부속품 정수 선정 방법에 관한 연구	윤준구	국방대학원	2000
113	AHP기법을 이용한 개발사업 시설물 결정 모형에 관한 연구	오무환	한양대학교	2000
114	AHP기법을 이용한 국내 군수업체 품질경영활동 평가에 관한 연구	전창권	고려대학교	2000
115	AHP를 이용한 향토방위체계 개선방안에 관한 연구	김태성	국방대학원	2000
116	AHP를 이용한 헬리콥터 기종선종	안영목	목포대학교	2000
117	AHP를 이용한 VE 기법의 기능평가에 관한 사례연구	김성웅	고려대학교	2000
118	AHP를 활용한 EVA 목표 배분 방법에 관한 연구	장현기	연세대학교	2000
119	Balanced scorecard 와 Fuzzy AHP를 이용한 정보 시스템 가치 평가 모델	이승찬	포항공과 대학교	2000
120	DEA/AHP를 이용한 컨테이너 터미널 효율성에 관한 연구	송재영	한국해양 대학교	2000
121	계층분석과정(AHP)기법에 의한 건축설비시스템의 갱신평가방법에 관한 연구	김동완	동아대학교	1999
122	교통계획에 있어서 AHP 적용가능성에 관한 연구	신익준	광주대학교	1999
123	미래전 대비 AHP기법을 적용한 국방투자사업 선정에 관한 연구	김연기	국방대학원	1999
124	연구개발 프로젝트 선정을 위한 계층적 분석(AHP)과 목표계획법(GP)의 혼용 접근방법	김진영	충북대학교	1999
125	의사결정자를 위한 LCC-AHP 통합의사결정 모델	박현석	인하대학교	1999

126	프로젝트 위험분석에서의 AHP 적용방법	백훈	한양대학교	1999
127	효율 순위 결정을 위한 DEA-AHP 결합 모형	김재흥	고려대학교	1999
128	AHP기법을 적용한 공군 전투수행능력 평가모델 연구	윤우	한남대학교	1999
129	AHP기법과 목표계획법을 이용한 신병 군사특기 분류 모형 연구	김해식	국방대학원	1999
130	AHP기법을 이용한 금융위험관리 소프트웨어 선정 기준에 관한 연구	최희성	고려대학교	1999
131	AHP기법을 이용한 품질경영시스템 평가요인의 중요도에 관한 연구	장이석	고려대학교	1999
132	AHP를 이용한 국방예산제도 개선방안에 관한 연구	김동범	국방대학원	1999
133	AHP를 이용한 기업 신용평가시스템 개발	정현순	한국과학 기술원	1999
134	AHP를 이용한 의약품물류센터의 최적입지선정방안	이석형	한양대학교	1999
135	AHP를 이용한 탄약 지속일수 산정방법 선정에 관한 연구	정규봉	연세대학교	1999
136	AHP모형을 이용한 은행경쟁력 결정요인 분석 및 검증	신미정	안동대학교	1999
137	AHP와 컨조인트 분석을 이용한 주관적 인터페이스 사용성 평가 모델 개발	문형돈	아주대학교	1999
138	GSIS와 AHP법을 이용한 폐기물 매립지 예비 평가 방법	최광식	강원대학교	1999
139	QFD, AHP와 수량화기법 Ⅲ류의 통합절차를 활용한 서비스품질 향상에 관한 연구	이성훈	동아대학교	1999
140	기업 조직의 업무수행도 평가를 위한 측정지표 개발 : AHP와 QFD의 적용	김동원	홍익대학교	1998
141	기업의 웹사이트(web site) 평가요인 선정에 관한 연구	이정식	서강대학교	1998
142	실시간 시스템 선정을 위한 AHP기법 적용에 관한 연구	유원종	국방대학원	1998
143	침대에 있어서 AHP 분석을 통한 소비자 요구파악과 효용성에 관한 연구	김진수	한양대학교	1998
144	퍼지집합개념과 AHP를 이용한 GIS 환경에서의 공간의사결정에 관한 연구	남광우	부산대학교	1998
145	AHP/ANP 기법을 이용한 설비선정 시스템 구축에 관한 연구	조기렬	홍익대학교	1998
146	AHP를 이용한 부도예측모형의 설계와 검증	강성범	숭실대학교	1998
147	AHP를 이용한 한국 해병대 전력정비 사업 우선순위 결정에 관한 연구	조충현	국방대학원	1998
148	AHP의 user interface 개선에 관한 연구	장진원	서울대학교	1998
149	분석적 계층화과정(AHP)과 맥시멀 커버링 기법을 응용한 주거단지 시설물 배치에 관한 연구	안재영	서울시립 대학교	1997
150	AHP기법을 적용한 국방자원배분에 관한 연구	이상신	국방대학원	1997
151	AHP를 사용한 MRP Ⅱ software의 평가와 선택 방법	도원록	한양대학교	1997
152	AHP를 이용한 위험기계사고의 원인분석과 대책마련에 관한 연구	박배진	인하대학교	1997
153	AHP에 의한 정부세출예산 과목의 우선순위 평가에 관한 연구	윤상철	연세대학교	1997

154	AHP의 가중치 계산법간의 비교연구	최선구	숭실대학교	1997
155	AHP이론을 이용한 제공정보품질등급 평가모델의 가중치산출에 관한 연구	박운배	숭실대학교	1997
156	계층화 의사결정법(AHP)을 이용한 전원구성비율 설정에 관한 연구	김형준	인하대학교	1996
157	의자 평가에서의 AHP적용에 관한 연구	박철욱	한국과학기술원	1996
158	AHP와 전문가 시스템을 이용한 신제품 선정에 관한 연구	차상목	인하대학교	1996
159	Analytic hierarchy process(AHP)기법을 이용한 최적 구조 설계	장범선	서울대학교	1996
160	계층적 분석방법(AHP)을 활용한 정부 R& D 사업 선정모형에 관한 연구	남인석	국방대학원	1995
161	동시에 가열 및 냉각이 가능한 AHP/AHT 사이클에 대한 시뮬레이션 연구	김대수	고려대학교	1995
162	리엔지니어링의 대상프로세스 선정에의 AHP 적용에 관한 연구	김현우	부산대학교	1995
163	불확실한 상황하에서의 다목표 R& D 투자계획 수립에 관한 연구	이영찬	서강대학교	1995
164	집단의사결정을 위한 AHP 확장	임채연	포항공과대학교	1995
165	AHP기법을 이용한 정보시스템 선정평가방안에 관한 연구	송광호	고려대학교	1995
166	AHP를 이용한 병역제도 개선에 관한 연구	최영	국방대학원	1995
167	기술대체안의 전략적 평가를 위한 개량 AHP 의사결정모형의 설계	정길환	성균관대학교	1994
168	AHP를 이용한 소프트웨어 외주업체선정방안에 관한 연구	전희숙	국민대학교	1994
169	분석적 계층과정(AHP)의 원리와 발전소 형태 선정에의 응용	이상호	성균관대학교	1993
170	우리나라 기업의 사업부 평가에 관한 연구	김진환	홍익대학교	1993
171	퍼지 AHP를 이용한 산업재해 원인분석	강선귀	성남대학교	1993
172	AHP를 이용한 정보의 가치분석	김기형	목포대학교	1993
173	AHP를 이용한 주거입지의 분석	윤지선	목포대학교	1993
174	계층분석과정(AHP)에 의한 FMS 평가에 관한 연구	김민석	고려대학교	1992
175	AHP 판단모델의 적용을 통한 LAN환경에서의 마이크로컴퓨터 통제에 관한 연구	엄기주	한국외국어대학교	1992
176	FMS 도입 타당성 분석을 위한 AHP기법활용	홍순명	울산대학교	1992
177	A.H.P. 전산화에 의한 건축공사 VE 기법 효율화에 관한 연구	김옥규	서울대학교	1990
178	AHP(계층분석과정)이론에 의한 연구개발과제의 평가모형	최윤근	고려대학교	1988
179	VE 추진을 위한 A.H.P의 전산 system	김홍규	경남대학교	1987

1. 단행본

1 BSC 진단과 개선 : BSC 운영성과 극대화를 위한 실행지침서/Paul R. Niven 지음 신홍
철, 서한준, 김태균 옮김 네모북스 2006

2 (조직 임원)업적평가제도/신정식 지음 한국경영개발협회 2006

3 인재육성 인사제도/노순규 저 행정경영자료사 2005

4 과학기술부 주요정책과제평가체제 구축 및 통합성과관리 체제 구축방안/과학기술부
2005

5 균형성과표(BSC)도입을 통한 성과관리시스템 구축 연구/문화관광부 2005

6 BSC step by step : 성과창출과 전략실행/Paul R. Niven 지음 삼일회계(Pwc)법인경영
컨설팅본부 옮김 시그마인사이트컴 2004

7 Media law/edited by Peter Carey; Jo Sanders Sweet & Maxwell 2004 3

8 혁신으로 가는 항해 : BSC 1000일의 기록/갈렙앤컴퍼니 지음 북21 2004

9 전자정부사업 성과관리체계에 관한 연구/송희준 [저] 한국전산원 [편] 한국전산원
2004

10 Strategy maps : BSC의 구축과 실행을 위한 전략체계도/로버트 S. 캐플란, 데이비드

P. 노턴 지음 갈렙 ABC 옮김 북21 2004

11 인천광역시 성과평가 활성화 방안에 관한 연구/이병기, 왕재선 [공저] 인천발전연구원 [편]

12 行政經營革命 :「自治體ABC」によるコスト把握/南學 編著 ぎょうせい 2003

13 "세계최고의 고속도로 종합서비스 기업"을 위한 BSC를 활용한 전략관리 모델 구축 :
　최종보고서/한국도로공사 [편] Global Consulting Group 2002

14 BSC 실천 매뉴얼/김희경, 성은숙 공저 시그마인사이트컴 2001

15 공공 부문 정보화사업 평가를 위한 BSC 모형/한국전산원 [편] 한국전산원 2001

16 BSC 구축 & 실행사례/Nils-Goran Olve; Jan Roy; Magnus Wetter 공저 갈렙앤컴
　퍼니, 송경근 공역 한국언론자료간행회 2000

17 (가치 실현을 위한 통합경영지표)BSC/로버트 S. 캐플란, 데이비드 P. 노턴 공저 송경
　근, 성시중 공역 한국언론자료간행회 2000

2. 논문

1 국민체육센터 운영 성과지표 개발을 위한 균형성과표(BSC) 모형의 적용/우상봉 인천대
　대학원 2006

2 HR BSC를 통한 전략적 인적자원관리와 조직성과의 관계에 관한 연구/박인서 부산대
　대학원 2006

3 지방공기업의 BSC 평가지표 개발을 위한 시론적 연구 : 대구광역시 상수도사업본부를
　중심으로/김은 영남대 행정대학원 2005

4 BSC 관점에 의한 한국제조기업의 물류전략과 물류성과간의 관계에 관한 연구/민경기
　광운대 대학원 2005

5 IT BSC를 이용한 정보시스템 성과평가 절차 수립/김종식 숭실대 정보과학대학원 2005

6 지식자산 평가의 새로운 모형 연구 : 소규모 기술기업에의 적용/이기호 한남대 대학원
　2005

7 지방공사 의료원의 BSC에 의한 경영평가지표 분석/한태식 명지대 대학원 2005

8 BSC에 의한 정부투자기관 경영평가 지표개선에 관한 연구/임동환 동국대 대학원 2005

9 BSC를 적용한 SCM 성과측정지표의 개발과 효과에 관한 연구/이정녑 동아대 경영대학원 2005

10 균형성과표(BSC)가 기업성과에 미치는 영향 : 커뮤니케이션, 역할갈등, 보상을 중심으로/김경구 홍익대 대학원 2005

11 측정지표의 판단에 대한 실험 연구 : BSC를 중심으로/이상환 서강대 대학원 2005

12 조직능력관점에서의 성공적인 BSC구축, 운영을 위한 요인에 대한 탐색적 연구 : KT BSCol 'Hall of Fame' 수상사례를 중심으로/오윤균 한양대 대학원 2005

23 고객관점 성과동인이 고객관점 및 재무관점 성과에 미치는 영향에 관한 연구/정행영 창원대 대학원 2005

26 CRM 콜 센터 운영성과지표에 관한 연구 : 균형성과지표(BSC)를 이용하여/김현욱 연세대 정보대학원 2005

27 BSC에 의한 성과측정시스템 구축방안에 관한 연구/한선희 중앙대 정보대학원 2005

28 AHP를 통한 R&D BSC의 가중치 도출/조규성 경북대 대학원 2005

29 동북아 물류중심국가 구축전략간 인과관계에 관한 연구 : BSC와 구조방정식모형의 연계활용을 중심으로/소윤미 광운대 대학원 2005

31 균형성과표(BSC)를 이용한 ERP 시스템이 조직성과에 미치는 영향에 관한 실증 연구/서기철 동국대 대학원 2005

32 BSC에 의한 출연연구기관의 성과관리모형 개발에 관한 연구/전병훈 충남대 경영대학원 2005

33 균형성과표(BSC)를 이용한 대학 정보화의 성과 평가/김상원 강원대 산업대학원 2005

34 균형성과표(BSC)에 의한 지방정부의 성과관리에 관한 연구/박준범 한남대 행정정책대학원 2005

35 연구개발조직의 균형성과표(BSC) 구축에 관한 연구/곽상우 충남대 경영대학원 2005

36 정부투자기관의 BSC에 의한 경영평가제도 도입방안에 대한 연구/박우임 한양대 산업경영대학원 2005

37 국내기업의 BSC 실행 프로세스에 관한 비교 연구 : 우수기업 사례를 중심으로/김여진

경희대 대학원 2005

38 서비스산업에서의 BSC기반 CRM 측정 Framework에 관한 연구/최용균 한국과학기
술원 2005

39 BSC 모형을 활용한 SOHO 기업의 경영성과 평가에 있어서 재무적 측정치와 비재무적
측정치간의 관계에 관한 연구/문태규 고려대 행정대학원 2005

40 중소기업 경영기법의 효과 분석 : Single-PPM과 BSC를 중심으로/구대완 수원대 대
학원 2005

41 BSC 적용시 전략과제와 핵심성과지표의 적합성이 경영성과에 미치는 영향/박상국 극
동대 대학원 2005

42 비영리조직 균형성과표(BSC)를 적용한 직영급식학교 경영평가지표 개발/김은지 연세
대 생활환경대학원 2005

43 공기업의 균형성과표(BSC)의 도입에 관한 연구 : K공사의 사례를 중심으로/이지연 서
울시립대 경영대학원 2005

44 BSC의 성과지표와 재무성과의 인과관계에 관한 연구 : 수도권 소재 중소기업을 중심
으로/황재준 한양대 산업경영대학원 2005

45 성과관리시스템의 효과적 운영에 관한 연구 : 조직문화의 매개효과를 중심으로/박지
훈 서울산업대 산업대학원 2005

47 균형성과표(BSC)를 활용한 수사경찰의 성과지표 개발/이연욱 한국외국어대 정책과
학대학원 2005

48 B2B 기업의 성과 저해 요인에 관한 연구 : BSC 성과지표 활용/변성수 국민대 비즈니
스IT전문대학원 2005

49 정부투자기관의 경영성과평가 연구 : 균형성과표(BSC) 활용/안경섭 단국대 대학원
2005

50 SCM과 BSC의 도입이 성과평가유형과 경영성과에 미치는 영향에 관한 연구/윤종원
중앙대 대학원 2005

52 BSC의 비재무적 관점이 재무성과에 미치는 영향 : 업무부서의 중요도 인식을 중심으
로/박성병 계명대 대학원 2005

53 BSC를 활용한 출연연구기관 기관평가제도의 유효성 연구 : 기관평가지표분석을 중심으로/김병태 국민대 대학원 2005

54 공공 부문 정보시스템의 성과측정 모형 개발에 관한 연구 : 필지중심토지정보시스템을 사례로/이상범 청주대 대학원 2005

57 전략적 성과평가시스템 구축에 관한 연구/강흥희 서경대 대학원 2005

58 우정사업 BSC 시스템에서 비재무적 성과가 재무적 성과에 미치는 영향/이숙희 숭실대 정보과학대학원 2004

59 성과향상을 위한 영업점 업적평가제도 개선방안/유기열 중앙대 국제경영대학원 2004

60 BSC 기반의 경영성과관리시스템 구축 : 에너지 기업 사례중심으로/박남일 울산대 정보통신대학원 2004

61 BSC를 활용한 호텔경영성과 평가에 관한 연구/정구점 동아대 대학원 2004

63 BSC 성과 평가시스템의 군 도입에 관한 연구/김용겸 경희대 경영대학원 2004

64 BSC를 이용한 콜 센터 시스템의 성과측정지표 도출/한효원 고려대 경영대학원 2004

66 BSC에 의한 폐기물 처리업체의 성과평가시스템 구축 : "D"사의 사례를 중심으로/송재철 고려대 경영정보대학원 2004

67 항공사 RM 부문의 BSC 도입에 관한 연구/송운숙 한국항공대 경영대학원 2004

72 균형성과표(BSC)에 의한 조직 성과측정과 개인 성과평가의 연계성에 관한 연구/신우익 고려대 경영대학원 2004

73 균형성과표(Balanced Scorecard)를 활용한 기업의 성과평가의 문제점에 관한 실증연구 : K 공사를 중심으로/양한규 서울대 대학원 2004

75 연구개발조직의 균형성과표(BSC) 구축에 관한 연구/곽상우 충남대 경영대학원 2004

76 기업전략에 따른 정보기술(IT)투자의 효율성 평가모형 : BSC관점에서 PCA-DEA방법론 적용/우영운 고려대 대학원 2004

77 균형성과표에 의한 실증적 성과평가/구성철 인하대 경영대학원 2004 657.48 415 63 p. 석사 유

78 중소기업 SCM(Supply Chain Management) 성과측정지표 개발에 관한 연구/김대진 중앙대 대학원 2004

79 정부투자기관 경영평가제도 개선방안 : BSC를 중심으로/박익서 서강대 경영대학원 2004

80 퍼지-계층분석(Fuzzy-AHP)모형을 이용한 호텔 기업의 경영성과 평가모형 연구/김창현 세종대 대학원 2004

81 BSC모형의 재무적·비재무적성과 측정치의 관련성에 관한 실증적 연구/길순희 군산대 대학원 2004

82 균형성과정보의 확산 및 사용정도가 기업성과에 미치는 영향/이성원 대전대 대학원 2004

83 비영리조직의 BSC(균형성과표)도입·적용에 관한 연구 : 사립대학의 행정지원 부문을 중심으로/이상훈 경북대 대학원 2004

84 BSC를 활용한 원가기획관리시스템의 성과분석 방법론에 관한 연구 : D사의 사례를 중심으로/남수미 한양대 경영대학원 2004

85 금융기관 대출심사에 적용하기 위한 BSC 표준 매뉴얼에 대한 연구/길원섭 고려대 행정대학원 2004

86 BSC관점을 이용한 SCM 성과지표에 대한 연구/유정수 한국과학기술원 2004

87 기업의 경영성과 극대화를 위한 BPM 및 BSC 연계구축에 관한 연구/배내기 창원대 경영대학원 2004

88 BSC 시스템의 개발 및 운영성과/이미준 연세대 보건대학원 2004

89 BSC에 의한 출연연구기관의 성과관리모형 개발에 관한 연구/전병훈 충남대 경영대학원 2004

91 BSC를 이용한 정보시스템 성과평가 모형 적용에 관한 연구 : H사의 ERP도입 성과평가를 중심으로/원인복 이화여대 경영대학원 2004

93 외식산업의 전략적 성과평가모형 구축에 관한 연구 : 균형성과표(BSC)를 중심으로/오윤석 경기대 관광전문대학원 2004

94 BSC를 활용한 브랜드 기반 문화의 구축/이호찬 한국정보통신대학원대 2004

97 조직구조 및 변화관리 특성을 고려한 균형성과표 도입 사례 분석/고종오 한국과학기술원 2004

98 BSC를 이용한 공공기관 정보화사업 성과측정에 관한 연구/민옥경 연세대 공학대학원 2004

99 정부투자기관의 BSC를 활용한 전략적 성과평가 연구 : 한국도로공사의 BSC구축을 중심으로/하재도 서울대 행정대학원 2004

161 BSC의 4가지 관점 간의 인과관계 모형을 이용한 공급사슬관리 성과 평가/엄춘식 홍익대 대학원 2003 6

162 BSC Model을 활용한 초고속 통신망 사업 성과분석 모델 개발 : 정보통신 산업 중심으로/류경석 경희대 대학원

164 철강산업에서의 SCM에 관한 BSC성과측정지표 도출 : P사의 사례를 중심으로/이승희 고려대 대학원 2003

166 전자정부 정보화사업 성과측정을 위한 BSC 활용방안 : G4C 사업을 중심으로/이상헌 한국과학기술원 2003

167 BSC의 비재무적 성과측정의 구조적 관계에 관한 연구/권오돈 안동대 대학원 2003

169 BSC를 이용한 벤처기업의 경영성과평가에 관한 연구/박재성 전남대 대학원 2003

170 BSC를 이용한 ERP시스템 성과측정모델에 관한 연구/정영일 전남대 대학원 2003

171 BSC에 근거한 팀제 운영 성과측정지원시스템/유진성 성균관대 대학원 2003

174 BSC 성과지표 간 인과관계 분석/허종락 계명대 대학원 2003

178 경영전략 실행을 위한 균형성과기록표의 활용에 관한 연구/김정원 인천대 교육대학원 2002

180 BSC 성과평가시스템 국내 도입 동향 및 사례 연구/최경찬 경희대 경영대학원 2002

182 BSC를 이용한 IT 조직의 성과측정체계개발 : L사의 사례를 중심으로/이석원 한국과학기술원

184 제3섹터의 BSC 도입 효과에 관한 연구/최경희 계명대 대학원 2002

188 BSC모형의 비재무적 성과측정치와 재무적성과측정치의 관계에 관한 실증적 연구/김원배 단국대 대학원 2002

191 BSC를 이용한 호텔경영성과 평가에 관한 연구/김철원 청주대 대학원 2002 647.94 916 78 p. 석사

192 BSC를 활용한 지식경영 성과평가에 관한 연구/최서윤 한국외국어대 경영정보대학원
2002

193 전통적인 기업평가방법과 BSC기반의 기업평가 방법 간의 비교 분석/서민수 고려대
대학원 2002

194 제약회사의 부문별 성과평가에 관한 연구 : BSC에 의한 D제약회사의 사례를 중심으
로/안영철 중앙대 국제경영대학원 2002

195 공공 부문 정보화사업 평가를 위한 BSC 모형/이유택 숭실대 정보과학대학원 2002

196 균형성과관리(BSC)와 활동중심경영(ABM)의 통합모델에 관한 연구/최형섭 단국대
산업경영대학원 2002

198 수출 구매 업무에 BSC 도입시 적절한 CSF와 KPI 선택에 관한 연구 : 전자 기기 업체
를 중심으로/정하룡 단국대 산업경영대학원 2002

199 균형성과기록표(BSC)의 적용 사례에 관한 연구/염경윤 제주대 경영대학원 2002

201 관광호텔의 경영성과평가를 위한 BSC 평가지표 간의 인과관계/박정아 계명대 대학
원 2002

202 우정사업의 전략적 경영도구로서의 BSC(균형성과관리) 시스템 도입방안 연구/하병
준 서울시립대 경영대학원 2002

203 성공적인 병원경영을 위한 BSC와 ABC의 연계방안에 관한 연구/김문경 한양대 대학
원 2002

204 BSC를 이용한 B2B eMarketplace 성과평가 모형 구축/안지은 한국과학기술원
2002

205 효과적인 e-Business전략관리 방안에 관한 연구 : BSC사례를 중심으로/조보형 경
희대 경영대학원 2002

206 BSC 와 MSC 에 대한 셀 할당을 고려한 최적 이동통신망 설계에 관한 연구/정소영
전주대 대학원 2002

207 고객관계관리(Customer Relationship Management : CRM) 시스템이 경영성과에 미치
는 영향

210 BSC를 이용한 IT 조직의 성과측정체계개발 : L사의 사례를 중심으로/이석원 한국과

234 Balanced Scorecard를 이용한 정보시스템 평가 체계 개발에 관한 연구/김원기 한국
　　외국어대 경영정보대학원 2001
238 균형성과표(BSC)를 이용한 수술실 간호부서의 성과평가지표 개발/류지인 연세대 대
　　학원 2001
245 기업환경변화에 따른 새로운 성과평가시스템에 관한 연구 : BSC를 중심으로/최현숙
　　경성대 대학원 2000
246 BSC를 통한 인터넷 벤처기업의 평가체계에 관한 연구/손성혁 한국외국어대 경영정보
　　대학원 2000
247 정부투자기관의 전략적 성과평가에 관한 연구 : 한국석유공사의 사례를 중심으로/
　　이필광 성균관대 행정대학원 2000
249 반도체산업의 BSC측정지표에 관한 연구/권오경 충북대 경영대학원 2000
253 기업성과측정시스템의 진단과 균형성과표(Balanced Scorecard)의 성공적인 도출방
　　안/김경태 서강대 대학원 2000
254 장애인 지역사회재활시설에서 팀 협력 향상을 위한 BSC(Balanced Scorecard) 전략
　　경영시스템의 도입 및 활용에 따른 효과성 연구/박성철 천안대 사회복지대학원 2000
255 Balanced Scorecard를 이용한 시스템통합 프로젝트의 성과측정 모델/윤석용 숭실
　　대 정보과학대학원 2000
259 政府投資機關의 經營評價指票 改善 硏究 : BSC를 활용한 사례연구/신상철 中央大
　　大學院 1999
263 균형잡힌 성과평가표에 의한 은행성과평가모형의 구축/李昌炫 東亞大 大學院 1999

3. 학술지

1 전략이행수단으로서 BSC의 성공요소/김성렬, 박재홍, 서영미 2005 Entrue Journal of
　　Information Technology. 제4권 제2호 통권 제7호(2005. 7), pp.35-44. LG CNS
2 기업전략 실행을 위한 BSC 전략지도/박해근 2005 經營經濟. 제38집 제1호(2005. 2),

학기술원 2002

212 균형성과표(Balanced Scorecard)를 이용한 전략경영의 수립에 관한 연구 : P(사)의
사례를 중심으로/권동식 중앙대 대학원 2002

213 BSC에 의한 사업부별 성과평가 모형구축에 관한 연구 : M사의 사례를 중심으로/조
성우 중앙대 대학원 2001

214 BSC(Balanced Scorecard)를 이용한 병원의 경영성과 분석 : 경남지역 한 종합병원을
대상으로/손정섭 인제대 대학원 2001

216 정부투자기관 경영성과평가시스템에 관한 연구 : BSC를 중심으로/남태현 서강대 대
학원 2001

217 균형점수표(BSC)를 이용한 EIS사용자의 정보요구분석 : 우리나라 중소제조업체를
중심으로/이정환 한남대 대학원 2001

218 INTRANET기반 경영성과분석시스템(BSC)의 성공적 활용방안/민석기 충북대 경영대
학원 2001

219 균형잡힌 성과측정지표(Balanced Scorecard)의 도입 타당성 고찰 : 중소병원을 중심
으로/이종선 연세대 보건대학원 2001

220 경영평가를 위한 균형잡힌 성과 기록표(BSC)의 도입 : 새마을 금고 사례를 중심으
로/황국현 경북대 경영대학원 2001

225 균형성과기록표(Balanced Scorecard) 도입 사례에 대한 비교 연구/정윤환 성균관대
대학원 2001

227 균형성과표(Balanced Scorecard; BSC)와 지식자산표의 도입사례에 관한 연구/김주
영 서울대 대학원 2001

228 치과 네트워크의 BSC구축 및 실행사례 : 시흥모아치과 성과지표를 중심으로/김 선
경희대 경영대학원 2001

230 Balanced Scorecard를 이용한 군 지식경영 측정 모델/김기성 포항공과대 정보통신
대학원 2001

233 BSC(균형성과시스템)가 기업성과에 미치는 영향에 관한 연구/홍미경 숭실대 대학원
2001

pp.59-84. 啓明大學校産業經營研究所

3 BSC와 경영혁신을 분리하지 마라 : 급변하는 경영환경에서 시스템적 변화 필요/이주연 2005 경영과컴퓨터. 통권 346호(2005. 8), pp.141-143. 경컴

4 BSC 성과지표 간 인과관계 분석/박무현 2005 經營經濟. 제38집 제1호(2005. 2), pp.279-307. 啓明大學校産業經營研究所

5 해운업계에 'BSC 경영툴' 바람이 분다 : 조직경영의 새 조직관리도구 등장, 해양부 시행 중 : 변화에 탄력적으로 대응하는 균형적 성과평가제도 : 국내 해운기업, 연봉제와 연계한 성과관리제 수준/이인애 2005 海洋韓國. 통권 제384호(2005. 9), pp.34-39. 韓國海事問題研究所

6 DEA와 BSC 기법을 이용한 조직 효율성 비교에 대한 연구/김범수, 장태우, 신기태, 박진우 2005 산업경영시스템학회지. 제28권 제2호(2005. 6), pp.18-26. 한국산업경영시스템학회

7 자동차환경문제해결에 있어 BSC 도입의 방향/유지수 2005 북악경영연구. 제11호(2005), pp.253-268. 國民大學校經營研究所

8 성과 측정의 혁신과 BSC의 실무적용가능성에 대한 고찰/이해진 2005 논문집. 제23집(2005), pp.121-142. 경북전문대학

9 BSC 전략맵 지표를 이용한 정보기술 투자평가 : 방법론과 사례연구/최덕원, 이동욱, 이동철 2005 大韓産業工學會誌. 제31권 제2호(2005. 6), pp.143-151. 大韓産業工學會

10 인공신경망을 이용한 SCM 지속적 협업 예측과 BSC 성과 분석/임세헌 2005 유통정보학회지. 제8권 제1호 통권 13호(2005. 3), pp.131-149. 한국유통정보학회

11 SCM과 BSC를 활용한 벤처기업의 평가 및 관리모형 실증연구/오준환 2005 벤처경영연구. 제8권 2호 통권 19호(2005. 7), pp.27-53. 한국중소기업학회

12 SCM과 BSC의 도입유형에 따른 web기반 성과평가시스템 설계 및 구현에 대한 연구/이선표, 윤종원, 권현철 2005 會計情報研究. 제23권 제3호(2005. 9), pp.135-158. 韓國會計情報學會

13 BSC 구현 방법 및 운영 방안, 1/김태균 2005 情報産業. 통권 제235호(2005. 9·10), pp.42-45. 韓國情報産業聯合會

14 전략적 경영성과 측정치에 관한 연구 : BSC & DEA/안일준 2005 經營研究. 제20권 제2호 통권 46호(2005. 5), pp.149-174. 한국산업경영학회

15 공공기관-성과관리시스템 : 공공분야, 성과관리시스템 도입 '봇물' : 수익성 강화가 주목적, 20여 곳 이상 도입 예상/아이티 솔루션 2005 IT solutions. 통권 37호(2005. 3), pp.117-118. 아이티 솔루션

16 환경요인이 BSC 평가지표의 수용도에 미치는 영향/박무현, 도상호, 이창희 2005 經營研究. 제20권 제2호 통권 46호(2005. 5), pp.1-19. 한국산업경영학회

17 기업 신뢰성 제고를 위한 BSC 관점에서의 Six Sigma 추진전략에 관한 연구/김동관, 정수일 2005 대한안전경영과학회지. 제7권 제4호(2005. 10), pp.111-119. 대한안전경영과학회

18 지방정부의 BSC 도입방안에 관한 연구 : 부천시를 중심으로/조성호 2005 京畿論壇. 제7권 제2호 통권 23호(2005. 여름), pp.57-75. 京畿開發研究院

19 BSC지표 타당성에 관한 기초적 논의 : 사례비교를 중심으로/김육덕 2005 啓明研究論叢. 제23집(2005), pp.141-160. 啓明文化大學

21 정부조직 內 balanced scorecard의 정착을 위한 연구 : 미국의 각 정부조직들의 경험을 중심으로/姜煌先 2005 韓國行政研究. 제14권 제3호(2005 가을), pp.3-38. 韓國行政研究院

22 지방자치단체 성과관리시스템 구축에 관한 연구 : balanced scorecard를 중심으로/고경훈, 박해육 2005 地方行政研究. 제19권 제3호 통권 62호(2005. 9), pp.185-211. 韓國地方行政研究院

24 성과관리제도의 발전 : balanced score card의 주요요소와 도입 과정 설계/엄연숙 2005 地方行政. 제54권 제622호(2005. 8), pp.63-75. 大韓地方行政共濟會

25 교육정보화에 대한 성과중심 평가모형 구안/김형주 2005 韓國敎育. 제32권 제2호(2005. 7), pp.195-215. 韓國敎育開發院

27 지방자치단체의 혁신추진방향 : 성과관리방향과 기법/이석환 2005 月刊 自治發展. 11권 10호 통권 126호(2005. 10), pp.31-37. 한국자치발전연구원

28 BSC를 통한 중소기업의 성과관리시스템에 관한 연구 : 제약 산업을 중심으로/조현연,

최연정 2005 會計情報研究. 제23권 제1호(2005. 3), pp.217-241. 韓國會計情報學會

30 SCM과 BSC 도입유형이 성과평가유형과 경영성과에 미치는 영향/유성재, 윤종원 2005 會計情報研究. 제23권 제2호(2005. 6), pp.51-72. 韓國會計情報學會

31 관광지 지식과 균형성과표 관점의 인과관계에 관한 연구/표성수, 정승훈, 장혜숙 2005 지식경영연구. 제6권 제1호(2005. 6), pp.1-17. 한국지식경영학회

33 공기업 혁신흐름에 따른 신용보증기금의 차세대 평가관리 구조 modeling : balanced scorecard 방법론을 중심으로/홍선영 2005 保證月報. 제291호(2005. 3), pp.69-104. 信用保證基金

34 성과관리제도의 발전 : balanced scorecard를 중심으로/엄연숙 2005 地方行政. 제54권 제621호(2005. 7), pp.103-112. 大韓地方行政共濟會

35 SCM과 BSC의 활용정도가 성과평가지표와 경영성과에 미치는 영향에 관한 연구/유성재, 윤종원 2005 大韓經營學會誌. 제18권 제3호 통권 50호(2005. 6), pp.1225-1246. 大韓經營學會

36 BSC관점에서의 공공 부문 성과측정 : PBLIS를 사례로/이삼주, 이상범 2005 地方行政研究. 제19권 제2호 통권 61호(2005. 6), pp.155-186. 韓國地方行政研究院

37 은행업에서의 성과지표들 간의 관련성/유승억, 이갑두 2005 經營研究. 제20권 제2호 통권 46호(2005. 5), pp.205-229. 한국산업경영학회

38 BSC를 적용한 출연연구기관의 성과중심관리(performance-based management)/이민형 2005 과학기술정책. 제15권 제4호 통권 제154호(2005. 7·8), pp.125-141. 과학기술정책연구원

39 BSC 기반 성과관리의 과거, 현재 그리고 미래/김찬수 2005 情報産業. 통권 제234호(2005. 7·8), pp.38-41. 韓國情報産業聯合會

40 CRM(customer relationship management) 성과측정에 관한 사례연구 : 증권업을 중심으로/배무언, 이규태 2004 고객만족경영연구. 제6권 제1호(2004. 6), pp.185-203. 한국고객만족경영학회

41 재무적 관점에서의 동북아 물류중심 국가전략의 적합성에 관한 연구/이재균, 안기명, 김현덕 2004 한국항해항만학회지 제28권 제3호 통권 제89호(2004. 4) pp.169-175. 한

국항해항만학회

42 균형성과표의 성과지표 간 인과관계 분석/이종곤, 허동욱 2004 경영교육논총 제34집
(2004. 4) pp.197-214. 한국경영교육학회

43 비재무측정치를 활용한 전략실행의 전개/申洪哲, 金京九 2004 經營研究 제28집
(2003) pp.121-138. 弘益大學校經營研究所

44 균형성과표(balanced scorecard)를 이용한 전략경영 시스템에 관한 연구 : A(사)의 사
례를 중심으로/이선표, 김복구, 윤종원 2004 敬仁論叢 통권 11호(2003) pp.193-216.
경인여자대학

48 Process 개선이 기업가치에 미치는 영향 : BSC의 적용사례를 중심으로/정미녀, 권형기
2004 經營論集 제22집(2004) pp.179-206. 關東大學校經營經濟研究所

50 BSC 설계 및 구현 적합성에 대한 실증적 검증 : 5개사 사례를 중심으로/이정훈, 김태
균 2004 Entrue Journal of Information Technology 제3권 제2호 통권 제5호(2004.
7) pp.63-75. Entrue 정보기술연구소

52 IT BSC를 기반으로 한 IT 아웃소싱 성과측정 프레임웍 수립/서한준, 최문근, 손서영
2004 Entrue Journal of Information Technology 제3권 제1호(2004. 1) pp.111-121.
Entrue 정보기술연구소

54 관광호텔사업 BSC 관점 간의 연계성 분석/박무현, 박정아 2004 觀光學研究. 제28권
제3호 통권 48호(2004. 12), pp.161-179. 韓國觀光學會

56 은행 사례에 의한 BSC 성과측성간 인과관계/권오돈, 권태환 2004 회계저널. 제13권
제4호(2004. 12), pp.53-76. 한국회계학회

57 BSC에 의한 성과평가제도의 인식정도가 조직성과에 미치는 영향/김인동 2004 大田大
學校大學院論文集 제7권 제1호 통권 제7호(2004. 10) pp.169-195. 大田大學校大學院

60 공공 부문의 BSC 도입에 관한 연구 : 미국 샤러트시와 일본의 지방자치단체를 중심
으로/이재실, 김선엽 2004 政策分析評價學會報. 제14권 제3호(2004. 12), pp.269-
295. 韓國政策分析評價學會

63 신협의 BSC(balanced scorecard) 도입 방안 대한 연구/박헌석 2004 조사연구. 통권
제44호(2004), pp.140-162. 신용협동조합중앙회

66 지방공기업에 BSC기법의 적용 가능성 탐색/신 열 2004 地域開發論叢. 제16집(2004), pp.107-139. 忠南大學校地域開發硏究所

74 전략실행도구으로서의 BSC의 가능성/이갑두 2003 産業經營 제32집(2003. 4) pp.411-436. 慶南大學校産業經營硏究所

75 경영전략과 통합된 6시그마 과제 선정 방안/허원석, 김동준, 장중순 2003 産業工學 제16권-특별호(2003. 12) pp.1-6. 대한산업공학회

76 Balanced ScoreCard에 의한 전략관리시스템의 구축 및 그 사례에 관한 연구/이갑두, 유승억 2003 産業經濟硏究 제16권 제4호 통권 48호(2003. 8) pp.217-241. 韓國産業經濟學會

77 BI와 전략적 성과관리 : 인텔리전스한 정보와 BSC 위한 필요기능/곽재원 2003 비즈니스 인텔리전스 월드 2003. 여름(2003. 6) pp.122-135. 파워미디어

81 중소기업의 BSC 도입을 위한 탐색적 연구/박무현, 도상호 2003 經營經濟 제36권 제1호(2003. 2) pp.79-101. 啓明大學校産業經營硏究所

85 BSC를 활용한 병원의 경영성과에 관한연구/조현연, 전수영 2003 회계와 감사연구. 제39호(2003), pp.385-413. 韓國公認會計士會

86 전략적 성과관리시스템, BSC의 활용/김현기 2003 인사행정 제14호(2003 Spring) pp.43-50. 중앙인사위원회

91 Balanced ScoreCard(BSC) in the Public Sector and Its Forward Looking Focus Revisited : Do We Need Another Balance?/이석환 2003 한국사회와행정연구 제14권 제2호(2003. 8) pp.273-297. 서울행정학회

93 BSC의 성공적 구축 및 활용 : "성과향상 가져오는 전략적 지렛대"/신홍철 2003 비즈니스 인텔리전스 월드 2003. 창간(2003. 3) pp.134-151. 파워미디어

94 BSC 측정지표의 중요도 인식과 활용도의 차이가 평가공정성 지각에 미치는 영향/현충기 外著 2003 회계저널 제12권 제1호(2003. 3) pp.1-33. 한국회계학회

95 BSC의 핵심도구인 전략지도의 이해와 활용/신홍철, 김육덕 2003 회계저널 제12권 제2호(2003. 6) pp.1-34. 한국회계학회

97 정보시스템의 성과평가에 관한 연구 : BSC기법을 중심으로/정영일 2003 社會科學論

集 제4집(2003. 10) pp.127-151. 東岡大學附設社會科學研究所

98 BSC개념에 의한 정부투자기관 경영평가지표 간의 인과관계/나 영 2003 회계저널 제12권 제4호(2003. 12) pp.133-162. 한국회계학회

99 비영리조직의 BSC 도입 방안에 관한 연구 : W대학 도입방안을 中心으로/이학렬 2003 경영교육논총 제30집(2003. 4) pp.33-52. 한국경영교육학회

100 중소제조기업의 균형성과표에 의한 경영성과측정/고성삼, 이창수 2002 中小企業研究 제24권 제4호 통권 49호(2002. 12) pp.99-129. 韓國中小企業學會

107 균형성과표(Balanced Scorecard) 도입 방안에 관한 연구, Ⅱ/윤금상, 유홍성 2002 經商論集 제16집 제2호(2002. 12) pp.139-161. 仁荷大學校産業經濟研究所

108 공급 관계품질 측정을 위한 BSC활용의 효과성에 관한 연구/서창적, 권영훈 2002 品質經營學會誌 제30권 제3호(2002. 9) pp.79-93. 韓國品質經營學會

109 균형성과표(BSC)의 도입과 활용/조군제 2002 국제회계연구 제7집(2002. 11) pp.143-168. 한국국제회계학회

111 호텔기업의 환경변화에 따른 성과평가시스템 : BSC(Balanced Score Card)를 중심으로/김형경, 심동희 2002 사회과학연구 제2권 제1호(2002. 8) pp.19-45. 한국사회과학회

114 해외 금융기업의 BSC 활용사례와 시사점/노재범 2002 금융 통권 583호(2002. 10) pp.19-26. 전국은행연합회

115 국내 기업의 BSC 도입 현황 및 효율적 운영 과제/노순규 2002 금융 통권 583호(2002. 10) pp.12-18. 전국은행연합회

116 지방정부의 전략적 성과관리체제 구축 사례연구 : Balanced Scorecard의 응용을 중심으로/崔殷碩, 安希貞 2002 韓國地方自治學會報 제14권 제2호 통권 제38호(2002. 6) pp.115-136. 韓國地方自治學會

117 정부조직의 성과관리 : 균형성과표와 성과주의 예산제도의 연계/김순기, 정순여 2002 西江經營論叢 제13집 2호(2002. 12) pp.31-65. 서강대학교경영학연구원

118 균형성과표(Balanced Scorecard) 도입 방안에 관한 연구, Ⅰ/尹金相, 俞鴻成 2002 經商論集 제16권 제1호(2002. 6) pp.111-144. 仁荷大學校産業經濟研究所

119 BSC 성과보고서 : 현행 재무보고서의 새로운 대안/정혜영 2002 經營論集 제36권 제

2·3호(2002. 9) pp.665-694. 서울大學校經營研究所

120 팀제조직의 成果評價 모델에 관한 研究 : BSC모델을 중심으로/安吉贊 2002 生産性
論集 제16권 제1호 통권 31호(2002. 2) pp.177-199. 韓國生産性學會

121 BSC를 이용한 호텔업적 평가에 관한 연구/김혁수, 김철원 2002 産業經營研究 제25
권 제2호 제36집(2002. 8) pp.109-131. 淸州大學校産業經營研究所

122 균형성과표에 의한 기업성과측정시스템/김윤태 2002 경영학연구논문집 제9권 제1호
(2002. 8) pp.1-21. 울산대학교

124 Balanced Scorecard 실행을 위한 System Dynamics의 활용에 관한 연구/盧亨鳳,
徐允周 2002 東北亞研究 제5집(2001. 12) pp.115-131. 弘益大學校 東北亞研究所

125 전략적 학습의 촉진을 위한 균형 성과측정시스템의 개발/민재형, 이영찬, 하창훈
2002 韓國經營科學會誌 제27권 제3호(2002. 9) pp.93-114. 한국경영과학회

126 Balanced Score Card를 활용한 영업점 평가제도의 재구축/강선중 2002 조흥경제
제442호(2002. 4) pp.22-27. 조흥은행

127 성과평가제도의 도입과 추진방법/노순규 2002 기계산업 제32권 제10호 통권 304호
(2002. 10) pp.42-47. 韓國機械産業振興會

128 BSC와 KMS를 인프라로 하는 지식경영 프로세스/장광규 2002 人事管理 통권 155
호(2002. 7) pp.62-64. 한국인사관리협회

129 BSC와 가치사슬을 이용한 정보시스템의 성과 측정 방법 : 제조업체 사례분석/김태균,
최경현 2002 韓國經營科學會誌 제27권 제2호(2002. 6) pp.63-79. 한국경영과학회

133 공기업의 BSC Ⅲ : 성과주의 예산제도와 BSC의 결합/정순여 2001 안진의춈 34(2001.
5) pp.28-52. 안진회계법인,앤더슨코리아

134 공기업의 BSC Ⅱ : BSC를 이용한 정부투자기관의 내부평가제도 개선 : 한국토지공사
의 사례를 중심으로/정순여 2001 안진의춈 33(2001. 2) pp.19-29. 안진회계법인, 앤더
슨코리아

135 균형성과표(BSC)를 도입한 기업의 사례연구/조군제 2001 국제회계연구 제5집(2001.
11) pp.1-25. 한국국제회계학회

136 BSC평가시스템으로 조직과 개인의 업적을 평가/안태홍 2001 人事管理 138(2001. 2)

pp.62-64. 한국인사관리협회

137 우정사업본부의 균형 잡힌 성과관리(BSC)/이동은 2001 우정정보 vol.46(2001 가을)
pp.17-28. 정보통신정책연구원

138 관광호텔의 경영성과 측정방법에 관한 고찰 : Balanced Score Card(BSC) 중심으로/
김진탁, 박정아 2001 대구경북개발연구 제6호(2001. 12) pp.3-22. 大邱慶北開發研究院

140 BSC 업적평가시스템에 관한 연구/尹金相 2001 經商論集 15, 1(2001. 6) pp.27-63.
仁荷大學校産業經濟研究所

141 조직, 제품, 시장요인과 균형성과기록표(BSC) 사용 및 확산정도와의 관계/정양헌
2001 社會科學論文集 제20권 제2호 통권 35호(2001. 11) pp.157-173. 大田大學校社
會科學研究所

142 병원의 고객만족 요인과 BSC 개념에 따른 성과평가 요인과의 관계/정양헌 2001 社
會科學論文集 제20권 제1호 통권 34호(2001. 5) pp.195-205. 大田大學校社會科學研
究所

143 성과평가의 새로운 패러다임으로서 BSC 고찰/金永鎭 2001 産業經營研究 제8권
(2001. 12) pp.83-103. 西京大學校 産業經營研究所

145 균형성과측정표(BSC)에 의한 디지털시대의 전략적 관리시스템(上)/김승용 2001 손해
보험 391(2001. 6) pp.49-61. 대한손해보험협회

146 BSC와 컴피턴시모델에 의한 業績評價 體系의 開發과 신바람 증진의 課題/조윤형
2001 賃金研究 제9권 제3호 통권 제34호(2001. 가을) pp.161-172. 經總賃金研究센터

149 BSC를 활용한 병원경영 혁신/윤상철 2001 대한병원협회지 271(2001. 6) pp.76-86.
대한병원협회

150 균형성과측정표(BSC)에 의한 디지털시대의 전략적 관리시스템(下)/김승용 2001 損害
保險 392(2001. 7) pp.42-49. 대한손해보험협회

152 전략적 파트너가 되기 위한 인사부서의 평가시스템 : HR Balanced Score Card/주백
규 著 2001 人事管理 143(2001. 7) pp.60-63. 한국인사관리협회

153 인터넷 벤처비즈니스 평가체계에 관한 연구/이명호, 이우형, 손성혁 2001 韓國經營科
學會誌 제26권 제3호(2001. 9) pp.21-37. 한국경영과학회

156 균형성과 관리 모델에 의한 금융기관 경영혁신 방안/최동득 2000 정보처리학회지 7, 5(2000. 9) pp.80-85. 한국정보처리학회

160 전략경영도구로서의 균형성과관리(Balanced Scorecard)/문보경 2000 우정정보 40(2000. 3) pp.31-54. 정보통신정책연구원

161 기업경쟁력 평가 모형 구축에 관한 연구/申洪哲 2000 經營研究 25(2000. 12) pp.85-107. 弘益大學校經營研究所

162 통합성과지표 BSC의 이해/최구룡 2000 담배·인삼 경영정보 19(2000. 6) pp.141-155. 경영전략연구소

163 공기업의 BSC I : 정부투자기관 성과평가에서의 BSC 도입 방법론 검토/정순여 2000 안진의窓 32(2000. 11) pp.42-56. 안진회계법인, 앤더슨코리아

164 BSC 도입기업에 대한 사례연구/홍미경, 이내풍 2000 세무회계연구 통권 제7호(2000. 12) pp.353-376. 한국세무회계학회

166 균형성과기록표(BSC)에서의 균형 : 분석적 계층화 과정(AHP)을 이용한 성과측정치의 가중치 결정/오원선·김진환 2000 産業論叢 12(2000. 12) pp.235-262. 仁川大學校産業研究所

167 성과측정시스템의 과거, 현재 그리고 미래/이남주, 김재석 2000 西江經營論叢 제11집 2호(2000. 12) pp.197-218. 서강대학교경영학연구원

168 BSC 구현 방법과 절차/양정석 2000 경영과컴퓨터 280(2000. 2) pp.312-315. 경컴

169 균형성과기록표(BSC)와 연계한 전사적자원관리(ERP) 시스템의 구축/정양헌 2000 社會科學論文集 제19권 제1호 통권 32호(2000. 5) pp.527-537. 大田大學校社會科學研究所

170 주택공사의 전략적 성과평가체계 구축방안 : 균형잡힌 성과기록표(BSC) 개념의 적용/장지인 2000 주택 66(2000. 9) pp.112-128. 대한주택공사

171 균형잡힌 성과기록표를 활용한 공기업의 경영평가/張志仁 2000 經營學論集 26, 2(2000. 2) pp.179-202. 中央大學校經營研究所

172 BSC 도입과 그 성과에 관한 사례연구/정명환·최현숙 2000 商經研究 16, 2(2000. 8) pp.19-41. 慶星大學校産業開發研究所

175 BSC를 활용한 평가시스템/정권택 2000 人事管理 125(2000. 1) pp.59-63. 한국인사
관리협회

176 BSC를 활용한 평가시스템 운영방안/韓國人事管理協會 編 2000 人事管理
132(2000. 8) pp.30-33. 한국인사관리협회

178 BSC 개념과 구현기술/양정석 2000 경영과컴퓨터 279(2000. 1) pp.308-312. 경컴

179 균형잡힌 성과기록표(BCS)의 개념적 고찰/張志仁·申相哲 2000 經營學論集 27,
1(2000. 8) pp.217-241. 中央大學校經營研究所

187 BSC를 중심으로 한 전략적 성과평가시스템 연구/정명환 1999 商經研究 15, 1(1999.
2) pp.39-53. 慶星大學校産業開發研究所

189 BSC를 이용한 전략적 경영성과지표의 개발/김경일·유원종 1998 論文集 24(1998. 11)
pp.337-354. 淸州科學大學

190 가치실현을 위한 통합경영지표 BSC(균형성과기록표)/최준배 1998 한국통신경영과기
술 : 107(1998. 12) pp.94-98. 한국통신

191 戰略的 成果測定 시스템 : BSC의 管理的 利用/朴武鉉 1998 經營經濟 31, 1(1998. 2)
pp.21-46. 啓明大學校産業經營研究所

192 새로운 성과 평가지표로서의 BSC/배병한 1998 대은경제리뷰 158(1998. 12) pp.72-86. 대
구은행

5. 지표사전

1. 정부부처

구분	성과목표	성과지표	산식
중앙인사 위원회	공직경쟁력 제고를 위한 인사혁신	개방형 직위별 외부 임용비율	
		민간위탁 전문교육과정 이수인원	
		인사행정전담부서 설치현황	
	국가인력의 균형적, 효율적 활용기반 구축	국가인재 DB 활용실적	
		국가인재 DB 미간인 수록 현황	
	인적자본관리의 공정성, 투명성 강화	성과상여금 인센티브 인원비율 및 지급률	
		부처별 인사심사 요구현황	
공정거래 위원회	시장의 투명성 및 경쟁도 제고	경쟁제한적 규제의 정비실적	
		개선시책 관련 제도개선과제 발굴 및 개선실적	
	대기업 집단의 구조와 행태의 개선 및 경쟁적 시장환경 조성	시장지배력 남용행위에 대한 직권인지 실적	
		인위적 진입장벽 구축사례 발굴 및 개선실적	
	공정거래질서의 확립 및 중소기업의 경쟁 확보	담합사건 적발건수 및 처리실적	
		공동행위 경쟁제한행위 인가 및 금지현황	
	소비자 주권 및 국가 경쟁력 강화	부당광고행위 유형별 시정실적	
		불공정약관 유형별 시정실적	
		전자상거래법 방문판매법 등 위반의 시정실적	

금융감독 위원회	선진금융감독 시스템 정착	각 금융지표 변동률	
		불법사금융피해신고 건수 및 처리현황	
	증권시장의 건전성 강화	증권시장 불공정거래 발생빈도 및 처리실적	
기획예산 처	재정건전성 회복	통합재정수지 변동	
	예산관리의 효율화	분기별 예산집행목적 달성도	
	기금 및 부담금 관리의 효율화	(연)기금별 자산운용 수익률 증감	
재정 경제부	효율적인 경제정책 운영	주요 거시경제동향지표	
		정부개혁실적(공기업개선실적 포함)	
	금융산업 구조조정	금융기관 변동치(기관 수, 인수합병률, 경영실적)	
	세재의 평등화	불필요한 조세감면 폐지 축소 실적	
		연도별 각 세금 인상률	
	효율적인 국가재정운영	분기별 예산집행률	
	중점관리대상 국제평가지수	FDI잠재력 및 성과지수	
		국가신용등급	
교육인적 자원부	공교육의 질적 발전	학급당 학생 수	
		연간 신설교실 증가율	
	인적자원개발의 효율성 제고	중장기 인력개발계획 수립 및 집행 실적률	
	대학의 역량 및 자율화 제고	기존 BK21 사업 평가실적	
	사회소외계층의 교육복지확대	특수교육학교 운영실적	
		지방 및 영유아 보육시설 확충 정도	
	중점관리대상 국제평가지수	교육경쟁력	
통일부	평화번영정책에 대한 국민적 합의기반 강화	자문회의 개최빈도(예산, 보고서, 발간)	
		통일교육실적	
	남북 간 교류협력 추진	남북교역액 연노빌 증감률	
		분야별 사업자 승인 수, 총액, 인적교류	
	이산가족 등 남북 인도적 문제해결 추진	유형별 이산가족교류실적, 유형별 성사율	
		국내탈북자 정착실적	
외교 통상부	한반도 평화체제 구축	대북정책조정그룹회의 개최빈도	
	다자간 지역협력 외교 강화	각 지역별 실교역액, 투자액, 인적교류 증감률	
	경제 통상외교 강화	지역별, 사안별 통상실무단 파견	
		외국인 투자유치지원	
	재외동포사업 활성화 지원	재외동포활동 지원실적	

법무부	검찰운영개선	사회에서 정의가 공정하게 지켜지는 정도	
		뇌물공여와 부패비리가 경제에 존재하지 않는 정도	
	사회친화적 교정행정 구현	수용밀도(수용자 1인당 거실면적, 평)	
		출소자 재범률(%)	
		출소자 취업알선건수	
법무부	선진 보호행정 구현	보호관찰 대상자 재범률(%)	
		직업훈련소년원 취업률(%)	
	법무제도 개선 및 인권보호	법률구조대상자 비율(%)	
		법률구조건수	
		국선변호인 보조율(%)	
	출입국관리	불법체류자 비율(%)	
		외국인 고충처리건수	
국방부	군사대비태세 유지 및 발전	각급부대별 장병교육 실적	
		육·해·공군 주요 장비 개선 실적	
		민방위 훈련실적	
	선진병영 문화 창출	군 교육기관 운영실적	
		장병숙소 환경 개선율	
	군시설관리 효율화	군사보호구역 통합관리 실적	
행정 자치부	정부조직 및 행정시스템 혁신	책임운영기관제 실적평가	
	공직의 경쟁력강화 및 일할 수 있는 분위기 조성	탄력적 근무시간제 도입 및 운영실적	
		공무원 순환보직제 및 인센티브 지급실적	
	지방분권화 추진 및 자치역량 강화	중소기업 및 소상공인 지원금 증감률	
		기업 및 법인에 대한 지방세감세 비율	
	예방위주의 안전관리 역량강화	재해인명피해 및 재산피해 정도	
	중점관리대상 국제평가지수	전자정부지수	
과학 기술부	과학기술정책 추진	연구개발비	
	과학기술 연구개발	산업재산권 및 특허출원 등록건수	
		우리나라 기술수지(기술수출액/기술도입액, %)	
	기초과학개발인력 양성	연구개발 인력현황(명)(출원 및 등록건수)	
과학 기술부	원자력 이용개발	원자력 이용개발 관련 특허(출원 및 등록건수)	
		원자력 관련 종사자의 방사선 피폭현황(인원)	
	중점관리대상 국제평가지수	과학기술 경쟁력	

문화 관광부	문화예술지원 활성화	공연예술작품 공공자금 지원실적	
		제작지원사업실적	
	문화산업의 국가 전략적 육성	문화예술진흥기금 조성 및 운영실적	
	체육복지 실현	국민체육진흥기금 조성 및 운영실적	
	중점관리대상 국제평가지수	국제관광객 수 및 관광지 수	
농림부	농가소득 및 경영안정	정책자금 연체율	
		농촌관광마을 방문객 및 소득액	
	쌀산업의 안정적 유지	단위 면적당 소득(쌀소득+직불)	
		RPC 경영실적	
	친환경 농업육성	농산물 인증량(건) 및 재배면적	
		가축질병발생건수	
	산지유통주체 육성 및 마케팅 전문화	산지유통조직 평균매출액	
	중점관리대상 국제평가지수	농업생산자 지지수준	
산업 자원부	기간 및 첨단 기술산업 등의 경쟁력 확보	주력산업에 대한 지원예산	
	지역산업의 지속 육성	지자체에 대한 산업진흥 국고예산지원 증감률	
	선진무역구조 확립	세계 일등 상품 및 일류기업 선정실적	
		연간 무역구제활동 실적	
	중점관리대상 국제평가지수	에너지 경쟁력	
		FDI 잠재력 및 성과지수	
정보 통신부	정보보호 기반확립	개인정보 침해사례 발생빈도	
	IT산업의 경쟁력 강화지원	IT 신기술개발지원금 조성 및 집행실적	
		IT 산업 핵심기술 중점 분야 선정 및 개발사업 추진율	
	통신사업의 유효경쟁체제 구축 및 이용자 권익향상	업체별 통신시장 점유율	
		이용자 만족도 조사결과	
	우정사업의 경영합리화	우편집배원 보강실적 및 조직정비 현황	
		우체국 수익사업 실적	
	중점관리대상 국제평가지수	디지털 접근지수	
보건 복지부	국민보건개선	정부예산 대비 보건의료예산 비율	
	국민복지기반 조성	정부예산 대비 사회보장예산 비율	
	사회취약계층에 대한 지원 강화	정부예산 대비 공공부조 예산 비율	
		정부예산 대비 사회복지 예산 비율	
	중점관리대상 국제평가지수	보건경쟁력	

환경부	인간과 자연이 공생하는 생태공동체 구현	자연환경보전, 이용시설 설치 및 지원 수(개소 수)	
		ERP대상 품목의 재활용 증가율(금속캔 등)	
	환경과 경제가 상생하는 환경정책 추진	환경친화기업 지정확대(업체 수)	
	맑은 공기 보전대책 추진	자동차 배출가스 저감장치 보급실적	
	수질환경 개선을 통한 맑은 물 공급	폐수처리 용량 증가율	
		수질측정망 확충실적(개소)	
	중점관리대상 국제평가지수	환경지속성지수	
노동부	고용평등사회구현	고용취약계층에 대한 차별시정 실적(율)	
	적극적 노동시장 정책	사회적일자리 창출사업의 추진실적	
	사회안정망 역할강화 및 평생직업능력의 개발	연도별 일용근로자 피보험자 신고율	
		직업능력개발 훈련 현황	
	안전하고 쾌적한 일터조성	업무상 사고에 의한 산업재해 발생 증감률	
	중점관리대상 국제평가지수	노사관계 경쟁력	
여성부	여성인적자원의 개발과 활용촉진	여성취업자 분포	
		정부에 여성진출 비율(정원대비 인원수)	
	여성의 인권보호 강화	남녀평등기관 이용실적	
	중점관리 대상 국제평가지수	여성권한척도	
건설 교통부	수도권 집중 억제정책	수도권 집중도(수도권/전국)	
	주택정책	주택보급률(%)	
	토지정책	지가변동률(%)	
	수자원관리	하천개수율(%)	
	중점관리대상 국제평가지수	건설교통경쟁력	
		교통안전도	
해양 수산부	동북아 물류중심 구축	각 항만 물동량 증감률	
		항만투자금 민자유치비율	
	해운산업의 국제경쟁력 재고	국적선박등록률	
		해양대학교 졸업생 등 동 업종 취업률	
	수산업 경쟁력 강화	TAC 어종의 목표 대비 어획량 및 소진율	
	해양환경 보전 및 해상안전관리	해양오염사고 발생현황(건수/유출량)	
		해양안전사고 발생현황(건수)	
	살기 좋은 어촌 건설	어가소득 및 부채추이	

2. 영리기업

구분	성과목표	성과지표	산식
영업	수주능력의 향상	수주율	(수주량/생산능력)×100
		매출액 달성도	(실적매출/계획매출)×100
		매출영업액 이익률	(세전영업이익/매출액)×100
		판가 유지율	(실적판가/목표판가)×100
		제품재고 회전기간	365/(매출/제품재고)
		고정계약률	(고정계약금액/매출액)×100
		신시장개척률	(신시장 매출액/총매출액)×100
	수주예측 정확도 향상	수요예측정확도	(확정 Order 건수/ForecastingOrder 건수)×100
			(실적판매량/예측판매량)×100 *Forecasting : 매월 25일 물동회의 시 입력기준
		Order변경률	[|Σ(Order수량−W/O수량 |/Σ Order수량]×100
	채권 및 재고관리	매출채권 회전기간	365/(매출/매출채권)
		부실채권 금액	Σ부실채권 금액
	목표 이익률 향상	매출액 공헌이익률	(공헌이익/매출액)×100
		단가유지율	{1−(당기단가/전기단가)}×100
		매출채권 회전기간	365/(매출액/평균매출채권액)
	주문 납기준수	주문 Cycle Time	주문에서 출하까지 소요되는 기간
		Response To Forecast(RTE)	고객의 조회에 응답하는 시간
		고객납기 준수율	[1−납기미준수 건수/총 수주 건수]×100
		예측적중률	(실적수주액/예상수주액)×100
	우수고객 유지	우수고객 유지율	(기말우수고객 수−기초우수고객 수)/기초우수고객 수×100
	서비스수준 향상	Claim율	(Claim건수/수주건수)×100
		제품별 Complain건수	(Complain건수/매출수량)×100
	신제품 익성확보	신제품 영업이익률	(신제품영업이익/신제품매출액)×100
	최적포트폴리오 구성	신제품 매출성장률	[(당월신제품매출액/전월신제품매출액−1)]×100
	Time To Market	Vitality Tact Time	(신제품매출/총매출)×100

기획	기업 가치증대	순부가가치율	{(주가총액−부채액)/총자산}×100
		총자산 영업이익률	(영업이익/총자산)×100
	성장기반 구축	매출성장률	{(당기매출/전기매출)−1}×100
		BEP율	(BEP 매출/실적매출)×100
		성장사업매출액 증가율	(금년 성장사업 매출액/전년 성장사업 매출액)×100
		성장력지수	자사성장률/산업성장률
	환경대응 능력 향상	수익력지수	자사 ROI/선진기업 ROI
		제품력지수	자사모델 수/선진기업의 모델 수
인사	조직정착률 향상	이직률	(이직인원/총인원)×100
	인력의 소수 정예화	간접인력비율	(간접인력/직접인력)×100
		관리인력비율	(관리인원/총인원)×100
	급여경쟁력 향상	1인당 부가가치	(부가가치액/총인원)×100
		노동분배율	(인건비/부가가치액)×100
		급여 경쟁력지수	자사 평균인건비/경쟁사 평균인건비
		인건비 비율	(인건비/매출액)×100
	인적능력 향상	1인당 교육시간	총교육시간/총인원
		1인당 교육훈련비	총교육비/총인원
R&D	연구생산성 향상	개발효율	개발 Model수/투입인원수
		설계재료비율	(BOM/FOB)×100
	개발 납기준수	개발 Cycle Time	제품개념에서 P.P까지의 소요시간
			P.P에서 1st M.P까지의 시간
	제품의 복잡성 & 부품의 표준화	완성품당 구성부품의 수	(부품 수/완성품)×100
		제품별 공동부품의 구성비	공통부품 수/제품단위 부품 수 합계
	ECO의 안정화	ECO발행건수	ECO발행건수/개발건수
		ECO Pass율	(ECO 적용건수/ECR 발행건수)×100
	개발신뢰성 향상	Sample QA Pass율	(합격건수/시험건수)×100
		Return Ratio	(Return 수량/판매수량)×100
		초기제품불량률	(1 M.p 불량수량/M.p 생산량)×100
	개발일정 준수 & Cost 절감	판가 NET 재료비율 목표 달성도	→판가 재료비율 달성도×0.5+목표 달성도×0.5
			→(개발품 실적재료비/개발품 목표재료비)×100
		일정준수율	실적일정/목표일정×100
	성장사업 연구비 투자	전략육성사업 연구비 비율	(전략육성사업 연구투자비/총 연구투자비)×100

R&D	수익성 확보	신제품 매출비중	신제품 매출/총매출
		ECO 발행건수	Σ ECO 발행건수
		VE 절감액	Σ 설계 VE 금액×예상생산수량
구매	재료비 절감	제품별 재료비율	(재료비/제품단위 매출액)×100
		재료비 인하율	{(당기재료비/전기재료비)−1}×100
		긴급자재 발주율	(긴급자재 발주액/자재발주액)×100
		구매 VE 절감액	Σ(구매 VE 금액×예상생산수량)
		구매재료비율	(재료비/매출액)×100
	구매 L/T 단축	구매 L/T	PO발행에서 납품까지의 소요시간 cf공급자의 공급 Cycle 분석
		구매납기 준수율	(납기준수 건수/구매의뢰 건수)×100
	구매품질 향상	수율	(완성품 수량/투입수량)×100
		자재불량률(IQC)	(불량수량/Sample 수량)×100
	구매생산성 향상	1인당 구매액	구매액/구매인원수
		1인당 관리업체 수	공급업체 수/구매인원수
자재	무결품 자재공급	자재결품 사고시간	(결품사고시간/생산작업시간)×100
	Spare Parts 즉시공급	Order 납기준수율	(납기준수 건수/Order 건수)×100
	On−hand Data 정확도	재고 정확도	1−(재고 과부족 Item 수/총 재고 Item 수)
	재고자산 가치증대	재고자산 건실도	1−(불용재고/총재고)×100
생산	제조생산성 향상	LOB	{총 공수/(Tact Time×공정 수)}×100
		종합효율	가동률×능률×효율
		1인당 공정개선 성과액	공정개선 성과액/생산기술 인원수
		1인당 생산성	생산액/직접 인원
		1인당 유틸리티 비용	유틸리티 비용/직접 인원
		1인당 소모성 경비	소모성 경비/직접 인원
		목표제조원가 달성률	(목표제조원가/실적제조원가)×100
	제조 Cycle Time	제조 Cycle Time	자재 kitting에서 생산완료까지 소요되는 시간
		TAT(Turn−around Time)	제조전환 시간(준비시간)
		부가가치시간 비율	(순 제조시간/총 제조시간)×100

	현장문제 해결시	관점/항목	지표명	산식
생산	현장문제 해결시 간 단축	ECR Cycle Time	ECR 발행에서 ECO 접수시간까지 소요기간	
	공정품질의 향상	ECO 실행률	(ECO 실행건수/ECR 발행건수)×100	
		Cpk	(SU−X)/36 or (X−SL)/36	
		공정별 불량률	(불량수량/생산수량)×100	
	제조원가 절감	BOM 정확도	목시(目視)관리	
		단위당 투입공수	(총 투입공수/생산량)×100	
		단위당 U/T 비용	Σ(U/T 비용/생산량)	
			불량 U/T 비용/단위당 판가	
		단위당 에너지비	(에너지 사용액/생산량)×100	
		단위당 용수비	(용수비 사용액/생산량)×100	
		단위당 전력비	(전력비 사용액/생산량)×100	
	제조원가 절감	공정 Cpk	(SU−X)/3σ or (SL−X)/3σ	
		자재폐기비용	→자재폐기수량×단가(중점고려지표)	
			→실적재료비−Net재료비	
		U/T사용액	→Total : ΣU/T비용 or 단위당 U/T비용/단위당판가 ×100	
	생산납기 준수	생산납기준수율	(납기준수건수/생산출하건수)×100	
		생산 Cycle Time	영업의 생산의뢰에서 출하까지의 소요시간	
		인당생산성	양품 수/총 제조인원수	
		인당생산액	(생산액/제조인원수)×100	
	생산계획의 정확성	생산지시 변경률	(생산지시 변경건수/생산지시건수)×100	
		재공보유율	(표준재공액/실적재공액)×100	
		생산직행률	(계획월의 실적생산액/계획월의 LC Open금액)×100	
	품질향상	완제품합격률	(불량수량/로트검사수량)×100	
		작업불량률	(작업불량수량/투입수량)×100	
	생산목표 달성 정도	외주납기 준수율	1−(납기지연건수/외주건수)×100	
		목표 달성률	(계획수량/실적수량)×100	
	M/C 가동률 향상	M/C 가동률	(M/C 가동시간/동원시간)×100	
	생산효율화	Lot합격률	{1−(불량Lot 수/생산Lot 수)}×100	
		설비가동률	(실가동시간/부하시간)×100	
		설비고장 무작업률	(설비가동시간/부하시간)×100	
		준비시간	Set up시간	

	생산효율화	Tact Time	Neck 공정 Tact Time
생산		제조L/t	W/O발행에서 출하까지 소요시간
	재해의 정도	재해율	재해건수/인원수×100
	환경오염 방지	오염물질 배출농도	(최고 배출농도/법적기준)×100
관리	생산계획의 정확성	S/O 대비 W/O 발행률	(Σ W/O 수량/Σ S/O 수량)×100
		재고정확도	Σ(실사재고수량/전산상의 재고수량)×100
	진척관리	W/O 대비 입고율	(입고수량/W/O 수량)×100
		MRP run 발주 이용률	(MRP 발주 P/O 건수/총 P/O 건수)×100
	자재 진척	조달납기 준수율	(납기준수 건수/Pur. Order 건수)×100
		조달 L/T	(자재입고일−구매Order 발행일)
		긴급자재 발주율	(긴급자재 발주량/자재발주량)×100
		조달정확도	(입고자재건수/총 요청건수)×100
		출하이행률	[Σ 실제 출하량/Σ 출하요구량 (주간단위)]×100
	차질관리	자재재고 회전기간	365/(매출액/자재재고)
		재공재고 회전기간	365/(매출액/재공재고)
	시정조치 및 예방조치 처리 수준의 향상	시정조치율	(완료건수/발생건수)×100
품질	설계 검증강화	신제품완성도	(시험합격단계 수/시험단계 수)×100
	공급사 품질향상	수입검사 합격률	(합격로트 수/검사로트 수)×100
	공정 품질향상	공정불량률	(불량수량/투입수량)×100
	완제품 품질향상	완성품합격률	(합격로트 수/검사로트 수)×100
	고객만족도 향상	불량반품률	(반품수량/출하수량)×100
	부품 품질확보	제조공정 부품불량률 (PPM)	(불량수량/투입수량)×1,000,000
	고객 품질보증	Claim건수	Buyer Claim건수
		Q−Cost	Q−Cost 산출기준
		고객초기 불량률	(Reject 수량/출하수량)×1,000,000
	고객불만 처리 수준 향상	고객불만 즉시 처리율	즉시처리건(접수 후 2시간 이내 처리건)/즉시처리대상 (접수 후 2시간 이내 건)
서비스 품질	고객불만 처리 수준 향상	고객불만 당일 처리율	당일 접수 중 당일 처리되거나 출고 대기된 건/당일 접수 건(당일 15시 이전 접수건+당일 15시 이후 접수건 중 처리되거나 출고 대기된 거)
	약속방문 이행수준의 향상	약속방문 적중률	약속적중(당일 처리된 것 중 최초 약속시간에 적중하여 최종 수리한 것)/약속대상(당일 처리된 것)

관점	핵심성공요인 (CSF)	성과지표 (KPI)	산식
서비스 품질	재처리	재처리율	재처리 건(이전 30일 처리 건 중 제외기준을 만족한 것)/대상 건(처리 건 중 제외기준을 만족한 건)
	고객만족도 향상	고객만족도(최상 및 상위 응답비율)	최상 및 상위 응답문항 응답자 수/전체 응답문항 응답자 수
재무/ 자금	재무구조 최적화	부채비율	(자기자본/부채)×100
		유동부채비용	(단기유동부채/부채총액)×100
		LC Open한도 소진율	(Open한도소진액/Open한도액)×100
	자금수지 최적화	영업수지율	(영업지출/영업수입)×100
		목표 Nego 달성률	(Nego계획/Nego실적)×100
	자본비용 최소화	외환손실률	{1−(실적환율/기준환율)}×100
		자본비용	가중평균자본비용
	재무정보 적기제공	결산주기	D+일
	투하자산 대비 이익회수정도	ROI	영업이익/총자산
	총자산의 활용도	총자산회전율	매출액/총자산
	영업활동으로 얻는 이익의 크기	매출액영업이익률	영업이익/매출액
	외형적 신장세 판단	매출성장률	[(당해 매출액/전년도 매출액)−1]×100
	시장지배력 정도	시장점유율	자사매출액/시장규모
	효율적인 영업활동	영업수지율	(영업현금지출/영업현금수입)×100
	운전기간	1회전운전기간	재고자산회전기간+매출채권회전기간−매입채무회전기간
	매입채무의 원활한 결재	매입채무회전기간	365/(매출액/매입채무)
	환율관리 수준	외환손실률	[1−(실적환율/기준환율)]×100
	적시 재무정보산출	결산준수율	기준L/T/실적L/T

BSC 관련 인터넷 사이트

CorVu BI, BPM(OLAP, BSC) Vendor	http://www.corvu.com
건설교통부	http://www.momaf.go.kr
기획예산처	http://www.mpb.go.kr
한국 BSC컨설팅	http://www.k-bsc.co.kr
피엠스프트	http://www.pmsoft.co.kr
GCG(Global Consulting Group)	http://www.imgcg.com
프라이즈텍	http://www.prise.co.kr
Hyperion	http://www.hyperion.com
BSC Association	http://www.bscol.com
OLAP Association	http://www.olapreport.com
MIS ASIA	http://www.misasia.co.kr
CIO Gernal	http://www.cio.seoul.kr
BSC ORG	http://www.balancedscorecard.org
BSC	http://www.balancedscorecard.com
Gentia	http://www.gentia.com
SAS Korea	http://www.sas.com

AMR Reserch	http://www.amrresearch.com
Oracle Korea	http://www.oracle.com/kr
SAP Korea	http://www.sap.co.kr
아인스파트너	http://www.hrcenter.co.kr
한국정책평가연구원	http://www.kipe.re.kr
한국생산성본부공공BSC센터	http://www.bsccenter.or.kr
HR파트너캠퍼스21	http://www.campus21.co.kr
에이비엔에스	http://www.abns.co.kr
렉스켄	http://www.lexken.co.kr
유니테크인포컴	http://www.eunitech.co.kr
곽앤문비즈니스컨설팅	http://www.kmcons.com
웨슬리퀘스트	http://www.wesleyquest.com
삼성SDS uni-ERP	http://www.unierp.com
한국의료경영연구소	http://www.khmi.net
흑자경영연구소	http://www.hmcok.co.kr
한국CFO스쿨	http://www.cfoschool.co.kr
한국M&I기술㈜	http://www.komit.co.kr
디지털타임즈	http://www.dt.co.kr
Decision Science	http://www.expertchoice.co.kr
National Journal Group Inc	http://www.GovExec.com
올랩컨설팅	http://www.olap.co.kr
아이시프트	http://www.ishift.co.kr
(주)혁신정보기술	http://www.iitech.co.kr
BSC와이즈포스터파트너즈	http://www.wpcon.co.kr
넝쿨	http://www.nungcool.com
피엠소프트	http://www.pmsoft.co.kr
한국후테로시스템	http://www.futero.co.kr

한국성과경영컨설팅	http://www.kpmc.co.kr
e-경영전략연구소	http://www.seri.org/forum/smlab
㈜갈렙에이비씨	http://www.abcworld.co.kr
한국BSC연구회	http://cafe.daum.net/bsckor
한국미래정책연구원	http://www.kapi.re.kr
유레카컨설팅	http://www.eurecaworld.com
한국과학기술연구원	http://www.kist.re.kr
한국표준협회	http://www.ksa.or.kr
LG경제연구원	http://www.lgeri.co.kr
삼성경제연구소	http://www.seri.org
한국경영정보학회	http://www.kmis.or.kr
전문가친구들	http://www.xpert.co.kr
휴넷	http://www.hunet.co.kr
중소기업연구원	http://www.kosbi.re.kr
(주)알타코아	http://www.altacore.co.kr
혁신포탈	http://www.gov-innovation.go.kr/
잘레시아	http://www.zalesia.com
엑티모	http://www.ektimo.com
스카이벤처	http://www.skyventure.co.kr
한국경영과학회	http://www.korms.or.kr
한국교육학술정보원	http://www.keris.or.kr
한국교육개발원	http://www.kedi.re.kr
한국표준협회컨설팅	http://www.ksac.co.kr
중소기업진흥공단	http://www.sbc.or.kr
한국정책학회	http://www.kaps.or.kr
한국지식경영학회	http://www.kmsk.or.kr
SAS코리아	http://www.Sas.com

아스팩국제경영교육컨설팅㈜	http://www. Studybusiness.com
과학기술정책연구원	http://www.stepi.re.kr
한국능률협회	http://www.kmac.co.kr
대한상공회의소	http://www.korcham.net
한국지방재정공제회	http://www.klfa.or.kr
카이스트테크노경영대학원	http://www.kaistgsm.ac.kr

한국BSC연구회 공동집필자 명단

성 명	소속	직책	e-mail
최 봉 학	한국BSC연구회	회 장	euncom@unitel.co.kr
유 수 한	한국기술평가㈜	부 장	mazingau@gmail.com
임 호 재	㈜리더스컨설팅	대표컨설턴트	yimjae@empal.com
양 석 균	CE컨설팅	대 표	ask-yang@hanmail.net
양 도 경	양도경공인회계사사무소	대 표	ydkcpa@paran.com
최 백 연	㈜칸 컨설팅	대표이사	goldhillkr@empal.com
우 준 식	㈜포맨텍아이티서비스	책임컨설턴트	jswoo100@empas.com
강 성 두	㈜신한경영법인	대표이사	jium79@unitel.co.kr
김 관 호	KH 경영컨설팅	대 표	kwanh4kim@hanmail.net
김 우 종	퓨맥컨설팅㈜	대표이사	tkplus@korea.com
유 종 수	삼성경영연구원	대 표	yjs0460@hanmail.net

순위 : 무순, 도서의 저술 페이지순

최봉학(崔鳳鶴)

한성대학교 디지털중소기업대학원 수료
기술지도사(정보처리)
Ansoff 전략 컨설턴트
경영컨설턴트
QMS 국제심사원
기업가치평가사
ITA/EA 전문가
사회적기업 전문가
한국BSC연구회 회장
한국컨설팅협회 경영지원단 전문위원
전) 한국컨설팅협회 BSC 전문 강사
한국강사협회 명강사 회원
공무원연금관리공단 강사 3년
한국농수산대학 산학협력단 컨설턴트 3년
울산시 중소기업지원센터 출장강사 3년
다수의 공기업 BSC 구축 PM
다수의 민간기업 BSC 구축 PM

『한 권으로 끝내주는 BSC』(2006)
『한 권으로 끝내주는 기질면접』(2008)
『사례로 배우는 중소기업의 성과관리 이론편』(2009)
『사례로 배우는 중소기업의 성과관리 실무편』(2009)
『성공창업의 비밀노트 창업풍수』(2009)
『한 권으로 끝내주는 BSC 개정판』(2011)

성과창출에서 보상까지 한 권으로 끝내주는 BSC

초판인쇄 | 2011년 1월 18일
초판발행 | 2011년 1월 18일

지 은 이 | 최봉학
펴 낸 이 | 채종준
펴 낸 곳 | 한국학술정보㈜
주   소 | 경기도 파주시 교하읍 문발리 파주출판문화정보산업단지 513-5
전   화 | 031)908-3181(대표)
팩   스 | 031)908-3189
홈페이지 | http://ebook.kstudy.com
E-mail | 출판사업부 publish@kstudy.com
등   록 | 제일산-115호(2000.6.19)

ISBN   978-89-268-1733-9 93320 (Paper Book)
        978-89-268-1734-6 98320 (e-Book)

이담 은 한국학술정보(주)의 지식실용서 브랜드입니다.